Heiße Phase

Fabian Hardenberg ist für eine weltweit renommierte Unternehmensberatung tätig. Er lebt und arbeitet in München und Frankfurt am Main. Der Name ist ein Pseudonym.

Fabian Hardenberg

Heiße Phase

Ein Insider-Roman aus der Welt der Unternehmensberatung

Campus Verlag
Frankfurt/New York

Das Bild auf Seite 13 wurde wiedergegeben mit freundlicher Genehmigung des Künstlers: David Hockney, »Portrait of an Artist (Pool with two Figures)« 1972, acrylic on canvas, 84 × 120"

Die Deutsche Bibliothek – CIP-Einheitsaufnahme

Ein Titeldatensatz für diese Publikation ist bei
Der Deutschen Bibliothek erhältlich.
ISBN 3-593-36932-x

Umschlaggestaltung: Mancini Design, Frankfurt/Main
Umschlagmotiv: © getty images stone
Satz: TypoForum GmbH, Nassau
Druck und Bindung: Wiener Verlag GmbH, Himberg
Gedruckt auf säurefreiem und chlorfrei gebleichtem Papier.
Printed in Austria

Inhalt

Prolog

»Ich habe kein Geständnis abzulegen. Nur damit das klar ist.«

Der Anwalt lächelte. Sätze dieser Art hatte er schon ziemlich oft gehört.

»Ich habe auch nichts zu verbergen. Ich ... Ich fühle mich nur bedroht, das ist alles.«

»Das habe ich schon verstanden, Herr ...«, der Anwalt sah noch einmal auf die Visitenkarte, »Herr Klosters. Erklären Sie mir doch bitte noch einmal, wodurch Sie sich bedroht fühlen.«

Sein Klient saß ihm gegenüber auf der anderen Seite des massiven alten Schreibtischs in einem großen, dick gepolsterten Lehnsessel. Seine früheren Kollegen hatten über seine Mobiliarwahl den Kopf geschüttelt, als er sich vor einem halben Jahr mit einer eigenen Kanzlei selbstständig gemacht hatte, aber er hatte gewusst, was er tat. Der Klient sollte sich sicher fühlen, wenn er ihm gegenüber saß. Sicher und geborgen.

Klosters, das musste man zugeben, wirkte trotz allem ziemlich nervös. Eigentlich strahlte seine massige Gestalt in dem dunklen Anzug, dem gestreiften Hemd und der gedeckten Krawatte eine beeindruckende Souveränität aus. Aber nur solange er selber sprach. Wenn er zuhören musste, rutschte er auf dem überdimensionalen Sessel hin und her. Und schaute immer wieder auf seine Uhr. Gehetzt wirkte er. Auch bedroht? Jetzt zuckte Klosters mit den Achseln.

»Zuerst waren es die Zeitungsausschnitte«, sagte er. »Alle in meiner Post, ohne Absender. Berichte über Großmann, Meyer & Cie., aus dem Winter vor drei Jahren.«

Der Anwalt sah ihn fragend an.

»Das war eine Privatbank, die damals zu unseren Kunden gehörte. Sie war in einen ... nun ja, einen Skandal verwickelt. Über den haben die Zeitungen damals intensiv berichtet. Glücklicherweise, ohne die Verbindung zu uns näher zu beleuchten.«

»Das wäre negativ für Sie gewesen, in die Schlagzeilen zu kommen.«

Klosters nickte. »Kann man so sagen.« Er fuhr über die Taschen seines Jacketts und holte ein flaches Lederetui heraus. »Stört es Sie, wenn ich ein Zigarillo rauche?«, fragte er und steckte es sich schon in den Mund.

»Nein, bitte«, sagte der Anwalt und schob einen Aschenbecher zu seinem Klienten. Er sah, wie Klosters Hand zitterte, als er das Zigarillo anzündete.

»Publicity ist grundsätzlich eine zweischneidige Sache für uns, wissen Sie. Unsere Kunden erwarten schließlich Diskretion. Und natürlich Seriosität. Mit einem Skandal in Verbindung gebracht zu werden ist so ziemlich das Schlimmste, was einem passieren kann.«

Der Anwalt nickte wieder und sah noch einmal auf die Visitenkarte. »Geschäftsführer« stand da in schlichten Blockbuchstaben unter dem Namen, und dann, in derselben schlichten, aber edlen Schrift: »Top Management Consulting«. Darunter klein eine der teuersten Adressen, die Frankfurt zu bieten hat. Ein Studienfreund, der inzwischen bei einer Top-Wirtschaftskanzlei arbeitete, hatte ihm Michael Klosters vermittelt. »Kümmere dich mal um den«, hatte er am Telefon gesagt. »Er ist Unternehmensberater. Hat noch höhere Stundensätze als wir. Zur Zeit ist er aber ziemlich durch den Wind. Ich kenne ihn von früher, und er hat mich neulich abends zuhause angerufen. Hat mir gesagt, er werde erpresst. Da habe ich gleich an dich gedacht.« Erpressung fiel ins Strafrecht. Sein Gebiet. Darauf sahen die feinen Wirtschaftsanwälte abschätzig herab. Immerhin, so hatte er einen neuen Klienten gewonnen. Nur – wo war der Fall? Von Erpressung konnte er weit und breit noch nichts erkennen.

»Wenn Sie in diesen Artikeln nicht erwähnt werden, warum fühlen Sie sich dann bedroht?«

Klosters blies den blauen Rauch in den Raum. »Es hat uns damals viel Mühen gekostet, aus der Presse herausgehalten zu werden. Mich ganz besonders, denn ich war verantwortlich für den Kunden. Und wenn mir jetzt jemand jeden Tag einen Artikel von damals zuschickt, dann spielt er genau darauf an.«

»Also kein Absender auf den Briefen?«

Klosters schüttelte den Kopf. »Aber ich weiß, von wem sie kommen.«

Der Anwalt sah ihn erstaunt an. »Ach so. Und wer ist es?«

Statt zu antworten griff Klosters in sein Jackett. Dann legte er eine Diskette auf den Tisch. »Das ist gestern gekommen«, sagte er.

»Was ist da drauf?«, fragte der Anwalt.

»Ein … ein Bericht, so könnte man es nennen. Oder ein Roman, wie Sie wollen. Es liest sich jedenfalls wie einer. Aber die Ereignisse haben wirklich so statt gefunden. Na ja … so ziemlich jedenfalls.«

»Und wer hat das geschrieben?«

Klosters zog heftig an seinem Zigarillo. »Ein Autor wird nirgendwo genannt. Aber es kann eigentlich nur Sebastian Ritter sein. Er ist die Hauptfigur in diesem Bericht, und aus seiner Sicht wird fast alles geschildert.«

»Und diesen Ritter kennen Sie?«

Klosters nickte. »Er war mein Projektleiter bei der Bank. Bis zu dem Skandal. Dann ist er verschwunden.«

»Verschwunden?«

»Er ist ins Ausland gegangen. Nach Asien oder so. Keine Ahnung. Ich habe seitdem keinen Kontakt mehr mit ihm.«

Der Anwalt kratzte sich an der Wange. »Und jetzt vermuten Sie, dass er mit diesem … Bericht wieder Kontakt zu Ihnen aufnehmen will?«

»Schon möglich, ja.«

»Warum ist das bedrohlich für Sie?«

Klosters schnippte das Zigarillo in den Aschenbecher. »Sebastian war ein brillanter Berater. Durch den Skandal hat er seinen Job verloren. Womöglich noch mehr als das. Der Skandal war erst der Anfang.«

»Und das Ende?«

Klosters fuhr sich durch sein spärliches Haar.

»Es war eine beschissene Geschichte. Wir haben damals einen Deal gemacht, unter der Bedingung, dass er den Mund hielt.«

»Das hat er aber auch getan?«

»Schon. Aber wie sich jetzt zeigt, hat er dafür alles aufgeschrieben.«

Der Anwalt schüttelte unwillig den Kopf. »Also, ganz ehrlich, Herr Klosters, ich begreife herzlich wenig von alledem, was Sie da erzählen. Warum fangen Sie nicht einfach einmal ganz von vorne an?«

Klosters betrachtete ihn skeptisch. »Was ist denn bei Ihnen ganz vorne?«

Der Anwalt faltete die Hände und lächelte. »Hören Sie, Herr Klosters, die ganze Sache hier hat relativ wenig Sinn, wenn Sie kein Vertrauen haben.«

Klosters brummte unwillig. »So war das nicht gemeint …«

»Also gut.« Der Anwalt schlug seine Mappe auf und nahm seinen Füllfederhalter in die Hand. »Dann erzählen Sie mir bitte, was Sie für eine Rolle in dem Skandal gespielt haben.«

Klosters rieb sich an der Nase. »Wissen Sie was? Ich glaube, am besten ist, Sie lesen erst einmal, was auf dieser Diskette ist.«

Der Anwalt runzelte die Stirn. »Wie viel ist das denn?«

»Ich weiß nicht. Ich hab es nicht ausgedruckt. 350 Seiten, schätze ich.«

»So viel?«

»Na ja, es ist jetzt Freitag Nachmittag, übers Wochenende sollte das zu schaffen sein. Ich habe das ganze Ding gestern Abend gelesen.«

»Also gut ... Und wann wollen wir uns dann wieder sehen?«

Der Berater griff in sein Jackett und holte einen Palm hervor. »Montag, acht Uhr«, sagte er. »Später geht nichts mehr.«

Der Anwalt seufzte und schrieb Klosters Namen in seinen Kalender. Dann nahm er die Diskette und sah sie skeptisch an.

»Ich hoffe, das Ding ist nicht so langweilig.«

Klosters lachte kurz. »Es geht um das Beraterleben. Ganz lebendig beschrieben. Und darum, wie der Skandal sich entwickelt hat. Nur das Ende ist reichlich abgedreht. Völlig aus der Luft gegriffen, wenn Sie mich fragen.«

»Über Ihre Rolle erfahre ich auch etwas?«, fragte der Anwalt.

Klosters Züge wurden hart. »Schon. Wie gesagt, aus der Sicht von Ritter. Aber darüber können wir dann am Montag reden.« Er stand auf und verabschiedete sich.

Der Anwalt brachte den Berater zur Tür. Als er zu seinem Schreibtisch zurück kam, sah er sich die Diskette noch einmal an. »Heiße Phase« war auf das Etikett getippt. Was für ein einfallsreicher Titel. Er hatte schon ewig keinen Roman mehr gelesen. Noch nicht mal einen Krimi. Und jetzt gleich 350 Seiten. Du lieber Gott. Das war ja schlimmer als Aktenstudium. Und es bedeutete, er konnte die Verabredungen am Wochenende absagen. Ein Alptraum.

Er schob die Diskette in den Computer und rief die erste Datei auf. Dann begann er zu lesen.

Montag, 18. November

05:14 Uhr

Sebastian Ritter stand im Teamraum am Fenster und sah auf die Frankfurter Bankentürme. Die Sonne schien, und die Glasoberflächen strahlten, die Farben changierten zwischen kühlem Blau und wärmeren Silbertönen, die harten Linien zeigten steil nach oben. Beeindruckend war diese Architektur. Manchmal vielleicht auch bedrohlich.

Sebastian drehte sich um, und da sah er Natalie. Sie kam langsam auf ihn zu und lächelte – jenes zarte, beinahe nur angedeutete Lächeln, das ihn verfolgte seit ihrer ersten Nacht. Er öffnete die Arme, aber gerade, als er sie berühren wollte, wich sie zurück, aufgeschreckt von etwas, das er nicht bemerkt hatte.

Ein Mann stand mit einem Mal vor ihm, griff nach Natalie, riss sie weg von ihm, stieß sie in die andere Ecke des Teamraums. Dann ging er auf Sebastian zu. Der wich zurück, aber der Mann kam immer näher, bis Sebastian mit dem Rücken gegen das Fenster stieß. Unten war der Parkplatz der Bank, und der Wagen von Dr. Schweizer, dem allmächtigen Sprecher der Geschäftsführung, musste jeden Moment um die Ecke biegen. Das Gesicht des Mannes war so nah, dass Sebastian seinen Atem spürte.

So schnell ändert sich das Spiel, sagte der Mann. Und das gerade am Schluss der heißen Phase, wo es darauf ankommt. Dumm, nicht? Jetzt haben Sie verloren, Ritter. Ich mache jetzt das Fenster auf, und Sie steigen da auf den Sims. Und dann werde ich zählen, rückwärts, von zehn bis null. Und wenn Sie bei null nicht gesprungen sind, dann muss ich leider etwas nachhelfen.

Er riss das Fenster auf. Sebastian wehrte sich, aber er wurde hochgeschoben. Zehn, hörte er die Stimme des Mannes. Neun. Der Wagen Schweizers fuhr unter ihm auf den Parkplatz. Acht. Die Wände schwankten. Sieben. Da krähte ein Hahn.

Sebastian schreckte hoch und drückte auf den Wecker. »Good Morning« schallte es ihm entgegen. Mein Gott, dachte er. Was für ein Traum.

Jetzt verfolgte ihn diese Bank schon bis in den Schlaf. Es wurden sogar gleich Mordgeschichten daraus. Und was für welche. Wer war bloß dieser Mann? Er konnte sich an kein Gesicht erinnern, auch die Stimme war ihm fremd. Er schüttelte den Kopf. Merkwürdig. Gut, dass es in Wirklichkeit anders zuging. Heute Nachmittag war die Abschlusspräsentation seines Projekts, damit war die heiße Phase vorbei, und danach würde die Welt schon wieder anders aussehen. Die Bankenchefs mussten nur die Ergebnisse akzeptieren, dann war das Anschlussprojekt so gut wie verkauft.

Sebastian schlurfte ins Badezimmer. Zwanzig nach fünf ... Was für eine Uhrzeit. Und das an einem Montag. Mühsam zielte er ins Klobecken, geschüttelt von einem neuen Gähnanfall. Warum nur hatte er sich ausgerechnet für diesen Job entschieden? Hatte er sich je entschieden? Irgendwann hatte er sich beworben, war durch neun Interviews gestolpert, und dann hatten sie ihm wirklich ein Angebot geschickt. Ein Angebot von Top Management Consulting. Für Außenstehende klang der Name nichts sagend. Insider wussten, was sich dahinter verbarg.

Er stieg in die Dusche und drehte den Hahn auf. Das eiskalte Wasser prasselte auf ihn nieder. Erst die Füße, dann die Oberschenkel, am Bauch wurde es kritisch, das Gesicht und schließlich der Nacken ... Immerhin, die Lebensgeister kehrten langsam wieder. Dann der schlagartige Wechsel auf heiß. Als Student hatte er nie vor neun ein Auge aufbekommen, aber von seinem ersten Arbeitstag an wurde das anders. Unternehmensberater müssen reisen, und geschäftlich verreist man früh am Morgen. Anfangs glaubt man noch, dass es besser wird, wenn man erst befördert ist und selbst mehr bestimmen kann ... Und außerdem gewöhnt man sich ja daran. Sebastian wurde befördert, immer in der schnellstmöglichen Zeit, bestimmen konnte er mehr und mehr, aber kaum seine Flugzeiten. Und daran gewöhnen konnte er sich auch nicht. Jedenfalls nicht in diesem Moment, in dem die Wärme der Nacht überging in den kalten Morgen. Selbst wenn am Tag ein kritisches Meeting nach dem anderen auf ihn wartete, der Moment des Aufwachens war die größte Herausforderung.

Sebastian stellte die Dusche ab, griff nach dem Handtuch und rubbelte sich kräftig ab. Man durfte nicht nachlassen in den morgendlichen Anstrengungen, sonst verkrochen sich die Lebensgeister wieder. Und man durfte nicht zu lange in den Spiegel schauen um diese Uhrzeit, und erst recht nicht bei diesem Licht. Sonst sah man, wie grau die Haut war, und wie dunkel die Ringe unter den schlammfarbenen Augen. Immerhin war der Haarschopf beneidenswert voll. Erfreuliche Reste eines jungenhaften Charmes ... Sah so ein zukünftiger Partner von Top Management Consulting aus? »The CEO's First Choice?« Gut, dass die Vorstände ihn nicht um diese Uhrzeit sahen. Wenn er in ihre Büros marschierte, war er bereit. Wenn auch nicht immer ausgeschlafen, so doch wach genug, um auch harte Brocken zu beeindrucken. Er lächelte. Eigentlich war es doch schön, Berater zu sein.

Das Geräusch des Rasierapparats war verdächtig nah am nervtötenden Summen eines Zahnarztbohrers. Sebastians spärliche Bartstoppeln waren schnell erledigt. Ein kurzes, heftiges Zähnebürsten, dann folgte die gute Gesichtscreme – mit 35 musste man allmählich auf seine Haut achten – die Bodylotion, das Deo und natürlich das Aftershave für den Tag. Heute einmal ... Die Auswahl unter den fünfzehn Fläschchen fiel ihm schwer. Zwei wichtige Meetings standen an, denn vor der Präsentation um zwei musste er sich noch beim Vorstand seines neuen Kunden vorstellen. Keine leichte Aufgabe. Der Kunde war eine Finanzholding, der plötzlich die Erträge weggebrochen waren. Die Vorstände mussten um ihren Job fürchten und entwickelten ungeahnte Energien. Top Management Consulting sollte mit einem Shareholder-Value-Konzept die eingerosteten Beteiligungen zu neuen Ufern führen. Ein reizvolles Projekt, schließlich ging es um ein Thema, das heute in aller Munde war. Sebastian war zwar nicht der große Experte auf diesem Gebiet, aber seine Geschäftsführer hatten ihm keine Wahl gelassen. Top Management Consulting musste Know-how in diesem Bereich aufbauen, und er hatte nur seinen Bankenkunden und damit noch Kapazität frei. Der zuständige Partner hatte ihm versprochen, eng mit ihm zusammenzuarbeiten und ihn zu unterstützen, wenn es um Details gehen sollte. Sebastian, hatte er gesagt, dein Job ist es, den Prozess zu managen und dem Kunden Vertrauen einzuflößen. Das Fachliche kommt bei der Arbeit, das weißt du doch. Sebastian seufzte. An einem solchen Tag war ein eher zurückhaltender Duft angesagt.

Im Schlafzimmer ging er zum Schrank, um seine Kleider herauszunehmen, aber das Foto auf seinem Schreibtisch lenkte ihn ab. Es war ein Schwarzweiß-Bild, schon ziemlich zerknittert, nicht gerade von einem begnadeten Fotografen aufgenommen. Auf ihm war ein Mädchen zu sehen, das mit verwuschelten blonden Haaren, einem ausgeleierten T-Shirt und verwaschenen Jeans auf einer Treppe saß, den Blick sehnsüchtig in der Ferne verloren, um den Mund die leichte Andeutung eines Lächelns. Natalie ... Sebastian lächelte versonnen zurück. Dann klappte er das Buch zu. Gestern Nachmittag hatte sie hier neben ihm gesessen, seinen Nachttisch durchwühlt, über den merkwürdigen Wecker gelacht. Und in der nächsten Nacht träumte er schon von ihr. Wenn das nicht mehr versprach ... Sechs Uhr. Verdammt. Der Flieger ging in einer Stunde. Er musste sich beeilen.

Er sprang schnell in T-Shirt und Boxershorts und griff nach seinem Hemd. Sebastian Ritter war überzeugt, sich nicht viel Luxus zu leisten, aber er gab gerne zu, dass seine Hemden dazugehörten. Sie waren alle maßgeschneidert, mit Kent-Kragen und Umlegemanschetten, vorzugsweise gestreift, niemals weiß – nur Sachbearbeiter trugen weiße Hemden. Na gut, auch einige Banker, aber die waren langweilig. Schwarze Kniestrümpfe – nichts war ekelhafter als weiße, behaarte Haut, die plötzlich vorlugte, wenn man die Beine mal etwas lässiger hielt am Sitzungstisch. Dann nichts wie hinein in den Maßanzug – eine neuere Errungenschaft, denn bis zur letzten Beförderung waren Sebastian die Preise noch immer zu hoch gewesen. Und natürlich schlichte, aber elegante Schuhe – vorzugsweise aus New York (immer ein gutes Mitbringsel von internationalen Firmenmeetings), aber London tat es auch.

6 Uhr 03. Er trödelte einfach zu sehr herum. Schnell griff er nach seiner Lieblingskrawatte: blaues Paisley-Muster auf rotem Grund, ein wenig verspielt, aber nicht zu aufdringlich. Er band sie sich um den Hals und begutachtete sich noch einmal im Spiegel. Ein Einstecktuch fürs Jackett? Vielleicht etwas zu dandyhaft für ein Vorstandsgespräch. Nein, er blieb so, wie er da stand. 6 Uhr 06. Nur noch den Waschbeutel in den Kleidersack gepackt, und dann nichts wie los.

Um 6 Uhr 10 stapfte Sebastian Ritter durch den ersten Schwabinger Schneematsch im Laufschritt zu der Garage, die er einen Block weiter gemietet hatte, um der permanenten Münchener Parkplatzsorge zu entgehen. Der Kleidersack baumelte über der Schulter, der braune Aktenkoffer schwang im Rhythmus mit. An der Tiefgarage angekommen, hastete er mit großen Schritten die Treppe hinunter und stand schließlich keuchend vor seinem BMW. Er verstaute das Gepäck und stieg ein. Der

Bordcomputer zeigte 6 Uhr 16. Normalerweise brauchte er 25 Minuten für die 35 km zum Flughafen im Erdinger Moos. Der Flug ging um sieben. Das konnte knapp werden. Sicherheitshalber sollte er schon einmal telefonisch einchecken.

Draußen war der Matsch auf den Straßen schon wieder einigermaßen abgefahren, so dass er in bewährter Manier Gas geben konnte. Die ersten Ampeln schaffte er noch so gerade, an der dritten erwischte ihn das Rot. Zeit, die Lufthansa anzurufen.

Knapp zwei Minuten später war er eingecheckt. Ein guter Service war das. Früher hatte man noch am Schalter anstehen müssen – das kostete Zeit. Und die war kostbar. Gerade am frühen Morgen. Sebastian sah auf den Bordcomputer. 6 Uhr 21. Schnell gab er die Entfernung zum Flughafen ein. Als Ankunftszeit leuchtete 6 Uhr 49 auf. Das waren noch neun Minuten zu viel. Sebastian gab Gas.

Draußen zog das Schild »München-Nord« vorbei. Ob Natalie auch schon wach war? Bestimmt, sie musste ja zu ihrem neuen Kunden nach London fliegen. Sebastian seufzte. Es wäre ihm lieber gewesen, wenn sie auf seinem Projekt geblieben wäre, dann hätte er sie in seiner Nähe gehabt, im selben Hotel ... Wie damals, vor zwei Wochen, an dem Abend in Frankfurt, als sie mit ihm auf sein Zimmer gegangen war. Erst hatten sie noch über den Kunden gesprochen, aber dann hatte sie angefangen, mit dem obersten Knopf an ihrer Bluse zu spielen. Irgendwann war er aufgegangen und danach der nächste. Dann hatte sie die Bluse ausgezogen. Und dann ... Er schüttelte den Kopf. Die Ankunftszeit war bei 6 Uhr 44. Vier Minuten musste er noch herausholen.

Plötzlich klingelte das Handy. Sebastian schaute leicht konsterniert auf die beleuchtete Anzeige, auf der das Wort »Call« blinkte. Es war 6 Uhr 29. Eine ungewöhnliche Zeit für einen Anruf. Er drückte auf die Abnahmetaste.

»Ritter.«

»Sebastian, bist du es?«

Der Tonfall war unverkennbar. »Ja, Ludwig.« Manchmal hasste er diese Beratereigenart, dass alle in der Firma sich duzten. Ludwig Staupe war jemand, von dem er liebend gern gesiezt worden wäre. Ludwig war der zweite Consultant auf seinem Bankenprojekt – genauer gesagt, er war es seit einer Woche. Davor hatte Natalie das Kostenmodul betreut, und sie hatte auch alle Analysen für die heutige Präsentation gemacht –

sehr zur Zufriedenheit des Projektleiters und auch der des Partners, dafür hatte Sebastian schon gesorgt. Aber dann musste sie ja zu ihrem Traumprojekt nach London, und als Ersatz hatte Sebastian Ludwig bekommen – kein adäquater Ersatz, natürlich, aber wie denn auch. Ludwig galt als graue Ameise – fleißig, genau bis zum Pedantischen, aber wenig kreativ. Immerhin hatte er eine Banklehre und sollte sich deshalb im Alltag einer Bank auskennen. In der ersten Woche hatte er allerdings vor allem seinen Genauigkeitsfanatismus unter Beweis gestellt. Freitag Abend hatte Sebastian eine Stunde und ungefähr drei Whiskys gebraucht, um Natalie wieder zu beruhigen.

»Sebastian, ich habe da ein ziemliches Problem«, sagte Ludwig.

»So?« Draußen sauste die Ausfahrt Garching-Nord vorbei. Die Ankunftszeit war inzwischen bei 6 Uhr 41. Kein Grund mehr zur Aufregung.

»Ich habe gestern noch einmal alle Berechnungen der Soll-Personalstärke durchgesehen, und irgendwie erschienen mir die Zahlen nicht stimmig.«

»Nicht stimmig?«, Sebastian seufzte. Du lieber Gott.

»Ja, ich weiß, das klingt komisch, aber ... Ich hatte so eine Ahnung.«

»Ach ja. Und was ist nun herausgekommen?« Rechts kam gleich Eching, und danach das Neufahrner Kreuz, wo er abbiegen musste auf die Deggendorfer Autobahn. Und dann waren es noch 14 Kilometer bis zum Flughafen – 14 Kilometer, die man mühelos mit 200 nehmen konnte. Kein Problem, es bis 6 Uhr 40 zu schaffen.

»Ich weiß, es klingt ziemlich kühn, aber ich bin mir ausgesprochen sicher, dass alle unsere Personalprognosen falsch sind.«

»Falsch? Wie falsch?«

»Das ist nicht so einfach zu erklären, Sebastian ...«

»Ludwig, du hast maximal fünf Minuten, dann bin ich am Flughafen. Also, erkläre es schnell und verständlich, und sag mir vor allem, was du ändern willst.« Ändern. Die Präsentation war um 14 Uhr. Na ja, anhören musste er es sich schon.

»Also gut«, räusperte Ludwig sich am anderen Ende der Leitung. »Ich habe gestern im Büro noch einmal die Zahlen aus den Filialen durchgesehen, und dabei ist mir aufgefallen, dass die drei Ostfilialen fehlten.«

»Wie? Fehlten? Die Ostfilialen sind doch die wichtigsten.«

»Ja, genau. Deshalb habe ich auch noch einmal alles durchgesucht.

Natalie hat nur mit Zahlen für das gesamte Ostgebiet gearbeitet und keinen aus einzelnen Filialen. Weil es sie nicht gab, stand auf einem Blatt.«

Es war 6 Uhr 32. Es war viel zu früh für solche Diskussionen. Sebastian hatte keine Ahnung, worauf Ludwig hinauswollte. »Ja«, sagte er. »Und?«

»Die Zahlen aus den einzelnen Filialen waren da.«

Sebastian zog die Augenbrauen hoch. »Wie? Die waren da? Warum hat Natalie ...«

»Genau das verstehe ich auch nicht. Die Zahlen lagen ganz unten in dem Stapel, und Natalie hatte ziemlich viel auf den Blättern herumgemalt. Ich hab gestern auch den ganzen Tag versucht, sie zu erreichen, aber sie war nicht aufzufinden ...«

Sebastian schluckte. Natürlich nicht. Sie hatte sich schließlich unter seiner Bettdecke versteckt. Und jetzt saß sie im Flieger nach London. »Tja, Pech. Ist denn irgend etwas an den Zahlen auffällig?«

»Die Zahlen sind nicht vom Stichtag 31. 12., sondern vom 28. Das Auffallende sind dabei die hohen Kontenzugänge. Verstehst du, Sebastian, es geht nicht nur um die Zahlen vom vorigen Jahr – unsere Prognosen für den Osten sind einfach falsch. Die Neuzugänge werden nicht so stark zurückgehen, wie wir angenommen haben, ganz im Gegenteil, wenn man diese Zahlen nimmt und mit denen der vergangenen Jahre vergleicht, dann sieht man, dass es exorbitante Steigerungen sind, für den ganzen Osten. Und dann müssen wir auch die Westprognosen noch einmal überdenken ...«

Exorbitant. In der Tat, exorbitanter Blödsinn. »Ludwig, wir haben unsere Prognosen ungefähr fünfmal rauf und runter geprüft. Natalie hat gerade wegen des Ostens drei oder vier Interviews in Berlin und wo sonst noch durchgeführt. Und der Westen ist sowieso völlig separat zu betrachten. Du warst doch auch letzten Donnerstag dabei, als wir alles noch einmal besprochen haben ...«

»Aber letzten Donnerstag kannte ich diese Zahlen noch nicht. Sebastian, wir liegen falsch!«

»Ludwig, du glaubst doch nicht etwa, dass ich nur auf Basis deiner Mutmaßungen jetzt die ganze Präsentation noch einmal durch den Wolf jage? Das sind 150 Folien!«

»Es müssten nur ungefähr zehn oder zwölf geändert werden. Vor allem natürlich unsere Empfehlungen für den Osten.«

Am Schluss der Präsentation schlug Top Management Consulting vor, von den drei Filialen der Bank in den Neuen Bundesländern zwei wegen nachhaltiger Unrentabilität zu schließen. Wenn es stimmte, was diese Nervensäge erzählte, war dieser Vorschlag blanker Unsinn. Aber es konnte gar nicht stimmen. »Ludwig, nur weil du aus Thüringen kommst, können wir doch nicht einfach die ganze Strategie umwerfen.« Sebastian gab noch einmal wütend Gas. Über ihm sah er das Schild mit der Aufschrift Deggendorf vorbei ziehen.

»Sebastian, das ist total unfair. Das eine hat mit dem anderen überhaupt nichts zu tun. Wenn du dir die Zeit nehmen würdest, könnte ich dir meine Argumentation genau darlegen.«

»Ludwig, ich habe diese Zeit nicht mehr. Heute ist die Präsentation, und ich bin in ein paar Minuten am Flughafen, und ...« Flughafen. Sebastian lief ein Schauer den Rücken hinunter. Er war an der Abfahrt zur Flughafen-Autobahn vorbeigefahren.

»Sebastian, wir laufen in die falsche Richtung ...« Ludwig fing wieder von vorne an. Sebastian fluchte. Bis zur nächsten Ausfahrt waren es mindestens fünfzehn Kilometer, dann dieselbe Strecke wieder zurück, dann noch vierzehn Kilometer bis zum Parkhaus am Flughafen. Jetzt war es 6 Uhr 35. Vor sieben Uhr war die Strecke kaum zu schaffen. Dann rollte sein Flieger schon zur Startbahn. Und der Termin bei seinem neuen Kunden war geplatzt. Verdammt.

»Ludwig, ich hab jetzt keine Zeit mehr. Es bleibt alles so, wie es ist. Natalie wird ihre Gründe gehabt haben. Ich werde ihr in London eine Nachricht hinterlassen, und heute Abend klären wir alles. Aber die Präsentation ziehen wir durch wie geplant.«

»Du bist der Boss, Sebastian. Aber ...«

»Genau, Ludwig. Also. Bis 14 Uhr.« Er drückte auf den roten Knopf am Telefon und trat das Gaspedal durch.

Siebzehn Minuten später sprang er im Parkhaus gegenüber von Terminal A aus dem BMW. Er schnappte sich seinen Kleidersack und den Aktenkoffer und rannte los. In der Abflughalle standen drei lange Reihen wartender Geschäftsleute an der Gespäckkontrolle. Die Digitaluhr auf der Anzeigetafel zeigte 6 Uhr 54. An seinem Flug blinkten die grünen Boarding-Lämpchen abwechselnd auf. Wenigstens war er noch angezeigt. Es gab noch Hoffnung.

»Entschuldigen Sie, mein Flug geht in sechs Minuten ... könnten Sie mich bitte vorlassen?« Ein Spießrutenlaufen war gar nichts dagegen. Sebastian stellte sich taub und drängte sich durch.

»Langsam, langsam, junger Mann.« Der Kontrolleur hielt ihm sein Suchgerät unter die Nase.

»Mein Flug ...«

»Erst einmal das Ticket. Danke. Und wenn Sie bitte den Mantel ausziehen würden.«

Sebastian quälte sich aus dem Mantel und warf ihn in die Wanne. 6 Uhr 56. »Hören Sie ...«

»Umdrehen bitte.«

Sebastian seufzte. Keine Chance.

»Danke.«

Er hechtete zu seinen Sachen.

»Ist das Ihr Computer in dieser Tasche?« Die rothaarige Frau schaute ihn ausdruckslos an. Er nickte, während er sich wieder in den Mantel hineinzwängte.

»Wenn Sie den Computer bitte einschalten würden.«

6 Uhr 58. Ein Schweißtropfen floss langsam an Sebastians Wange hinunter. Er holte das Notebook heraus und drückte auf den Schalter. Das Logo erschien. »Reicht das?«

Die Frau schaute nicht einmal hoch. Erst als das Logo wieder verschwand, nickte sie, ohne ihn anzusehen. Sebastian packte wieder ein, griff nach seinen Sachen und lief los.

Er kam nur ein paar Schritte weit. Dann sah er schon die lange Schlange an Gate A 23. Er atmete einmal tief durch. Sie hatten die Passagiere noch gar nicht einsteigen lassen. Aber was, wenn sein Ticket schon vergeben war ... Sebastian drängte sich zum Schalter durch.

»Guten Morgen, Sebastian Ritter. Ich habe telefonisch eingecheckt.«

»Herr Dr. Ritter ...« Die Hostess suchte auf ihrem Pult herum. »Eben hatte ich noch Ihre Bordkarte. Wir dachten schon, Sie kommen nicht mehr ... « Sebastian hielt die Luft an. Die Hostess kramte weiter. »Komisch. Warten Sie, ich frage meine Kollegin.«

Das war überhaupt nicht komisch. Er musste pünktlich in Düsseldorf sein. Sonst war sein neues Projekt vorbei, bevor es überhaupt angefangen hatte.

Die Hostess kam wieder.

»So, da ist sie. Sitzplatz 1A. Sie können auch gleich einsteigen.«

Im Flugzeug fiel Sebastian auf den Sitz. Seine Kleider klebten an ihm. Er schloss die Augen. So. Er hatte es wieder einmal geschafft. Jetzt konnte der Tag beginnen.

08:56 Uhr

Die Einfahrt zum Parkhaus war direkt vor dem roten Backsteingebäude in der Düsseldorfer Innenstadt. Sebastian fuhr mit dem Mietwagen vor die gelbe Schranke und machte sein Handy aus. Es war ihm nicht gelungen, Natalie in London zu erreichen. Immerhin hatte er eine Nachricht auf ihrer Mailbox hinterlassen. Jetzt konnte er nur noch hoffen, dass sie die auch rechtzeitig abhörte. Und dann das tat, wozu er sie geradezu angefleht hatte: zurückzurufen.

Auch wenn er Ludwig ziemlich brüsk zurechtgewiesen hatte, so recht wohl war ihm nicht gewesen, als er im Flugzeug noch einmal alles in Ruhe durchdacht hatte. Was, wenn Natalie nun doch einen Fehler gemacht hatte? Oder – was bei ihr viel wahrscheinlicher war – wenn sie vor lauter Übereifer dem Offensichtlichen misstraut hatte und über komplizierte Ableitungen zu falschen Schlüssen gekommen war? Das Problem war, Sebastian hatte wirklich keine Zeit mehr. In der Präsentation war eine klare Aussage gefordert.

Er fand schnell einen Parkplatz, stieg aus, griff nach Mantel und Aktentasche und ging zum Ausgang. Als er hinaus auf die Straße kam, nieselte es. Sebastian knöpfte den Mantel zu und sah auf die Uhr. Zwei Minuten vor neun. Immerhin, er war pünktlich.

An der Rezeption strich die Empfangsdame Sebastians Name von einer Liste.

»Das Gespräch findet im Sitzungsraum im dritten Stock statt. Es werden beide Vorstände teilnehmen.« Sie lächelte Sebastian an.

Sebastian lächelte etwas gequält zurück. Die Frau hat es gut, dachte er. Die hat ihren Job getan. Seiner würde nicht ganz so einfach werden. Er musste jetzt den allseitig erfahrenen Berater vorführen, der sich in jeder Situation zurechtfand und zugleich die Expertenfragen im Detail beantworten konnte. Und das gleich mit zwei erfahrenen Managern, die vermutlich so unter Druck waren, dass sie nur darauf warteten, ihre Spannungen an dem externen Besserwisser abzulassen. Er seufzte leise. Gespräche dieser Art kannte er nur zu gut.

»Der Aufzug ist gleich da vorne links, Herr Dr. Ritter.«

»Ja«, sagte er, »danke.« Er marschierte los. Go and beat the shit out of them. Was jetzt half, war nur die Offensive. Die genaue Situation des Unternehmen erfragen, Lösungsansätze zeigen. Verständnis demonstrieren und Vertrauen aufbauen. Das hatte er schließlich gelernt.

Als er im dritten Stock ankam, war die Tür zum Sitzungssaal offen. Er ging hinein. In der Mitte war ein großer ovaler Marmortisch mit vier weißen Lederstühlen. Auf dem Tisch standen drei Tassen bereit. Neben Kaffee, Milch und Zucker die obligatorischen Plätzchen. Er stellte sein Gepäck ab und begutachtete die Plätzchen-Auswahl. Nur eine Sorte. Offensichtlich war wirklich nicht mehr viel Geld im Haus.

Sebastian kannte Karl-Heinz Klohs, den Vorstandsvorsitzenden der Rheinischen Finanzgruppe, oder kurz RFG, wie sich die Holding wenig einfallsreich nannte, nur vom Telefon, den anderen Vorstand nur vom Foto im Geschäftsbericht. Das ganze Vorfeld hatte Phil Meyer abgewickelt, der Deutschland-Chef von Top Management Consulting. Phil hatte das Analyseinstrumentarium entwickelt, das die Berater für ihre Wertberechnungen verwendeten. Heute war er noch in den USA, beim Meeting der Länderchefs. Und David, sein Adjutant und ständiger Projektleiter, hatte sich vor einer Woche beim ersten Skiausflug der Saison den Knöchel gebrochen. Vorher hatte er schon ein Beraterteam zusammengestellt, aber alle waren noch auf anderen Projekten. Der Vorstandsvorsitzende hatte leider dennoch auf dem Termin bestanden, denn ihm lief die Zeit davon. Und so war der Kelch bei Sebastian gelandet.

Er ging langsam durch den Raum. Der Blick nach draußen war genauso steril wie die Einrichtung des Sitzungssaals. Ein Hinterhof, angrenzende Wohnhäuser … eine Komposition in Grau. Auch das Telefon auf dem Fensterbrett war grau. Er schaute sich noch einmal im Sitzungssaal um. Hinter dem Tisch stand ein Flipchart, auf dem eine unfertige Zeichnung aus einer anderen Sitzung übrig geblieben war. Zwei annähernd rechtwinklige schwarze Linien deuteten das obligatorische Koordinatensystem an, und mitten drin war eine dritte, horizontale Linie in Blau, neben die etwas Unleserliches gekritzelt war. Wenn das nun die Kapitalkosten wären, dachte Sebastian, dann … Er schüttelte unwillig den Kopf. Was sollte das? Die Basics kannte er doch. Am

Wochenende war er sie mit Natalie durchgegangen, wenn auch nicht allzu lang, denn ziemlich bald hatten sie die Lust verloren und sich anderen Dingen hingegeben. Der Haut an ihrem Nacken zum Beispiel, oder der hinter ihren Ohren … Er lächelte. Sie war so kitzlig, dass sie angefangen hatte, herumzuzappeln, und einen Moment lang ernsthaft verärgert zu sein schien, bis er dann die richtige Stelle gefunden hatte. Und dann …

»Herr Dr. Ritter?« Der Vorstandsvorsitzende kam auf ihn zu. Er war um die fünfzig, groß, mit dem im Management üblichen Sitzbauch und einem erstaunlich großen Kopf, an dem vor allem das heftige Doppelkinn auffiel.

»Guten Morgen, Herr Klohs«, sagte Sebastian.

»Mein Kollege stößt gleich zu uns«, sagte Klohs. »Aber lassen Sie uns schon einmal anfangen. Kommen Sie, setzen Sie sich.«

Sie gingen zu dem Marmortisch. Sebastian wartete, bis der VV sich am breiten Ende des Ovals niederließ, und setzte sich dann links von ihm an das schmale Ende.

»Wie lange sind Sie jetzt bei Ihrem Unternehmen?«

»Seit sechs Jahren.«

»Und was für Projekte haben Sie betreut?«

»Strategieentwicklung selbstverständlich, Reengineering, Einführung von Controlling-Systemen. Das ist einer meiner Schwerpunkte.«

»In welchen Branchen?«

»Hauptsächlich im Bereich Finanzdienstleistungen. Aber ich habe auch mehrere Kunden in der Industrie gehabt.«

»Und in welcher Industrie?«

»Äh … High Tech.« Das war sein erstes Projekt gewesen. Viel herausgekommen war dabei nicht, aber zum Vorzeigen reichte es.

»Haben Sie denn auch Erfahrungen in unseren Branchen?«, fragte Klohs.

Die RFG war im Maschinenbau und im Speditionswesen tätig. Eine verquere Mischung, die schon zeigte, dass hier über Jahre hinweg nach persönlichen Vorlieben zusammengekauft worden war. Sebastian kannte die Unternehmen aus den Geschäftsberichten. Und er wusste, dass seine Projekterfahrung in diesen Bereichen reichlich dünn waren. Er hätte natürlich gleich in die Offensive gehen und die Philosophie der Beratung herausstellen können: Entscheidend war die Zielorientierung, die Projektmethodik, der Ideenreichtum im Team. Die Branchenkenntnisse kamen »on the job«. Aber das hätte Klohs jetzt nur irritiert. Der Kunde wollte Branchenerfahrung hören. Also musste er ihm etwas bieten.

»Mein Schwerpunkt liegt sicher nicht im Speditionswesen«, sagte er und sah Klohs in die Augen. »Mein High-Tech-Projekt war aber bei einem Prozessorenhersteller, da gibt es deutliche Berührungspunkte zum Maschinenbau. Wir haben damals den gesamten Einkauf neu organisiert.«

Sehr überzeugend war das nicht. Immerhin schwieg Klohs. Das gab Sebastian die Chance, nachzulegen. »Und dann ist da natürlich mein Team. Wir haben ausdrücklich Leute mit der Branchenerfahrung ausgesucht, die Sie einfordern. Herr Schuffelen ist von Haus aus Ingenieur, Herr Delacroix ist von Haus aus Physiker und hat nach der Dissertation Spezialmaschinen konstruiert, Frau Hansen hat mehrere Fälle in der Automobilindustrie und im Anlagenbau durchgeführt. Unsere Stärke bei Top Management Consulting ist die Teamarbeit. Schauen Sie nur in das letzte *Manager Magazin* – da wird wieder beschrieben, wie unser Shareholder-Value-Management eine AG völlig reformiert hat.«

Klohs schaute Sebastian nachdenklich an. Vielleicht war es doch nicht so klug, das Team herauszustellen, wenn er ganz alleine da saß. Aber das schien es nicht zu sein, was Klohs beunruhigte. »Ich habe keine Zweifel an der Arbeit von Top Management Consulting, Herr Dr. Ritter«, sagte er nach einer Weile. »Ich glaube Ihnen Ihre Teamphilosophie. Und eben deswegen …«

Es klopfte an der Tür. Sebastian drehte sich zur Seite. Mit hektischen Schritten kam eine hagere Gestalt auf ihn zu, die ihm schon auf den Fotos im Geschäftsbericht aufgefallen war: Dr. Herbert Speer. Sebastian stand auf und schüttelte die Hand des Vorstands. Als sie sich wieder gesetzt hatten, bat Klohs Sebastian, sich noch einmal vorzustellen. Während er seine Litanei wiederholte, zündete Dr. Speer sich eine Zigarette an.

»Controlling, so«, sagte er und blies den Rauch heftig in Richtung Decke. »Mit Wertmanagement haben Sie bisher also nichts zu tun gehabt?«

»Ich bin aktives Mitglied unserer Know-how Plattform ›Shareholder Value‹, in der wir unseren Wertmanagement-Ansatz kontinuierlich weiterentwickeln«, antwortete Sebastian. Die beiden brauchten ja nicht unbedingt zu wissen, dass er ungefähr einmal pro Jahr zu den Meetings ging.

Dr. Speer drückte seine halb aufgerauchte Zigarette im Aschenbecher aus. »Gut, Herr Ritter, dann kennen Sie die Theorie«, sagte er kühl. »Sie haben sie aber noch nie in die Praxis umgesetzt. Und Sie haben keinerlei Erfahrung in unseren Branchen. Und dann wollen Sie unseren Werksleitern verständlich machen, was ›Wert‹ ist?« Er wischte mit der Hand über den Tisch. »Tut mir leid, Herr Ritter, aber so jemanden wie Sie können wir hier überhaupt nicht gebrauchen.«

Er nahm sich eine neue Zigarette.

Die Spannung war im Sitzungssaal zu spüren. Der VV fixierte seine Kaffeetasse. Dr. Speer inhalierte angestrengt und schaute scheinbar teilnahmslos in den Raum. Keiner sah Sebastian an. Aber beide warteten sie darauf, wie er reagieren würde.

Sebastian breitete die Arme aus und begann. »Meine Herren, wenn Sie Zweifel haben, bin ich gerne bereit zu demonstrieren, dass ich durchaus mit den praktischen Aspekten des Wertmanagements vertraut bin. Fragen wir uns doch erst einmal: Was heißt das denn eigentlich, ›Shareholder Value‹? Wenn Sie Ihren Unternehmenswert erfolgreich steuern wollen – also steigern –, dann müssen Sie erst einmal wissen, was dieser Wert ist, will sagen: wie Sie ihn messen können. Wir müssen also Kennzahlen definieren, die wir mit ähnlichen Unternehmen vergleichen können …«

Weiter kam er nicht. Dr. Speer schoss plötzlich nach vorne. »Wir brauchen keine Vorträge, Herr Ritter. Wir müssen handeln. Der Kurs unserer Aktie ist in den letzten drei Monaten um fast 30 Prozent gefallen. Wir haben nur einen echten Ergebnisbringer, die meisten anderen Unternehmen dümpeln vor sich hin, und unsere zwei Sorgenkinder machen zusammen mehr als 100 Millionen Verlust. Dafür muss eine alte Frau lange stricken, Herr Ritter.« Er schaute auf die Uhr. »Ich muss in spätestens fünfzehn Minuten in die nächste Sitzung. Haben Sie jetzt etwas Konkretes zu sagen oder nicht?«

Sebastian schluckte. Etwas Konkretes … Er brauchte ein Beispiel. Sein Blick fiel auf das Flipchart. »Gut«, sagte er. »Fangen wir mit der Skizze dort drüben an.« Er ging nach vorne und nahm den roten Marker.

»Um an den Überlegungen von eben anzuknüpfen: Ein einfacher

Indikator des Unternehmenswertes ist die Gesamtkapitalrendite. Wenn wir hier unten die Zeitachse haben und auf der Y-Achse die Höhe dieser Gesamtkapitalrendite abgetragen ist, dann könnte diese Gerade hier« – er deutete auf die blaue Linie im Koordinatensystem – »die Höhe der Kapitalkosten anzeigen. Gut. Dann denke ich, dass sich Ihre Kapitalrendite wohl so entwickelt hat.« Er zeichnete eine Kurve, die oberhalb der Geraden begann, hin- und herschwankte und am Schluss stark abfiel. »Wenn ich Ihre Ausführungen richtig verstanden habe, Herr Dr. Speer, dann ist diese Entwicklung realistisch. Das Ergebnis, das Sie mit Ihrem Kapitaleinsatz erwirtschaftet haben, ist zuletzt deutlich unter die Kosten dieses Kapitals gerutscht, und damit hat Ihr Unternehmen natürlich insgesamt an Wert verloren. Das heißt aber, wenn Sie Ihr Geld zur Bank tragen würden, statt es in Ihre Geschäfte zu investieren, wären Sie besser dran.«

Klohs lächelte höflich. Dr. Speer blieb ungerührt.

»Der nächste wichtige Schritt ist nun, nicht nur Unternehmen für Unternehmen, sondern Geschäft für Geschäft durchzugehen und zu identifizieren, wo *genau* Sie Ihr Kapital gewinnbringend einsetzen und wo nicht. So können Sie herauszufinden, wo Sie überhaupt Chancen haben, Ihre Performance zu verbessern, um dort dann schnell zu handeln.«

»Zeigen Sie das doch mal an einem Beispiel«, sagte Klohs.

Klohs bewegte sich. Jetzt kam es darauf an, auch Speer über die Schwelle zu tragen.

»Ich kenne Ihre Unternehmen natürlich noch nicht so genau, aber wenn ich noch einmal auf Ihre Ausführungen zurückkommen darf, Herr Speer, dann muss bei Ihnen eine Portfoliobereinigung vorrangig sein. Ihre Sorgenkinder werden Sie natürlich nicht so einfach verkaufen können. Aber wenn Sie es durch eine Sanierung schaffen, die Ergebnissituation kurzfristig zu verbessern, findet sich vielleicht ein Wettbewerber, für den diese Unternehmen oder vielleicht auch nur einzelne Geschäfte interessant sind.«

»Wie könnte man denn aus Ihrer Sicht eine solche Sanierung angehen?«, warf Klohs ein.

»Überprüfung des Auftragseingangs, Beschränkung auf die rentablen Geschäfte, rigorose Einsparungen. Eine echte Wende gelingt aber meist nur mit dem richtigen Sanierer.«

Klohs nickte. »Und was wäre Ihr Ansatz bei unseren Dümpelkandidaten?«

»Grundsätzlich erst einmal dieselbe Analysemethode: Bestimmung der Profitabilität der Einzelgeschäfte.« Sebastian spürte, wie er immer sicherer wurde. »Hier ist es dann aber noch entscheidender, schnell und vor allem rigoros zu handeln. Notfalls müssen Sie vielleicht doch ganze Unternehmen komplett abstoßen.«

Klohs Gesicht hellte sich zusehends auf. Dr. Speer verharrte in seiner Verbissenheit. Er sah nicht einmal zum Flipchart hinüber, sondern spielte mit einer weiteren Zigarette herum, ohne sie anzuzünden. Sebastian beschloss, ihn direkt anzugehen.

»Herr Speer, würden Sie mir in diesen Überlegungen folgen?«

Dr. Speer drehte sich langsam zu Sebastian um. Sein Gesichtsfarbe hatte ein ungesundes Rot angenommen. Aber er wurde nicht laut, im Gegenteil.

»Was Sie da eben von sich gegeben haben, das sind Trivialitäten«, flüsterte er. »Was glauben Sie, was wir hier den ganzen Tag machen? Um mir das kleine Einmaleins des Managements aufsagen zu lassen, zahle ich kein teures Geld.« Er zündete sich die Zigarette an. »Wenn Ihre Firma hier wirklich etwas bewirken soll, müssen Sie konkrete Hebel identifizieren. Wirksame Hebel, Herr Ritter, die das Management nicht sieht.«

»Oder nicht sehen will«, ergänzte Klohs.

Sebastian sah schnell zu Klohs hinüber. Gehörte Speer auch zu denen, die nicht sehen wollten? »Da stimmen wir völlig überein«, sagte er und lächelte. »Um konkret zu werden, ist es nur nötig, die Situation genauer zu analysieren. Zum Beispiel in einer Vorphase.«

»Ach so, Sie wollen erst drei Monate kassieren, um dann wieder mit Binsenweisheiten anzukommen?«

»Herr Kollege, so kommen wir nicht weiter.« Klohs Stimme zeigte, dass er sich entschieden hatte. »Ich denke schon, dass eine Vorphase eine sinnvolle Lösung wäre.«

Sebastian atmete tief durch. Speer war in seine Falle gelaufen. Wer sich reizen ließ, hatte verloren.

»Sagen wir, zwei Wochen, in denen Sie den Status unserer Beteiligungen aus der Perspektive Ihres Wertmanagements aufnehmen, Herr Dr. Ritter«, fuhr der VV fort. »Und wenn Sie Ihren Bericht vorgelegt haben, sprechen wir über das weitere Projekt.«

Kein schlechter Vorschlag, dachte Sebastian. Nur leider kaum durchführbar. Die ersten beiden Wochen war er alleine. Und es waren elf Einzelunternehmen … Aber ablehnen konnte er nicht.

»In Ordnung«, sagte er langsam und hoffte auf eine Eingebung. »Lassen Sie uns gleich einen Termin machen.«

Sie griffen alle nach ihren Terminkalendern. Klohs blätterte. »Ja, wie gesagt, in zwei Wochen … also am 2. Dezember. Dieselbe Uhrzeit?«

»Da bin ich in London«, sagte Dr. Speer.

»Ach so, richtig … Ihr Aufsichtsratstermin, Herr Speer. Dienstag und Mittwoch kann ich nicht … Donnerstag Nachmittag, 16.00 Uhr?«

Sebastian bemühte sich, ganz langsam hoch zu schauen. »Da bin ich leider verhindert«, sagte er.

»Und Sie können Ihren Termin nicht verschieben?«

Sebastian räusperte sich. »Es ist so, dass ich da eine Verkaufspräsentation habe, die schon dreimal verschoben worden ist. Ich sehe da kaum eine Chance.«

»Ach so …« Klohs gluckste ein wenig. »Na gut, Sie sollen ja auch Ihre Geschäfte machen. Dann am 9. Dezember? Moment … Da bin ich ab 10.00 Uhr bei den Investmentbankern. Gut, wir hätten Zeit bis 9 Uhr 30. Sagen wir 8 Uhr?«

8 Uhr bedeutete, dass er den Flieger um 6 Uhr 10 nehmen musste. Und das hieß, um halb fünf aufzustehen. Nach einer sehr kurzen Nacht, denn die Präsentation würde garantiert erst in letzter Minute fertig werden. Sebastian sah Klohs an und lächelte voller Optimismus. »Kein Problem.«

»Gut, dann hätten wir alles geklärt. Das heißt … Meine Sekretärin wird Sie gleich in unseren Beteiligungen ankündigen, damit Sie auch kurzfristig Termine bekommen. Schließlich haben wir ja bald Weihnachten, da dürfte das nicht immer so ganz einfach sein.« Er ging auf Sebastian zu. »Melden Sie sich bei mir, falls es irgendwelche Probleme gibt. Sie wissen, wir haben hohe Erwartungen an Ihren Bericht.« Schon im Gehen verabschiedete er sich und eilte hinaus. Dr. Speer drückte noch seine Zigarette im Aschenbecher aus. Sebastian ging auf ihn zu.

»Dann bis zum 9. Dezember, Herr Speer.«

Der Finanzvorstand schaute missmutig hoch. »Sie haben verdammt viel Chuzpe, mein Lieber«, knurrte er. »Diesmal sind Sie damit davon gekommen. Aber wenn beim nächsten Mal nicht mehr kommt, lass ich Sie hochgehen wie einen Heißluftballon, verstanden?«

Sebastian blieb ungerührt. Er sah dem Vorstand in die Augen und sagte: »Sie werden sehen, dass wir unser Geld wert sind, Herr Dr. Speer.«

»Das ist das Mindeste, was ich erwarte. Also, strengen Sie sich an.« Dann griff er nach seinen Sachen und ging.

Als sie die Tür wieder geschlossen hatten, nahm sich Sebastian noch einen Keks. Leicht würde es wirklich nicht werden. Aber die erste Hürde hatte er genommen.

12:33 Uhr

»**I**nsgesamt ist also alles auf dem richtigen Weg. Hinterlass mir einfach, wann du mich nach deiner Rückkehr sprechen willst. Morgen früh müsste ich im Frankfurter Office sein.«

Sebastian warf das Handy auf den Beifahrersitz. Er hatte Phil Meyer den fälligen Rapport auf seine Mailbox gesprochen, nicht ohne eine gewisse Euphorie. Es tat einfach gut, aus so einem schwierigen Gespräch als strahlender Sieger heraus zu kommen. Er hatte es geschafft, die beiden Vorstände zu überzeugen, und das aus einer reichlich schlechten Ausgangssituation heraus, ganz auf sich allein gestellt. Das war doch was. Gut, diesen Speer musste er in den nächsten Wochen noch etwas hätscheln, aber insgesamt …

Und wie er das mit dem Termin hinbekommen hatte! Mit so einem einfachen kleinen Trick. Aber durchziehen musste man es halt, nicht einknicken, wenn die Rückfragen kamen. Gut. Er war einfach gut.

Vor ihm leuchteten die Warnblinklichter auf. Am Wiesbadener Kreuz war wieder einmal ein Stau. Was soll's, dachte Sebastian, Zeit genug war ja. Er hatte alles in die Wege geleitet. Birgit Mignon, seine Sekretärin, vereinbarte jetzt die Termine mit den Chefs der einzelnen Beteiligungen der RFG. Bis morgen Mittag sollte alles stehen. Den Fragebogen für die Gespräche hatte er auch schon in Auftrag gegeben, den musste Birgit aus dem Information Service anfordern. Es war schließlich nicht das erste Mal, dass Top Management Consulting so ein Projekt machte, irgendwo würde sich schon ein passender Fragebogen finden. Viel Zeit war zwar aber heiße Phasen war er ja gewohnt. Er atmete tief durch. Was für ein erfolgreicher Morgen.

Wenn da nicht dieser unselige Anruf von Ludwig gewesen wäre. Es führte natürlich zu nichts, jetzt weiter herumzugrübeln. Er musste einfach mit Natalie sprechen. Vorhin hatte er es noch einmal versucht, sie zu erreichen – wieder vergeblich. Es war schon ärgerlich.

Um 13.30 Uhr traf sich das Projektteam in der Bank, um noch einmal die Präsentation durchzusprechen. Bis dahin musste er geklärt haben, wie die Zahlenunstimmigkeiten zustande gekommen waren. Und sich entscheiden, ob er Michael von der ganzen Sache erzählen sollte.

Das Handy klingelte. Sebastian schaute auf das Display. Es war wirklich Natalies Mobilnummer.

»Natalie?«, fragte er in das Telefon.

»Sebastian. Was ist denn los?«

»Natalie, gut, dass du dich endlich meldest. Heute morgen hat mich Ludwig angerufen. Er zweifelt an unseren Prognosen für den Osten.«

Sebastian hörte, wie Natalie tief Luft holte. »Sebastian, das nimmst du doch hoffentlich nicht ernst. Wir haben die Zahlen nun wirklich x-mal hin und her geschoben …«

»Ludwig sagt, die Zahlen wären falsch.«

»Falsch?«, schrie Natalie. »Wie kann dieser kleine Wichser so etwas behaupten!«

»Er hat Zahlen für die Ostfilialen gefunden, die du nicht verwendet hast. Und wenn man die berücksichtigt, kommen ganz andere Prognosen für die nächsten Jahre heraus. Danach könnten die Filialen doch rentabel arbeiten.«

Am anderen Ende trat eine kurze Pause ein. Sebastian hörte, wie Natalie etwas auf Englisch zu jemandem im Hintergrund sagte.

»Sebastian, kann ich dich gleich noch einmal anrufen? Mein Kunde hier will mich noch einmal sprechen …«

Sebastian stieg das Blut ins Gesicht. Diese Frau trieb es eindeutig zu weit. »Natalie, es ist wichtig«, presste er hervor. »Wir haben gleich die Vorstandspräsentation.«

»Ich ruf ja gleich zurück. In drei Minuten.«

»Natalie …« Aufgelegt. Sebastian schaute sein Handy an und schüttelte den Kopf.

Zehn Minuten später wurde er langsam nervös. Die Uhr im Auto zeigte 12 Uhr 57, der Stau hatte sich aufgelöst, er war kurz vor Frankfurt, und kein Rückruf von Natalie. Das war nicht nur ärgerlich, das war allmählich unverschämt.

Er schaute aus dem Auto heraus auf die vorbeiziehenden Randgebiete von Frankfurt. Die ersten Bürogebäude waren zu sehen. Kuben in allen Varianten, manche mit Verspiegelungen, gerne in hellem Blau, manchmal auch in dunklerem Braun. Vielleicht waren die Spiegelwände Programm: Wer von außen zuschaute, bekam sich selber vorgeführt. Was drinnen vorging, ging keinen etwas an. Doch in manchen Häusern konnte man Schatten hinter den Fenstern erkennen, Schatten, die allerdings wie angeklebt wirkten. Keine Bewegung. Oder waren das nur Attrappen, die von den eigentlichen Vorgängen ablenken sollten?

Jemand wie Speer, dachte Sebastian, gehört sicher zu denen, die solche Attrappen aufbauten. Aber er ließ sich nicht mehr davon verwirren. Als Berater musste er herausfinden, was wirklich geschah. Und nicht nur das – das Ziel war, es zu verändern. Er sah wieder auf die Straße. Manchmal dachte er sich, früher wäre er sicher Missionar geworden. Er grinste böse. Oder Exorzist.

Plötzlich war es da, das lang ersehnte Handy-Klingeln.

»Natalie, wo zum Teufel steckst du? Ich bin gleich im Büro!«

»Ja … Entschuldigung … Ich bin aufgehalten worden«, flüsterte Natalie in die Muschel. »Tut mir wirklich leid, Sebastian … Hier ist die Hölle los. Der Kunde ist nicht zufrieden mit den Teammitgliedern, und der Partner ist in völliger Panik …«

Vertraute Töne. »Schon gut«, sagte er. »Was ist jetzt mit den Zahlen aus den Ostfilialen?«

»Ich hab da etwas zugefaxt bekommen, das stimmt schon. Aber die Zahlen waren nicht in Ordnung.«

»Wie … nicht in Ordnung?«

»Ich habe die Summe der Einzeldaten aus den Filialen mit den Werten verglichen, die wir für den gesamten Osten hatten, und rein gar nichts stimmte überein. Die Einzeldaten waren immer viel höher. Sturm war mal wieder nicht zu erreichen, also habe ich in der Kreditabteilung herumgefragt. Und die haben mir geraten, die Zahlen bloß nicht zu verwenden. Die DV hätte bei der Codierung Mist gebaut, aber das dürfte man in der Bank nicht laut sagen.«

Sebastian seufzte. Politische Rücksichtnahme wurde bei ihrem Kunden groß geschrieben. »Ah ja«, sagte er. »Und dann?«

»Nichts dann. Ich habe die Einzelzahlen weggepackt und mit den Werten für den gesamten Osten gerechnet.«

»Ach so.« Mit einem Mal wurde Sebastian klar, was Natalie da gemacht hatte. Und leider auch, was die Folgen waren. Er schluckte. »Wie bist du dann zu den Einzelberechnungen für die drei Filialen gekommen?«

»Sebastian.« Natalie stöhnte entnervt. »Ich habe doch meine Hochrechnungen mindestens zweimal im Team vorgestellt. Ich habe alle Kontoeröffnungen, alle Schließungen und so weiter auf Basis des Kontenbestands jeder Filiale geschlüsselt. Berlin hat die meisten Konten, also habe ich der Filiale auch die meisten Bearbeitungsvorgänge zugerechnet.«

Sebastian begann sich zu erinnern. Trotzdem war ihm flau im Magen. »Ja, ja«, sagte er schnell. »Das war ja so abgestimmt.« Er konnte jetzt schlecht eingestehen, dass er bei all den Diskussionen über die Schließung der Ostfilialen nicht darauf geachtet hatte, dass ihr Urteil nicht gerade auf tiefgehenden Untersuchungen basierte. Nur weil Dresden und Leipzig weniger Konten als Berlin hatte, mussten sie ja nicht unbedingt weniger Neueröffnungen haben oder was sonst noch alles an Bearbeitungen anfiel. Es lag zwar nahe, dass eine Filiale mit weniger Konten insgesamt weniger Arbeit hatte, aber man musste auch das Alter der Konten mit einbeziehen, die Art der Kunden ... All das hatten sie mit ihrer primitiven Schlüsselung außer Acht gelassen.

Er hielt an einer roten Ampel. Rechts wies ein Schild zur Hauptwache. Es war nicht mehr weit bis zum Frankfurter Büro von Top Management Consulting. Die Zeit reichte nicht mehr für lange Grübeleien.

»Das ganze Team hat meine Berechnungen abgenickt«, hörte er Natalie weiter reden. »Und nur, weil jetzt ein Neuer ankommt, der die Zusammenhänge nicht richtig durchschaut, müssen wir ja wohl nicht alles von vorne anfangen, oder?«

»Nein, du hast ja recht.« Er musste jetzt mit dem in die Präsentation gehen, was er hatte. Die Ergebnisse waren plausibel, das war das Wichtigste. Außerdem waren sie gleich im Büro, und er wollte mit Natalie noch über etwas anderes sprechen. »Geht's dir sonst gut?«, fragte er leise.

»Ein bisschen müde.« Sie lachte schon wieder. »Aber es war ein schönes Wochenende.«

Er wartete einen Moment, bevor er es sagte. »Ich habe heute Nacht von dir geträumt.«

»Ach?«, sagte sie und kicherte. »Und? Was war das für ein Traum?«

Er erzählte ihr davon, wie sie im Teamraum vor ihm gestanden hatte, wie plötzlich der unbekannte Mann aufgetaucht war und sie weggezogen hatte, wie er ihn zwingen wollte, aus dem Fenster zu springen, bis der Wecker ihn gerettet hatte.

»Mein Gott, Sebastian. Du brauchst mal Urlaub.«

Gerne, dachte er. Am besten mit dir. »Wir könnten ja zusammen einen Kurzurlaub machen«, sagte er langsam.

»Keine Chance«, sagte sie, und ihre Stimme klang mit einem Mal hart. »Ich werde die nächsten Wochen wahnsinnig viel zu tun haben. Bis Weihnachten jedenfalls.«

Schöne Aussichten. Vor ihm erschien der Wegweiser zum Parkhaus. Er überlegte krampfhaft, was er noch sagen konnte, damit das Gespräch wenigstens einen positiven Ausklang hatte, aber es wollte ihm nichts einfallen. »Ich … Ich muss jetzt Schluss machen«, sagte er schließlich. »Wo kann ich dich denn heute Abend erreichen, falls nach der Präsentation noch Fragen sind?«

»Ich hab keine Ahnung«, antwortete Natalie. »Ruf meine Sekretärin an, die weiß mein Hotel. Also, bis dann. Und Hals- und Beinbruch für die Präsentation.« Es klickte kurz, dann war die Leitung tot. Sebastian schaltete das Handy aus.

Er fuhr in das Parkhaus, stellte den Wagen ab und stieg aus. Seufzend zog er den Mantel an und nahm den Aktenkoffer. Es waren immer dieselben Bewegungen. Nur die Stimmung änderte sich, leider.

Am Ausgang angekommen, öffnete Sebastian die Tür zum Treppenhaus – und wäre fast mit dem Mann zusammengestoßen, der just in diesem Moment in das Parkhaus hineinwollte.

»Sebastian!«

»Michael! Wo zum Teufel kommst du her?«

Michael Klosters grinste. Er liebte es, andere zu überraschen. Michael hatte sich im Laufe der Jahre den Ruf erworben, *der* Bankenspezialist der Beratung zu sein. Von ihm hieß es auch, es gäbe nichts, was er nicht machen würde, wenn es denn Erfolg brachte. »Ich habe dich hineinfahren sehen. Da dachte ich, ich komme dir schon mal entgegen. Alles fertig?«

»Klar, ich hab die Folien im Koffer. Wir können gleich ins Büro gehen und sie noch einmal durchsprechen.«

»Lass uns lieber vorher noch etwas essen gehen.« Michaels für einen Berater recht unübliche Leibesfülle wies darauf hin, dass es in seinem Leben noch ein, zwei andere Vorlieben neben den üblichen 16-Stunden-Tagen gab. »Ich kenne die meisten Folien ja. Lass uns noch mal den Ablauf durchgehen. Damit ich weiß, wo die kritischen Punkte sind.«

Sebastian steuerte sofort auf die Treppe zu. »Okay. Das Wichtigste ist die Ost-Strategie.« Er räusperte sich. »Da ... Da ist eigentlich alles klar. Aber lass uns noch einmal die Kundensystematik besprechen, die ist vielleicht etwas problematisch.«

Michael nickte und eilte im Laufschritt davon. Sebastian tat sich schwer, ihm nachzukommen.

13:42 Uhr

Im zehnten Stockwerk des Bankhauses Großmann, Meyer & Cie. waren die Büros der Geschäftsführer, des so genannten Chefkabinetts. Sie waren alle mindestens dreißig Quadratmeter groß, hell und geräumig, mit einem imposanten Blick über die Finanzmetropole Frankfurt. Die Fenster gingen von der Decke bis zum Boden, so, wie es sich Dr. Wilhelm Schweizer, der Sprecher der Bank, gewünscht hatte, als dieses Gebäude Anfang der achtziger Jahre bezogen worden war. Als Zugeständnis an die Folgen einer direkten Sonneneinstrahlung waren vor den Fenstern vertikale weiße Lamellen, die an heißen Tagen oder bei größerer Helligkeitsempfindlichkeit der Vorstände und ihrer Gäste geschlossen werden konnten. Anfangs hatte Dr. Schweizer noch den Blick auf die Konkurrenz genossen, später ging er mehr und mehr dazu über, die Lichtspiele auf einer geschlossenen weißen Lamellenfläche vorzuziehen. Dr. Schweizer schätzte auch schwarze Lackmöbel auf hellgrauem Teppichboden, kombiniert mit schwarzen Ledersesseln, bei denen die Chromverstrebungen einen kühlen, hart glänzenden Akzent setzten. Zunächst war nur sein Büro so ausgestattet, doch als es ihm immer mehr gelang, zur Leitfigur der nachrückenden Kollegen zu werden, setzte sich dieser Stil langsam durch, bis schließlich ein Chefbüro dem anderen zum Verwechseln ähnelte.

Einen Gegenstand gab es allerdings, der die Büros deutlich von einander unterschied. Als Zugeständnis an die bildende Kunst der Gegenwart durfte sich jedes Kabinettsmitglied bei seinem Einzug ein Gemälde eines Künstlers seiner Wahl aussuchen – innerhalb eines gewissen Rahmens natürlich. Wie großzügig die Bank mit ihrem Chefkabinett umging, zeigte sich daran, dass in diesem Büro hinter den schwarzen, kubusförmigen Ledersesseln ein riesiges Original des englischen Malers David Hockney hing. Es zeigte einen jungen Mann in der typischen Kleidung der Siebziger, der vor einer südlichen Landschaft am Rande eines Pools stand und hinunterschaute auf einen zweiten jungen Mann, der im Wasser tauchte. In der Hockney-typischen Manier war die Wasseroberfläche ornamental aufgelöst. Aquarellhafte Farbflächen kontrastierten mit einer präzisen Darstellung der Figuren, wobei der Schwimmer im Pool durch die Verzerrungen der Wasseroberfläche etwas abstrahiert wirkte. Einige Farbspritzer sollten offensichtlich verdeutlichen, dass der Künstler trotz der kühlen, manchmal klinisch anmutenden Darstellung mit Leidenschaft zur Sache gegangen war.

Vor diesem Bild stand an diesem Tag der Büroinhaber und betrachtete angestrengt seinen Zimmerschmuck. Seit er das Gemälde das erste Mal gesehen hatte, war es ihm ein Rätsel. Warum schaute der Junge so skeptisch auf den Taucher hinab? War es überhaupt ein Taucher oder doch eine Wasserleiche? Besonders über der letzten Frage hatte er wiederholt gebrütet. Das Merkwürdige war, dass seine Antwort wechselte. Es gab Tage, da war er sich sicher, dass es ein übermütiger Schwimmer war, den er da vor sich sah. An anderen Tagen waren ihm die Farben ein klares Indiz dafür, dass dieses Wesen nicht mehr schwamm, sondern schon im Pool trieb. Heute war so ein Tag.

Er seufzte und drehte sich zu seinem Schreibtisch um. Die riesige schwarze Platte glänzte in bedrohlicher Leere. Ganz am Rand stand das Telefon. Es war ebenfalls schwarz. Er betrachtete es skeptisch. War es auch bedrohlich? Oder verhieß es Hoffnung? Er schüttelte den Kopf. Müßige Gedanken. Was hatte es für einen Sinn, wenn er in der Sitzung umkippte? Es hatte keinen Sinn, die Angst zu verleugnen. Er musste das Risiko eingehen und ihn anrufen.

Er ging zum Apparat und tippte eine externe Nummer ein. Es

knackte kurz, dann hörte er den Rufton. Einmal, zweimal, dreimal. Es nahm niemand ab. Nach dem fünften Mal wollte er schon auflegen, als sich doch jemand meldete.

»Ja bitte?«

Er atmete einmal tief durch. »Im Pool treibt eine Leiche.«

Er hörte das Seufzen am anderen Ende der Leitung. Dann sagte die Stimme ruhig: »Unsinn. Der Mann ist quicklebendig. Er schlägt gleich am Beckenrand an.«

»Ich habe Angst, dass er schon entdeckt worden ist. Und dass man ihm das Schwimmen ausgetrieben hat.«

»Unser Mann im Pool ist ein Profi. Er lässt sich nichts austreiben.«

»Aber sie sind ihm auf der Spur.«

»Wie kommen Sie denn darauf?«

»Die Berater präsentieren heute. Und es wäre ein Wunder, wenn ihnen nichts aufgefallen wäre.«

»Sind sie auf Sie zugekommen?«

»Nein … Aber sie haben den Osten genau analysiert.«

»Und? Was ist ihre Empfehlung?«

»Schließen, vermute ich. Aber …«

»Wo ist dann das Problem?«

»Die Zahlen müssen sie stutzig gemacht haben.«

»Da kann doch gar nichts passieren. Ende letzten Jahres hatten wir den Datenverarbeitungsfehler, und dann sind die Zahlen aus dem Verkehr gezogen worden.«

»Aber was ist, wenn sie anfangen, nachzufragen?«

Der andere atmete tief durch. »Bleiben Sie ganz ruhig. Solange Sie nicht nervös werden, kann nichts passieren. Wir haben alle Informationen richtig platziert.«

»Ja, ja … Aber was ist mit Nero …«

Die Stimme am anderen Ende wurde lauter. »Ich hab Ihnen doch gesagt, dass Sie Nero meine Sorge sein lassen sollen. Wir kümmern uns um ihn.«

»Aber heute hat er wieder angerufen, und er will endlich Antworten auf seine Fragen …«

»Nero wird uns nicht gefährlich werden. Wir haben jemand auf ihn angesetzt. Das wird ihn beschäftigt halten.«

»Mein Gott … Wächst uns das nicht alles über den Kopf?«

Aus dem Telefon kam ein leises Lachen. »Die heiße Phase ist abgeschlossen. Jetzt geht es nur noch darum, die Reste zu vergraben.«

Er schwieg. Dann nahm er seinen Mut zusammen. »Ich muss da raus. Ich mache das nicht mehr mit.«

Der Mann am anderen Ende zögerte keinen Moment. »Wir sind lange durchs Ziel hindurch. Aber Sie können erst aus dem Boot springen, wenn wir auch das Ufer erreicht haben. Verstehen Sie? Wenn einer von uns jetzt einen Fehler macht, gehen wir auch jetzt noch unter. Jetzt, wo alles vorbei ist.«

Er sah auf das Bild. Grinste der Junge am Beckenrand nicht ein wenig? »Wir müssen es zu Ende bringen.«

»Das tun wir. Wenn die Filialen geschlossen sind, werden auch die letzten Spuren nicht mehr zu finden sein. Und dann ist die ganze Sache Geschichte.«

Wenn der Junge grinste, dann warum? Aus Spaß am Zusehen? Bei was zusehen? »Mir ist das Risiko einfach zu groß.«

Der Mann am anderen Ende wurde ungeduldig. »Warten Sie die Präsentation ab. Dann sprechen wir alles noch einmal in Ruhe durch. Aber es macht erst dann Sinn, wenn wir Genaueres wissen.«

»Gut. Sind Sie heute Abend im Büro?«

»Ich warte auf Ihren Anruf.«

»In Ordnung. Dann bis heute Abend.« Er legte auf. Der Junge grinste mit Sicherheit. Er war es, der den Schwimmer erledigt hatte. Und jetzt erfreute er sich an seiner Tat.

Es klopfte an der Tür. Die Sekretärin steckte den Kopf hinein.

»Herr Direktor, es ist vierzehn Uhr.«

Er kratzte sich am Kinn. Das Bild ließ ihn noch immer nicht los.

»Herr Direktor, die Präsentation.«

Er drehte sich in die Richtung der Stimme. Die Silhouette seiner Sekretärin stand in der Tür. Ein sehr attraktiver Hosenanzug, den sie da an hatte … Sie verstand es, sich richtig in Szene zu setzen.

»Ja. Ich komme.«

Er nahm seinen silbernen Kugelschreiber und den Schreibblock aus einer der Schubladen. Dann griff er nach seinem Jackett. Ein letzter Blick auf das Bild. Es hatte sich nichts geändert. Die Farben des Bildes waren die der Verwesung. Er drehte sich um und verließ das Büro.

15:51 Uhr

Sebastian Ritter ging zum Overhead-Projektor und legte die Folie mit der Agenda auf. Es war Zeit für das letzte Kapitel: die Schlussfolgerungen der Berater. Bisher war alles nur Geplänkel gewesen, jetzt wurde es ernst. Jetzt ging es um die Filialschließungen und damit um das Restrukturierungsprogramm. Er schaute in die Runde. Da saßen sie. Ganz vorne rechts, fast schon neben dem Projektor, thronte er, der Imperator, die Lichtgestalt der Bank, der Mann, von dem eine treue Kundin der Bank Sebastian einmal gesagt hatte, er habe Charisma. Dr. Wilhelm Schweizer, großgewachsen, weißhaarig und stets sonnengebräunt, rauchte angespannt eine Zigarette nach der anderen. Eigentlich war das nichts Außergewöhnliches, dennoch hatte Sebastian in den letzten zwei Stunden ein paar Mal den Eindruck gehabt, als sähe Schweizer durch ihn hindurch.

Neben ihm hörte Günther Grimm, verantwortlich für Personal und Bankorganisation, dafür umso aufmerksamer zu. Hager, aufrecht, fast steif, mit graumelierten Haaren und fast ebenso grauer Haut saß er da, die Züge angespannt, immer mit einem wachsamen Auge auf die Bewegungen des Imperators. Grimm war für die Berater gleich zu Beginn des Projekts der Schlüssel zum Verständnis des Alltags im Bankhaus Großmann, Meyer & Cie. gewesen. Seine Sekretärin hatte sie morgens aus dem Sekretariat geworfen, weil sie ihrem Chef noch das Müsli bereiten musste und sie die neugierigen jungen Leute nicht unbeaufsichtigt neben den Bergen von Unterlagen stehen lassen wollte, die Herr Grimm im Laufe des Vormittags abzeichnen sollte. Trotzdem hatten sie schnell herausgefunden, dass das meiste Reisekostenabrechnungen der Mitarbeiter der Zentrale waren, die der Chef allesamt persönlich genehmigte. Und als Grimm die Berater dann doch hineinbat und gleich auf dem ersten Dokument eine Ungenauigkeit in einer Fußnote fand, wurde ihnen klar, warum er bereits von Generationen gepeinigter Mitarbeiter als »Günther der Grimmige« bezeichnet worden war.

Jochen Böttcher, der Kreditchef, lange Jahre der Kronprinz des Imperators, seit einiger Zeit aber mehr und mehr in Ungnade gefallen, war der nächste am Tisch. Er hatte den Ruf, nicht unbedingt der analytisch stärkste Kopf der Bank zu sein, und er war für seinen scheinbar familiären Umgangston bekannt, der allerdings beim kleinsten Anlass in ein

Dezibel-starkes Poltern umschlagen konnte. Heute war allerdings seine joviale Seite angesagt. Mit einem leichten Lächeln saß er da, den Managerbauch bequem nach vorne geschoben, den obersten Hemdknopf unter der Krawatte geöffnet, damit das Atmen leichter fiel, das dünne blonde Haar leicht verwirbelt, die blauen Augen meist auf den grauen Himmel hinter den Fenstern des Sitzungssaals gerichtet, wohl ein wenig gelangweilt, aber gutmütig. Noch jedenfalls.

Neben Böttcher saß sein Adjutant, Horst Wahlen. Als Direktor der Kreditabteilung war er dem Kabinettsmitglied direkt untergeordnet. Die Berater hatten bald gemerkt, dass sie über ihn herausfinden konnten, was in der Bank geredet und gedacht wurde. Leider neigte er aber auch dazu, sich reichlich wichtig zu nehmen und zu allem Überfluss noch stundenlange Anekdoten aus der Bankengeschichte zu erzählen. So witzig vieles war, Sebastian hatte mehr als einmal auf glühenden Kohlen gesessen, weil der nächste Termin drängte und sein Gegenüber kein Ende fand. Und dann gab es da noch das kleine Problem, dass Wahlen seine etwas knapp geratene Körpergröße gegenüber jeder erreichbaren Frau unter fünfzig durch intensives Balzen ausgleichen musste. Nichts an ihm erinnerte an einen Frauenhelden – das schwarze Haar war inzwischen schon reichlich schütter, der spärliche Schnurrbart so schmal, wie es vor mehreren Jahrzehnten modisch gewesen sein musste, die Augen dank der hängenden Lider Schlitze, die Haut fahl – aber all das schien ihn in Gegenwart weiblicher Geschöpfe nur noch mehr herauszufordern. Natalie war aus durchschaubaren Gründen schnell seine bevorzugte Gesprächspartnerin geworden. Leider hatte sie das ganz und gar nicht gestört, bis Sebastian beschloss, dass er sich einschalten musste … Von da an blieb Natalie vor der Tür, während Sebastian Wahlens Erzählungen notgedrungen noch ausführlicher ertrug.

Auf der gegenüberliegenden Tischseite saß Dr. Bernhard Sturm, Direktor Controlling, weit zurückgelehnt in seinem Stuhl, den Arm mit der Zigarette auf der Rückenlehne des leeren Nachbarstuhls platziert, die beinahe schwarzen Augen spöttisch blitzend, den schmalen Mund zu einem wenig freundlichen Grinsen verzogen. Zwar galt er als der heimliche Herrscher der Bank, aber in Sitzungen wie dieser blieb er vergleichsweise still. Schließlich war die komplette über ihm stehende Managementebene anwesend, die es wenig unterhaltsam fand, wenn er die Sitzungsführung an sich riss. Also beschränkte er sich auf den einen oder anderen kritischen Kommentar und strahlte ansonsten gepflegte Missgunst aus.

Neben ihm saß das vierte und letzte Mitglied im Chefkabinett, Franz Georg de Guise, »der Neue«, wie er immer noch genannt wurde. Denn – anders als die anderen Anwesenden, die alle seit mehr als einem Jahrzehnt zur Bank gehörten – war er erst vor drei Jahren hinzugekommen und zuständig für die Kundenanlagen, das Handels- und das Wertpapiergeschäft. De Guises Familie kam ursprünglich aus Frankreich, genauer gesagt aus Lothringen, wie er es Sebastian einmal erzählt hatte. Alle glauben, ich käme aus einer Hugenottenfamilie, dabei war einer meiner Vorfahren ein Hugenottenschlächter, hatte er gesagt. Anders als die anderen Kabinettsmitglieder hatte de Guise in einer Großbank Karriere gemacht, und das sah man ihm auch deutlich an. Während die anderen Herren es gerne auch einmal legerer liebten und in karierten Sakkos am Schreibtisch saßen, trug de Guise immer dunkle Anzüge und gedeckte Krawatten zu leuchtend weißen Hemden. Die strengen Farben kontrastierten mit seiner stets gut gebräunten Gesichtsfarbe und den schon beinahe silbern glänzenden Haaren, die ihn älter wirken ließen, als er mit seinen knapp fünfzig Jahren eigentlich war, aber auch noch ein wenig distinguierter. De Guise hatte ein leichtes Doppelkinn, und die Art, wie seine Augen hinter der hellen, schmalen Hornbrille blitzten, wenn das Gespräch auf das Thema Essen oder gar Wein kam, zeigte, dass er vor allem ein Genießer war. In seiner alten Bank hatte de Guise es zu einem veritablen Investmentguru gebracht, der jedoch das Pech gehabt hatte, eine noch stärkere Herrscherpersönlichkeit vor die Nase gesetzt zu bekommen. Daraufhin musste er sich ein neues Reich suchen. Geschickt hatte er es geschafft, einflussreiche Leute im Beirat von Großmann, Meyer & Cie. auf sich aufmerksam zu machen, und als es ihm schließlich gelungen war, ins Allerheiligste, die Riege der Geschäftsführer, vorzudringen, galt er gleich auch als idealer Kandidat für den nächsten Bankensprecher. Doch dann hatte der Imperator verkündet, dass er seinen Posten erst in ein paar Jahren niederlegen wollte, nach seinem Sechzigsten, und seitdem setzte er alles daran, die Nachfolgekandidaten spüren zu lassen, dass er weiterhin fest im Sattel saß. De Guises Niederlagen waren meist mit Dr. Sturm verbunden. Während sich andere – und hier vor allem sämtlichen sonstigen Angestellte der Bankzentrale – von Sturms kalt glitzernder Herablassung beeindrucken ließen und in einer

Haltung stummer Unterwerfung verharrten, konnte de Guise seine Abneigung meist schlecht verbergen und fragte schon einmal dreist zurück, wenn ihm die Darstellungen zu selbstherrlich wurden. Dies wiederum führte dazu, dass der wohlgefällig auf seinen Jünger hinabblickende Dr. Schweizer seine schützende Hand gefordert sah und de Guise mit einem dumpfen Grollen in die Schranken wies. Wie alle schluckte de Guise seine Rügen, doch bei nächster Gelegenheit legte er sich wieder mit Sturm an. Gerüchte in der Bank besagten, dass Schweizer de Guises Verhalten allmählich lästig wurde. Andererseits konnte er auf »den Neuen« kaum verzichten, da der Handel immer mehr Gewicht erhielt und de Guises Abteilung von einem Geschäftserfolg zum nächsten eilte.

Als sich die Banker zu Beginn der Sitzung nach und nach um den großen, altmodischen Sitzungstisch gereiht hatten, war den meisten das Misstrauen ins Gesicht geschrieben. Nur Wahlen hatte ein paar Worte mit Sebastian gewechselt und ihm mit einer launigen Bemerkung alles Gute für seinen Einsatz gewünscht und bedauert, dass Natalie nicht da war. De Guise hatte Sebastian im Vorbeigehen zugenickt. Der einzige, der fehlte, war der Imperator, was allerdings keineswegs unüblich war. Mit zwanzigminütigem Abstand zu seinen Kollegen – von Verspätung zu reden war hier unangemessen – betrat er schließlich den Saal. Sebastian erlebte den Auftritt zum zweiten Mal, und anfangs war er wieder beeindruckt. Der energische Gang, die unaufdringliche Eleganz seiner Kleidung, der fordernde Blick der dunklen Augen unter den dichten weißen Brauen und die sichere, gekonnt herablassende Begrüßung der anderen Sitzungsteilnehmer, die Selbstverständlichkeit, mit der er sofort das Geschehen im Raum bestimmte – all das flößte Respekt ein. Wenn Dr. Schweizer sich dann aber gesetzt hatte, wenn er den Vortrag beginnen ließ, um ihn bald wieder zu unterbrechen und mit der Einleitung, er wolle die Sitzung ja in keiner Weise aufhalten, sich in endlosen, von Wiederholungen durchsetzten Äußerungen verlor – dann wurde deutlich, dass der Imperator den Zenit seines Schaffens überschritten hatte.

In der Pionierzeit der Bank war diese Art von Führungsstil noch verpönt gewesen. Im arg vom Krieg gezeichneten Frankfurt hatte der frisch examinierte Betriebswirtschaftler Hubert Großmann 1949 im Doktorandenkolloquium den Erben der gerade wieder zugelassenen Privatbank Meyer kennen gelernt, und schnell machten sie sich gemeinsam daran, eine betörend einfache Idee zu Geld zu machen: Die beiden wollten sich selbständig machen, und warum sollte das nicht damit gehen, dass man anderen mit demselben Ziel zeigte, wie man dies am besten anging? Hochriskant war es schon, was sie da versuchten, denn sie waren oft nicht viel weiter als ihre Kunden, aber Großmann hatte die Energie und den Grips und Meyer die richtigen Kontakte. Mit der Bank im Hintergrund wurden aus Beratungsgesprächen schnell Kreditverträge, die beiden machten Furore, zufriedene Kunden schleppten immer neue Interessenten an, und durch Meyers Kontaktfreude gelang es, auch in den wichtigen Frankfurter Kreisen die richtigen Beziehungen aufzubauen. Nach den ersten erfolgreichen Geschäftsjahren begann Großmann mit seinem begnadeten Verkäufertalent, Gesellschafteranteile an der Bank zu verkaufen. Die Kunden der ersten Stunde waren, so sie Erfolg hatten, inzwischen so vermögend geworden, dass sie nach anderen Geldanlagen als Sparbüchern und Pfandbriefen fragten, und so begannen Großmann und Meyer, eine – natürlich noch immer sehr konservative – Vermögensverwaltung zu entwickeln und die Bank damit vom »Gründungsberater« zum »Komplettanbieter für Selbstständige und Gewerbetreibende« zu entwickeln.

Anfang der siebziger Jahren waren die Eigentumsverhältnisse dann so verwickelt geworden, dass Großmann und Meyer sich entschlossen, einen Beirat als Aufsichtsgremium einzuführen, um nicht für jede Entscheidung von Tragweite auf die stets nur mühsam zusammenzurufende Gesellschafterversammlung warten zu müssen. Nach seinem Ausscheiden aus dem Kabinett wurde Großmann Beiratsvorsitzender, konnte sich dieser mächtigen Position allerdings nur kurz erfreuen, denn ebenso wie bei seinem Kompagnon Meyer, den es noch früher dahinraffte, forderten auch bei ihm die entbehrungsreichen Aufbaujahre ihren Tribut. Sein Nachfolger wurde ein Anwalt namens Dr. Kaiser, durch verwandtschaftliche Beziehungen Großmann verpflichtet und in der Bankenwelt vor allem dank seines diplomatischen Geschicks bekannt.

Es waren wieder die richtigen Beziehungen, die der Bank halfen, nach der Wiedervereinigung zum richtigen Zeitpunkt an den wichtigen Orten zu sein. Die Mund-zu-Mund-Propaganda funktionierte noch immer, Großmann, Meyer & Cie. galten als erste Adresse, wenn es um die kompetente Finanzierung des Schritts in die Selbstständigkeit ging. Danach war es jedoch zunehmend ruhiger geworden. Alles in allem bestand die Gesellschafterversammlung der Bank heute aus nicht mehr als 30 Mitgliedern, aber nicht die Zahl war entscheidend. Großmann und Meyer hatten den Grundstock gelegt und sich einflussreiche Größen aus den Berufsverbänden ihrer Kunden als Mitgesellschafter in die Bank geholt. Kaiser hatte die Tradition weitergeführt und bildete heute mit fünf ausgesuchten Weggefährten das elitäre Zentrum der Gesellschaftermacht, den streng von ihm geführten Beirat.

In einer Branche, in der Vertrauen die Grundlage aller Geschäfte ist, waren diese Verbindungen nicht mit Gold aufzuwiegen. Doch sie führten auch dazu, dass sich die Bank darauf verließ, dass man schon zu ihr kommen würde. In den letzten Jahren hatte sich die Finanzwelt allerdings tiefgreifend geändert, und das konnte auch an einem solchen traditionalistischen Institut wie Großmann, Meyer & Cie. nicht vorbeigehen. Strukturvertriebe mit Allfinanzangeboten drängten auf den Markt, versprachen mit Finanzinnovationen enorme Gewinne und gaben nur im Kleingedruckten zu, dass gelegentlich auch solche Unpäßlichkeiten wie Totalverluste möglich waren. Die wohlhabende Klientel lief den neuen Heilsbringern in solchen Massen nach, dass auch der Imperator und seine Mannschaft sich gezwungenermaßen auf dieses Parkett wagen mussten.

Die Bank handelte, zögerlich zwar, aber immerhin. Zunächst wurden Pläne entwickelt, wohin man überall expandieren wollte – der Osten sollte erobert werden, das Wertpapiergeschäft wollte man auf den neuesten Stand bringen und eine weitere, kleinere Privatbank kaufen. Es war gelungen, zusätzlich zur Niederlassung Berlin zwei kleine Filialen in den neuen Bundesländern zu eröffnen. Dann war de Guise in die Bank eingetreten, war als Messias begrüßt worden und hatte begonnen, im Wertpapiergeschäft zu wirbeln. Alle anderen Bereiche dümpelten weiter vor sich hin. Bis der Imperator einen Anruf von einem Berater erhielt, der ihm mit der belegten Stimme des Sehers einer grausigen Zukunft zuraunte, dass eine neue Ära vor der Tür stand. Auch Großmann, Meyer & Cie. müsste bereit sein für die epochalen Änderungen, die sich in den nächsten Jahren abspielen würden.

Selten hatte Michael Klosters mit seiner Standardnummer einen so durchschlagenden Erfolg feiern können wie an diesem denkwürdigen Morgen. Top Management Consulting rückte an, Sebastian Ritter erschuf die Zukunft aus Sicht der Berater und schob das reichhaltige

Inventar an Mitteln nach, mit dem die Banken von gestern für den Wettbewerb von morgen fit gemacht werden sollten. In kürzester Zeit begann ein Projekt, in dem Klosters zwei Berater plus Teamleiter für sechs Monate verkaufen konnte – ein Millionengeschäft.

Sebastian hatte das Glück, wenigstens einen Consultant auf sein Projekt zu bekommen, der schon Bankenerfahrung hatte. Paul Kopper war schon von seinem Namen her für diese Branche prädestiniert und hatte seit seinem ersten Tag bei Top Management Consulting eine Bank nach der anderen vorgesetzt bekommen. Das zweite Teammitglied war bis Ende letzter Woche Natalie gewesen.

Zu dritt hatten sie ein enormes Programm zu bewältigen. Eine Zwischenpräsentation gab es nach acht Wochen, doch da wurde nur berichtet, was sie alles begonnen hatten, und die weitere Vorgehensweise im Detail abgestimmt. Wirkliche Ergebnisse sahen die Herren des Chefkabinetts sowie Wahlen und Sturm heute zum ersten Mal. Die Consultants saßen etwas im Hintergrund, elegant im dunklen Zwirn und brav nebeneinander aufgereiht. Für Natalie war Ludwig nachgerückt, der Sebastian kaum begrüßt hatte und offensichtlich noch immer beleidigt war, weil sein Projektleiter am Morgen nicht auf ihn gehört hatte. Michael Klosters saß vorne, und Sebastian präsentierte.

Die Berater erwarteten kritische Rückfragen, vielleicht sogar Detaildiskussionen – und stießen gleich beim ersten Kapitel auf gleichgültige Gesichter. Für jede Kreditform und jede Art von Tagesgeld, Sparkonto und Wertpapierdepot hatten sie ausgerechnet, wie viel die Bank daran vor und nach den Bearbeitungskosten verdiente – aber ihre fein differenzierten Darstellungen blieben tote Zahlenkolonnen. Die Berechnungsmethodik der Berater war im Markt inzwischen Standard, für Großmann, Meyer & Cie. jedoch unbekanntes Terrain. Der Imperator ließ Zahlen wie Erklärungen an sich vorüberziehen, und die anderen, die jede seiner Reaktionen wachsam verfolgten, taten es ihm gleich. Die Bank war schließlich, ganz egal, was die Consultants gerechnet hatten, auch dieses Jahr auf dem Weg zu einem nicht mehr grandiosen, aber immer noch zufriedenstellenden Ergebnis. Man wollte Visionen für neue, noch bessere Geschäfte und keine Erbsenzählerei.

Auch das zweite Kapitel hatte keine Begeisterung aufkommen lassen. Die Analyse der wesentlichen Abläufe im Kredit- und im Einlagengeschäft zeigte nicht nur, dass alles, was in der Bank angepackt wurde, mit immenser Umständlichkeit geschah – das war ja erwartet worden. Es demonstrierte auch, dass jede der zwölf Filialen im Laufe der Jahre ihre eigenen Abläufe entwickelt hatte, und dass jeder Filialleiter stolz auf seine Errungenschaft verwies, denn schließlich waren Innovationen verlangt worden. Böttcher und de Guise wurden hier etwas lebendiger und amüsierten sich über die Beschränktheit ihrer Direktoren an der Front. Der Imperator aber schwieg weiterhin.

Im dritten Kapitel war es dann um die Klassifizierung der Bankkunden gegangen. Die vorhandenen Systeme unterschieden gerade einmal zwischen Selbstständigen und Angestellten einerseits und Einlagen und Krediten andererseits, wobei die Kundeninformationen in der DV weitere sinnvolle Gruppierungen möglich gemacht hätten – es hatte nur bisher niemand danach gefragt. Das Team von Top Management Consulting hatte sich die Kundendaten heruntergeladen und dann in eine mehrdimensionale Datenbank eingelesen. Das Ergebnis nächtelanger Arbeit waren neun Kundengruppen, die nach Berufen und Lebensstufen unterschieden wurden. Auf diese Weise konnten sie nicht nur die Anzahl der Kunden in den einzelnen Gruppen darstellen – das wusste man selbst bei Großmann, Meyer & Cie. –, sondern auch die Kredit- und Anlageformen, die typischerweise in Anspruch genommen wurden. Und wenn man weiter rechnete, ergab sich schließlich die wichtigste Zahl: die Antwort auf die Frage, wie profitabel jede Kundengruppe war. Eines Tages präsentierte Paul Kopper dann beim wöchentlichen internen Projektmeeting, im Consulting-Slang kurz IPM, stolz einen Berg von Folien, der sogar Michael Klosters beeindruckte – kurzzeitig, wie sich schnell herausstellte. Denn Michael bekam bald Bedenken, ob die komplizierte Systematik den Bankern mit ihren vergleichsweise simplen Denkgewohnheiten zu vermitteln war. Sebastian sah eine Gelegenheit, Führungsstärke zu demonstrieren, und verkündete, er vertraue Paul blind, und gemeinsam würden sie es schon schaffen.

Als er in der Präsentation dann das Thema Kundenklassifikation ansprach und sich den gelangweilten Blicken des Kabinetts ausgesetzt sah, war sich Sebastian seiner Sache schon weitaus weniger sicher. Bei seinen Erklärungen stieß er nur auf verständnisloses Schweigen. Als er zu den verschiedenen Berechnungsebenen kam, machte sich Unruhe breit.

»Das ist doch völlig akademisch. Wir sind hier Praktiker. Was hat das denn für Auswirkungen auf unser Tagesgeschäft?«, warf Böttcher aufgebracht ein. Nach Unterstützung suchend sah er sich im Raum um. Noch machte kein anderer den Mund auf.

Sebastian beeilte sich, zum nächsten Kapitel überzugehen, und beschrieb in detaillierten Prognosen die Zukunft jeder Kundengruppe. Leider waren aber auch diese Aussichten nicht so schlecht, dass das Auditorium sich von ihnen betroffen gefühlt hätte. Es war nun mal nicht zu verleugnen – die Bank hatte sich eine Nische erobert, in der man sich schon sehr anstrengen musste, um *nicht* Geld zu verdienen.

Deshalb konnte es jetzt in den Schlussfolgerungen nur darum gehen, wie es zukünftig *mehr* Geld werden konnte. Eigentlich wäre ja eine andere Frage viel drängender gewesen – nämlich wie eine solch kleine, einigermaßen feine Privatbank mit einem relativ stabilen Geschäft und nicht unbefriedigender, ja sogar steigerungsfähiger Rendite in Zukunft ihre Unabhängigkeit wahren sollte. Denn ein noch attraktiveres Objekt für die Kaufbegierde der Großbanken war kaum denkbar. Michael hatte das Thema zu einem seiner raren Gespräche mit dem Imperator mitgenommen und kam kopfschüttelnd zurück. Darüber wollte man nicht reden. Und an Kaiser, den Beiratsvorsitzenden, hatte der Imperator die Berater erst gar nicht herangelassen.

Sebastian nahm die Agenda vom Projektor und legte die erste Folie der Schlussfolgerungen auf. Er trat zwei Schritte zur Seite, stellte sich neben der Leinwand in Positur und sah dem Imperator fest in die Augen.

»Wie Sie hier sehen, haben wir drei Ebenen identifiziert, in denen Ihre Bank ein beträchtliches Verbesserungspotential hat. Zum einen ist das Ihre Filialstruktur, zweitens Ihre Bearbeitungsorganisation und drittens Ihr Produktmarketing.« Beim letzten Wort zog der Imperator fragend die linke Braue hoch. Solche neumodischen Begriffe waren alten Bankern nicht vertraut. Sebastian beschloss, schnell zu den konkreten Vorschlägen überzugehen. Er legt die nächste Folie auf.

»Beginnen wir mit dem Thema Filialstruktur.« Auf der Leinwand war eine Deutschlandkarte zu sehen, auf der die Filialen der Bank eingezeichnet waren. Die Berater hatten vier Regionen gebildet – Nord, Mitte, Süd und Ost – und für jede Region die Effizienz und die Rentabilität der Filialen geprüft. Sebastian begann mit der Vorgehensweise. »Wir haben das Geschäftsaufkommen aller Filialen detailliert aufgenommen und aus den Prognosen für die Kundengruppen den zukünftigen Aufwand berechnet. Dabei hat sich herausgestellt, dass die Region mit den größten Problemen der Osten ist.« Er wartete, bis alle Gesichter ihm zugewandt waren. Dann legte er die nächste Folie auf.

»Hier links ist die Entwicklung der Kundenzahlen der drei Filialen Berlin, Leipzig und Dresden dargestellt, angefangen mit dem Vorjahr, dann das laufende Jahr, rechts die Prognosen für die nächsten zwei Jahre. Wie Sie sehen, geht die Tendenz in allen drei Filialen deutlich nach unten.« Sebastian ging ein paar Schritte zur Seite und zeigte auf die rechte Seite der Leinwand. »Und hier haben wir die jährlichen Betriebskosten der Filialen ihrer Auslastung gegenübergestellt. Wir haben also die für jeden Kunden durchschnittlich anfallenden Geschäftsprozesse aufgenommen und auch die Zeit, die das Filialpersonal für jeden dieser Prozesse benötigt. Aus beidem haben wir berechnet, wie viel Arbeitszeit in einer Filiale tatsächlich für die Kunden aufgewendet wird. Und das für das vergangene Jahr, das laufende und auch für die beiden nächsten Jahre.« Er sah in die Runde. Sie schienen ihm alle folgen zu können. »Wie Sie sehen können, liegt in diesem Jahr keine Filiale über 60 Prozent Auslastung. Und in zwei Jahren werden sie alle zwischen 30 und 40 Prozent liegen.« Er drehte sich von der Leinwand weg, bis er seinem Publikum frontal gegenüber stand. »Das heißt, es ist völlig unrentabel, die neuen Bundesländer von drei Filialen aus zu betreuen.«

Der Imperator ließ das Feuerzeug sinken und nahm die neue Zigarette aus dem Mund. »Sie wollen uns raten, die Filialen wieder zu schließen?«

Sebastian schaute hinüber zu Michael. Ein kurzes Nicken. Er holte tief Luft. »Mit einer Filiale in Berlin und einem Außendienstlerbüro in Leipzig ist der vorhandene Kundenstamm mühelos zu betreuen.«

»Das heißt, die Filialen in Dresden und Leipzig sind überflüssig?« Der Imperator rückte an den Tisch.

Sebastian blieb standhaft und sagte ruhig: »Die Kosten für die drei Filialen stehen in keinem Verhältnis zu dem erzielten Ergebnis. Wenn Sie eine Bearbeitungszentrale in Berlin und dort sowie in Leipzig zwei Stützpunkte für die Kundenbetreuer einrichten, dann haben Sie einen wesentlich geringeren Aufwand und ein deutlich besseres Ergebnis.«

Dr. Schweizer drehte sich zu seinen Kollegen. »Was sagen Sie denn dazu, Herr Grimm?«

»Ich bin etwas überrascht«, sagte Grimm, merklich verunsichert. »Ich meine, wir hatten unsere Entscheidung damals ja ausführlich vorbereitet, und ...«

Der Imperator schaute verächtlich über ihn hinweg. »Herr Dr. Sturm, was meinen Sie? Sollen wir die Filialen dicht machen?«

Sebastian verschränkte die Arme. Jetzt wurde es ernst. Er sah, wie sich in Sturms Gesicht ein spöttisches Grinsen bildete.

»So lässt sich das kaum beantworten«, sagte er knapp und holte aus seinen Unterlagen ein Blatt hervor. »Sie sagen, Sie haben die Kundenentwicklung geprüft, und die Tendenz ist rückläufig. Meine Abteilung hat in den letzten Tagen einen Sonderauftrag des Beirats ausgeführt, in dem die Kontendaten der Ostfilialen analysiert werden mussten. Das Ergebnis ist, dass die drei Filialen im vergangenen Jahr die höchste Zahl an Neukrediten hatten, ja?«

Sebastian sah, wie Ludwig tiefer in seinen Stuhl sank. Nur nicht nervös werden, hieß jetzt die Devise. »Das ist schon richtig. Uns liegen diese Zahlen auch vor. Nur sind sie ja wegen eines DV-Fehlers falsch.«

Sturms Grinsen gefror. »Ich weiß nichts von einem DV-Fehler, Herr Ritter.«

Sebastian ging einen Schritt auf das Plenum zu. »Unseren Informationen nach hat die DV Ende des Jahres eine Aufspaltung der Daten im Osten auf die einzelnen Filialen durchgeführt«, sagte er ruhig. »Wegen eines Codierungsfehlers sind die Zahlen jedoch deutlich zu hoch ausgefallen und deshalb irreführend.«

»Das höre ich zum ersten Mal.« Sturm schien ehrlich überrascht zu sein. Unter den Kabinettsmitgliedern machte sich Unruhe breit. Schweizer sah Grimm an, der angestrengt versuchte, seinem Blick auszuweichen.

»Woher stammen Ihre Informationen?«, fragte Sturm weiter.

»Aus der DV natürlich, Herr Sturm«, log Sebastian.

»Von welchem Sachbearbeiter?«

»Wir lassen Ihnen morgen früh gerne eine Liste mit den einzelnen Gesprächsterminen zukommen, Herr Sturm«, sagte Sebastian und lächelte kalt. Aus den Augenwinkeln sah er, wie Michael den rechten Daumen hob.

Sturm griff nach seinem Füller und schrieb etwas in seine Unterlagen. Der Imperator nutzte die Pause. Weit zu Grimm hinübergebeugt, machte er es ihm unmöglich, weiter auszuweichen. »Was ist das für ein DV-Fehler, Herr Grimm?«, fragte er grollend.

Grimm äugte gequält zum Imperator herüber. »Die DV hat keinen Fehler gemacht«, presste er hervor. »Wenn da letztes Jahr etwas nicht geklappt hat, dann lag es an den Filialen.«

»Moment mal.« Böttcher war im Kabinett verantwortlich für das Filialnetz und wenn ihn auch die Vorschläge der Berater bisher unbeteiligt gelassen hatten, so hieß das noch lang nicht, dass er Kollegenschelte auf sich sitzen ließ. Aber er kam nicht dazu, den Streit weiter zu schüren. Der Imperator hob den Arm.

»Meine Herren, bitte. Ich möchte mit Ihnen nach der Sitzung noch einmal getrennt sprechen. Nur zu dritt.« Er drehte sich wieder zu Sebastian. »Machen Sie weiter, bitte.«

»Ja, danke«, sagte Sebastian und legte die nächste Folie auf. Er musste sich beeilen, von diesem DV-Thema wegzukommen. »Wir haben einmal ausgearbeitet, wie eine neue Filialstruktur im Osten aussehen könnte.«

Er ging ein paar Schritte zurück und stellte sich wieder neben die Leinwand. »In Berlin hätten Sie dann die folgenden Funktionen versammelt ...«

»Einen Augenblick, Herr Ritter.« Sturm hatte sich halb in seinem Stuhl erhoben. »Herr Dr. Schweizer, entschuldigen Sie, wenn ich noch einmal auf dieses Thema zurückkomme. Für eine sinnvolle Diskussion der Schließung der Ostfilialen müssen die Berater den angeblichen DV-Fehler klären. Die Analyse ist nichts wert, wenn wir nicht wissen, ob ihre Ausgangsbasis auch verlässlich ist.«

Sebastian sah, wie Schweizer bedächtig nickte, und wollte gerade einen Rettungsversuch für ihr Konzept starten, als es an der Tür klopfte. Frau Schumann, die erste Sekretärin des Imperators, schlüpfte in den Raum und reichte ihrem Chef einen Zettel. Er holte seine Brille aus seiner Brusttasche und überflog ihn.

»Ja, in Ordnung. Ich komme«, sagte er leise zu Frau Schumann. »Meine Herren, ich bitte um Entschuldigung. Der Beirat will mich in einer dringenden Angelegenheit sprechen, es wird ein paar Minuten dauern. Aber machen Sie ruhig schon weiter, ich muss ja nicht bei allem dabei sein.« Er stand auf und ging, von Frau Schumann gefolgt, zur Tür. Als er schon fast draußen war, drehte er sich noch einmal um und sah zu

Sturm hinüber. »Herr Sturm, Sie können mich ja anschließend informieren, was hier noch Wichtiges passiert ist.«

Die Tür fiel ins Schloss. Sturm saß aufrecht an seinem Platz, bereit, seine Attacken fortzusetzen. Da ergriff de Guise das Wort.

»Wenn Sie nichts dagegen haben, würde ich gerne die Gelegenheit nutzen und erst einmal eine Pause machen. Wir sind jetzt ja schon seit über zwei Stunden zugange.«

Sturm sah aus, als wolle er protestieren, aber Böttcher und Grimm standen schon auf.

»In Ordnung«, sagte Sebastian erleichtert. »Sagen wir, fünfzehn Minuten? Gut, dann machen wir um 16.30 Uhr weiter.«

Das allgemeine Stühlerücken begann. De Guise ging als erster, Böttcher folgte ihm mit Wahlen im Schlepptau, und auch Grimm beeilte sich, den Saal zu verlassen, wenn auch in sicherem Abstand zu Böttcher. Wenn ein Mitglied des Chefkabinetts ein Telefonat angekündigt hatte, konnten die anderen nicht zurückstehen, schließlich waren sie alle wichtig. Sturm steuerte auf Sebastian zu. Seine dunklen Augen blickten starr unter den dichten Brauen und verhießen nichts Gutes. Sebastian machte sich schon auf den nächsten Krach gefasst, als Michael sich an ihm vorbei drängte. »Lass mal«, raunte er ihm zu, »ich mache das schon. Überleg du dir lieber, wie du die Sache gleich wieder auf die richtige Bahn bringst.« Er ging weiter zu Sturm. Sebastian gab seinen Consultants ein Zeichen und beeilte sich, auf den Flur zu kommen. Er brauchte die rettende Idee.

Fünfzehn Minuten später kehrten die Sitzungsteilnehmer langsam wieder in den Raum zurück. Sebastian stand mit roten Wangen am Overhead-Projektor. Michael hatte es wirklich geschafft, Sturm die ganze Zeit in ein Gespräch zu verwickeln. Sebastian hatte mit dem Team eine Lösung gesucht, aber der rettende Geistesblitz ließ auf sich warten. Am Schluss kamen sie überein, dass ihnen nichts übrig blieb, als eine Klärung der DV-Frage nachzuliefern. Das würde bestimmt einen Tag dauern. Zugleich wollten sie aber unbedingt noch die künftige Filialstruktur vorstellen. Schließlich bot sie eine erhebliche Kostenersparnis bei einer intensiveren Kundenbetreuung, und diese Vorteile mussten die Banker doch neugierig machen.

Sebastian atmete tief durch. Er hatte schon ganz andere Krisen bewältigt, und auch das hier war zu schaffen. Er sah sich im Raum um. Bis auf den Imperator waren alle wieder da und standen in kleinen Grüppchen zusammen. Michael setzte sich und nickte ihm zu. Los ging's.

»Meine Herren, auch wenn Herr Dr. Schweizer noch nicht zurückgekehrt ist, würde ich vorschlagen ...«

Das Telefon klingelte. Böttcher nahm den Apparat ab. Er hörte kurz zu und wurde plötzlich blass. Langsam legte er den Hörer auf.

»Wir müssen sofort zu Dr. Schweizer. Kaiser ist tot.«

Mit einem Schlag herrschte in dem Sitzungssaal eine lähmende Stille. Die Bestürzung war allen ins Gesicht geschrieben. Es dauerte zwei, drei Minuten, bis die Banker begannen, sich in Bewegung zu setzen. Einer nach dem anderen verließ den Raum. Wahlen ging als letzter. Als er an Sebastian vorbeiging, nickte er ihm verschwörerisch zu.

»Gehen Sie jetzt. Heute passiert hier nichts mehr.«

Sebastian schaute ihn fragend an.

Wahlen fuhr leise fort. »Der Alte war der Ziehsohn von unserem Beiratsvorsitzenden. Jetzt, wo Kaiser tot ist, werden die Karten neu gemischt.«

»Aber wann ...«

»Rufen Sie morgen früh an. Morgen oder übermorgen geht es weiter. Und gehen Sie in die DV. Die Jungs werden Ihnen schon die Wahrheit sagen.«

Sebastian lächelte dankbar. Er ging mit dem Kreditleiter zur Tür und schloss sie hinter ihm. Als er sich umdrehte, sah er drei verloren am Tisch sitzende Berater. Langsam ging er zu seinem Stuhl und setzte sich dazu.

»Also«, sagte er. »Ich finde, wir sollten jetzt erst einmal eine Pause machen.«

18:19 Uhr

»Die Karten werden neu gemischt? Was soll das denn heißen?« Michael drehte sich vom Fenster weg und nahm einen Schluck Champagner.

Sebastian schmeckte der Veuve Cliquot ausgesprochen gut. Deutlich besser als der Sekt am Wochenende. Obwohl da ja Natalie ... Ach was, das Wochenende war vorbei. Er schlürfte genüsslich, bevor er der erwartungsvollen Zuhörerschaft eine Antwort zukommen ließ. »Wahlen hat mir gesagt, dass der Imperator in zwei Jahren in den Ruhestand geht.«

»Er hat doch schon heute keine Lust mehr«, grummelte Michael. »Im Büro ist er nur von Dienstags bis Donnerstags, maximal von elf bis fünf. Den Rest der Woche weilt er auf seinem Anwesen in Mallorca.«

»Schon«, sagte Sebastian, »aber er will ein gut bestelltes Haus hinterlassen. Deshalb sind wir ja da. Aber wenn er aus dem Chefkabinett ausscheidet, wird er nicht ganz aufhören wollen.« Er schaute in die Runde. »Ist doch klar, Schweizer will Beiratsvorsitzender werden.«

Paul Kopper stellte sein Glas geräuschvoll auf den Tisch. »Und du meinst, jetzt, wo Nero tot ist, wird daraus nichts mehr?«

»Zumindest ist es nicht mehr so leicht wie vorher«, antwortete Sebastian. »Wahlen hat immer erzählt, dass Kaiser und Schweizer alte Saufkumpane waren. Und dass Kaiser irgendwelche Leichen im Keller hatte, von denen der Imperator wusste. Ich meine, Kaiser wurde nicht umsonst Nero genannt.« Er trank noch einen Schluck.

»Ich dachte immer, Privatbanken wären etwas Vornehmes.« Ludwig klang indigniert. Als einziger trank er nur Mineralwasser. Wahrscheinlich schmollte er auch noch immer, dachte Sebastian. Schließlich hatte er ja das Desaster mit den Ostfilialen kommen sehen.

»Das mag schon sein«, sinnierte Michael und ließ sich in einen der dicken Clubsessel plumpsen. »Aber diese Bank ist halt ein bisschen anders. Die ist vor allem dafür da, Zeitvertreib zu bieten. Kurzweil für die Reichen und die Schönen.«

»Schöne habe ich da eigentlich noch nicht gesehen«, brummte Ludwig.

»Frau Crailsheim *war* zumindest mal schön.« Böttchers Sekretärin war bekannt dafür, gerne mit den jungen Beratern herumzuschäkern, und Sebastian galt als ihr bevorzugtes Opfer.

»Dafür sind ihr jetzt alle siebenundfünfzig Männer, die sie in den letzten drei Jahren vernascht hat, sorgsam gestapelt ins Gesicht geschrieben.« Michael gluckste.

Sebastian wollte gerade die passende Antwort geben, als er merkte, dass Michael auf die Uhr sah. Er wusste, was das bedeutete. Michael wollte wieder an die Arbeit. Keine Wunder, sie saßen ja auch schon seit fast einer Stunde in der Casa, dem Lieblingshotel der Berater in Frankfurt. Michael hatte nach dem abrupten Ende der Präsentation Sebastians Wink verstanden und das Team zu einem Imbiss – und natürlich zur Seelenmassage, denn die Motivation der gebeutelten Berater bedurfte etwas

Pflege – auf sein Zimmer eingeladen. »Imbiss« bedeutete in der Klosterschen Diktion, dass der Tisch beladen war mit Schnittchen mit Lachs, Shrimps, Parmaschinken, Rohmilchkäse und was die feine Küche sonst noch hergab, und natürlich floss der Champagner. Die Casa bot das richtige Ambiente für ein solches kleines Intermezzo, denn keines der hohen, gepflegten Altbauzimmer hatte weniger als fünfundzwanzig Quadratmeter, und alle waren mit schweren englischen Möbeln eingerichtet. Die üppigen Blumenmuster auf Sofas, Sesseln und Vorhängen bewirkten beim Betrachter schon einmal leichte Schwindelgefühle. Als die Platten leer gegessen waren und der zweite Korken knallte, war die Stimmung wieder gelöst.

Aber jetzt ging es zur Sache. Sebastian war überrascht gewesen, dass Michael ihn nicht gleich nach der Präsentation zur Rede gestellt hatte wegen Sturms Vorwürfen. Doch nun, da die Details des vergangenen Geschehens im Sitzungssaal durchgekaut waren, die Fauxpas der Banker und Geistesblitze der Berater ihre Würdigung gefunden hatten, mussten sie zu dem einen Punkt kommen, bei dem die Geistesblitze offensichtlich ausgeblieben waren. Michael verschränkte die Arme vor der Brust und ließ seinen Blick über das Team wandern.

»Okay. Ich will es noch einmal in einem Satz sagen: Lasst Euch von der Trägheit dieser Banker nicht verunsichern, insgesamt war die Präsentation ein Erfolg. Und für den Abbruch konnten wir schließlich nichts.« Er kratzte sich am Hals. »Nur das Ding mit Sturm, das hätte nicht sein müssen.«

Jeder im Raum versuchte, Michaels bohrendem Blick auszuweichen. Auch Sebastian wurde bewusst, dass er auf den Boden starrte.

»Ich will gar nicht wissen, wieso das so gelaufen ist. Um Vergangenheitsbewältigung geht es mir nicht. Wir müssen sicherstellen, dass uns die Banker unsere Rechnungen glauben.«

»Wir haben uns schon etwas überlegt«, sagte Sebastian sofort. »Erst einmal müssen wir natürlich herausfinden, was es mit diesem DV-Fehler wirklich auf sich hat. Das macht Ludwig morgen früh. Paul geht noch einmal die Berechnungen durch, und ich überlege mir, ob wir nicht noch an besseres Zahlenmaterial herankommen.«

»Das ist ein Anfang«, sagte Michael nickend. »Dann setzen wir uns morgen Nachmittag wieder zusammen, um die Ergebnisse zu besprechen.«

Morgen Nachmittag. Das war verdammt wenig Zeit, dachte Sebastian. Aber Michael hatte ja recht, sie mussten jetzt schnell etwas vorzeigen.

»Ach so«, sagte Michael dann, als hätte er noch etwas vergessen. »Und es wäre gut, wenn ihr die Ergebnisse in einer vollständigen Dokumentation zusammenfasst. Separat für jede Filiale.«

»Michael«, sagte Sebastian, »das bekommen wir so schnell nicht zusammen. Natalie ist schon auf ihrem neuen Projekt, und ...«

Michael sah ihn an. »Wieso bekommt ihr das dann nicht zusammen? Hat sie Ludwig ihre Sachen nicht ordentlich übergeben?«

»Doch, sicher«, antwortete Sebastian. »Aber wenn wir jetzt alles im Detail aufarbeiten sollen, werden sich noch Fragen ergeben.«

»Dann holt sie her.«

»Ihr neues Projekt hat heute angefangen ... Sie ist in London.«

»Da werdet ihr sie ja wohl auftreiben.« Michael sah schon wieder auf die Uhr. »Am besten gleich. Dann bekommt ihr heute Abend noch etwas geschafft.« Er griff nach seinem Aktenkoffer. »Ich habe gleich um sieben noch eine Sitzung des Personnel Committees. Treffen wir uns morgen Nachmittag um vier zum IPM.« Er ging zum Schrank, holte seinen Mantel heraus und ging zur Tür. Als er an Sebastian vorbeikam, blieb er noch einen Moment stehen.

»Sebastian, kann sein, dass wir heute Abend auch über dich reden. Ich habe morgen Vormittag einen Termin bei Mitchell's in London ...« Sebastian musste etwas irritiert geschaut haben, denn Michael grinste und sagte: »Keine Angst, ich habe keine Absicht, ins Lager der Investmentbanker zu wechseln. Die arbeiten noch mehr als wir, nur dass noch weniger herauskommt, das ist nichts für mich ...« Sein Lachen ging schnell in ein Husten über. »Mich hat ein alter Kunde angerufen, der für eines seiner Unternehmen einen Käufer sucht. Ich soll ein paar Kontakte herstellen. Egal. Ich will dich morgen früh noch kurz sehen. Vielleicht kannst du mit mir morgens zum Flughafen rausfahren? Dann haben wir wenigstens eine halbe Stunde.«

Sebastian nickte. Wenn das Personnel Committee über ihn sprach, dann ging es um seine Beförderung. Kein besonders günstiger Termin. Und wenn Michael ihn dringend noch einmal allein sehen wollte, dann mit Sicherheit, um ihm doch noch die Leviten zu lesen. »Wann geht dein Flieger?«, fragte er zurück.

»7 Uhr 25. Sagen wir um halb sieben an der Rezeption?« Sebastian nickte.

»Gut.« Michael schaute noch einmal in die Runde. »Also dann, good luck, gentlemen.«

Als er gegangen war, herrschte betretenes Schweigen. Schließlich stand Sebastian auf.

»Dann lasst uns losziehen. Mal sehen, wer als erster im Büro ist.«

19:08 Uhr

Als der Banker die Nummer in das schwarze Telefon eintippte, merkte er erst, wie verschwitzt seine Hände waren. Erst beim zweiten Mal stimmten alle Zahlen.

»Ja?«

»Sind Sie wahnsinnig?«

Der andere lachte. Er lachte einfach! »Bleiben Sie ganz ruhig. Es ist doch alles in bester Ordnung.«

»In Ordnung? Er ist tot!«

»Ja. Aber es war ein Unfall.«

»Ach so, ein Unfall. Und das soll irgendjemand glauben?«

Der andere atmete tief durch. »Jetzt machen Sie mal einen Punkt. Wir haben hier die Sache im Griff.«

»Ach so, im Griff. Das hat man ja deutlich gesehen.«

»Ich habe Ihnen doch gesagt, es war ein Unfall. Ich gebe ja zu, wir wussten nicht, dass Neros Herz schon so schwach war. Aber eine Verbindung zu uns herzustellen ist völlig unmöglich.«

»Ich glaube Ihnen kein Wort.«

»Das Mädchen musste glauben, dass Nero selbst sie ins Hotel bestellt hat. Und die Videokamera haben wir entfernt, bevor die Polizei eintraf.«

»Aber die ermitteln jetzt doch! Und was ist, wenn sie anfangen, die Bank zu durchsuchen?«

»Ich sagte Ihnen doch, er ist eines natürlichen Todes gestorben. Und die Umstände sind so peinlich, dass die Familie alles daran setzen wird, die Sache zu vertuschen.« Er kicherte leise. »Aus der neuen Situation ergeben sich auch einige Vorteile.«

»Was?«

»Wir haben jetzt die Chance, den Beiratsvorsitz für uns zu reklamieren.«

»Sie sind völlig wahnsinnig. Und was dann?«

»Dann könnten wir die Filialschließungen schneller durchziehen. Und sofort zu Plan B übergehen.«

Der Banker fuhr sich mit der Hand durchs Gesicht. Plan B. Darüber hatten sie vor Ewigkeiten einmal gesprochen, bevor sie die Geschäfte im Osten angefangen hatten. Er konnte sich kaum noch daran erinnern, was sie damals alles zusammenphantasiert hatten. »Und was ist mein Part dabei?«

Der andere lachte. »Ich finde, Sie wären ein sehr geeigneter Bankensprecher.«

Sagte er das nicht so, als ob es ein Scherz wäre? »Sehr witzig.«

Am anderen Ende der Leitung hielt das Glucksen noch etwas an. Es war beleidigend. »Lassen Sie uns darüber reden, wenn die Zeit reif ist. Jetzt ist es erst einmal wichtig, dass Sie Ihren Job gut machen. Wie war die Präsentation?«

Er wischte über die Schreibtischplatte. Seine Hand hinterließ feuchte Spuren. »Sie sind nicht durchgekommen. Dummerweise ist der DV-Fehler zu einem großen Thema geworden, weil Dr. Sturm nichts von ihm wusste. Er wollte unbedingt durchsetzen, dass die Sitzung abgebrochen wird, bis der Fehler geklärt ist, als dann die Nachricht von Neros Tod kam und sowieso Schluss war.«

Der andere schwieg.

Er nahm sein Taschentuch hervor und versuchte, den Tisch trocken zu reiben. »Gut ist natürlich, dass die Berater jetzt unter Zugzwang sind. Sie sind überzeugt, dass ihr Vorschlag, die Filialen zu schließen, richtig ist. Und sie werden alles tun, um auch die Bank davon zu überzeugen.«

»Wann geht es weiter?«

»Das ist noch nicht entschieden. Aber morgen mit Sicherheit nicht. Dazu ist hier noch viel zu viel Aufruhr.«

»Das heißt, morgen rennen die Berater durch die Bank und versuchen, den DV-Fehler aufzuklären.«

»Davon ist wohl auszugehen.« Jetzt würde er ihn gleich fragen, ob die Berater dort auch das Richtige finden würden. Mein Gott, dass er daran nicht gedacht hatte. Und er hatte die Stunden seit der Präsentation einfach verstreichen lassen, ohne sich darum zu kümmern …

»Dann helfen Sie ihnen dabei.«

»Was?«

»Es ist alles vorbereitet. Helfen Sie ihnen. Sie werden finden, was sie suchen.«

»Hören Sie, ich dachte, hier in der Bank, das wäre mein Teil …«

Der andere lachte wieder. »Ist es doch. Melden Sie sich nach der nächsten Präsentation.« Es klickte in der Leitung.

»Aber … Hallo? Hallo!« Der andere hatte wirklich aufgelegt.

Er legte den Hörer auf die Gabel und ließ seinen Blick nachdenklich durch das Büro wandern. Der Junge am Pool grinste nicht mehr. Er sah noch einmal genau hin. Jetzt erschien es ihm, als wolle sich der Junge jeden Moment umdrehen. Schade. Auf dem Bild konnte man nicht sehen, ob jemand hinter ihm stand.

00:02 Uhr

Auf der Straße peitschte ihm der Nieselregen ins Gesicht. Sebastian Ritter schlug den Kragen hoch und beeilte sich, zum Taxistand zu kommen. Er hatte Glück, ein Wagen stand noch da. Sebastian riss die hintere Wagentür auf und stieg ein.

»Danke, geht schon. Zum Hotel Casa bitte.«

Der Taxifahrer nickte und fuhr los. Sebastian rutschte tief in den Sitz. Er steckte die Hände in die Manteltaschen und stöhnte kräftig.

»Langer Tag?« Der Fahrer beäugte ihn im Rückspiegel. Sebastian sah nicht viel von ihm. Er wirkte massig, mit wilden dunklen Haaren und einem Vollbart. Er trug eine Lederjacke und hatte einen langen weißen Schal kompliziert um den Hals gewickelt. Die Holzkugeln auf der Rückenlehne passten nicht so recht zum Bild des nichtangepaßten Nachtarbeiters.

»Mmh. Mal wieder viel zu tun.«

»Ich bin um diese Uhrzeit meist in dieser Ecke. Da bei Ihnen arbeitet man auch gerne nachts, was?«

»Gerne nicht. Aber es kommt häufiger vor.«

Sebastian sah durch die tropfenübersäten Scheiben hinaus auf das nächtliche Frankfurt. Sie fuhren die Taunusanlage entlang, vorbei an den Glaspalästen der Großbanken. Vereinzelte Lichter standen fahl hinter den glatten Wänden. Die Bürgersteige waren menschenleer. Er schaute nicht mehr hoch, als die beiden Vorzeigetürme der Deutschen Bank auftauchten. Soll und Haben. Früher hatte ihn die kalte, glänzende Pracht fasziniert. Jetzt kannte er Banken zu gut.

»Was machen Sie denn da eigentlich? Wirtschaftsprüfung?« Die Augen des Taxifahrers schauten neugierig in seine Richtung. Sebastian verkroch sich noch etwas tiefer in seinen Mantel.

»So ähnlich.«

»Geheim, was? Dürfen Sie nicht drüber reden?«

Sebastian stöhnte noch einmal. »Nein, nein. So schlimm ist es nicht. Wir beraten Unternehmen.«

»Unternehmen? Banken auch?«

»Ja, Banken auch.«

»Ich dachte, die hätten so viel Geld, dass sie sich die besten Leute leisten können. Wieso brauchen die denn Berater?«

Tja, wieso brauchten Banken eigentlich Berater? Eine gute Frage. Weil sie zwar viel Geld hatten, aber zuwenig in gutes Personal investierten. Weil wirklich gute Leute nicht zu einer spießigen Bank gehen wollten. Weil der Bankenalltag totlangweilig war. »Bei Banken ist es genau so wie bei vielen anderen Unternehmen. Man macht das Geschäft mit einer gewissen Routine, was Vorteile hat, aber auch den Nachteil, dass man schnell betriebsblind werden kann. Man sieht alles immer aus derselben Perspektive und merkt nicht, wie der Markt sich ändert. Und wenn dann die Geschäfte schlechter gehen, weiß keiner warum.«

»Und dann holt man Sie?«

»Ja.«

Der Taxifahrer schüttelte den Kopf. »Sie sind doch noch ziemlich jung. Wie können Sie denn den Leuten in der Bank noch etwas beibringen?«

Sebastian versuchte, das Gesicht des Taxifahrers zu erkennen. Es war zu dunkel, er sah nicht mehr als die Umrisse. Trotzdem, es reichte. Wahrscheinlich könnte selbst dieser Typ in der Lederjacke den tollen Bankern noch etwas beibringen, wenn er in den eleganten Büros mit den weichen Teppichen und den Schlafsesseln genauso bohrend fragte wie hier in seinem dunklen Taxi. »Es geht nicht darum, denen ihr Geschäft beizubringen. Natürlich kennen die das besser als wir. Aber wir haben eine tiefergehende Analysemethodik ...«

»Was?«

Sebastian atmete einmal tief durch. Eigentlich war er stolz darauf, komplizierte Sachverhalte in einfache Worte fassen zu können. Nur nach Mitternacht schien das nicht mehr so gut zu gehen. Im Rückspiegel erschien es ihm, als ob der Taxifahrer grinste. »Wir geben uns nicht mit dem zufrieden, was immer schon so gemacht wurde, sondern fragen weiter. Wir untersuchen so genau wie möglich, darin werden wir ausgebildet. Und wir verlieren die einmal gesetzten Ziele nicht aus den Augen. Ein Termin wird immer eingehalten. Und wenn wir Tag und Nacht arbeiten.« Er seufzte. »Aber das sehen Sie ja selbst.«

»Und was machen Sie da die ganze Zeit im Büro?«

Reden. Vor allen Dingen reden. Vorhin hatten sie fast zwei Stunden gebraucht, um die genaue Systematik ihrer Berechnungen zusammenzutragen. Das Problem waren einfach die Schlüsselungen. Die knappe Zeit hatte nicht ausgereicht, um alle notwendigen Daten in jeder der zwölf Filialen zu erheben. Eigentlich war das ja auch ein allgemein akzeptiertes Vorgehen – nur im Fall der Ostfilialen wurde es problematisch. Grundsätzlich war ihre Aussage, dass die Auslastung in den nächsten Jahren immer dramatischer fiel, ja überzeugend genug, um zu erkennen, dass drei Filialen zu viel waren. Nur, wenn jemand fragte, warum denn ausgerechnet eine bestimmte Filiale geschlossen werden sollte, hatten sie nicht viel zu bieten – jedenfalls keine überzeugenden Berechnungen. Michael hatte das in der Präsentation schnell durchschaut. Und er hatte auch begriffen, dass Sebastian ihn vorher nicht darauf hingewiesen hatte.

Sebastian schloss die Augen. Es war einfach grenzenlos naiv gewesen, zu glauben, dass er mit diesem Zahlengewurstel durchkommen würde. Beim Kunden vielleicht, aber nie bei Michael. Sebastian wusste, dass es sein Fehler war. Jetzt musste er ihn wieder gut machen. Nicht er alleine: das Team. Die nächsten Tage würden hart werden. Es war klar, worauf Michael mit seinen Anforderungen hinauswollte. Er wollte Filiale für Filiale überprüfen, welche Zahlen geschlüsselt waren, und überall dort, wo es möglich war, neue Daten direkt in den Filialen nacherheben. Und das natürlich möglichst schnell. Nur wie das gehen sollte, das wusste noch keiner von ihnen.

»Entschuldigung? Schlafen Sie schon?«

Sebastian schreckte hoch. »Was? Nein, nein ... Ich bin nur etwas weggedriftet. Was haben Sie noch mal gefragt?«

»Was Sie den ganzen Tag …«

»… im Büro machen. Richtig. Wissen Sie, damit man ein Geschäft versteht, muss man erst einmal seine Logik begreifen. Die Hebel, mit denen Sie überhaupt etwas bewegen können. Und dann müssen Sie anhand der Zahlen überprüfen, ob der Kunde diese Hebel wirklich ausreichend nutzt.«

»Und das dauert so lange.«

Allerdings. Und es war noch nicht einmal besonders spannend. Es war nicht mehr als Number Crunching – Zahlen in den Computer einhacken, Rechenoperationen eingeben, Ergebnisse überprüfen. Immer wieder überprüfen, ob man auch keinen Fehler gemacht hatte. Wie heute.

»Es dauert ewig.«

Sebastian seufzte. Gemeinsam mit Ludwig hatte er sich durch Natalies Dateien quälen müssen. Und da war er auf einmal ganz froh, dass Ludwig so ein Pedant war. Weil er sich die letzten Tage schon detailliert eingearbeitet hatte, wusste er, wie die Rechnungen funktionierten, und er konnte Sebastian praktisch mit der Ankunft im Büro eine Liste mit offenen Punkten vorlegen. Natürlich war Ludwig noch immer beleidigt wegen des Telefongesprächs am Morgen, aber Sebastian hatte es geschafft, die Diskussion zu vertagen. Vorrangig waren die Fragen an Natalie.

»Und das macht Ihnen Spaß?«

Spaß? War Spaß das richtige Wort? »Ich … ich mache es gerne.«

»Verstehe ich nicht.«

»Ich will gute Arbeit leisten. Die beste, die möglich ist. Und daran arbeite ich mit den besten Leuten. Wir haben eine Vorbildfunktion, wissen Sie. Wir setzen einen neuen Standard bei unseren Kunden. Und damit verändern wir die Arbeit dort. Das ist es, was eigentlich zählt.«

Der Taxifahrer schwieg. Sie bogen in die Straße des Hotels ein. Die bestmögliche Arbeit mit den besten Leuten. Es stimmte, das war es, was ihn hielt. Leute wie Michael, wie Paul. Vielleicht auch so jemand wie Ludwig. Und natürlich Natalie. Natalie … Als sie anriefen, war sie noch im Büro in London. Sie waren die Fragen durchgegangen, konnten aber nicht alles klären. Nach Frankfurt konnte Natalie auf gar keinen Fall kommen. Sie war schon bis zum Hals in ihrem neuen Projekt eingebunden. Sebastian musste es zähneknirschend akzeptieren. Immerhin wussten sie nun, mit wem sie morgen in der DV-Abteilung sprechen mussten.

»So. Da sind wir. Das macht 9 Euro 40.«

Sebastian griff nach seinem Portemonnaie. »11 bitte, und eine Quittung.«

»Danke.« Der Taxifahrer machte das Wagenlicht an und füllte das Formular aus. Als er das Blatt nach hinten reichte, gab ihm Sebastian die Geldscheine. Der Taxifahrer nahm seine Geldbörse hervor und suchte nach den passenden Münzen. »Interessant, was Sie da erzählt haben.«

Sebastian lächelte müde. Ein Bewunderer. Wie schön. Er konnte es doch noch, auch um diese Zeit.

Der Taxifahrer reichte ihm das Wechselgeld. »Wissen Sie«, sagte er dabei, »ich fahre oft Berater.«

»Wie?« Sebastian war verwirrt. »Ja ... Und warum fragen Sie dann, was ich mache ...«

»Oh, ich frage alle, die ich da abhole. Und dann vergleiche ich die Antworten.«

»So. Und ... Was sagen die anderen?«

Der Taxifahrer drehte sich um und steckte die Geldbörse weg. »Alle möglichen Geschichten.« Er schien nach vorne zu blicken, aber Sebastian merkte, dass er ihn verstohlen durch den Rückspiegel ansah. »Die Neuen sind völlig begeistert, dass sie es geschafft haben. Dann kommt der Stress und die ersten Misserfolge. Dann haben sie Angst, es nicht zu schaffen. Ein paar halten durch. Und kurz bevor sie gehen, erzählen sie mir dann, sie machen es nur wegen der anderen, mit denen sie zusammenarbeiten.«

Sebastian merkte, dass er noch immer die Münze in der Hand hielt. Als ob er Trinkgeld bekommen hätte. Er steckte das Geld weg und griff nach seinem Aktenkoffer.

»Gut. Ich gehe nicht so bald.« Er öffnete die Tür und zwängte sich hinaus. »Gute Nacht.«

Er knallte die Tür zu und sah dem Wagen nach, als er aus dem Hof wieder hinausfuhr. Es regnete jetzt stärker. Er zog den Mantel am Kragen zusammen und wollte sich gerade umdrehen, als er hörte, wie jemand die Treppen vor dem Hotel heruntergestolpert kam.

»Guten Abend, Herr Doktor Ritter.«

Es war der Nachtportier, bewaffnet mit einem Schirm, den er jetzt Sebastian entgegenstreckte.

Sebastian lächelte und grüßte zurück. Der Nachtportier war ein älterer, etwas schrulliger Grieche mit einer dicken Hornbrille, die er mit einem dicken schwarzen Band hinter den Ohren zusammengebunden hatte. Anfangs hatte er Sebastian abends genauso kommentarlos empfangen, wie es Portiers gewöhnlich tun, aber nach und nach taute er auf. Je häufiger Sebastian spät abends kam, desto besorgter zeigte er sich. Auch heute drohte er Sebastian mit dem Zeigefinger, als sie gemeinsam in das Hotel hineingingen.

»Wieder sehr spät, Herr Doktor Ritter.«

Sebastian lächelte. »Ich hatte sehr viel zu tun.«

Der Portier ging hinter die Rezeption. »Ah, immer sehr viel zu tun. Was macht Ihre Freundin?«

»Keine Ahnung. Sie schläft wohl. Sie ist weit weg von hier.«

Der Portier lächelte. »Hier. Sehen Sie. Nachricht für Sie.«

Neben seinem Schlüssel lag ein zusammengefaltetes Blatt. Er machte es auf. »23.57 Uhr« stand da. Dann eine Telefonnummer. Und darunter eine Zeile: »Liebe Grüße von deiner Natalie.«

»Freundin war sehr traurig, als Sie nicht waren da.«

Sebastian schaute hoch. »Na ja. Manchmal ist's ganz gut, wenn die Frauen ein bisschen warten. Gute Nacht also. Und vielen Dank. Ach ja, und wecken Sie mich bitte um viertel vor sechs.«

Der Nachtportier schüttelte den Kopf. »Viel zu früh, Herr Doktor. Zu wenig Schlaf.«

Sebastian lächelte noch einmal, nahm seine Sachen und ging zum Fahrstuhl.

Oben im vierten Stock angekommen, ging er den Flur hinunter bis zur vorletzten Tür. Sebastians Zimmer war nicht ganz so riesig wie Michaels, aber es hatte einigen Charme. Das Bett war auf einer zweiten Ebene, die man über eine kleine Treppe erreichte. Wenn man oben war, konnte man das ganze Zimmer überblicken, wie von einem Thron aus.

Er zog den Mantel aus, ließ sich auf das Bett plumpsen und suchte in seiner Hosentasche nach dem Zettel mit Natalies Nummer. Er faltete ihn auseinander und wählte.

»Hello?«

»Natalie?«

»Yes.«

»Ich bin's, Sebastian.«

»Sebastian …« Sie kicherte.

»Ich bin gerade ins Hotel gekommen und … Ich wollte mich nur für deine Nachricht bedanken.«

»Nachricht? Ach die …« Sie lachte schon wieder.

»Natalie? Ist alles mit dir in Ordnung?«

»Was? Oh ja … London ist wunderbar und dieses Hotel ist so schön … so schön …« Sie prustete los.

»Natalie? Hast du … Hast du einen sitzen?«

Sie hörte nicht mehr auf zu lachen. »Ich hab … einen sitzen … und du hast einen stehen …« Sie musste den Hörer aufs Bett geworfen haben, denn er hörte ihr schallendes Gelächter nur noch gedämpft.

»Natalie? Natalie?« Er hörte sie im Hintergrund reden, verstand aber nicht, was sie sagte. Dann lachte sie wieder.

»Natalie! Nimm doch den Hörer, verdammt noch mal!«

Plötzlich war sie wieder dran. »Ja. Ich bin jetzt ganz ernst. Also, was willst du, Sebastian?« Noch ehe er antworten konnte, redete sie weiter. »Ach so, du willst dich bedanken. Ja. Gut. Oh mein Gott, ist das Zeug stark.«

»Zeug? Was für ein Zeug?«

»Wahnsinn … Wie ich deine Stimme höre, Sebastian, ganz anders als sonst … Ich hör dich in mir, hier unten, ganz tief in mir …«

»Natalie, was ist das für ein Zeug?«

»Ich hab nur etwas von dem Afghanen reingetan … Wahnsinn …«

Jetzt dämmerte es ihm. Sie hatte einen Joint geraucht. Er hatte sie schon einmal bekifft erlebt, an einem Abend in ihrer Wohnung. Er hatte sogar mitgeraucht, aus Neugierde, mit viel Angst, aber er hatte nichts gespürt. Sie umso mehr. Sie hatte ohne Unterlass geredet, nur unterbrochen durch heftige Lachanfälle. Dann war sie immer weiter weggedriftet, irgendwohin, wo er keinen Zugang mehr hatte. Schließlich war er gegangen.

»Natalie.« Er musste sie erreichen. »Natalie«, flüsterte er, »du fehlst mir so.«

»Mmmhhhnnnnn. Du bist so weit weg, Sebastian.«

»Willst du nicht doch morgen kommen … Ich rede mit deinem Projektleiter.«

»Ich bleibe, wo ich bin. Oooohh, mir geht's hier so gut … Ich bin allein, und so soll es sein.« Sie lachte schon wieder.

»Aber wäre es nicht schöner, wenn wir zusammen wären …«

»Jetzt ist es so schön ... Ich will jetzt mit niemandem zusammensein. Lass mich doch in Ruhe. Hörst du? Lass mich!« Sie warf den Hörer wieder weg.

Er lauschte ins Telefon hinein. Ein paar Sekunden glaubte er noch, sie im Hintergrund reden zu hören, dann war es still.

Er legte auf.

Nachdem er sich ausgezogen hatte, macht er das Licht aus und zog sich die Decke über den Kopf.

Dienstag, 19. November

06:29 Uhr

Als Sebastian die Treppe zum Erdgeschoss hinunterkam und durch die Glastür zur Rezeption ging, stand Michael Klosters bereits am Tresen und unterschrieb gerade den Beleg seiner Kreditkarte.

»Guten Morgen.«

Michael schaute zu ihm hoch. Seine Augen waren noch etwas verquollen und reichlich gerötet.

»Guten Morgen«, brummte er zurück.

»Gestern wieder etwas viel vom guten Rotwein gehabt?«

»Mmnnh.« Michael räusperte sich. »Wenn's wenigstens das gewesen wäre. Nur Mineralwasser. Aber das Personnel Committee ging bis in die Puppen.« Er steckte seine Brieftasche weg.

»Taxi kommt jeden Moment.« Der Portier nickte freundlich zu den beiden Beratern herüber.

»So viele schwierige Fälle?«, fragte Sebastian und lächelte bemüht.

Michael griff nach der Reisetasche und seinem Aktenkoffer und ging langsam in Richtung Ausgang. »Schwierige Fälle?«, sagte er, mehr zu sich als zu seinem Begleiter. »Nein. Ja. Ach, du weißt doch, wie diese Ausschussarbeit ist. Alle müssen sich wichtig tun. Ich meine, wir sind zuständig für die Senior Project Manager – Leute, die alle gut kennen, schließlich läuft jeder SPM seit mindestens vier Jahren in der Firma herum. Und bei einer solchen Sitzung wird dann so getan, als wären alle zum ersten Mal da.«

Draußen fuhr das Taxi vor. Der Fahrer öffnete den Kofferraum, Michael hievte seine Sachen hinein, Sebastian tat es ihm nach.

»Du nimmst auch schon alles mit?«, fragte Michael, während er hinten in den Wagen einstieg.

»Ja.« Sebastian ließ sich neben Michael ins Polster sinken und schlug die Tür zu. »Phil Meyer hat mir eine Nachricht hinterlassen, dass ich ihn um acht Uhr anrufen soll, wegen meines anderen Projekts. Das mache ich lieber vom Büro aus, da habe ich mehr Ruhe.« Er lehnte sich nach vorne. »Zuerst einmal zum Flughafen, bitte.« Der Fahrer nickte und fuhr los.

»Fleißig, fleißig«, sagte Michael spöttisch und sah aus dem Fenster. Besonders eilig schien er es nicht zu haben. Sebastian versuchte, seinen Blick zu treffen, aber es gelang ihm nicht. Also schaute er auch auf die Straße hinaus. Viel war dort um diese Zeit nicht zu sehen. Es war noch dunkel, die Straßen waren nass und menschenleer, und die feuchte Novemberkälte zog durch die Ritzen der Wagenfenster.

Schließlich wurde es Sebastian zu langweilig. »Also«, sagte er. »Worüber willst du mit mir reden?«

Michael drehte sich zu ihm und sah ihn mit einem Blick an, der irgendwo zwischen Verwunderung und Amüsement lag. »Eigentlich will ich dir nur gratulieren«, antwortete er und grinste.

»Was?«

»Du bist gestern zur Partnerwahl vorgeschlagen worden.«

Sebastian atmete tief durch. Also doch. Jetzt war er da, der Moment, auf den alle Berater bei Top Management Consulting sehnsüchtig warteten. Wenn es auch noch nicht die endgültige Belohnung für all die Dinge war, die er im Laufe der Jahre auf dem Altar des Beraterralltags geopfert hatte. Aber er war kurz davor. Er war zugelassen zur Wahl.

»Aber das heißt noch lange nicht, dass du auch gewählt bist, mein Lieber.«

Erst reichte er den edlen Tropfen, dann spuckte er hinein. Sebastian hätte es wissen müssen, Michael Klosters war ja bekannt für diese Taktik. Er nickte mechanisch und versuchte, seinen Ärger nicht sichtbar werden zu lassen. Michael lachte.

Vor Sebastian zogen die Bilder seiner Beförderungsgespräche vorbei. »Up or out« war für ihn nie eine Frage gewesen, denn er hatte jede Hürde stets mit Bravour genommen: vom Juniorberater, im Firmenjargon Associate Consultant genannt, zum Project Manager und nach weiteren zwei Jahren zum Senior Project Manager, kurz SPM. Die meisten scheiterten in dieser Zeit und wurden zu dem, was im Beraterdeutsch nur abfällig »Loser« genannt wurde – einer, der es nicht geschafft hatte und sich unter Schmach innerhalb einer bestimmten Frist einen neuen Job suchen musste. Doch der schwierigste, der alles entscheidende Schritt stand auch für Sebastian erst jetzt bevor, und er wusste, dass die Gefahr des Scheiterns groß war. Vierzig Prozent der Anwärter wurden vom Personnel Committee gar nicht erst vorgeschlagen. Bei der Wahl selbst lag die Durchfallquote bei fünfzig Prozent. Von zehn Kandidaten schafften es also statistisch gesehen gerade einmal drei. Drei, die dann zu Mitinhabern der Firma wurden. Einem Job, in dem man so viel Freiheit und Entfaltungsmöglichkeiten hatte wie in keiner anderen Position in der Wirtschaft – hieß es. Es hieß auch, das man damit mindestens eine halbe Million im Jahr verdiente. Und dass man schon weibliche Consultants vergewaltigen musste, um gefeuert zu werden. Sebastian schluckte. Das war ja auch noch eine Möglichkeit.

»Leicht wird es für dich nicht werden.«

Sebastian schwieg und vermied es, Michael anzusehen. Er wusste, dass jetzt der andere Moment gekommen war, der Moment der Standpauke. Er wusste auch, dass er jetzt möglichst gelassen reagieren musste. Wer Emotionen zeigte, wenn er mit Kritik konfrontiert wurde, hatte schon verloren.

»Du hast ein, zwei nicht unwesentliche Gegner. Und sie haben einige Punkte, die nicht ganz von der Hand zu weisen sind.«

Sebastian besah seine Fingerspitzen. »Und die wären?«

»Vieles von dem, was ich dir seit zwei Jahren in die Bewertungen schreibe. Und was gestern auch wieder deutlich wurde.« Michael drehte den Kopf langsam in Richtung seines Nachbarn. »Pragmatik ist gut, Sebastian. Aber du bist manchmal regelrecht oberflächlich. Du glaubst, dass du weißt, wie das Projekt abläuft, und kümmerst dich deswegen nicht mehr richtig um die Einzelheiten. Das geht schief. So wie gestern.«

Sebastian blickte unbeweglich nach vorne.

»Eigentlich braucht man gar nicht erst groß herumzurechnen, um zu sehen, dass diese drei Bankfilialen im Osten sinnlos sind. Aber wenn man es nachweisen will, Sebastian, dann muss die Berechnung Sinn machen. Und nicht so ein geschlüsseltes Gemauschel sein wie das, was du da gestern vorgestellt hast.«

»Heute Mittag kümmere ich mich darum, wie wir an bessere Daten herankommen.«

»Ja, ja. Aber erst, nachdem du diesen Quatsch mit der DV geklärt hast. So etwas lässt du einfach durchgehen. Und mit mir redest du über diese dämliche Kundensystematik, aber nicht über das, was wirklich wichtig ist. Das ist schon keine Oberflächlichkeit mehr, Sebastian. Das ist fahrlässig.«

Stadtauswärts war auf der Autobahn noch kaum Verkehr. Sebastian merkte, wie die Augen des Taxifahrers im Rückspiegel in seine Richtung sahen. Wahrscheinlich bekam er Aufführungen dieser Art nicht so oft geboten.

»Was mich aber am meisten ärgert«, fuhr Michael fort, »das sind diese unsäglichen Fehden, die du zu allem Überfluss auch noch austragen musst. Langweilen dich eigentlich deine Projektinhalte so sehr, dass du dich schon auf Intrigen einlässt, um sie aufzupeppen?« Er rückte näher an seinen Nachbarn heran. »Sebastian. Das hast du doch überhaupt nicht nötig. Du bist einer der besten Berater, die in diesem Laden herumlaufen. Dazu stehe ich weiterhin. Deshalb habe ich mich ja dafür eingesetzt, dass wir dich vorschlagen. Aber du musst dich auf deine Stärken besinnen.«

Er schwieg einen Moment. »Du kannst Menschen begeistern, Sebastian«, sagte er dann. »So viele Leute können das nicht, auch bei uns nicht. Für unseren Job ist das mindestens so wichtig wie eine intelligente Analyse. Und die kannst du ja auch, wenn du nur willst.« Er grinste wieder. Sebastian sah auf die Straße.

»Aber wenn es einmal nicht klappt mit der Begeisterung, dann beißt du dich fest. Wie jetzt mit diesem Sturm. Die Szene gestern hat doch gezeigt, dass du damit das Projekt gefährdest. Und damit steht auch deine Zukunft auf dem Spiel.«

Mit einem Mal fasste Michael Sebastian am Arm. »Sturm ist der Schlüssel zu deinem Erfolg. Junge, du bist kurz davor, zum Partner gewählt zu werden. Das ist die wichtigste Phase in deiner Karriere.« Er drückte fest zu. Sebastian verzog das Gesicht. »Vielleicht die wichtigste in deinem Leben.«

Michael sah ihn ein paar Sekunden durchdringend an. Dann ließ er ihn los. »Deshalb brauchst du jetzt den Erfolg. Wir müssen das Projekt bei dieser Bank weiterverkaufen, Sebastian. Und dazu brauchen wir diesen Typen.«

Michael lehnte sich wieder zurück. Sebastian fuhr sich über den Arm. Draußen erschienen die Wegweiser des Flughafens.

»Also, denk daran«, sagte Michael, als das Taxi in die Spur unter dem Abflugsymbol einbog. »Jetzt beginnt deine heiße Phase. Und der Schlüssel zum Erfolg ist Sturm.«

Keiner sagte mehr etwas, bis der Wagen zum Stehen kam. Michael machte die Tür auf und zwängte sich heraus. Sebastian überlegte erst, im Auto zu bleiben. Dann stieg er doch aus, um sich zu verabschieden.

»Wir sehen uns heute Nachmittag«, sagte Michael, während er seine Taschen aus dem Kofferraum nahm. »Mach es jetzt nicht zu kompliziert. Und denk einmal darüber nach, was ich dir gesagt habe.«

Er marschierte los. Sebastian sah ihm noch ein paar Sekunden nach. Dann klopfte er sich den Mantel ab und stieg wieder in das Taxi.

07:32 Uhr

Sebastian ging durch die Glastür in das menschenleere Frankfurter Office. Um diese Zeit war die Beratergemeinde entweder auf dem Weg zum Kunden, oder sie drehte sich im Bett auf die andere Seite – »office days« ließ man etwas geruhsamer angehen. Der nächste Tag beim Kunden kam immer schneller als gedacht, und er begann auch immer früher als erhofft. Sebastian ging in eines der leeren Bürozimmer. Zwei Schreibtische in warmen Kirschholz standen sich gegenüber, dahinter jeweils zwei Schreibtischstühle mit hoher Rückenlehne – keine Chefsessel, so weit waren die Berater, die hier saßen, schließlich noch nicht. Die Tische waren wie leergefegt, nur zwei Telefone mit jeweils einem Dutzend Speichertasten standen da, daneben lagen einige Kabelzugänge für Computer. Alle Akten waren fein säuberlich weggeschlossen, so, wie es die Vorschrift wollte. Sebastian hoffte, dass die Büroinhaber wirklich beim Kunden waren. Aber was sollte es – notfalls musste er eben umziehen. Er stellte seine Taschen ab, legte das Schoko-Croissant und die Zeitungen, die er eben gekauft hatte, auf den Schreibtisch, zog seinen Mantel aus und legte ihn auf die Fensterbank. Er nahm das Croissant aus der Tüte und biss einmal kräftig hinein. Gut. Ein Kaffee fehlte.

Die Teeküche war am Ende des Korridors. An den Wänden waren neue Bilder aufgehängt worden, Portraits erfolgreicher Berater. Mittendrin hing auch ein Bild von Sebastian – und sogar ein recht gutes. Es war in Italien aufgenommen worden, bei einem Management Training im letzten Sommer. Sebastian hatte die Arme hinter dem Kopf verschränkt und lächelte breit und zufrieden. Kein Wunder, als das Bild gemacht wurde, war es sieben Uhr abends, und er hatte schon den ersten Sundowner intus. »Zur Beratung bin ich gekommen wie manche Jungfrau zum Kind: aus Neugierde«, begann der Text auf dem Portrait. »Und auch heute ist das noch mein Hauptantrieb für jeden Tag. Ich bin neugierig auf meine Kunden, neugierig auf ihre Probleme, neugierig, wie wir im Team gemeinsam eine Lösung finden werden. Und ich bin vor allem neugierig zu lernen. Das ist es, was den Job als Berater so unvergleichlich macht: An jedem Tag lernt man etwas Neues. So bleibt die Neugierde lebendig.«

Sebastian lächelte bitter. In der Tat. Jeden Tag lernte man etwas Neues. Und wenn es Neuigkeiten über sich selbst waren.

In der Küche nahm er sich einen Becher aus dem Schrank und stellte ihn unter den Kaffeeautomaten. Seit einer halben Stunde wiederholten sich Michaels Sätze in seinem Kopf. Zu oberflächlich, hatte er gesagt. Fahrlässig war es, was Sebastian gemacht hatte. Fahrlässig und dumm. Ein geschlüsseltes Gemauschel hatte er abgeliefert. Und sich auf Intrigen eingelassen – auf Intrigen in einer Bank, in der genau das der wesentliche Inhalt des Arbeitsalltags war. Grenzenlos naiv war das.

Mit der Tasse in der Hand ging er zurück auf den Flur. Das Schlimmste an der ganzen Predigt war, dass Michael auch noch Recht hatte. Weitgehend jedenfalls. Es war einfach zu ärgerlich. Was war bloß in ihn gefahren in den letzten Wochen? Wie konnte er das nur alles durchgehen lassen? Und warum musste er auf Sturm immer so aggressiv reagieren? Er blieb noch einmal vor dem Rahmen mit seinem Bild stehen. Jeden Tag etwas Neues lernen. Es war wohl wieder an der Zeit.

Im Büro setzte er sich an den Schreibtisch und stellte den Kaffee ab. Rosig waren die Aussichten nicht, jedenfalls nicht für die nächsten Tage. Er nahm noch einen Schluck Kaffee. Aber, sagte er sich dann, es war zu schaffen. Und genau das würde er tun.

Sebastian biss in das Croissant und begann, die *FAZ* durchzublättern. Im Wirtschaftsteil war unter »Personalien« eine Meldung zum Tod des Beiratsvorsitzenden. »Leopold Kaiser überraschend verstorben«, hieß es in der Überschrift. »Dr. Leopold Kaiser, 76, der Nestor der deutschen Anwaltschaft, ist gestern Nachmittag in einem Berliner Hotel tot aufgefunden worden. Ersten Untersuchungen zufolge erlag er einem Herzinfarkt. Kaiser war bis zu seinem Ausscheiden 1995 Vorsitzender mehrerer juristischer Berufsverbände und saß in sieben Aufsichtsräten deutscher Industrieunternehmen und Banken. Mit Kaiser verliert die deutsche Hochfinanz eine ihrer schillerndsten Persönlichkeiten, die sich nicht nur durch kritische, teilweise eigenwillige Meinungsäußerungen zur deutschen Steuergesetzgebung hervorgetan hat, sondern bis ins hohe Alter hinein auch den gesellschaftlichen Dialog pflegte.«

Sebastian trank seinen Kaffee. Ein Partylöwe also. Wahlen hatte mal durchblicken lassen, dass Kaiser und Schweizer in der Bank berühmt waren für ihre gemeinsam durchzechten Nächte. Und »Nero« verhieß ja noch eine ganze Menge mehr. Er schlug die *Bild-Zeitung* auf. Kaiser hatte es nicht auf die erste Seite geschafft, aber auf der letzten war ein einspaltiger Bericht. »Der Tod kam in die Präsidenten-Suite.« Das war ja eher zahm. Der Artikel brachte die Boulevardversion der Kaiserschen Biographie, ohne dass Sebastian etwas Neues auffiel – bis er plötzlich stutzte. Der letzte Abschnitt hatte es in sich.

»Und jetzt das plötzliche Ende mit 76, unter mysteriösen Umständen. Der Zimmerkellner sollte eine Flasche Champagner und zwei Gläser bringen. Er fand Kaiser alleine – und tot. Keiner weiß, was den Herzinfarkt auslöste. Vielleicht war es die Aufregung über den schwarzen Slip in Kaisers Jackett. Die Polizei geht noch von einer natürlichen Todesursache aus. Doch der Staatsanwalt ermittelt.«

Sebastian legte die *Bild-Zeitung* beiseite. Merkwürdig. Das klang ja danach, dass ein alter Playboy noch einmal auf jung machen wollte und sich dabei etwas übernommen hatte. Spannend war natürlich, wem dieses Höschen wohl gehörte ... Morgen stand es sicher in der *Bild-Zeitung*. Spannend war auch, wer wohl neuer Beiratsvorsitzender bei Großmann, Meyer & Cie. wurde. Das würde man wohl eher in der *FAZ* finden – nur wann ... Hoffentlich hatten die Geschäftsführer unter diesen Umständen überhaupt genügend Ruhe, um sich die Präsentation zu Ende anzuhören. Vielleicht würde ein neuer Beiratsvorsitzender ja auch die Frage der Unabhängigkeit der Bank ernsthafter betrachten. Es konnte jedenfalls nicht schaden, das Thema schon einmal vorsichtig anklingen zu lassen.

Er trank seine Tasse leer und schaute auf die Uhr. Fünf vor acht. Gleich musste er Phil anrufen und die nächsten Schritte seines Wertmanagementprojekts besprechen. Mit Birgit sollte er nach neun besser auch einmal telefonieren, damit mit dem Fragebogen alles glatt lief. Genug Zeit war heute Morgen auf jeden Fall, denn sein nächster Termin war erst um zehn. Ludwig und er waren beim DV-Leiter von Großmann, Meyer & Cie. angemeldet, um über den mysteriösen Fehler zu reden.

Sein Blick wanderte über den Schreibtisch und blieb noch einmal an den Zeitungen hängen. Auf der Titelseite der *Bild-Zeitung* prangte eine Blondine, die sich kopfüber auf einem Sofa räkelte und mit den Beinen in der Luft baumelte. Alles, was sie trug, waren ein paar schwarze Pumps und ein knappen Slip – allerdings ein weißer. Er sah noch einmal genau hin. Das Höschen kam ihm bekannt vor. Hat er es schon einmal in einem Schaufenster gesehen, oder ... Nein. Natalie hatte denselben. Fast jedenfalls. Es war aus Spitze, ein blumiges Muster, hinten nur mit einem schmalen Steg. Er schluckte.

Langsam kroch das Gespräch vom Vorabend wieder hervor, und mit ihm kamen der Ärger und der Schmerz zurück. Sie war es nicht wert, dass er sich überhaupt über sie aufregte. Diese dumme Tusse. Wie man nur so blöd sein konnte, im Hotelzimmer zu kiffen. Das roch man doch. Und dann ihre dämlichen Sprüche ... Ich bin allein, und so soll es sein. Große Poesie.

Er stand auf und stapfte durch das Büro. Wenn das gestern Abend die wahre Natalie gewesen war, dann hatte es wirklich keinen Sinn. Dann waren die vergangenen Wochen nur ein Spiel gewesen, und das Wochenende erst recht. Dann konnte er froh sein, dass sie in London war – weit genug weg, dass er ihr nicht mehr zu begegnen brauchte. Damit er gar nicht in Versuchung kam, ihrem blonden Haar hinterherzusehen. Oder sich von ihrem Lächeln erweichen zu lassen.

Er blieb vor dem Schreibtisch stehen und sah noch einmal hinüber zum Foto in der *Bild-Zeitung*. Das Model schaute den Betrachter direkt an, mit wilden Haaren und leicht geöffnetem Mund. Ihr Hintern kam in dem winzigen Wäscheteil ziemlich gut zur Geltung.

Langsam setzte er sich wieder auf den Stuhl. Bei ihrer ersten Nacht im Hotel hatte Natalie das Höschen angehabt. Er sah sie wieder vor sich, wie sie damals auf dem Sofa gelegen hatte, das blaue Kostüm schon abgestreift, die weiße Bluse offen, auf ihren Lippen dieses Lächeln, das ihn nicht mehr loslassen sollte. Dann hatte sie auch die Bluse ausgezogen. Ein Träger ihres BHs hing herunter, ihr Busen drängte sich bereits hervor. Sie drehte sich um, legte sich auf den Bauch, und dann ließ sie ihn sehen, wie ihre Hand zu ihrem Schoß wanderte, wie sie den Stoff zur Seite schob, wie ihre Finger über die spärlichen Haare strichen, die Lippen auseinander zogen und dann eindrangen in den warmen, feuchten Spalt ... Sebastian schloss die Augen. Er merkte, wie sein Herz pochte. Er hörte wieder, wie sie stöhnte, er fühlte, wie er nicht mehr an sich halten konnte und sich an sie drückte, wie er sich an ihr rieb, und er sah sich wieder, wie er ihr den Slip herunterriss und ihre Beine auseinander drückte …

Mit einem geräuschvollen Schwung ging die Tür auf.

»Sebastian! Gut, dass ich dich hier treffe. Ich habe da noch ein paar Fragen zu unserem Termin.«

Es war Ludwig, wer sonst. Sebastian holte tief Luft. Das Bild von Natalie war verschwunden. Mit einem Schlag kehrte der fahle Geschmack des nächtlichen Telefonats zurück.

Ludwig hatte schon begonnen, den Schreibtisch gegenüber in Besitz zu nehmen. »Ich habe jetzt keine Zeit, Ludwig«, sagte Sebastian schnell. »Ich muss mit Phil in München telefonieren.«

»Es dauert nicht lange …«

»Okay, dann reden wir nachher auf dem Weg zur Bank darüber. Sieh dir jetzt besser noch einmal die Filialdaten an, damit du nachher die Details genau kennst.«

Ludwig nickte enttäuscht und begann, Papiere auf dem Tisch auszubreiten. Sollte er noch ein bisschen in den Zahlen herumwühlen. Hauptsache, er störte jetzt nicht.

Sebastian wählte die Phils Nummer im Münchner Office.

»Phil Meyer.«

»Hi Phil. Hier ist Sebastian.«

»Sebastian. Wie geht es dir?«

Er musste grinsen. Phil war jetzt seit mehr als zehn Jahren in Deutschland, aber seinen amerikanischen Akzent wurde er einfach nicht los. Und jetzt, wo er gerade ein paar Tage in den Staaten hinter sich hatte, war der Akzent natürlich besonders ausgeprägt.

»Danke. Und dir?«

»Okay. Ich habe deine Nachricht gehört.«

»Ja. Der Anfang war gestern nicht ganz einfach, aber am Ende war ich sehr zufrieden mit dem Gespräch.«

Phil schwieg einen Moment. Dann sagte er: »Mmh. Klohs hat mir auch etwas hinterlassen.«

Sebastian horchte auf. »Und?«

»Er erwartet substantielle Ergebnisse.«

Das war nun nicht gerade besonders erstaunlich. »Die wird er bekommen«, sagte Sebastian.

»Klohs sagte, du warst sehr professionell.«

»Oh. Danke.«

»Ja. Und er erwartet, dass du dich schnell in die Geschäfte der Gruppe einarbeitest.«

»Absolut. Genau das habe ich vor.«

Am anderen Ende der Leitung war wieder eine Pause. Hatte Phil Zweifel? Irgend etwas stimmte nicht.

»Hast du schon Termine gemacht?«

Sebastian zählte Phil die einzelnen Stationen auf.

»Ganz schön viel, Sebastian.«

Allerdings. Von Hamburg über Düsseldorf nach Heidelberg und Stuttgart bis nach Wien. Eine kleine Reise durch Mitteleuropa, bei der er mehr Stunden im Flugzeug zubringen würde als in den Gesprächen selber.

»Wenn es geht, würde ich gerne bei einigen Terminen dabei sein.«

»Okay, Phil. An welchen Tagen geht es bei dir?«

»Das sollen unsere Sekretärinnen abstimmen. Aber wir sollten den Ablauf der Gespräche besprechen. Am besten hier im Büro.«

Phil war bei diesem Projekt übervorsichtig, das war klar. Verständlicherweise, es war ein neuer Kunde, bei dem viel aufzubauen war – wenn man die Thematik beherrschte. Sebastian kratzte sich am Kinn. Es gab einiges zu tun für ihn.

»Ja«, sagte er. »Wann soll ich bei dir sein? Morgen um neun?«

»Das ist in Ordnung. Und bring den Fragebogen mit.«

Sie verabschiedeten sich. Sebastian legte auf. Ihm gegenüber war Ludwig tief in den Zahlenreihen versunken, so wie Sebastian es ihm aufgetragen hatte. Genau so wie er mit Ludwig umging, machte Phil es mit ihm. Als Senior Project Manager war Sebastian das eigentlich nicht mehr gewohnt. Aber so war das eben, wenn das Team nur aus einem Partner und einem SPM bestand. Top Management Consulting hatte glasklare Hierarchien, auch wenn es auf den ersten Blick nicht danach aussah.

Ludwig seufzte leise. Sebastian sah ihm zu, wie er die Zahlenreihen durchging und sich am Rand Notizen machte. Das System hat schon seine Vorteile, dachte er. Aber sie kommen erst richtig zum Tragen, wenn man endlich Partner wird. Er griff zu seinem Kalender und sah sich seine To-do-Liste an. Bis dahin war es noch ein weiter Weg.

09:44 Uhr

Während Ludwig zahlte, stieg Sebastian schon einmal aus dem Taxi aus und ging die Treppen zum Bankgebäude hoch. Am Eingang drehte er sich um und wartete. Die Zentrale von Großmann, Meyer & Cie. lag etwas abseits der Bankenmeile von Frankfurt im Westend. Die Seitenstraßen um das Gebäude herum waren recht nett, hier gab es einige alte Villen mit verzierten Fassaden und gepflegten Vorgärten. Die kalt glänzende Glasfassade des Bankgebäudes passte eigentlich überhaupt nicht in diese leicht verschlafene Gegend. Wahrscheinlich hätten sich Schweizer und Konsorten in einer alten Villa auch wesentlich wohler gefühlt. Aber dafür war die Bank schon lange zu groß. Nein, es musste ein adäquates Domizil sein. Zu einer richtigen Bank gehörte nun mal ein Glaspalast. Oder war es eher umgekehrt: Wenn sie in einem Glaspalast saß, war es eine richtige Bank?

Endlich hatte Ludwig die Taxiquittung zusammengefaltet und in sein Portemonnaie gesteckt. Ungeduldig rief Sebastian nach ihm. »Ich komme schon«, japste Ludwig und hüpfte die Treppe empor. Sie gingen durch die Drehtür. Im Foyer nickte ihnen der Pförtner zu und betätigte den Öffner für die zweite Tür. Am Fahrstuhl drückten sie sicherheitshalber die Knöpfe für beide Fahrtrichtungen. Die Minuten vergingen, ohne dass etwas passierte.

»Dieses Ding ist genau so effizient wie der Rest der Bank«, brummte Sebastian, doch dann leuchtete der Pfeil nach oben auf. Die Türen öffneten sich, und de Guise stand im Fahrstuhl.

»Oh, guten Morgen, Herr de Guise.« Einen der Chefs im Lift zu treffen war eine Seltenheit. Normalerweise benutzten sie ihren Schlüssel für die Sonderfahrt und rauschten an allen Wartenden vorbei.

»Ach … Guten Morgen, Herr Dr. Ritter. Ich hab heute dummerweise meine Schlüssel vergessen. Im Auto sind sie auch nicht …« Er schüttelte den Kopf.

Sebastian stieg in den Lift, gefolgt von Ludwig. »Na ja«, sagte er, »der Fahrstuhl tut's ja auch so.«

De Guise lächelte. »Hoffentlich.«

Sebastian drückte auf den Knopf für die zweite Etage. Die Zehn leuchtete bereits.

»Sie sind auf dem Weg in die DV?« fragte de Guise.

»Ja.«

De Guise räusperte sich. »Wie lange werden Sie dort brauchen?«

»So etwa eine Stunde, denke ich«, sagte Sebastian.

»Ach so …« De Guise kratze sich am Kinn. »Da bin ich bei Herrn Dr. Schweizer.« Er sah nachdenklich zu Sebastian hinüber. »Ob Ihr Kollege vielleicht schon einmal allein in die DV gehen könnte und Sie erst noch ein paar Minuten zu mir mitkommen?«

Sebastian sah Ludwig an, der sofort nickte. Der Fahrstuhl hielt in der zweiten Etage. Es blieb ihm wohl keine Wahl, auch wenn es ihm überhaupt nicht gefiel, Ludwig allein zu dem Gespräch mit den DV-Experten zu schicken. Schließlich war das Thema reichlich sensibel, und Ludwig hatte noch keinerlei Erfahrung in der Bank.

»Na gut«, meinte er und lächelte gequält. Ludwig ging aus dem Fahrstuhl. Sebastian raunte ihm schnell zu, er solle sich strikt an die Fragen halten, die sie am Vorabend gemeinsam aufgestellt hatten. Er sah noch, wie Ludwig verbissen nickte, dann gingen die Fahrstuhltüren wieder zu.

De Guise lehnte lässig am Geländer und betrachtete ihn amüsiert. Sebastian hatte den Eindruck, als würde der Blick des Bankers musternd an ihm herab- und wieder hinaufwandern, und drehte sich weg. Möglichst unverfänglich sah er auf die Zahlenreihe über der Tür. Als die Sechs leuchtete, rumpelte der Fahrstuhl plötzlich. Dann blieb er stehen, und neben der Sechs leuchtete auch die Sieben.

Einen Moment lang sahen sich de Guise und Sebastian fragend an, dann dämmerte es ihnen. De Guise wurde blass. »Jetzt sind wir tatsächlich steckengeblieben. Als ob ich es geahnt hätte.« Er ging zu der Steuerungsleiste und drückte auf den roten Alarmknopf. Nichts passierte. »Wieso tut sich da nichts …«

Er drückte noch einmal. Wieder nichts. Hektisch presste de Guise den roten Knopf, zweimal, dreimal, fünfmal. Nichts rührte sich. Er schlug mit der Faust auf die Metallleiste »Da muss doch was geschehen …«

»Lassen Sie mich mal.« Als er ihn etwa zehn Sekunden festgehalten hatte, knackte es im Lautsprecher. De Guise seufzte erleichtert. Es knackte wieder, dann kam wirklich eine Stimme aus den Ritzen.

»Ja? Hallo?« Es war der Pförtner.

Sebastian drückte die Sprechtaste und beugte sich zum Lautsprecher hinunter. »Ritter hier, Top Management Consulting«, sagte er. »Wir sind steckengeblieben.«

»Wer sind Sie?«

»Ritter. Sie wissen schon, der Berater. Ich bin eben an Ihnen vorbeigegangen. Können Sie den Aufzug wieder in Bewegung setzen?«

»Ach so, ja.« Einige Sekunden lang hörten Sie gar nichts. Dann sagte der Pförtner: »Das wird etwas dauern, ich muss erst die Nummer vom Kundendienst finden.«

Schnaubend schob de Guise Sebastian beiseite. »De Guise hier«, brüllte er in den Lautsprecher. »Sie holen uns hier sofort heraus, verstanden?«

»Oh … Herr de Guise.« Der Pförtner stammelte vor lauter Ehrfurcht. »Sie … Sie sind auch da drin.«

»Allerdings«, grollte de Guise. »Und in fünf Minuten muss ich bei Herrn Dr. Schweizer sein. Also beeilen Sie sich ja.«

Der Pförtner verschluckte sich beinahe und versicherte mehrfach, dass es sich nur um ganz wenige Minuten handeln könnte. Dann knackte es wieder im Lautsprecher.

Da standen sie. De Guise nahm sein Taschentuch heraus und wischte sich über das schweißnasse Gesicht. Er war blass, mit ungesunden rötlichen Flecken am Hals. Als er sich den Kragenknopf öffnete und die Krawatte lockerte, merkte er, wie ihn Sebastian beobachtete.

»Tut mir leid, ich bin etwas derangiert«, sagt er. »Die Sache mit Kaiser gestern hat uns alle etwas mitgenommen.«

»Kannten Sie ihn gut?«

»Persönlich, meinen Sie?« De Guise zuckte mit den Achseln. »Nur von Sitzungen. Die anderen hatten über Jahre hinweg mit ihm zu tun, das war natürlich etwas anderes. Und Schweizer …« Er nahm noch einmal das Taschentuch hervor und wischte sich über den Mund. »Nein, aber Kaiser war ein Ordnungsfaktor, wissen Sie. Jetzt …«

»Jetzt werden die Karten neu gemischt.«

De Guise sah Sebastian einen Moment lang mit offenem Mund an. »Ja«, sagte er dann, »genau. Und das macht alle im Moment ein wenig nervös. Mich auch, um ganz ehrlich zu sein.«

Sebastian nickte verständnisvoll. »Und die Umstände seines Todes sind ja auch etwas merkwürdig.«

»Merkwürdig? Wieso merkwürdig?«

»Na ja«, sagte Sebastian langgezogen und verschränkte die Arme. »Ich meine, tot im Hotelzimmer gefunden zu werden, und dann diese Geschichte mit der Damenunterwäsche …«

»Was? Damenunterwäsche?«

Sebastian merkte, wie er rot wurde. Er räusperte sich schnell und sagte: »In der *Bild-Zeitung* stand, Kaiser hätte einen schwarzen Damenslip in der Jacketttasche gehabt.«

De Guise starrte ihn an. »Also das höre ich zum ersten Mal«, sagte er. »Das kann doch nur eine Erfindung der Boulevard-Presse sein.«

»Die *Bild-Zeitung* hat Vermutungen angestellt, Kaiser sei an der Aufregung über die Trägerin der Unterwäsche gestorben.«

De Guises Lippen wurden schmäler. »Das ist doch nun wirklich ein Aasgeier-Journalismus. Und so etwas lesen Sie?«

Sebastian schaute zu Boden. »Na ja, man muss sich breit informieren ...«

»Bleiben Sie doch einfach bei den Fakten. Wenn Sie die bei uns richtig anbringen wollen, haben Sie noch genug zu tun.«

»Tja, gestern war das etwas mühsam«, sagte Sebastian vorsichtig.

»Mühsam?« De Guise wurde wieder laut. »Das ehrt Sie, dass Sie das mühsam nennen. Ich fand es grauenhaft.«

Sebastian sah ihn an. Die roten Flecken schienen sich noch weiter ausgebreitet zu haben.

»Schweizer hat überhaupt nichts verstanden von dem, was Sie vorgestellt haben, und der Rest sowieso nicht. Und Dr. Sturm ist nur damit beschäftigt, sich an Details aufzuhängen, um jeden Fortschritt in dieser Bank zu verhindern.«

Sebastian konnte sich eines Grinsens nicht erwehren. Er hatte es immer gewusst. De Guise war auf ihrer Seite.

»Da brauchen Sie gar nicht zu grinsen, Herr Dr. Ritter. Ich bin da ganz offen, denn so geht es nicht weiter.«

»Nein, nein, ich bin ja ganz ...«

»Ja, dann ist es ja schön. Dieser Sturm ist eine Strafe für diese Bank. Mit seiner selbstherrlichen Ignoranz blockiert er alles, was hier überhaupt noch an Initiative zustande kommt. Wobei jeder Gedanke, den hier einer der Mitarbeiter selbständig fasst, ja ein Wunder ist nach all den Jahren des ... des Despotismus.«

Sebastian nickte langsam.

De Guise atmete einmal tief durch. »Was Sie in der Präsentation vorgestellt haben, war völlig richtig«, fuhr er fort, nun wieder etwas leiser. »Und natürlich war das im Osten ein DV-Fehler. Das weiß doch jeder in der Bank, dass die Eingliederung der neuen Filialen vorne und hinten nicht geklappt hat.« Er suchte noch einmal nach seinem Taschentuch und wischte sich über den Nacken. »Nein, nein, ich vertraue Ihnen da voll und ganz. Es war nur dumm, dass Sie das nicht belegen konnten. Damit haben Sie diesem Intriganten natürlich einen idealen Vorwand gegeben.«

»Morgen haben wir alle Informationen, die wir brauchen«, sagte Sebastian bestimmt und schaute verstohlen auf die Uhr. Fünf nach zehn. Ludwig war jetzt schon mitten drin in der Diskussion des DV-Fehlers. Und er steckte seit fast zehn Minuten hier in diesem Fahrstuhl fest.

De Guise hatte Sebastians schlecht verdeckte Bewegung bemerkt und sah nun selber auf die Uhr. »Zehn Minuten ...« presste er hervor und drückte wieder auf den Alarmknopf. Diesmal knackte es gleich, und die quäkende Stimme des Portiers meldete sich.

»Passiert hier bald mal etwas?«, rief de Guise gegen die Fahrstuhlwand.

Der Portier antwortete gequält, der Kundendienst sei schon verständigt, es könne sich nur um Minuten handeln. Er bäte noch um ein wenig Geduld, und Herrn Dr. Schweizer habe er auch schon informiert. Dann knackte es wieder im Lautsprecher.

»Auch das noch«, stöhnte de Guise. »Jetzt weiß Schweizer, dass ich hier im Fahrstuhl feststecke. Das passt ihm garantiert wieder genau ins Bild.« Er lehnte sich gegen die Fahrstuhlwand. »Na ja. Was soll's.«

»Es ist doch nicht Ihr Fehler ...«, hob Sebastian an, aber de Guise lächelte nur mitleidig.

»Doch. In dieser Bank schon.« Dann verschwand das Lächeln. »Deswegen ist es ja so wichtig, dass Sie mit Ihrem Reformprogramm weitermachen, Herr Dr. Ritter. Und lassen Sie sich nicht von vornherein auf faule Kompromisse ein. Diese Bank hier braucht einen völligen Neuanfang.«

Sebastian bemühte sich, de Guises Blick mit gleichem Ernst zu erwidern. »Gut«, sagte er. »Genau das wollen wir mit unserem neuen Filialkonzept.«

»Ja«, sagte de Guise, »das ist der erste Schritt.«

»Und damit verbunden ist die Schließung der Ostfilialen.«

De Guise zuckte ein wenig. »Ja«, sagte er, »schon. Aber das ist ein Reizthema. Das müssen Sie noch einmal ganz langsam und im Einzelnen vorstellen. Verstehen Sie, mit einer solchen Entscheidung wären ja die ganzen Expansionspläne der letzten Jahre mit einem Mal begraben.«

Sebastian kam einen Schritt nach vorne. »Die Pläne der letzten Jahre schon, aber nicht die Expansion an sich. Sie müssen es nur richtig machen.«

»So. Und wie?«

»Der Vertrieb muss aktiver werden. Gründen Sie einen Außendienst, der die Kunden besucht und ihnen Komplettangebote ausarbeitet.«

De Guise sah ihn skeptisch an. »Na ja. Wir sind ja keine Versicherung.«

»Nein, aber Sie müssen mit den Allfinanzanbietern konkurrieren können.« Sebastian hob die Hände, um seinen Vortrag vehementer untermalen zu können, als der Aufzug wieder ruckte.

»Er geht wieder. Gott sei dank.« De Guise sah hoch zu der Zahlenreihe, auf der nun wieder ein Stockwerk nach dem anderen aufleuchtete, bis ein dünnes Klingeln ertönte und der Aufzug wieder hielt. Sie waren im zehnten Stock. Die Tür ging auf.

»Ich sehe schon, was Sie meinen, Herr Dr. Ritter«, sagte de Guise. »Das ist ein Ansatz, der Zukunft hat. Aber diese Bank muss Schritt für Schritt dorthin geführt werden.« Er ging durch die Tür, drehte sich dann aber doch noch einmal um und sah dabei auf die Uhr. »Zehn nach zehn. Ich muss jetzt wirklich zu Schweizer, und Sie wollen sicher endlich in die DV. Vor der Fortsetzung Ihrer Präsentation sollten wir noch einmal miteinander reden. So etwas wie gestern möchte ich kein zweites Mal erleben.«

Sebastian nickte. »Soll ich Sie anrufen, wenn der Termin feststeht?«

De Guise stand schon vor der Eingangstür zu den Vorstandsbüros. »Was? Ja, ja, machen Sie das«, rief er zum Fahrstuhl und verschwand.

Die Fahrstuhltüren schlossen sich. Die Nerven liegen hier blank, dachte Sebastian. Er überlegte, ob er nicht sicherheitshalber zu Fuß zum zweiten Stock hinuntergehen sollte, entschied sich dann aber doch für den einfacheren Weg. Er drückte auf die Zwei, und der Fahrstuhl fuhr los. Die Zahlen blinkten eine nach der anderen auf, bis es wieder klingelte und der Aufzug sanft und ohne Ruckeln zum Stehen kam. Sebastian stieg aus und ging durch die offenstehende Glastür auf den Flur der DV-Abteilung.

Das Sekretariat war die vorletzte Tür auf der linken Seite. Er klopfte an. »Ja«, sagte eine weibliche Stimme.

Sebastian öffnete die Tür und sah zu der hageren Sekretärin hinüber, die ungerührt weiter auf ihre Tastatur eintippte. Er murmelte eine Begrüßung und wollte gleich weiter in das Büro des Abteilungsleiters.

»Sie brauchen da gar nicht hineinzugehen, Herr Dr. Ritter«, sagte die Sekretärin. Sebastian blieb stehen.

»Das Sekretariat von Herrn Böttcher hat eben angerufen. Er möchte Sie dringend sprechen. Sie sollen sofort vorbeikommen.«

»Jetzt gleich? Aber sollte ich nicht wenigstens Ihren Chef begrüßen ...«

Sie schüttelte kurz den Kopf. »Herrn Böttcher lässt man nicht warten, Herr Dr. Ritter.«

Sebastian zuckte mit den Achseln. Zumindest in einigen Bereichen hatte die Bank klare Regeln. Beispielsweise hatte man zu folgen, wenn ein Kabinettsmitglied rief.

»Wenn Sie in die Kabinettsetage gehen, nehmen Sie doch auch gleich die Schlüssel von Herrn de Guise mit. Die hat er verloren, als er heute morgen hier war.«

Sebastian nickte und nahm den Schlüsselbund. Als er sich verabschiedete, tippte sie schon wieder.

Der Fahrstuhl kam natürlich nicht, obwohl Sebastian wieder alle Richtungen gedrückt hatte. Da war noch das Treppenhaus, aber hoch bis in den zehnten Stock ... Ach was. Bewegung tat schließlich gut. Sebastian zog die schwere Eisentür auf und stapfte hurtig die Treppen hoch. Eigentlich hatte er hier in der Bank noch nie das Treppenhaus benutzt, fiel ihm ein. Auf dem Zwischengeschoss angelangt, sah er aus dem Fenster. Die Bankentürme reckten sich in den Himmel, einer neben dem anderen, wie ungleichmäßige Drachenzähne. Der Traum von gestern Morgen fiel ihm wieder ein. Von hieraus war es derselbe Blick. Er ging näher an das Fenster heran. Da unten war auch der Parkplatz. Direkt unter ihm, gleich vor dem Hintereingang zum Fahrstuhl, war der Stammplatz des Imperators. Und just in diesem Moment bog auch der schwere Mercedes um die Ecke und steuerte auf den Platz zu.

Merkwürdig, dachte Sebastian. De Guise hatte doch gesagt, er hätte um zehn einen Termin mit Schweizer. Er sah auf die Uhr. Zwanzig nach. Na ja, vielleicht hatte sich der Imperator ja wieder einmal verspätet. Er sah noch einen Moment zu, wie der Wagen eingeparkt wurde. Schweizer stieg hinten aus, faltete seine Zeitung zusammen und warf sie vehement ins Auto. Für eine Wirtschaftszeitung hatte das Blättchen etwas viel rote Farbe auf der Titelseite. Sebastian grinste. Es war unverkennbar: Der Imperator las die *Bild-Zeitung*.

Als er bald darauf im zehnten Stock angelangt war, musste Sebastian feststellen, dass er sportliche Betätigungen nicht mehr gewohnt war. Langsam ging er den Gang hinunter und versuchte, seinen Atem wieder zu beruhigen. Er klopfte an der Tür, aber es kam keine Antwort. Innen war das Vorzimmer leer, und die Tür zum Chefbüro war offen. Böttchers Schreibtisch war am anderen Ende des riesigen Raumes. Er saß in seinem Drehsessel mit dem Rücken zum Eingang und sah hinaus auf die Bankenlandschaft Frankfurts. Das beige Sakko baumelte über der Lehne. Der Schreibtisch war leergefegt, wie immer.

»Schönen guten Morgen, Herr Böttcher. Sie wollten mich sprechen?«, sagte Sebastian von der Tür aus.

Böttcher drehte sich um und sah ihn mürrisch an. Wie immer war er sonnenbankgebräunt, aber die dunklen Ringe unter den Augen zeigten, dass auch an ihm die Ereignisse des gestrigen Tages nicht spurlos vorübergegangen waren.

»Ja«, sagte er, »allerdings. Und wieso kommen Sie erst jetzt?«

Sebastian ging langsam auf den Schreibtisch zu. »Ich habe erst im Sekretariat erfahren …« Weiter kam er nicht.

»Wir zahlen ein Vermögen dafür, dass Sie und Ihre Unternehmensberatung hier durch unsere Bank rennen«, polterte Böttcher los. »Davon könnte ich mir mühelos eine ganze neue Abteilung halten. Hören Sie? Eine ganze Abteilung!«

Sebastian blieb bewegungslos stehen und schwieg.

»Und dann sind Sie nicht einmal zu erreichen, wenn man Sie braucht! Sie lassen mich hier warten!« Er sah auf die große, leere Schreibtischplatte, als suchte er dort etwas, und sagte dann etwas leiser: »Ich warte nicht gerne, Herr Dr. Ritter. Und an so einem Tag schon gar nicht.«

Sebastian legte beide Hände auf die Stuhllehne vor ihm und nickte. »Das kann ich gut verstehen, Herr Böttcher. Ich möchte mich auch ausdrücklich entschuldigen.«

»Ja, ja«, sagte Böttcher abfällig. »Überlegen Sie sich das in Zukunft vorher.« Er drehte seinen Stuhl zur Seite und griff nach der Kaffeetasse, die neben dem schwarzen Telefon stand. Als er merkte, dass sie leer war, setzte er sie wieder scheppernd auf die Untertasse. »Frau

Crailsheim«, rief er in den anderen Raum. »Wo zum Teufel bleibt der Kaffee?«

Sebastian hörte das Geschirr klappern. Die Sekretärin rief: »Kommt sofort«. Böttcher schüttelte den Kopf. »Heute funktioniert auch gar nichts«, brummte er und sah dann wieder Sebastian an. »Was stehen Sie da eigentlich so komisch herum? Nun setzen Sie sich endlich.«

Sebastian rutschte in einen der schwarzen Ledersessel.

Böttcher starrte an ihm vorbei ins Leere. »Wissen Sie«, sagte er nach einer Weile, »das war gestern ein ganz schöner Schock für uns alle.«

Sebastian nickte.

»Kaiser war der Bank seit mehr als dreißig Jahren verbunden. Er ist mit uns durch alle Höhen und Tiefen gegangen. Und jetzt dieses plötzliche Ende ...« Böttcher schüttelte den Kopf. »Tot im Esplanade. Als ich ihn das letzte Mal gesehen habe, sah er schon so schlecht aus. ›Lassen Sie sich untersuchen‹, habe ich ihm gesagt. ›Und trinken Sie nicht so viel.‹« Er sah wieder in Richtung Vorzimmer. »Frau Crailsheim!«, rief er drohend. Prompt war wieder Geschirrgeklapper zu hören.

»Aber auf mich hat er ja nicht gehört.« Böttcher faltete die Hände. »Er hat auf keinen von uns gehört. Nur auf Schweizer. Die beiden hielten zusammen wie Pech und Schwefel.«

Sebastian nickte wieder.

»Jetzt, wo Kaiser tot ist, hat Schweizer seine wichtigste Stütze im Beirat verloren. Keiner weiß, wer Kaisers Nachfolger wird.«

Sebastian horchte auf.

Der Banker schwieg und betrachtete seine Hände. Dann fragte er: »Wann machen Sie mit Ihrer Präsentation weiter?«

»Der Termin steht noch nicht genau fest. Ich vermute aber, dass es morgen weitergeht.«

Böttcher runzelte die Stirn. »Mir ist diese Sitzung sehr wichtig. Gestern sind wir ja nicht weit genug gekommen, aber morgen werden Sie Ihre Empfehlungen ausführlich vorstellen, denke ich.«

Sebastian nickte.

»Sie dürfen sich von der Stimmung bei diesen Sitzungen nicht irritieren lassen, Herr Dr. Ritter. Es will sich keiner eine Blöße geben, wissen Sie. Keiner außer Herr Dr. Sturm.« Er lehnte sich in seinem Stuhl zurück. »Was halten Sie eigentlich von Herrn Dr. Sturm, Herr Dr. Ritter?«

Sebastian druckste ein wenig herum. »Nun ja ... Er ist mit Sicherheit nicht einfach zu nehmen.«

Böttcher lachte laut. »Nicht einfach zu nehmen!« Er streckte sich Sebastian entgegen. »Mir brauchen Sie doch nichts vorzumachen, Herr Dr. Ritter«, sagte er verschwörerisch. »Ich denke da doch genau so wie Sie. Der Kerl ist unerträglich, und er ist eine Belastung für die Bank. Aber leider hat Schweizer einen Narren an ihm gefressen.« Er lehnte sich wieder zurück. »Mir sind deshalb leider die Hände gebunden. Und meinen Kollegen auch. Sie dagegen, als Berater ...«

Er unterbrach sich, denn die Sekretärin brachte den Kaffee. Böttcher sah ihr schweigend dabei zu, wie sie die Tassen bereit stellte und beiden einschenkte. Als sie schon fast wieder durch die Tür war, rief er auf einmal: »Ach, Frau Crailsheim, sehen Sie doch bitte einmal nach, ob wir morgen Nachmittag einen Termin haben.« Sie nickte und verschwand in ihrem Zimmer. »Und zwar gleich«, schrie Böttcher hinterher.

»Ja«, sagte er dann, nachdem er einen großen Schluck Kaffee getrunken hatte. »Noch einmal zu der Sitzung gestern. Das mit den Filialen im Osten, das sollten Sie nicht so ernst nehmen. Klar ist das ein DV-Fehler. Das ganze Zeug funktioniert bei den neuen Filialen nicht so richtig, nur redet keiner darüber. Wissen Sie, das ist Grimms Bereich, und da will keiner reinpfuschen.«

Das Telefon klingelte einmal kurz. Böttcher drehte sich zum Apparat und drückte eine Taste. Durch den Lautsprecher kam die leicht verzerrte Stimme seiner Sekretärin. »Herr Böttcher, Sie sind morgen um 15 Uhr mit Herrn von Hohenstein verabredet, dem Vorsitzenden ...«

»Ja, ja«, unterbrach Böttcher sie unwillig, »ich weiß, wer das ist. Rufen Sie ihn an und verschieben Sie den Termin. Ich habe eine Kabinettssitzung.« Er drückte noch einmal auf die Taste und wandte sich wieder Sebastian zu. »Sie sagen mir dann Bescheid, wann genau der Termin ist, ja?«

Sebastian nickte.

»Ich weiß, dass Grimm auch schon heute Morgen mit der DV telefoniert hat«, fuhr Böttcher fort. »Sie sollten unbedingt mit ihm reden, wenn Sie wissen, was genau los ist. Er ist da sehr empfindlich.«

»Ja. Selbstverständlich. Vielen Dank für den Hinweis.«

Böttcher faltete wieder die Hände. »Ich glaube, Herr Dr. Ritter, was Sie da angedeutet haben am Ende der Sitzung, dieses neue Filialkonzept, das könnte wirklich ganz interessant werden für diese Bank.« Er sah Sebastian in die Augen. »Denn nach Ihrem Bericht über die Zustände in den Filialen bin ich sicher, dass Sie dieselben Missstände beseitigen wollen, die ich auch sehe.«

Sebastian sah seine Chance. »Das heißt, Sie stimmen auch unserem Vorschlag zu, die Ostfilialen zu schließen?«, fragte er schnell.

Böttcher wischte mit der Hand über den Schreibtisch. »Na ja ... ich kann darin einen gewissen Sinn sehen. Aber wir brauchen mehr als nur ein Schließungsprogramm.«

»Natürlich. Wir müssen auch den Vertrieb stärken.«

Böttcher sah ihn interessiert an. »Ja, das klingt vernünftig. Das müssen wir, Herr Dr. Ritter.« Er setzte sich in seinem Sessel auf. »Wir müssen ein komplettes Programm zur Neuausrichtung der Bank zusammenbauen, verstehen Sie? Das ist etwas, was wir im Beirat präsentieren können. Und damit können wir auch beeinflussen, aus welcher Fraktion der nächste Vorsitzende kommt.«

Und zwar nicht nur der des Beirats, dachte Sebastian. Er holte tief Luft, um die Grundgedanken des neuen Filialkonzeptes vor Böttcher auszubreiten, doch er kam nicht zum Zug.

Mit einem heftigen Schwung öffnete sich die direkte Tür zu Böttchers Büro, und der Imperator stand im Raum. Merklich verwirrt starrte er auf Sebastian.

»Ach so, der Berater ... Ja, dann will ich nicht stören.« Er drehte sich um und schloss die Tür, nur um sie im nächsten Moment wieder aufzureißen.

»Aber ich habe eine Angelegenheit von äußerster Wichtigkeit! Überlegen Sie sich, wofür Sie Ihre Zeit verwenden.« Im nächsten Moment war die Tür wieder geschlossen.

Sebastian sah Böttcher erstaunt an. Auch der schien etwas überrascht zu sein.

»Warten Sie hier«, sagte er. »Ich sehe mal nach, was da los ist.« Er ging durch die gerade zugefallene Tür hinaus.

Sebastian stand auf und streckte sich. Der Tod Kaisers schien das Kabinett wirklich aufgerüttelt zu haben, auch bei Böttcher lagen die Nerven blank. Es war klar: Heute Morgen hatte das Rennen um die Nachfolge Schweizers als Bankensprecher neu begonnen.

Neugierig betrachtete Sebastian die Einrichtung des Chefbüros. Elegant war sie schon. Die Möbel alle in schwarz, nicht nur der Schreibtisch, auch die Sessel und die Sitzecke gegenüber. Dazu passend ein flacher Marmortisch, besser geeignet, um ein Glas Whisky abzustellen, als um Unterlagen durchzugehen. Über dem Sofa hing ein großes Bild. Sebastian kannte sich nicht besonders aus in moderner Malerei. Immerhin war es nicht abstrakt, sondern sehr realistisch.

Plötzlich ging die Tür wieder auf. Böttcher kam zurück und wirkte jetzt noch verwirrter als vorher. Er hob resignierend die Arme.

»Tut mir leid, ich muss unser Gespräch leider abbrechen. Herr Dr. Schweizer will, dass wir uns wieder einmal zusammensetzen.« Er kam näher an Sebastian heran und fügte leise hinzu: »Er ist völlig aufgebracht über einen Artikel in der *Bild-Zeitung*. Er hat schon mit Kaisers Anwälten telefoniert, und jetzt will er sie dazu bringen, eine einstweilige Verfügung zu beantragen.«

»Was, alles wegen der Damenunterwäsche?«, platzte Sebastian heraus.

Böttcher schaute ihn erstaunt an. »Ach, Sie kennen den Artikel?«

»Ich habe ihn heute Morgen kurz überflogen«, sagte Sebastian verlegen.

Der Banker grinste. »Na, dann wissen Sie ja, worum es geht. Die Anwälte sagen, der Zimmerkellner hätte Lügen verbreitet. Kaiser hätte *ein* Glas Champagner bestellt, nicht mehr. Und in seinem Jackett wäre nur ein weißes Taschentuch gewesen.« Er ging um seinen Schreibtisch herum, griff nach dem silbernen Kugelschreiber und nahm aus einer Schublade einen Block heraus. »Dann sehen wir uns wohl morgen. Überlegen Sie sich etwas Vernünftiges. Und machen Sie es nicht so lang. Ich bin um sechs zum Tennis verabredet.«

Kopfschüttelnd ging Sebastian auf den Flur. Für einen Geschäftsführer hatte Böttcher schon etwas spezielle Sorgen. Als er schon fast am Fahrstuhl war, fiel ihm ein, dass er ja noch in de Guises Sekretariat die Schlüssel abgeben musste. Die Tür stand offen. Sebastian klopfte, aber niemand antwortete. Er öffnete die Tür ein wenig weiter und schaute hinein. Alles leer. Die Tür zu de Guises Büro war allerdings zu. Er ging hinein, nahm sich einen Zettel vom Schreibtisch, kritzelte ein paar erläuternde Worte darauf und legte die Schlüssel auf den Schreibtisch.

Plötzlich hörte er ein Geräusch an der Tür. Es wäre schon peinlich, wenn er allein im Sekretariat des Wertpapier-Chefs überrascht würde, fiel ihm ein. Vielleicht sogar etwas mehr als peinlich …

Sebastian kam genau zwei Schritte weit. Dann musste er abrupt stehen bleiben, um nicht mit Frau Neher zusammenzustoßen, der Sekretärin de Guises.

»Herr Dr. Ritter … Was machen Sie denn hier?«

Er war schon wieder verlegen. »Ich …« Frau Neher stand in verwirrend geringem Abstand vor ihm. Er roch eine Parfümwolke. Calvin Klein? Oder war es doch Chanel? Er drehte sich in Richtung Tisch. »Ich habe Ihnen nur den Schlüssel von Herrn de Guise hingelegt, den hat er heute Morgen in der DV-Abteilung vergessen.«

Frau Neher lächelte, ging an ihm vorbei zu ihrem Schreibtisch und nahm den Schlüssel vom Tisch. »Wenn Sie Herrn de Guise sprechen wollen, muss ich Sie enttäuschen. Er ist gerade in einer Sitzung mit Herrn Dr. Schweizer.«

Sebastian atmete auf. Frau Neher schien seinen Aufenthalt im leeren Vorzimmer für nicht weiter bemerkenswert zu halten. So, wie sie ihn ansah mit ihren dunklen Augen, schien sie sich eher über den Besuch zu freuen.

»Ihre Präsentation ist gestern nicht so gut gelaufen, habe ich gehört?«

»Ach so?«, antwortete Sebastian und tat überrascht. »Von wem denn das?«

Frau Neher sah ihn verständnislos an. »Na, von Herrn de Guise natürlich. Er kam hier völlig aufgelöst an.«

»Aber das war doch sicher wegen des Todes von Herrn Dr. Kaiser.«

»Meinen Sie?« Ihre Frage klang aufrichtig. »Glaube ich nicht. Wir hatten hier eigentlich nie viel zu tun mit diesem Herrn Dr. Kaiser. Herr de Guise hat insgesamt nicht so viel Kontakt zum Beirat.« Sie stützte ihr Kinn auf ihre rechte Hand und sah zu Sebastian. »Nein, das war es nicht. Ich glaube, er war eher erbost, dass Sie mit Ihrem Programm nicht durchgekommen sind.«

»So.«

»Ja. Herr de Guise hat mir schon ein paar Mal erzählt, dass er viel von Ihren Ideen hält.«

»Tatsächlich.« Sebastian musste lächeln. Frau Neher gefiel ihm immer besser. Er ging auf den Schreibtisch zu. »Was hat Herr de Guise denn sonst noch erzählt?«

»Och …« Sie zuckte mit den Achseln. »So viel redet er auch wieder nicht mit mir, wissen Sie. Dabei würde ich wirklich gerne genauer verstehen, was hier so vor sich geht.«

»Hm«, brummte Sebastian zustimmend und ließ sich auf der Schreibtischecke nieder. »Hier in der Bank scheint wirklich das meiste hinter den Kulissen zu laufen.«

»Ja, nicht? Aber für Sie als Berater dürfte das doch eigentlich nichts Neues sein. Oder sind andere Banken so völlig anders als die hier?«

Sebastian rückte noch ein wenig an sie heran. »Na ja. Also ich denke, in ihrer Nische ist diese Bank schon wirklich einzigartig.«

»Sie meinen wegen der Kunden? Ja, stimmt, andere Banken können sich ihre Klientel nicht so gezielt aussuchen. Dafür arbeiten sie aber auch etwas effizienter, oder?«

Sebastian hob die Brauen. Selbst für eine Chefsekretärin machte sich Frau Neher ungewöhnlich viele Gedanken. »Haben Sie immer schon in dieser Bank gearbeitet?« fragte er.

»Ich habe als Lehrling in der Frankfurter Filiale angefangen. Die Arbeit am Schalter fand ich aber bald totlangweilig, und als dann eine Sekretariatsstelle hier in der Hauptverwaltung ausgeschrieben wurde, habe ich mich darauf beworben.«

»Und dann sind Sie bei de Guise gelandet.«

Sie schüttelte den Kopf. »Erst in der Wertpapierabteilung. Aber als Herr de Guise kam, wollte er keine von den Kabinettssekretärinnen, und dann hat er mich gefragt.«

Sebastian nickte anerkennend. »Toll«, sagte er und lehnte sich in ihre Richtung. Noch ein paar Zentimeter, dann berührte er ihren rechten Arm. »Und was machen Sie so, wenn Sie nicht hier im Büro sitzen?«

Frau Neher sah ihn an. Erst merkte er gar nicht, dass ihr Blick sich etwas verändert hatte. Aber dann sagte sie: »Ich amüsiere mich bestens. Auch ohne Berater«, und die Kälte ihrer Stimme ließen Sebastian zusammenzucken.

Peinlich berührt schaute er zu Boden. Dann stand er vom Schreibtisch auf. »Ja, dann gehe ich wohl besser«, murmelte er.

»Ja. Tun Sie das. Tschüs, Herr Dr. Ritter.« Sie drehte sich zu Ihrem Bildschirm.

»Ja … tschüs«, sagte Sebastian und ging. Wie blöd von mir, dachte er, als er im Korridor stand. Die ganze Hochstimmung nach den Gesprächen mit den Bankern war dahin. Und alles nur wegen so eines dummen Flirtversuchs.

Als er wieder in der DV-Abteilung ankam, stand Ludwig im Korridor.

»Du, tut mir leid«, begann Sebastian, aber Ludwig lächelte wissend. »Ich habe schon gehört, dass Böttcher dich sprechen wollte.« Er fasste Sebastian am Arm. »Sebastian, ich hab's! Ich weiß jetzt, wie die Zahlen zustande gekommen sind.«

»Und?«

»Es ist ziemlich kompliziert«, sagte Ludwig und legte die Stirn demonstrativ in Falten. »Aber ganz vereinfacht gesagt sind es schlicht Abgrenzungsprobleme.«

»Abgrenzungsprobleme?«

»Ja. Bis Ende letzten Jahres waren alle Filialen im Osten unter einer Filialnummer verschlüsselt. Zum 1. 1. sollte dann jede eine eigene Nummer bekommen.«

»Aha.«

»Am 28. Dezember hat die DV einen Testlauf gestartet, und das Ergebnis waren die Zahlen, die uns vorliegen.«

»Und was war am 1. 1.?«

»Nichts. Denn als sie die Zahlen vom 28. bekamen, merkten sie, dass sie vorne und hinten nicht stimmten. Die Verschlüsselung der Konten hat nicht geklappt.«

Sebastian begriff immer noch nichts. »Wie? Nicht geklappt?«

»Na, ursprünglich hatten doch alle Konten der drei Filialen die gleiche Filialnummer. Und nach dem neuen System sollte es drei verschiedene geben. Damit nicht jeder Kunde per Hand einer Filiale zugeordnet werden musste, sollten die Kunden nach Postleitzahlen verteilt werden. Und das hat nicht geklappt, weil die Gebiete nicht eindeutig zugeordnet worden waren.«

»Dann lag der Fehler doch bei den Filialen und nicht bei der DV?«

Ludwig grinste. »Das sieht die DV auch so. Aber ich bin mir sicher, wenn du die Filialen fragst ...«

Sebastian nickte. »Schon klar«, sagte er. »Und wann haben sie die Nummerierung nun umgestellt?«

»Zum 1. 4. Bis zum 31. 12. haben sie es nicht mehr hin bekommen, den Fehler zu bereinigen.«

Sebastian dachte kurz nach. »Also zum Stichtag 1. April könnten wir korrekte Daten aus allen Filialen bekommen?«

Ludwig nickte wieder. »Ich denke schon. Jedenfalls sollen die Postleitzahlen jetzt klar abgegrenzt sein …«

»Gut.« Sebastian wusste, was er jetzt zu tun hatte. »Dann gehen wir jetzt zu Sturm und holen uns die Daten.«

11:55 Uhr

»In Ordnung«, sagte der Banker erleichtert. »Dann hat sich ja alles geklärt. Vielen Dank.« Er legte den Hörer auf und lehnte sich in seinem Sessel zurück.

Von dem kleinen Wutanfall vorhin abgesehen hatte sich der Vormittag ja wirklich hervorragend entwickelt. Wer hätte das gestern Abend für möglich gehalten.

Er griff nach seinem Kugelschreiber und ging die Liste auf seinem Schreibblock durch. Der DV-Fehler war aufgeklärt, und alle Details waren bei den Beratern angekommen, das hatte seine Nachfrage beim Abteilungsleiter eben noch einmal bestätigt. Sehr schön. Dann konnten sie ja morgen in aller Ruhe weitermachen mit der Präsentation. Gut war auch, dass die Berater sich jetzt einschossen auf das neue Filialkonzept als Hauptthema. Damit war die Schließung der Filialen im Osten nur noch ein Nebenkriegsschauplatz, und die Emotionen wurden woanders hin geleitet. So konnte es klappen.

Er musste grinsen, als er sich daran erinnerte, wie dieser Ritter ihn nach seiner Meinung zu den Filialschließungen gefragt hatte. Den Ball hatte er doch wirklich hervorragend zurückgespielt, oder? Vorsichtig, mit einer gewissen Skepsis wegen der schwierigen Entscheidungssituation hier in der Bank … Jetzt würde der Berater in die richtige Richtung laufen, das war klar. Wie eine Marionette. Nur dass er nichts von den Fäden wusste.

Der Kugelschreiber wanderte zum zweiten Punkt: Neros Tod. Das war reichlich heikel. Was die Schwachköpfe im Hotel sich wohl dabei gedacht hatten, diese dämliche Unterwäsche in Neros Jackentasche zurückzulassen? Wie konnte diese Nutte überhaupt ohne Unterhose davonlaufen? Machte die so etwas öfters? Er verzog den Mund vor

Abscheu. Widerlich, dieses ganze Gossenmilieu. Nero hatte sich darin mit Begeisterung herumgesuhlt, in den letzten Jahren immer ungenierter, bis es wirklich jeder gewusst hatte, zumindest hier in der Bank. Nur Schweizer hatte von keiner der Peinlichkeiten etwas hören wollen und damit natürlich die Gerüchteküche angeheizt. Denn jeder fragte sich, was der greise Beiratsvorsitzende wohl über den großen Imperator wusste, dass der die Eskapaden des Alten so klaglos über sich ergehen ließ. Auch vorhin hatte Schweizer natürlich getobt wegen der Geschichte mit der Unterwäsche. Nur mit Mühe hatten sie ihn von der einstweiligen Verfügung wieder abbringen können. Das wäre nun wirklich ein Stich ins Wespennest gewesen … Neros Anwälte waren aber glücklicherweise ebenfalls der Meinung gewesen, dass Schweigen der beste Weg war, um die Gerüchte verstummen zu lassen.

Der Banker kratzte sich am Kinn. Er musste seinen Partner noch einmal auf die Geschichte ansprechen. Schweigen allein war ihm einfach zu gefährlich. Es musste etwas gemacht werden, damit diese Unterwäsche-Story wieder aus der Welt kam.

Der dritte Punkt: Dr. Sturm. Tja, da lag nun alles in der Hand des Beraters. Alle nötigen Informationen hatte er. Nicht zuletzt die, dass sie alle den Mann lieber heute als morgen los werden wollten – alle außer Schweizer. Das hieß, er musste diplomatisch mit ihm umgehen. Diplomatisch, aber selbstsicher, und mit der notwendigen Härte im Hintergrund.

Er lehnte sich zurück und streckte sich. Dieser Ritter würde das schon schaffen. Insgesamt machte er wirklich einen guten Eindruck, wenn er vielleicht auch ein bisschen zu gutgläubig war. Aber das hatte ja auch seine Vorteile, schließlich konnte man ihn dadurch leichter lenken.

Der Banker kicherte ein bisschen. Eigentlich fühlte er sich ein wenig wie ein Künstler. Ritter war seine Schöpfung – er wusste es nur nicht. Er sah kurz hinüber auf das Bild. Der Junge am Beckenrand sah wirklich gut aus. Der Kunsthändler hatte ihm damals gesagt, dass es ein Porträt des Liebhaber des Malers war. Bloß wer der Mann im Pool war, hatte er nicht gewusst. Vielleicht ein Nebenbuhler, den der andere gerade entdeckte. Oder ein Fremder, mit dem sich eine Geschichte erst noch entwickeln würde. Oder aber ein Ahnungsloser, der gar nicht wusste, dass er beobachtet wird, benutzt wird für einen Zweck, den er nicht durchschaut.

Der letzte Punkt auf der Liste war »Hohenstein«. Nachdenklich kratzte sich der Banker am Kinn. Er musste die günstige Wendung unbedingt nutzen, um hinter Hohensteins wahre Absichten zu kommen. Das Bild zog wieder seinen Blick an. Er konnte einfach nicht widerstehen. Ging es ihm wie dem Schwimmer? War auch er ein Ahnungsloser? Langsam kam ein Lächeln über seine Lippen. Nein. Nach diesem Morgen stand *er* am Beckenrand. Er musste nur noch herausfinden, wer es war, der da im Wasser strampelte.

14:01 Uhr

Sebastian und Ludwig kamen müde ins Office zurück. Ludwig zog sich schnell zurück, um seine DV-Funde zusammenzuschreiben. Sebastian ging zu Michaels Büro, um ihm von den Gesprächen in der Bank zu erzählen – vor allem von dem Treffen mit Sturm. Aber die Tür war abgeschlossen. Michael war noch nicht aus London zurück. Sebastian beschloss, sich erst einmal einen Kaffee zu gönnen, und ging dann in das Büro, in dem er am Morgen gesessen hatte. Auf dem Schreibtisch lag ein Fax aus München mit dem Fragebogen. Sebastian war froh, dass er sich mit etwas Neuem beschäftigen konnte, und ließ sich in den Schreibtischstuhl fallen.

Birgit hatte genau das gemacht, was er ihr am Morgen gesagt hatte, und sich vom Information Service einen Fragebogen aus einem ähnlichen Projekt besorgt. Es ging los mit einem Check der abrufbaren Daten. Dann die Frage nach den im Unternehmen verwendeten Kennzahlen. Hier wurde es schon etwas kniffliger, denn selbst wenn die Einzelunternehmen übereinstimmende Größen benutzten, hieß das noch lange nicht, dass sie einheitlich berechnet wurden. Es ging weiter mit Fragen nach dem Stand der Diskussion zum Thema »Wertmanagement« im Unternehmen und danach, worin der Befragte die wesentlichen Hebel zur Wertsteigerung sah.

Sebastian legte die Blätter wieder beiseite. Das war eigentlich alles in Ordnung. Vielleicht fielen ihm ja später noch ein paar kundentypische Punkte ein. So etwas war immer ganz wichtig, damit es später keine 08/15 Präsentation wurde. Ihm fiel ein, dass er seine Mailbox seit gestern Abend nicht mehr gecheckt hatte. Er griff nach dem Telefon, wählte die

Mailbox-Nummer und gab seine Geheimnummer ein. Er hatte drei neue Nachrichten.

Der erste Anruf war von Birgit. Warum er sich noch nicht gemeldet hatte. Ob der Fragebogen in Ordnung war. Sie hatte ja so wenig Zeit gehabt … Die Termine standen auch weitgehend. Und alle möglichen Leute suchten ihn. Sollten sie doch. Sie konnten ja eine Nachricht hinterlassen. Und schwer zu erreichen war er wirklich nicht. Der Einfachheit halber hatte er sein Handy und sein Telefon zu Hause auf seine Mailbox umgeleitet.

Der zweite Anruf war von Michael, der ihm noch einmal genau aufzählte, was er alles im IPM besprechen wollte. Sebastian schrieb eifrig mit, obwohl die Nachricht eigentlich nichts Neues enthielt. Am Schluss druckste Michael etwas herum und meinte, er solle sich das Gespräch vom Morgen nicht so zu Herzen nehmen, er habe ihn vor allem wachrütteln wollen und so weiter und so weiter.

Wachrütteln. Aha. Na, dann würde es nachher ja vielleicht auch etwas geben, das Michael wachrüttelte. Sebastian schnitt eine Grimasse und schrieb »Sturm« an die erste Stelle seiner Liste.

Beim letzten Anruf kam erst nur ein Rauschen. Sebastian wollte schon auflegen, als er plötzlich Natalies Stimme hörte.

»Hallo, Sebastian … Ich bin es, Natalie. Du bist nicht zu erreichen … Schade.« Danach kam wieder eine Pause. Sebastian drehte seinen Stuhl in Richtung Fenster und sah hinaus.

»Ich hoffe, ich habe dich gestern Abend nicht zu sehr geschockt. Es … tut mir leid, Sebastian.«

Er grinste bitter.

»Ich würde gerne mit dir reden … Es ist jetzt viertel nach zwölf. Ich bin noch bis eins im Büro und dann den Rest des Tages beim Kunden. Und heute Abend … Heute Abend bin ich spätestens ab neun im Hotel. Ja … Bis später dann, Sebastian. Und ruf bitte an.« Es klickte kurz. Dann kam die Ansage, dass keine weiteren Nachrichten vorlagen.

Sebastian sah auf die Uhr. Zehn nach zwei. In London war es zwar eine Stunde früher, aber wahrscheinlich hatte es keinen Sinn mehr, anzurufen. Er drehte den Stuhl in Richtung Schreibtisch – und schreckte zusammen, denn ihm gegenüber stand Michael Klosters. Sein Mantel war offen, der Kragen schief. In der einen Hand hielt er den Aktenkoffer, in der anderen sein Handy. Sein Gesicht war bedenklich rot.

Sebastian rutschte etwas hoch in seinem Bürostuhl. »Michael ...«, sagte er unsicher. »Alles in Ordnung?«

Michael sah ihn starr an. Dann sagte er: »Das würde ich gerne von dir wissen.«

Sebastian schluckte. Irgend etwas stimmte da nicht. »Ich war den ganzen Vormittag beim Kunden.«

Michael starrte weiter vor sich hin. »Ich glaube«, sagte er schließlich, »wir gehen besser in mein Büro.«

Sie gingen an der Rezeption vorbei den Gang hinunter. Michael marschierte mit weitausgreifenden Schritten zur vorletzten Tür, und es sah aus, als schleifte er Sebastian hinter sich her. Wer ihnen entgegen kam, machte Platz.

In seinem Zimmer warf Michael den Mantel in eine Ecke, ließ sich auf seinen Sessel fallen und nahm ein Zigarillo aus einer Holzkiste. Sebastian setzte sich auf einen der Besucherstühle. Er sah zu, wie Michael sich das Zigarillo anzündete, und dachte sich, dass er ihm eigentlich endlich sagen könnte, was nun passiert war.

Michael qualmte und schwieg.

Sebastian hustete und schlug den Rauch weg. Dann fragte er: »Wieso bist du eigentlich schon da? Deine Sekretärin sagte, du würdest erst um vier zurück sein.«

Michael stütze die Ellbogen auf den Schreibtisch. »Die Jungs von Mitchell's hätten natürlich gerne den ganzen Tag herumdiskutiert, aber ich habe ihnen klar gemacht, dass Unternehmensberater nicht so viel Zeit haben wie Investmentbanker. Dann haben sie ganz gut gespurt. Wir waren um einiges eher mit unserem Meeting fertig als gedacht. Da habe ich eine frühere Maschine genommen.« Er blies den Rauch in den Raum. »Und als ich dann um halb drei im Taxi saß, rief Grimm bei mir an.«

Sebastian fiel siedend heiß ein, dass er vergessen hatte, nach dem DV-Termin mit dem Orga-Chef sprechen. Wenn er sich jetzt bei Michael meldete, hieß das wohl, dass er beleidigt war. »Und?«, fragte er.

»Er hat von mir verlangt, dass ich dich vom Projekt herunternehme.«

Sebastian zuckte zusammen. »Was? Wieso das denn?«

»Sturm ist zu ihm gelaufen und hat ihm gesagt, dass er nicht mehr bereit ist, mit so jemandem Inkompetenten wie dir zusammenzuarbeiten.« Michael sagte das ohne die leiseste Spur der Ironie, die ihm sonst immer nachgesagt wurde. Sebastian fühlte, wie die Hitze langsam von seinem Nacken zur Stirn hochzog.

»Er war sowieso stinksauer auf dich war, weil du ihn nicht über die Resultate deiner DV-Sitzung informiert hattest. Also hat er gleich ordentlich vom Leder gezogen und gedroht, dass das Projekt eingestellt wird, wenn du es weiterhin leitest.« Er nahm noch einen tiefen Zug aus dem Zigarillo.

»Und jetzt?«

Michael lehnte sich zurück. »Jetzt, mein lieber Sebastian«, sagte er, »möchte ich mal gerne hören, was du mit Sturm angestellt hast.« Er fuhr mit dem Stuhl nach hinten und legte die Füße auf den Tisch.

Sebastian fing an zu erzählen. Er berichtete von seinem Tête-à-tête mit de Guise, ließ die hämischen Kommentare Michaels über den steckengebliebenen Fahrstuhl über sich ergehen, kam dann zu dem Gespräch mit Böttcher, wobei er auch hier den Wutanfall ausließ, streifte den plötzlichen Auftritt des Imperators und schilderte schließlich die Ergebnisse der DV-Sitzung.

»Das klingt ja nach einem Erfolg auf ganzer Linie«, sagte Michael und zündete sich das zweite Zigarillo an. »Und dann?«

»Dann bin ich mit Ludwig zu Sturm gegangen«, sagte Sebastian.

»Hmhm. Und?«

»Sein Vorzimmerdrachen sagte, er würde gerade telefonieren. Dann habe ich gefragt, ob wir warten könnten, und sie sagte, es könnte lange dauern. Ich habe ihr geantwortet, dass es dringend sei, und dann wollte sie uns gerade auf den Gang hinauskomplimentieren, damit wir dort herumstehen, als Sturm aus seinem Büro kam.«

Michael nickte.

»Ich sagte ihm, dass wir nun wüssten, wie der DV-Fehler zustande gekommen sei, und ob er einen Moment Zeit hätte, weil sich daraus noch einige Fragen hinsichtlich der Datenanforderungen ergäben.«

»Und dann hat er dich rausgeschmissen, weil er keine Zeit hatte.«

Sebastian schüttelte energisch den Kopf. »Überhaupt nicht. Er war eigentlich recht freundlich und hat uns hereingebeten.«

Michael hob die Augenbrauen und zog noch einmal am Zigarillo.

»Dann hat Ludwig ihm erklärt, wie es zu dem DV-Fehler gekommen war«, fuhr Sebastian fort. »Na ja, und du weißt ja, wie er ist, während Ludwig sprach, lag er so halb auf seinem Stuhl und nickte ab und zu, und ich dachte schon, dass er alles schluckt, aber als wir dann durch waren, meinte er, was es für ein Unsinn sei, unerfahrene Berater mit DV-Fragen zu betrauen.«

»Ach. Und du hast dich dadurch natürlich mal wieder provozieren lassen.«

Sebastian hob die Hände. »Ich war wirklich ganz ruhig, frag Ludwig. Ich hab ihn nur gefragt, was ihn denn nun zu dieser Aussage brächte.«

Michael nickte. »Gute Frage.«

»Er sagte, dass sie nun schon dreimal Filialnummern umgestellt hätten und dass es nie beim ersten Anlauf geklappt hätte. Und immer wäre es dasselbe Spiel gewesen: Die DV gab den Filialen die Schuld, die Filialen der DV. Jedes Mal hätte er persönlich eingreifen müssen, um die genaue Abgrenzung der Filialgebiete durchzupauken.«

»Da mag er schon recht haben«, brummte Michael ungeduldig. »Und was heißt das nun für uns?«

»Das heißt«, sagte Sebastian, »dass er überzeugt ist, dass die Abgrenzung der Gebiete auch heute nicht in Ordnung ist und die Zahlen deshalb noch immer irreführend sind. Er hätte jetzt aber Wichtigeres zu tun, als in den Osten zu gehen.«

»Na ja«, meinte Michael und atmete eine Rauchwolke aus. »Das ist ja ein sehr vager Verdacht. Auch wenn es noch Unstimmigkeiten gibt, mit den Zahlen vom 1. April würden wir uns doch schon viel wohler fühlen. Und den Check können wir dann ja später in den Filialen machen.«

Sebastian nickte. »Genau das habe ich ihm vorgeschlagen. Er sollte uns die Zahlen vom 1. April besorgen, damit wir die neuen Daten mit den alten vergleichen können, und dann würde sich ja sicher zeigen, ob etwas faul ist. Tja, und da ging's dann los.«

Michael sah ihn müde an und ließ das Zigarillo in den Aschenbecher fallen.

»Was sollte ich machen, Michael«, versuchte Sebastian sich zu rechtfertigen. »Ich hatte doch alles versucht, um seinen Aggressionen auszuweichen. Und irgendwann musste ich doch mit unserem Vorschlag kommen, schließlich wollten wir ja etwas erreichen mit diesem Gespräch. Und du hast ja eben selber gesagt, dass der Vorschlag vernünftig war …«

»Schon. Aber nicht zu diesem Zeitpunkt.«

»Also bitte, du bist es doch, dem immer alles zu langsam geht.«

Mit einem Mal war bei Michael alle Lässigkeit verflogen. Er nahm die Füße vom Tisch, rückte mit dem Stuhl heran und verschränkte die Arme. »Ich habe dir heute Morgen etwas gesagt, Sebastian. Das Gespräch heute war die Gelegenheit, zu zeigen, dass du es verstanden hast.«

Das war zu viel. Sebastian sprang auf. »Du hast mir etwas gesagt. Du bist ein Witzbold. Dieser Sturm hat jede Form von Zusammenarbeit kategorisch abgelehnt. Sollte ich mich da bedanken und wieder gehen?«

Michael nahm das halb aufgerauchte Zigarillo aus dem Aschenbecher und zündete es noch einmal an. »Also gut. Was hat er denn nun eigentlich gesagt?«

»Die Daten vom 1. April lägen nicht mehr vollständig vor, und er hätte nun wirklich keine Zeit, für uns Sonderauswertungen zu fahren. Wir hätten schließlich gezeigt, dass von uns keine soliden Analysen zu erwarten wären. Und er würde uns nicht die Kohlen aus dem Feuer holen.«

»Das hat er gesagt? Wörtlich?«

Sebastian wies auf die Tür. »Geh zu Ludwig und frag ihn. Genau das waren seine Worte. Und glaube mir, ich bin völlig ruhig geblieben. Er hat einfach immer mehr herumgetobt. Und als ich dann gesagt habe, in dieser Weise rede ich nicht weiter mit ihm, ist er zur Tür gegangen und hat gemeint, dann könnten wir ja gehen und ihm nicht weiter seine Zeit stehlen«

Michael schüttelte wieder den Kopf. »Tja. Da konntest du wirklich nur noch gehen.« Einmal mehr verschwand er hinter einer Rauchwolke. »Dann ist er wohl gleich zu Grimm marschiert.«

»Im Gespräch hat er irgend etwas von einem Termin mit Böttcher gesagt.«

»Auch das noch. Also hat er erst den heiß gemacht und ist dann hinüber zu Grimm.«

Sebastian ließ sich wieder auf den Stuhl fallen. »Tja. Und was machen wir jetzt?«

»Eigentlich ist es ganz einfach: Wir machen unbeirrt weiter. Vor allem in der Präsentation müssen wir bei unserer Linie bleiben. Aber vorher brauchen wir noch ein Gespräch mit Grimm. Und mit Böttcher.«

»Wann ist denn die Präsentation jetzt eigentlich?«

»Das Sekretariat von Schweizer hat mir eine Nachricht hinterlassen. Morgen Nachmittag, 15 Uhr.«

»Dann wird es alles sehr knapp. Ich treffe mich morgen früh mit Phil in München. Ich glaube nicht, dass ich vor halb eins wieder hier sein kann. Und de Guise will mich auch noch einmal sprechen vor der großen Sitzung.«

Michael blätterte in seinem Terminkalender. »Na ja, das reicht doch. Wir treffen uns um eins bei Grimm, du kannst danach noch kurz zu de Guise, und ich nehme mir Böttcher vor. Bei Schweizer kriegen wir eh keinen Termin, das habe ich schon probiert.«

Sebastian massierte seinen Nacken. Schlauer war er jetzt noch immer nicht. »Und was bereden wir mit Grimm?«

Michael öffnete die Holzkiste und nahm noch ein weiteres Zigarillo heraus. »Erst einmal zeigen wir alles, was wir jetzt zusammengestellt haben. Damit er ein bisschen staunen kann über unsere Arbeit. Dann müssen wir ihm klar machen, dass wir ihm ja gerne noch detaillierte Berechnungen für den Osten vorlegen würden, dass es aber ohne neue Daten nicht geht.«

»Das reicht nicht«, sagte Sebastian und schüttelte den Kopf.

Michael drehte prüfend das Zigarillo. »Wir zeigen ihm, dass wir ihre Bedenken ernst nehmen«, sagte er nachdenklich. »Du gestehst deinen Fehler gegenüber Sturm ein ...«

»Was?«

Michael grinste unangenehm. »Das ist ja wohl das Mindeste, Sebastian.« Er nahm das Zigarillo in den Mund und suchte nach seinen Streichhölzern. »Also, du bist der reuige Sünder, und ich führe ihn zu unserem Filialkonzept, damit wir von diesem dämlichen Streit über die Schließungen im Osten wegkommen.«

»Und du glaubst, darauf wird sich Grimm einlassen?«

Michael zuckte mit den Achseln. »Die Schließungen können ihm nicht recht sein. Aber mit dem Gesamtkonzept bieten wir ihm eine Profilierungsmöglichkeit. Wir müssen ihm nur glaubhaft machen, dass er das Konzept vor allen anderen erfährt.« Er steckte sich das Zigarillo an.

»Und das machen wir natürlich bei allen drei Kabinettsmitgliedern.«

Michael zog genüsslich am Zigarillo und grinste breit. »Ganz genau. Damit nehmen wir Sturm den Wind aus den Segeln. Ist das nicht ein wundervoller Plan?«

Sebastian nickte mechanisch und blies den Rauch von sich weg. »Das heißt«, fragte er leise, »ich behalte das Projekt?«

Michael sah ihn schweigend an, und in diesem Moment erschien es Sebastian, als läge auch so etwas wie Fürsorge in seinem Blick. »Mach dir mal keine Sorgen«, sagte er schließlich. »Du hast Fehler gemacht, aber deswegen lasse ich dich doch nicht fallen. Schon gar nicht wegen so jemandem wie diesem Sturm. Ich sehe doch, wie schwer du es mit ihm hast.« Er hustete kurz. »Wir werden uns aber noch etwas mit ihm einfallen lassen müssen. Denn umsetzen können wir unser Konzept nur, wenn er mitmacht.« Er sah auf seine Uhr. »Jetzt lass uns aber rüber zum IPM gehen. Wir sind schon etwas überfällig, die Jungs warten bestimmt. Das heißt, geh du schon mal, ich gehe noch eben ins Sekretariat und lass die Termine mit Grimm, Böttcher und de Guise bestätigen.«

Sebastian nickte und ließ Michael in seinem Büro zurück. Draußen auf dem Flur hörte er schon von weitem Pauls heiseres Lachen. Er öffnete die Tür zum Sitzungsraum. Ludwig erzählte gerade die neuesten Schwänke vom Treffen mit Sturm.

»Und dann sieht er Sebastian an und sagt ›Wissen Sie, Herr Ritter, die Aufgaben, die Sie verhunzen, übergebe ich üblicherweise meinen Auszubildenden.‹«

Heftiges Grölen war die Reaktion. Sebastian setzte sich wortlos auf einen der freien Stühle. Das Gelächter ebbte ab. Sie sahen ihn an. Er griff nach der Kaffeekanne und schenkte sich einen der Becher mit der Aufschrift »Consulting is us« ein.

Paul traute sich als erster. »Kommt Michael nicht?«, fragte er.

Sebastian trank in aller Ruhe, bevor er antwortete. »Doch. Er macht nur noch ein paar Termine.« Er sah in die Runde. »Redet nur weiter.«

Doch das Gespräch war verebbt. Alle drei sahen sie aneinander vorbei, bis Michael in den Raum kam und sich geräuschvoll auf einem Stuhl niederließ.

»Ja, ich weiß, ihr habt lange gewartet, wie immer. Dafür ziehen wir das jetzt zügig durch.« Er schaute Sebastian an. »Alles klar. Wie abgesprochen, morgen 13.00 Uhr bei Grimm. Die anderen Termine macht Sylvia gerade. Zieh dich aber warm an, Grimm ist immer noch geladen.«

Sebastian nickte, lehnte sich zurück und verschränkte die Arme vor der Brust. »Ich gehe nicht mehr ohne wattierte Jacke aus dem Haus.«

Michael lächelte milde. Dann blickte er in die Runde. »Okay, Jungs, fangen wir an. Wer lässt als erster die Hosen runter? Ich will alles sehen.«

Und so holten sie die Unterlagen hervor, gingen die komplette Argumentation noch einmal durch, präsentierten Michael die Thesen und die verwendeten Formeln, diskutierten den Einsatz der Schlüssel und stritten sich über die Glaubwürdigkeit der Verdachtsmomente, die Sturm hatte anklingen lassen. Ludwig echauffierte sich, Paul beruhigte ihn wieder, worauf Ludwig mit immer neuen kreativen Vorschlägen ankam, die Michael gleich wieder abbog, damit niemand auf die Idee kam, die Präsentation noch einmal neu zu schreiben. Sebastian war froh, dass Michael die Initiative übernahm, und war während des ganzen Meetings vor allem damit beschäftigt, vor lauter Müdigkeit nicht vom Stuhl zu rutschen. Zweimal passierte es ihm, dass ihm beim Versuch, etwas aufzuschreiben, das Papier verschwamm und die Hand langsam vom Blatt wegrutschte. Ich schlafe zuwenig, dachte Sebastian. Wie so oft nahm er sich vor, das zu ändern, und wusste doch zugleich, dass es wieder nur zu einem Wochenende ohne Weckerklingeln reichen würde.

Schließlich quälte ihn Michael noch etwas, weil er noch einmal die für morgen geplanten Präsentationsteile durchgehen wollte. »Diesmal will ich keine Überraschungen erleben«, sagte er, und so half kein Jammern und kein Augenverdrehen. Sebastian leierte sein Programm noch einmal herunter, dann waren sie durch. Es war viertel nach sechs.

Michael streckte sich und gähnte einmal kräftig. »Okay, das war's. Schluss für heute. Good work, gentlemen. Ach ja, ich habe mir das noch einmal überlegt mit der Präsentation morgen. Es macht eigentlich überhaupt keinen Sinn, dass wir mit der ganzen Horde auftauchen. Das verschreckt unsere Banker nur. Sebastian und ich machen das besser alleine. Wir sehen uns dann, wenn die Chose gelaufen ist, so gegen fünf hier im Büro.«

Die Berater sahen Michael überrascht an. Bei Paul und Ludwig schwang eine gehörige Portion Enttäuschung mit – schließlich hatten sie die ganze Arbeit gemacht, und bei der Vorstellung vor den großen Bankern wollten die Herren Projektleiter nun unter sich bleiben. Michaels Blick zeigte jedoch, dass er keine Lust zu weiteren Diskussionen hatte.

Der Aufbruch begann. Sebastian nahm seine Sachen und zog sich gerade den Mantel an, als Michael noch einmal auf ihn zukam. Auch er wirkte erschöpft.

»Mach's gut«, sagte er. »Denk nicht zu viel nach über das, was heute gelaufen ist. Auch du brauchst mal eine Pause.«

Sebastian sah ihn an und nickte. Er war viel zu müde für einen spöttischen Kommentar.

»Und mach dir morgen auf dem Rückflug mal ein paar Gedanken, wie dieser Vergleich zwischen den April-Zahlen mit den getrennten Filialnummern und den Dezember-Daten mit der übergreifenden Nummer genau funktionieren soll. Grimm liebt Details.«

»Okay«, sagte Sebastian und zog seine Handschuhe an.

»Aber erst morgen«, fügte Michael hinzu. »Schlaf mal lieber heute Abend.«

»Ja. Tschau.« Sebastian griff nach Aktenkoffer und Kleidersack und ging los. Bis morgen früh war jetzt Ruhe. Dann konnte er eigentlich Ludwig anrufen. Sollte der sich doch etwas für Grimm überlegen.

18:22 Uhr

Nachdem sich der letzte seiner Kabinettskollegen verabschiedet hatte, schloss der Banker die Tür zu seinem Büro. Seine Sekretärin war schon gegangen. Er war endlich allein.

Er warf seine Notizen auf den schwarzen Schreibtisch, ging hinüber zur Sitzecke und zog sein Jackett aus. Dann lockerte er sich die Krawatte und nahm die Cognac-Flasche aus dem Schrank. Glücklicherweise war seine Sekretärin so ordentlich, immer mindestens vier sauber polierte Cognac-Schwenker neben die Flasche zu stellen – für Gäste. Er schenkte sich einen ordentlichen Schluck ein.

Mit dem Glas ging er zu seinem Schreibtisch zurück und setzte sich. Der Cognac brannte in seiner Kehle. Immerhin war er angenehm warm im Magen. Er schloss die Augen und atmete tief durch. Der Alkohol entfaltete sich.

Heute Mittag hatte alles nach einem Erfolg auf ganzer Linie ausgesehen. Im Grunde war da ja auch schon alles geklärt – bis auf die Haltung von Dr. Sturm.

Als er den ganzen Nachmittag nichts gehört hatte, war er misstrauisch geworden. Am Telefon war Sturm nicht zu erreichen, also war er extra zu ihm hinübergegangen. Wahrscheinlich war das schon falsch gewesen – er hätte ihn zu sich bestellen und abkanzeln sollen. Stattdessen hatte er bei ihm gesessen und über die Filialen geplaudert, über die Arbeit der DV und darüber, was nun geschehen sollte. Sturm hatte natürlich über die Berater geschimpft, dass sie jede systematische Arbeit mit ihrer Untersuchungshektik zunichte machten, hatte vage Verdachtsmomente anklingen lassen, ohne konkret zu werden, und vor allem darauf gepocht, dass man jetzt nichts überstürzen durfte, um den geregelten Geschäftsbetrieb der Gesamtbank nicht zu gefährden. Das ginge schließlich vor.

Er nahm einen zweiten Schluck. Allmählich dämmerte ihm, was Sturm wollte. Er musste wissen, dass in der Bank geheime Geschäfte liefen. Deshalb wollte er jede Veränderung verhindern. Und er säte Verdächtigungen, um diejenigen, die etwas zu verbergen hatten, nervös zu machen. Wer nervös wurde, machte Fehler. Und wer in diesem Spiel einen Fehler machte, hatte eigentlich schon verloren.

Er ließ den Kopf zwischen seine Hände sinken. Das Problem war, Sturm hatte es schon geschafft. Er war nervös. Und wahrscheinlich hatte er auch schon einen Fehler gemacht. Er hatte zugelassen, dass Sturm seine Schwäche erkennen konnte. Es war zum Heulen.

Vorhin hatte er sich noch einmal mit seinen Kollegen zusammengesetzt, um die Situation zu besprechen – ohne Schweizer. Wenn der Imperator das herausbekam, würde es einen riesigen Ärger geben. Schweizer war geradezu paranoid, wenn es um seine Position im Chefkabinett ging. Beim kleinsten Anzeichen einer Fraktionsbildung war einer seiner gefürchteten Tobsuchtsanfälle angesagt.

Aber so richtig schreckte das jetzt keinen mehr ab. Nachdem Nero nicht mehr da war, suchten alle den Schulterschluss, um die beste Ausgangsposition zu haben, wenn die Machtverhältnisse im Beirat wieder klar waren. Und weil Sturm heute zum offenen Feldkrieg gegen die Berater übergegangen war, wollte man sich einigen, wie am besten vorzugehen war.

Er trank noch einmal, dann war der Schwenker leer. Viel war natürlich nicht herausgekommen. Sie hatten sich darauf geeinigt, die Präsentation am nächsten Tag und Schweizers Reaktion darauf abzuwarten. Und erst ganz am Schluss hatte er vom Auftritt von Sturm bei Grimm erfahren, und von Grimms Reaktion. Die Attacke gegen Ritter war natürlich blanker Unsinn, da waren sie sich dann doch einig. Und

Grimm hatte auch zugegeben, dass es mehr ein Schuss vor den Bug sein sollte. Damit die Berater kontrollierbarer wurden.

Kontrollierbarer. Er hätte lauthals lachen können. Es waren doch nicht die Berater, die nicht zu kontrollieren waren. Es waren die verdammten verfeindeten Fraktionen hier in der Bank. Und es war noch nicht einmal klar, wer eigentlich zu welcher Fraktion gehörte.

Er stand auf und fing an, in seinem Büro auf und ab zu gehen. Eigentlich war es nutzlos, denn ihm fiel einfach nichts ein, was er hätte machen können. Alles war so schön eingefädelt, und jetzt ... Er blieb stehen. Es blieb ihm nichts anderes übrig. Er musste Hohenstein anrufen.

Er tippte die Nummer in das schwarze Telefon. Das Rufzeichen war zu hören.

»Ja?«

»Ich bin es.«

»Das dachte ich mir.«

Natürlich. Er war schon wieder informiert. »Sie wissen Bescheid?«

»Ja.«

Wo hatte dieser Mensch bloß überall seine Leute. Und warum bekam er selber nicht heraus, wer sie waren? »Tja ... Wir haben da jetzt wohl ein Problem.«

Hohenstein lachte kurz und höhnisch. »Sie sind eine gottverdammte Niete.«

»Versuchen Sie doch mal, mit diesem Sturm klarzukommen! Er ist Schweizers Liebling, da ist nichts zu wollen. Und er macht schlicht, was er will.«

Der andere lachte einfach weiter. »Sie sind ein solcher Versager, dass es schon komisch ist.«

Er sprang auf. »Jetzt reicht es! Ich lass mich doch nicht von Ihnen beschimpfen!«

»Was wollen Sie denn machen? Hä? Sie können nichts machen. Gar nichts. Ein falscher Mucks, und ich lasse Sie hops gehen.«

Er spürte, wie ihm der Schweiß ausbrach. »Dann werde ich Sie mitnehmen.«

»Nichts werden Sie. Sie haben nicht einen einzigen Beweis.«

»Aber Sie.«

Die Antwort war kurz und trocken. »Allerdings. Ihre Abenteuer sind alle sauber dokumentiert. Hier in meinem Schrank.«

Der Schweißtropfen lief langsam an seiner Augenbraue entlang. Er hätte es nicht darauf ankommen lassen sollen. Es blieb ihm nichts anderes übrig, als still zu sein.

»Hören Sie. Ich habe keine Lust, mich mit Ihnen herumzustreiten. Das wissen wir doch nicht erst seit gestern, dass Ihr Herr Doktor unberechenbar ist. Schweizer steht halt hinter ihm. Er hatte ihn eingeweiht in seine Intrigen, da ist der Herr Doktor etwas größenwahnsinnig geworden. Aber das hat jetzt ein Ende. Ich nehme die Sache in die Hand. Sie halten sich aus allem heraus, verstanden?«

Er schluckte. Richtig. Einen Trumpf hatte er schließlich noch. »Was haben Sie da im Hotel eigentlich für einen Mist gemacht? Wo kam denn die Damenunterwäsche her?«

Die Stimme am anderen Ende der Leitung wurde lauter. »Jetzt passen Sie mal auf. Ich kann auch unbequemer werden. Wenn Sie schon Ihren eigenen Kram nicht hinkriegen, dann kümmern Sie sich erst recht nicht um Sachen, die Sie nichts angehen.«

Du darfst dich jetzt nicht einschüchtern lassen, sagte er sich. »Sie haben einen Fehler gemacht. Geben Sie es doch zu.«

»Wir … wir haben die Raffgier des Zimmerkellners unterschätzt. Er hat was mitbekommen, und er wollte Geld. Wir haben gedacht, wir könnten ihn runterhandeln, aber dann hat er sich den Rest von der Presse geholt.«

»Und jetzt?«

»Jetzt haben wir seiner Freundin ein nettes kleines Andenken verpasst. Der erzählt nichts mehr.«

Ihm schauderte. Mein Gott, worauf hatte er sich da bloß eingelassen.

Aus der Leitung kam ein hässliches Kichern. »Also gut. Ich gebe es zu, uns unterlaufen auch Fehler. Aber wir bügeln sie auch wieder aus.«

Plötzlich kam ihm eine Idee. »Und was ist mit Plan B?«

Der andere schwieg lange. Dann sagte er schließlich: »Es geht voran.«

Der Banker witterte plötzlich wieder eine Chance, zurück ins Spiel zu kommen. »Hören Sie, wenn Sie weiter wollen, dass ich an Bord bleibe, dann müssen Sie mir schon etwas mehr an Informationen geben.«

»Sie sind wirklich ein Witzbold. Erst vermasseln Sie Ihren Part, dann mäkeln Sie an meiner Arbeit herum, und jetzt fangen Sie auch noch an, Forderungen zu stellen. Warum sollte ich Ihnen etwas geben? Damit Sie noch mehr Unheil anrichten können?«

Wenn er seinen Zug jetzt durchziehen wollte, durfte er sich nicht irritieren lassen. So kühl wie möglich sagte er: »Nein. Damit Sie größere Chancen haben, Ihre Geschäfte durchzuziehen. Wenn Sie ein Mitglied des Chefkabinetts präsentieren können, haben Sie eine viel glaubwürdigere Position. Und Sie glauben doch nicht wirklich, dass Sie einen von den anderen so einfach auf Ihre Seite ziehen können.«

Die Sekunden vergingen, und Hohenstein sagte noch immer nichts. Er kämpfte gegen den Drang, nachzufragen. Das war ein reines Machtspiel.

»Also …« Im Hintergrund waren plötzlich Geräusche zu hören. »Ja … Ja, ich komme.«

»Was?«

»Nichts … Ich muss gleich los. Ich melde mich morgen Nachmittag bei Ihnen.«

Die Enttäuschung war so groß, dass er regelrecht auf seinem Sessel zusammensackte. Hohenstein wollte sich einfach davonstehlen! »Hören Sie«, sagte er beschwörend. »Das können Sie doch nicht mit mir machen. Das … das funktioniert doch nicht, wenn Sie das alleine machen …«

»Nun machen Sie mal halblang. Im Moment ist es ja erst einmal so, dass ich Ihren Job erledigen muss. Und dazu sehe ich heute Abend meinen Maulwurf.«

»Ein Maulwurf? Hier bei uns? Oder … oder bei den Beratern?«

»Sie werden es schon sehen. Also, bis morgen.« Es klickte in der Leitung.

Langsam ließ der Banker den Hörer auf die Gabel sinken. Einige Minuten lang saß er nur da, das Gesicht in die Hände gestützt, und starrte vor sich hin. Als er dann aufstand, bemühte er sich, nicht schon wieder zu dem Bild hinzusehen. Schließlich war es ja kein Orakel. So etwas hätte er jetzt allerdings gut brauchen können. Es konnte nur um die Berater gehen. Aber wer um alles in der Welt war der Maulwurf?

19:35 Uhr

Sebastian quälte sich mit seinem Aktenkoffer und seinem Kleidersack durch den engen Mittelgang des Flugzeugs. Er schaute noch einmal auf seine Bordkarte: 26 B – das war ein Mittelplatz in der letzten Reihe. Er blickte hoch. Neben ihm war der Vorhang, der die Business Class von der Economy Class abgrenzte – den Sekt vom Selters. Normalerweise saß er ja *vor* diesem Vorhang. Nur heute nicht. Leise fluchend stolperte er weiter.

Der Airbus war viel voller, als er gedacht hatte. Vom Taxi war er gleich schnurstracks zum Gate marschiert, wo ihn am Counter eine bunte Reihe herumstehender Geschäftsleute begrüßte. Ihre angespannten Gesichter zeigten, dass sie auf der Warteliste waren – mit der vagen Hoffnung, auch ohne feste Buchung noch kurzfristig mitgenommen zu werden. Er konnte ein gewisses Gefühl des Triumphes nicht unterdrücken. Seit einem Jahr hatte er die Senator Karte, die die Lufthansa nur den »distinguished customers« übergab. Es tat gut, zu den Privilegierten zu gehören. Einer der angenehmsten Vorteile war, dass Senatoren automatisch an die Spitze der Warteliste rückten.

So wurde er denn auch zehn Minuten später, als die freigebliebenen Plätze an die Wartenden verteilt wurden, als erster aufgerufen – und als einziger. Es war wirklich nur noch ein Platz übrig. Natürlich hatten alle bemerkt, dass er als letzter dazugekommen war – entsprechend begeistert waren die Reaktionen der anderen. Sebastian ging nonchalant an ihnen vorbei, schnappte sich lächelnd seine Bordkarte und ging zum Flieger. Fünf Jahre lang hatte auch er zu denen gehört, die übrig blieben. Jetzt war er auf der anderen Seite.

Leider aber eben nicht im Flieger. Ein Mittelplatz in der letzten Reihe war so ziemlich das Mieseste, was man sich vorstellen konnte. Ein wohlbeleibter Nachbar links, einer rechts, und man konnte sehen, wo man seine Ellbogen ließ. Zu essen gab es nichts, und die Getränke waren ebenfalls Standardware. Und man saß am äußersten Ende dieses langen Schlauchs. Nur gut, dass er so müde war.

Als er am Zeitschriftenfach vorbei ging, lag da noch eine übriggebliebene Bunte. Warum nicht, dachte er, und klemmte sie unter den Arm. Ein bisschen Klatsch zur Nacht konnte nicht schaden.

Dann stand er endlich an seinem Platz. Natürlich saßen die beiden anderen schon da, natürlich waren sie alles andere als gertenschlank. Und natürlich hatten sie das Gepäckfach bereits mit ihren Aktenkoffern und Mänteln vollgestopft. Er stellte seinen Kleidersack hin, zog den Mantel aus und versuchte ihn noch in das Fach hineinzuquetschen. Das ging. Den Aktenkoffer konnte er vor seinen Sitz stellen, das Jackett an die Rücklehne vor ihm hängen, aber wohin mit seinem Kleidersack? Hilfesuchend sah er zur Stewardess. Und tatsächlich, der treue Hundeblick funktionierte noch. »Geben Sie mal her. Wir werden schon etwas finden«, sagte sie und verschwand.

Der Passagier vom Gangplatz stand auf, und er konnte sich auf seinen Sitz schieben. Als er angeschnallt war, lehnte er sich zurück und schloss die Augen. Gut, dass es jetzt nach Hause ging. Er konnte es kaum erwarten, endlich in Ruhe mit Natalie zu sprechen. Aber jetzt wollte er erst einmal schlafen.

Zwar dauerte es ein Weilchen, bis er wegdämmerte, aber dann kamen die Traumbilder. Er stand wieder im Teamraum, aber diesmal sah er hinunter auf den Parkplatz. Sein BMW stand auf einem der beiden Plätze, die für die Berater reserviert waren. Da klingelte sein Handy. Er nahm es in die Hand und wusste sofort, wer dran sein würde. Ja, sagte er in das kleine schwarze Ding hinein. Ich bin da, sagte es aus dem Handy heraus. Wo bist du, Natalie, fragte er zurück, und sie antwortete, na, hier unten, auf dem Parkplatz. Ich bin zu dir gekommen.

Er wollte durch das Treppenhaus hinunterlaufen zum Parkplatz, aber er konnte sich nur in Zeitlupe bewegen. Er tat alles, um schneller zu gehen, aber es ging nicht. Irgendetwas klebte wie Blei an seinen Gelenken. Er schleppte sich mühsam von Stufe zu Stufe, fast wahnsinnig vor Angst, er könnte unten ankommen, und sie wäre nicht mehr da.

Endlich stand er doch draußen auf dem Parkplatz. Aber niemand war da. Da sah er, dass sich etwas in seinem Auto bewegte. Er ging weiter. Als er näher kam, erkannte er Natalie. Sie klopfte gegen die Scheiben, also wollte sie heraus. Er suchte nach seinem Schlüssel, aber in keiner seiner Taschen war er. Wie auch – er steckte auf der Fahrertür.

Er öffnete das Auto und stieg ein. Da saß sie, ihm gegenüber, ganz nah, mit diesem zarten, hingehauchten Lächeln auf den Lippen. Er fühlte, wie ihm das Herz bis an den Hals schlug. Sie fuhr sich durch das blonde Haar und schob eine Strähne hinter ihr Ohr. Er streckte seine Hand aus und streichelte ihr über den Hals. Warm war der und weich. Seine Hand wanderte tiefer, in ihren Ausschnitt. Er beugte sich zu ihr, und sie küssten sich, langsam und intensiv. Seine Zunge wanderte durch ihren Mund und suchte ihre Zunge, bis er ihre Zähne spürte. Sie wird mich doch nicht beißen, schoss es ihm durch den Kopf. Er wich zurück, um sie zu fragen, was sie da machte. Aber der Platz neben ihm war leer.

Als er merkte, dass er sich auf die Zunge gebissen hatte, riss er die Augen auf. Sein Mund war trocken. Die kleinen Finger beider Hände waren ihm eingeschlafen. Minutenlang starrte er vor sich hin, zu müde, um nachzudenken. Schließlich zog er die Bunte hervor und begann herumzublättern. Was war in, was out. Warum nahmen sich diese Männer Geliebte. Wann gewann die Ehefrau, wann die Neue. Er gähnte.

Endlich kam die Ansage, dass sie sich im Landeanflug auf München befänden. Jetzt konnte es nicht mehr lange dauern. Er versuchte, aus dem Fenster zu schauen, aber er sah keine Lichter, nur Dunkelheit. Er schloss noch einmal die Augen.

Diesmal träumte er gar nichts. Er wurde erst wieder wach, als die Maschine aufsetzte. Sie waren in München.

Es dauerte ewig, bis er das ganze Ritual des Andockens, des Aussteigens, des langen Weges vom Flugsteig bis zum Parkplatz hinter sich gebracht hatte. Ungeduldig stieg er in seinen Wagen. Er wollte nach Hause. Und er wollte endlich in Ruhe Natalie anrufen.

Die Straßen waren leer, aber es dauerte lange, bis er endlich in Schwabing ankam. Er fuhr in die Garage, nahm seine Sachen wieder heraus und ging nach Hause, vorbei an den Kneipen, in denen lauter rotgesichtige Leute saßen und aßen und tranken und grölten. Er schaute nicht mehr hin.

In der Wohnung ließ er sein Gepäck fallen und griff nach dem Telefon.

Es meldete sich wieder der Portier des Londoner Hotels. »Hello«, sagte Sebastian heiser, »Miss Schieritz, please.« Er wurde durchgestellt. Es klingelte fünfmal, dann war der Portier wieder dran und murmelte irgend etwas, das nach Bedauern klang. Sie war nicht da.

Langsam legte er das Telefon auf den Tisch. Sie war nicht da. Das konnte doch gar nicht sein. Sie hatte doch gesagt, sie wäre spätestens ab neun im Hotel. Er sah auf die Uhr. Es war fünf nach neun. Das konnte die Erklärung sein. Wahrscheinlich war sie noch im Büro. Wann wurde man bei einer Beratung schon mal rechtzeitig fertig.

Er rief im Londoner Büro an. An dem Schreibtisch, an dem sie gestern gewesen war, nahm niemand ab. Die Rezeption war natürlich auch nicht mehr besetzt.

Es blieb nur noch ihr Handy. Aber das hatte Natalie ja meistens aus – sie wollte sich nicht durch das Ding überwachen lassen, hatte sie ihm einmal gesagt. Er probierte es trotzdem. Aber es war, wie er es vermutet hatte. Auch hier war sie nicht zu erreichen. Und eine Nachricht wollte er nicht hinterlassen. Wozu auch? Unschlüssig blieb er sitzen und starrte vor sich hin. Was tun? Er sah hinaus in die Diele. Seine Sachen standen so herum, wie er sie eben hatte fallen lassen. Er konnte ja auspacken und sich umziehen. Und es in zwanzig Minuten noch einmal im Hotel versuchen.

Achtzehn Minuten später saß er wieder am Küchentisch, nunmehr in Jeans und Sweat Shirt. Anzug und Hemden hingen wieder auf dem Bügel, die Schuhe waren säuberlich auf Spannern, die Kleider für morgen waren bereits herausgehängt. Die mitgebrachte Bunte lag vor ihm auf dem Tisch. Vielleicht sollte er noch ein bisschen blättern, ehe er es wieder versuchte.

Nach ein paar Seiten sah er wieder auf die Uhr. Jetzt war es halb zehn. Er griff nach dem Telefon. Die Piepser jagten durch die Leitung, der Portier meldete sich und stellte wieder durch. Es klingelte wieder – abermals vergeblich. Schließlich kam der Portier wieder an den Apparat.

»Has Mademoiselle Schieritz already been in her room tonight?«, fragte Sebastian.

Der Portier antwortete in einem etwas übertriebenen Oxford Accent. Oh ja, er konnte sich an sie erinnern, das charmante deutsche Fräulein. Sie war gegen acht kurz auf ihrem Zimmer gewesen und dann ausgegangen. Und bis jetzt war sie nicht zurück – unfortunately.

Sebastian bedankte sich tonlos und legte auf. Dann sprang er auf und trat gegen den Tisch. Das Telefon fiel herunter und tutete. Er ging zur Balkontür und sah hinaus auf den Hinterhof.

Warum machte sie das? Erst besorgt tun und inständig um einen Anruf bitten und dann einfach nicht da sein? Sie hätte ihm doch eine Nachricht hinterlassen können, wenn ihr irgend etwas dazwischen gekommen war. Wollte sie ihn quälen? Oder war er schlicht nicht wichtig genug? Er lachte lautlos. Es wurde Zeit, dass er es endlich begriff. Er bedeutete ihr einfach nichts.

Langsam hob er das Telefon auf und setzte sich wieder an den Küchentisch. Sollte er jemand anderen anrufen? Er hatte den ganzen Tag nichts anderes gemacht, als mit Leuten zu reden. Jetzt auch noch Small Talk zu treiben, ging über seine Kräfte.

Er blätterte noch etwas weiter in der Zeitschrift, bis er zu den

Klatschberichten über die Bälle der Woche kam. Auf einer Seite wurde über den Geburtstag irgendeines Bankenvorstands berichtet, und die gesamte deutsche Banker-Crème war anwesend. Natürlich auch Nero. Er war sogar abgebildet. Lustig, da hinten waren auch Böttcher und de Guise. Und schräg hinter ihnen stand noch ein Mann, der auf dem Bild nur angeschnitten war. Sehr groß, graumelierte Haare, erstaunlich hellblaue Augen, mit einem Grübchen am Kinn. Er sah zu Nero hinüber, mit einem Blick, der nicht so recht angemessen schien für einen Ball, bei dem doch Frohsinn angesagt war. Es war ein kalter, abschätziger Blick. Oder zumindest erschien er Sebastian so.

Er schüttelte den Kopf und legte die Zeitschrift weg. Jetzt war nicht die Zeit, sich darüber den Kopf zu zerbrechen. Sollte er noch einmal bei Natalie … Unsinn. Man musste den Realitäten ins Auge blicken. Vielleicht kam noch etwas in der Glotze.

Er stand auf, ging in das Wohnzimmer und schlug die Tür hinter sich zu.

Mittwoch, 20. November

08:04 Uhr

»Komm herein, Sebastian.«

Phil Meyer saß an seinem Schreibtisch, vor sich die Liste der Interviewtermine mit den RFG-Unternehmen. Daneben lag der Fragebogen. Sebastian stellte beruhigt fest, dass kaum Anmerkungen daneben standen.

»Komm, wir setzen uns an den Besprechungstisch da drüben. Das ist bequemer.« Phil stand auf und kam um den Schreibtisch herum. Sebastian fiel auf, dass sein weißes Hemd schon jetzt zerknittert war und die Krawatte etwas überflüssig am steifen Kragen baumelte. Anders als die meisten seiner Geschäftsführerkollegen legte Phil keinen Wert auf Eleganz. Dinge dieser Art hielten ihn nur vom Wesentlichen ab – seiner Arbeit. Auch in der an Workaholics nicht gerade armen Beratergemeinschaft galt Phils Fleiß als absoluter Maßstab. Nur der Wunsch, seine Kinder einmal während der Woche ins Bett zu bringen, brachten ihn wenigstens Freitags dazu, um sieben Uhr das Büro zu verlassen.

Phil war bekannt dafür, die Probleme seiner Consultants ernst zu nehmen und ausführlich mit jedem zu reden, der zu ihm kam, obwohl er eigentlich nie die Zeit dafür hatte. Denn immer wartete schon ein neuer Termin. Mindestens einmal die Woche sah man Phil mit einem Koffer in jeder Hand zum Taxi rennen, um das Unmögliche wahr zu machen und doch noch den letzten Flug nach Düsseldorf, London oder New York zu bekommen. Manche hielten ihn deshalb für unorganisiert und kritisierten, dass er für Entscheidungen grundsätzlich zu lange brauchte. Erst vor ein paar Tagen hatte Sebastian wieder einen der Partner schimpfen gehört, Phil sei zu zögerlich und insgesamt nicht durchsetzungsstark genug. In regelmäßigen Abständen kam das Gerücht auf, er würde bald als Deutschland-Chef abgelöst.

Heute morgen jedoch lächelte Phil, als hätte er noch nie von irgendwelchen Gerüchten gehört. Er setzte sich, rückte an den Tisch heran, nahm einen goldenen Kugelschreiber aus seiner Hemdtasche und legte ihn auf seinen Schreibblock. »Okay«, begann er dann. »Kommen wir noch einmal auf das Auftaktgespräch zurück. Klohs hat gestern Abend ein zweites Mal angerufen. Er hat immer noch Zweifel.«

Sebastian zog die Brauen hoch. »Zweifel? Am Ende unserer Sitzung war er völlig überzeugt, da bin ich sicher.«

»Ja, das ist richtig«, sagte Phil und kritzelte etwas auf seinen Schreibblock. »Wir haben ja schon gestern darüber geredet. Aber am Abend sagte Klohs zu mir, dass er nicht überzeugt war von deiner Qualifikation für das Projekt.«

Unwillig zog Sebastian die Brauen zusammen. Das konnte nur der Einfluss dieses Querulanten Speer sein. »Gut«, sagte er. »Dann habe ich jetzt zwei Wochen, um ihm zu beweisen, dass ich der Richtige bin.«

Phil nickte nachdenklich und sagte nichts. Stattdessen setzte er seine Kritzeleien auf dem Schreibblock fort. Sebastian versuchte vergebens, etwas zu erkennen.

»Sebastian, ich frage mich, ob es wirklich gut ist, was wir hier machen. Es sind wahnsinnig viele Termine, das habe ich dir ja schon gesagt. Und du setzt dich unter einen sehr starken Druck.« Er sah ihn fragend an.

»Ja. Und?«

»Ich habe Angst, dass der Druck für dich zu viel wird.«

Sebastian spürte, dass er nervös wurde. Hatte Michael mit Phil gesprochen? Das war unwahrscheinlich. »Siehst du dafür irgendwelche Anzeichen?«, fragte er vorsichtig.

Phil kritzelte weiter. »Du lieferst ordentliche Arbeit ab, Sebastian. Auf den ersten Blick. Aber wenn man darüber nachdenkt, was du da machst, dann merkt man, dass einiges nicht zusammenpasst.«

Sebastian schluckte. »Was zum Beispiel?«, fragte er leise.

»Zum Beispiel die Termine. Es gibt in allen Unternehmen mehrere Geschäftsführer oder Vorstände, und unser Gesprächspartner ist dann immer der Sprecher oder Vorsitzende des Boards. Das ist okay. Nur wenn der Sprecher nicht kann, dann wäre es bei dem Thema Shareholder Value doch sicher sinnvoll, denjenigen zu nehmen, der zuständig ist für Controlling oder Finanzen, oder?«

Sebastian nickte.

»Siehst du. Bei zwei Unternehmen auf deiner Liste ist der Sprecher nicht verfügbar. Einmal ist der Termin mit dem Controlling-Chef. In dem zweiten Unternehmen ist es der Technik-Vorstand.«

Ich hätte die Liste noch einmal durchgehen sollen, bevor sie an Phil ging, dachte Sebastian. Aber jetzt war es zu spät.

»Und ich weiß auch, warum das so ist, Sebastian. Das heißt, ich glaube, ich weiß es.«

»Warum?«

»Der Jahresbericht der RFG listet das Management der Tochterunternehmen auf. Bei beiden Unternehmen, von denen ich spreche, folgt nach dem Sprecher der Mann, mit dem der Termin gemacht ist.«

Natürlich, dachte Sebastian, Birgit ist den einfachen Weg gegangen. Warum auch nicht. Er hatte ihr ja auch nichts anderes gesagt.

»Genau dasselbe beim Fragebogen, Sebastian. Er ist genau so, wie ich ihn letztes Jahr bei einem anderen Projekt benutzt habe.«

»Ich überarbeite den Fragebogen noch einmal«, sagte Sebastian schnell.

Phil sah ihn an. »Das ist auch notwendig. Die Fragen zur Koppelung von Unternehmenswert und Geschäftsführungstantieme zum Beispiel, die gehen viel zu weit. Von so etwas war in diesem Unternehmen noch nie die Rede. Es gibt einen Aufstand, wenn du das so direkt ansprichst.«

Oberflächlich, dachte Sebastian. Das war es wieder. Andere würden diese Dinge sicher als Kleinigkeiten abtun, aber bei Top Management Consulting zählte es halt. Dafür waren die Berater einfach zu teuer. Er war wieder in die Falle hineingetappt. Oberflächlich. Oder war es schon wieder fahrlässig?

»Ich hatte nicht genügend Zeit für die Sachen«, sagte er leise. »Bei meiner Bank ging es etwas hoch her …«

»Auf deinem anderen Projekt gibt es auch Probleme?«

Phil starrte ihn jetzt regelrecht an. Ruhig, sagte sich Sebastian. Nur ruhig. Sonst machst du alles nur noch schlimmer.

»Der Kunde ist ausgesprochen schwierig«, fing Sebastian an. »Es gab Meinungsverschiedenheiten mit der Bankenführung. Aber Michael und ich haben die Sache wieder im Griff. Wir denken, dass wir das Projekt heute Nachmittag weiterverkaufen werden.«

Phil legte den Kugelschreiber auf den Tisch. »Weißt du«, sagte er dann, »als ich vor ein paar Jahren zur Wahl anstand, wurde ich einen Tag vor dem großen Termin plötzlich zurückgestellt. Ohne jede Angabe von Gründen.« Er lehnte sich zurück und faltete die Hände hinter seinem Nacken. »Ich wollte kündigen. Ich ging zu Bob Ginsburg, um ihm zu sagen, dass ich jetzt die Nase voll hatte. Ich wollte ihm klarmachen, dass sie mich einmal zu oft enttäuscht hatten.«

Sebastian wusste, dass seine Wangen wieder rot angelaufen sein mussten. Phil erzählte immer dann Anekdoten aus seiner Zeit mit Ginsburg, einem der Gründer von Top Management Consulting, wenn es galt, unliebsame Botschaften zu vermitteln.

»Also ging ich hinein in sein Büro. Bob saß da und sah auf die Fifth Avenue. Die Adresse war sündhaft teuer – die Geschäfte fingen damals an, besser zu gehen, aber natürlich konnten wir uns diese Gegend überhaupt nicht leisten. Er saß also da, ganz der Gründungsvater, und schaute mir zu, wie ich hineinstürmte. Als ich mich vor ihm aufgebaut hatte, sah er mich an, und ich weiß es noch heute, er wirkte wie ein müder, alter Mann. Es war nicht mehr seine Zeit. Pioniere waren nicht mehr gefragt. Bewahren, schützen und gedeihen lassen, das war die neue Idee.« Er sah hoch. »Wie heute, weißt du.«

Sebastian nickte.

»Aber ich erzähle wieder zu viel«, fuhr Phil fort. »Ich kam nicht dazu, Bob alles vor die Füße zu werfen. Er sah mich an, und als er dann anfing zu reden, wusste ich, dass ich ihn unterschätzt hatte. Er gehörte noch lange nicht zum alten Eisen. Er sagte mir: ›Halt jetzt den Mund. Mach drei Monate Pause, und komm dann wieder.‹«

Sebastian sah überrascht hoch.

»Ich nahm mir drei Monate Auszeit. Ich kann nicht sagen, dass ich pausenlos darüber nachgedacht hätte, was ich nun machen sollte. Ich hab alle möglichen Dinge getan – alles, was mir Spaß machte. Und als ich zurückkam, ging ich wieder zu Bob. Und er sagte, arbeite jetzt weiter, Phil. Mach drei Monate, und lass uns dann noch einmal reden. Ich tat es, und drei Monate später sagten sie mir, sie hätten sich entschieden. Und ich war Partner.«

Panik kroch in Sebastian hoch. Hatte Phil zu denen gehört, die sich am Montag Abend im Personnel Committee gegen ihn ausgesprochen hatten? »Ich ... ich weiß nicht, ob das der richtige Weg für mich ist, Phil«, sagte er langsam.

Phil sah ihn lange unbeweglich an. Dann nickte er. »Ich verstehe, du willst es unbedingt durchziehen.«

»Ich will es nicht durchziehen. Ich will es einfach nur machen.«

Phil sah ihn weiter an. Es war unübersehbar, dass er nicht überzeugt war. Sebastian versuchte, tief ein- und auszuatmen, um wieder ruhig zu werden. Aber nur so, dass Phil es nicht merkte.

»Lass mich die ersten Interviews führen, Phil«, sagte er und hörte, wie seine Stimme zitterte. »Du kannst ja mitkommen und dir selbst ein Urteil bilden. Und in zwei Wochen können wir noch einmal alles kritisch Revue passieren lassen.«

Phil fing wieder an zu kritzeln. Sebastian sah ihm schweigend dabei zu. Schließlich schaute Phil wieder hoch. »Gut, wir machen es so, wie du es willst, Sebastian. Aber überdenke noch einmal meinen Vorschlag. Ich will dich nicht verheizen. Es gibt nur einmal die Chance zur Wahl.« Er stand auf.

Sebastian ging um den Tisch auf ihn zu. »Ich weiß, Phil. Und danke, dass du so offen mit mir sprichst.«

Phil lächelte. Dann sagte er: »Morgen Vormittag kann ich nicht. Aber morgen Nachmittag bei dem Termin in Wien, das müsste ich einrichten können.«

Sebastian nickte. »Okay. Dann treffen wir uns am besten auf dem Flughafen in Wien, nicht wahr?«

»In Ordnung«, sagte Phil und drückte ihm fest die Hand.

In seinem Büro ließ Sebastian sich in seinen Sessel fallen. Er war in einer Krise, ausgerechnet jetzt, im entscheidenden Moment seiner Karriere. Zwei Partner hatten ihn darauf angesprochen, jetzt musste er reagieren. Von jetzt an durfte es keine Oberflächlichkeiten mehr geben, kein »die Zeit hat nicht gereicht«, kein »es gab da ein anderes wichtiges Problem«. Er musste sich jetzt durchbeißen, wie damals als kleiner Consultant. Brummig sah er auf seinen Schreibtisch. Die Arbeit wartete. Birgit hatte ihm fein säuberlich die Post der letzten Tage auf den Tisch gelegt. Er streckte sich und begann, den Stapel durchzublättern.

Das meiste waren Werbebriefe, dazwischen lagen zwei, drei Protokolle. Der Rest dürfte als E-Mail auf ihn warten. Schließlich hatte sich Top Management Consulting schon seit geraumer Zeit auf die Fahnen geschrieben, ein papierloses Büro zu werden.

Er zog sein Notebook aus der Tasche und stöpselte es an den Strom und das Netzwerk. Während das Betriebssystem anlief, hörte er wieder Phils Stimme. »Mach drei Monate Pause …« Am Ende war es keine so schlechte Idee. Statt sich mit schwierigen Kunden und fragwürdigen Berechnungen herumzuschlagen, könnte er einmal so richtig ausspannen und … Er stockte. Und was? Ihm fiel schlicht nichts ein, was er gerne machen würde. Außer vielleicht mit Natalie zusammen zu sein …

Sebastian sah auf den Bildschirm und rief die neu eingegangene Post auf. Insgesamt warteten 93 neue Nachrichten auf ihn – die Ration von zwei Tagen Abwesenheit. Er sah auf die Uhr. 8 Uhr 44. Er hatte noch eine knappe Stunde, bevor er zum Flughafen musste. In der Zeit musste er die E-Mails durchsehen. Und mit Birgit reden, um diesen einen falschen Gesprächspartner auszutauschen Der Fragebogen musste auch noch überarbeitet werden. Dann musste er Ludwig anrufen, damit er sich Gedanken über die Details des Datenvergleichs bei den Ostfilialen machte. Er nickte entschlossen. Das war doch zu schaffen. Nur trödeln durfte er nicht.

Er sah auf die Liste seiner Mails und ging die Überschriften durch. Wie erwartet waren das meiste Routinegeschichten. Montag hatte eine neue Sekretärin ihren Einstand gegeben, abends war der Server kurz abgeschaltet worden, Dienstag hatte das Vorbereitungskomitee für die Weihnachtsfeier noch weitere Helfer gesucht und die Buchhaltung die Abgabe der Reisekostenabrechnungen angemahnt – und so weiter und so weiter. Er löschte eine Nachricht nach der anderen, ohne sie gelesen zu haben. Dann kam ein Mail vom Gesamtleiter der Personnel Committees. Sebastian öffnete es. In den ersten Zeilen stand, dass die Zeit zwischen der Entscheidung, einen Berater zum Ausscheiden aufzufordern, und dem tatsächlichen Verlassen der Firma meistens viel zu lang war. Es folgten die vorgegebenen Fristen und die Aufforderung an die Committees, ihre Einhaltung strikter zu überwachen:

- Associate Consultants und Project Managers – drei Monate
- Senior Project Managers – sechs Monate.

Sebastian schluckte. Sechs Monate blieben ihm also, wenn er es nicht schaffen sollte. Das bedeutete, bis zum 1. Juni würde er einen neuen Job finden müssen. Und was sollte er machen, wenn die Beratung ihn nicht mehr behalten wollte? Banken? Als Kreditleiter würde ihn wohl niemand nehmen, und als Marketing-Chef hatte man in einer richtigen Bank nichts zu sagen. Orga-Leiter? Zu langweilig. Vielleicht besser in die Industrie? Aber in welcher Branche? Und eine andere Beratung? Das lag am nächsten. Aber wenn es kein Abstieg sein sollte, musste er eine finden, die ihn gleich als Partner einstellte …

Es klopfte an der Tür. Sebastian sah hoch. Birgits Haarpracht drängte sich durch den Türspalt.

»Sieh an, du bist auch mal wieder da.«

Sie kam in das Büro und ließ sich lässig auf der Tischkante nieder.

Sebastian lehnte sich in seinem Sessel zurück. »Guten Morgen«, sagte er. »Gut, dass du kommst. Wir haben da noch etwas zu besprechen.«

»Erzähl doch erst einmal. Wie war denn eigentlich die Präsentation am Montag?«

Sebastian zuckte mit den Achseln. In den Telefonaten war er diesem Thema immer ausgewichen, und auch jetzt hatte er wenig Lust, noch einmal in die Details des abgebrochenen Vortrags einzutauchen. Aber Birgits große blauen Augen zeigten, dass sie neugierig war. »Wir haben mitten drin abgebrochen«, sagte er. »Plötzlich kam die Nachricht herein, dass der Beiratsvorsitzende gestorben ist.«

»Echt? Wie hieß er denn?«

»Kaiser. Es stand gestern in der Zeitung.«

Birgit riss die Augen vor Erstaunen noch etwas weiter auf. »Dieser Dr. Kaiser, der in seinem Hotelzimmer tot gefunden wurde?«

Sebastian grinste amüsiert. Drei Jahre war Birgit jetzt seine Sekretärin, und er hatte sie eigentlich immer nur etwas flüchtig betrachtet. Bis auf den einen Abend beim Company Retreat im Oktober … Gut, aber da waren sie beide ziemlich betrunken gewesen, und außerdem, bei diesen Ausflügen waren die Sitten insgesamt etwas lockerer.

»Ja, genau der. Das mit der Damenunterwäsche soll übrigens eine Ente sein.«

»So, so«, sagte Birgit. »Der Herr Doktor liest die *Bild-Zeitung*. Heute hast du aber wohl noch nicht hineingesehen, was?«

»Nein, wieso?«

»Sie haben geschrieben, dass der Zimmerkellner festgenommen wurde. Er hatte sich in Widersprüche verwickelt. Man vermutet jetzt, dass er Kaiser die Unterwäsche in die Tasche geschmuggelt hat, um die Geschichte der Presse verkaufen zu können.«

Sebastian schüttelte den Kopf. »Du bist ja bestens informiert. Nicht viel los hier, was?«

»Och, das würde ich nicht so sagen. Aber ich werde hier natürlich im Kombinieren geschult.«

»Was soll das denn heißen?«

Birgit neigte den Kopf etwas zur Seite und spielte mit einer Locke herum. Sebastian musste an seine gestrigen Erfahrungen mit Sekretärinnen-Flirts denken. Eigentlich reichte das ja für diese Woche. »Also komm, nun sag schon«, drängte er. »Was meinst du damit?«

»Du bist ja nie im Büro. Was meinst du, wie hier die Gerüchteküche abgeht.«

Sebastian legte die Arme hinter den Kopf. Das war nun wirklich nichts Neues. Andererseits, wenn sich diese Gerüchte um ihn drehten …

»Und?« fragte er. »Was zum Beispiel?«

Birgit sah ihn verstohlen an. »Na, zum Beispiel das Gerücht, dass du gerade damit beschäftigt bist, deine Wahl zum Partner zu verspielen.«

»Was?«

»Vor ein paar Wochen hieß es noch, du wärst der sicherste von den drei Kandidaten«, sagte sie auf einmal ganz leise. »Aber jetzt sieht es irgendwie nicht mehr so gut aus.«

»Woher willst du das denn wissen?«

»Na hör mal, ich bin jetzt vier Jahre dabei. Ich kenne die anderen Sekretärinnen ziemlich gut, auch die der Partner. Irgendjemand hat gesagt, dass sie jetzt deine Projekterfahrung für zu eng halten.«

Sebastian verzog das Gesicht. Dass es einigen einflussreichen Leuten bei Top Management Consulting nicht gefiel, dass er vor allem mit Banken gearbeitet hatte, war nicht gerade etwas furchtbar Neues. Aber wenn das jetzt durch die Korridore gereicht wurde …

»Und der klare Beweis wäre ja, dass du jetzt mit deinem ersten eigenen Projekt außerhalb der Bankenwelt überhaupt nicht zurechtkommst.«

Sebastian fühlte, wie er blass wurde. »Wer hat das gesagt?«, presste er hervor.

Birgit sah an die Wand hinter ihm und sagte nichts.

»Nun sag schon.«

»Na, eine Sekretärin halt. Ist doch auch egal.«

Wahrscheinlich hatte sie ja recht, dachte Sebastian. Wer es war, das war egal. Dass sie über ihn redeten, das war das Schlimme.

»Stimmt das denn, Sebastian?«

»Ob es stimmt? Du glaubst diesen ganzen Müll?«

»Nein …« Birgit nestelte verlegen an ihrem Kragen herum. »Nein, natürlich nicht, Sebastian. Aber du hast mir doch selber gesagt, dass du keine Lust auf das Projekt hast.«

Natürlich, er hatte selber davon erzählt. Und mit jeder Erzählung hatte er natürlich zu den Gerüchten beigetragen, die jetzt in den Büros standen wie kalter Zigarrenrauch. Er musste lernen, seinen Mund zu halten. Schweigen, das war das einzige, was gegen diese Verleumdungen half. Was in den nächsten Wochen von ihm zu hören sein durfte, waren nur offizielle Erfolgsmeldungen.

Birgit saß etwas verloren auf seiner Tischkante herum. »Was ist denn jetzt?«, fragte sie. »Redest du nicht mehr mit mir?«

»Doch, natürlich«, sagte er und versuchte ein Lächeln. »Erzähl doch noch ein bisschen. Affären werden mir aber keine nachgesagt?«

Sie schaute auf ihre lila lackierten Fingernägel. »Na ja … Als Kostverächter giltst du nicht gerade.«

Sebastian seufzte entnervt.

»Es ist wirklich nichts Dramatisches, Sebastian. Wir sind halt beobachtet worden damals beim Retreat. Und dass du am Abend vorher mit zwei anderen herumgeflirtet hast und nicht zum Zuge gekommen bist, haben sie auch alle gesehen.«

Jetzt reicht es wirklich, dachte Sebastian. Lächerlich hatte er sich auch noch gemacht. Wenigstens ging es nicht um Natalie, das wäre mit Sicherheit der Todesstoß gewesen … Aber auch so war es übel genug. In der Versenkung zu verschwinden war jetzt die einzige Rettung. Er sah auf die Uhr. Viertel nach neun. Am besten fing er gleich damit an.

»Pass auf, ich habe da noch etwas. Dieser Termin in Hamburg …«

Weiter kam er nicht. Birgit rutschte beleidigt vom Schreibtisch herunter. »Ach so, ich verstehe, jetzt beginnt der offizielle Teil«, sagte sie. »Klar, jetzt weißt du ja auch alles.«

»Komm, Birgit«, versucht er sie zu beruhigen, aber sie stand schon vor der Tür.

»Eigentlich hätte ich es ja wissen müssen, dass ich damals nur dritte Wahl war, Sebastian«, sagte sie abfällig. »Aber jetzt hast du es mir noch mal klargemacht.«

»Birgit«, rief Sebastian und sprang auf. Aber es war zu spät.

»Keine Angst, ich werde nichts erzählen. Darum geht es dir doch nur, oder?« Sie warf die Tür hinter sich zu.

Sebastian blieb alleine in seinem Büro und starrte aus dem Fenster, bis sein Kopf nur noch leer war. Schließlich fiel ihm ein, dass er ja gleich los musste, und noch einiges zu tun war. Telefonieren konnte er glücklicherweise auch im Auto. Aber die E-Mails musste er noch durchsehen.

Es kam nichts Aufregendes mehr, bis er schließlich die letzte Nachricht aufrief. Er stutzte. Sie hatte keine Überschrift. Aber der Absender war Natalie Schieritz, und abgesandt war sie heute morgen um 8 Uhr 32.

Es gefiel Sebastian überhaupt nicht, dass sein Herz sofort wieder bis zum Hals schlug, als er die Nachricht aufrief. Sie war nur ein paar Zeilen lang.

»Hallo Sebastian,

wahrscheinlich bist du jetzt sauer, dass ich gestern Abend nicht im Hotel war. Es tut mir auch wirklich leid. Ich schreibe ein E-Mail, weil du ja wahrscheinlich ans Telefon gehen würdest, und im Moment kann ich nicht richtig reden. Das Büro ist hier schon ziemlich voll. Ich musste mich gestern Abend mit jemandem treffen, den ich einige Zeit nicht mehr gesehen habe, und leider hat es viel länger gedauert, als ich dachte. Ich konnte mich nicht vorher bei dir melden, weil wirklich alles ganz plötzlich ging. Heute Abend rufe ich dich auf deinem Handy an, das verspreche ich. Und dann erzähle ich dir alles.

Natalie.«

Sebastian drückte auf »Löschen«. Der Ärger vom gestrigen Abend kam wieder hoch. Eigentlich glaubte er nicht mehr an Natalies Versprechungen, aber jetzt hatte sie natürlich wieder Hoffnung in ihm geweckt. Und er konnte wieder einmal nicht mehr tun, als abzuwarten.

Er sah auf die Uhr. Zwanzig vor zehn. Es war Zeit zu gehen.

10:16 Uhr

»**D**reamer … you're nothing but a dreamer … Can you put your hands in your head, oh no …«

An der Seite der Autobahn zogen die Häuser vorbei. Sebastian summte den Text mit. Supertramp. Er konnte sich noch gut daran erinnern, was für ein Fan er mal gewesen war, damals mit siebzehn. Das war lange her … War er damals der größere Träumer gewesen oder heute? Mit siebzehn hatte er Kurzgeschichten geschrieben und wollte Literatur studieren. Heute war er ungefähr doppelt so alt, schrieb nur noch Präsentationen und wollte dafür Unternehmen verändern. Und die Menschen, die dort arbeiteten. Und nicht zuletzt die Berater, die mit ihm zusammen dieses Ziel angingen.

Am Straßenrand erschienen wieder die Hinweisschilder für die nächste Ausfahrt. Garching-Nord. Dann kam Eching, dann das Neufahrner Kreuz ... Noch einmal durfte ihm das nicht passieren, dass er vor lauter Telefoniererei an der richtigen Abzweigung vorbei fuhr. Die Gefahr bestand – und es war wieder Ludwig, mit dem er unbedingt noch vor dem Flug nach Frankfurt reden musste.

Er drückte auf die Handytasten. Ludwig nahm ab. »Hallo Ludwig«, sagte Sebastian. »Hier ist dein Projektleiter.«

»Sebastian ... Gut, dass du anrufst. Stell dir vor, ich habe gerade ein sehr interessantes Gespräch mit dem neuen Filialleiter in Berlin gehabt.«

Sebastian stutzte. Eigeninitiative der Consultants war ja grundsätzlich sehr zu begrüßen, aber jetzt waren sie in einer äußerst sensiblen Phase. »Du hast ihn angerufen?«

»Ja, klar.«

»Klar? Wieso klar? Warum hast du ihn angerufen?«

Ludwig schien nichts von dem drohenden Unterton in Sebastians Fragen zu bemerken. Er plapperte fröhlich weiter: »Na, weil ich so eine Ahnung hatte, wie wir um diesen Sturm herumkommen könnten ...«

Sebastian wäre fast auf eine Ente aufgefahren, die sich in provokant langsamer Fahrt auf die linke Spur schob. Er blinkte ein paar Mal wütend mit der Lichthupe. Ludwig nutzte das kurze Schweigen, um weiter von seinem Coup zu schwärmen.

»In der Filiale haben sie natürlich die Zahlen von April. Zwar nur als Ausdruck, aber immerhin. Warum also den Umweg über Sturm gehen und sich all den Ärger aufhalsen, wenn wir sie doch direkt über den Filialleiter kriegen können.«

Mitten in die triumphierende Pause hinein explodierte Sebastian. »Bist du wahnsinnig, Ludwig? Und was, wenn dieser Filialfuzzi nichts besseres zu tun hat, als gleich Sturm anzurufen? In Null Komma nichts ist er bei Grimm, und wenn ich dann dort auftauche, kriege ich sofort einen Tritt in die Eier! Und das ist dann wahrscheinlich mein letzter. Verdammt noch mal, wie kannst du da herumtelefonieren, ohne das mit mir abzustimmen!«

»Aber ich dachte doch nur, ich könnte den ganzen Konflikt entschärfen«, stammelte Ludwig.

»Und hast uns damit wahrscheinlich erst richtig tief in die Scheiße geritten! Großartig, Herr Staupe.«

Ludwig schwieg. Sebastian hielt krampfhaft Ausschau nach der Ausfahrt zur Deggendorfer Autobahn. Nur nicht wieder denselben Fehler machen. Er musste pünktlich sein.

Schließlich räusperte sich Ludwig. »Ich glaube nicht, dass da Gefahr besteht, Sebastian. Ich habe mir schon überlegt, wen ich anrufe. Natalie hat mir viel erzählt von diesem Typ in Berlin. Er ist ganz neu bei der Bank und muss wohl ein ganz fähiger Kerl sein, und auch recht nett, sie war jedenfalls mal mit ihm essen ...«

Sebastian schluckte. Auch das noch.

»... und dabei hat er die ganze Zeit über den Sturm hergezogen. Er kann überhaupt nicht mit ihm. Er war jetzt auch total aufgeschlossen und hat mir alles noch einmal im Detail erklärt mit dieser Datenkonvertierung. Die DV hat sich da schon reichlich dämlich benommen.«

Sebastian fuhr auf die rechte Spur und bog ein in die langgezogene Kurve, die zur Flughafen-Autobahn führte. Langsam wurde er wieder ruhiger. Vielleicht war es ja doch nicht so dumm, was Ludwig da angestellt hatte. »Also gut«, sagte er. »Dann erzähl mal, was du rausgekriegt hast.«

Ludwig legte los mit einem Schwall von Details. Sebastian versuchte, möglichst viel mitzubekommen, ohne die Geschwindigkeit zu sehr zu verringern, aber er merkte bald, dass er am Autotelefon unmöglich alles verstehen konnte, was Ludwig an technischen Prozessen herunterspulte. Selbst wenn Ludwig das alles rechtzeitig zusammenschreiben könnte – Sebastian war nicht in der Lage, die Details Grimm kompetent zu verkaufen. Er brauchte etwas anderes, um den Orga-Chef in ihrem Gespräch zu beeindrucken.

Ludwigs Vortrag plätscherte weiter fort, während Sebastian grübelte, was er Grimm bloß vorsetzen sollte. Sturm hatte ihm mit Sicherheit erzählt, dass er den unfähigen Filialen nicht traute. Ludwig dagegen schien nach dem Gespräch mit dem Berliner Filialleiter gar keine Zweifel zu haben, dass die Daten richtig waren.

»Was ist eigentlich«, fragte er nachdenklich, als Ludwig allmählich verstummte, »wenn Sturm doch recht hat und die Zahlen immer noch nicht stimmen, weil die Filialen wirklich herummauscheln?«

Ludwig hatte eine Antwort. »Sebastian, ist das wirklich unser Problem? Ich meine, wir sind ja nicht die interne Revision. Sollen die doch untersuchen, ob in den Filialen alles mit rechten Dingen zugeht. Wir müssen doch davon ausgehen, dass alle Daten ordnungsgemäß zusammengestellt wurden und alle Prozesse so durchgeführt werden, wie wir es aufgenommen haben. Und dann können wir zeigen, dass sich die Filialen unter diesen Bedingungen nicht rechnen. Wenn außerdem noch Täuschungen dazu kommen, dann können die Filialen ja nur noch unrentabler sein. Denn kein Mensch würde ja vorgeben, zu wenig Leistung zu erbringen. Nein wirklich, lass das andere die Revision machen.«

Sebastian kaute an seiner Unterlippe. Er fuhr an Freising-Süd vorbei – in zwei Minuten kam die Flughafenausfahrt. Viel Zeit blieb ihm nicht mehr, wenn Ludwig noch etwas für das Gespräch mit Grimm ausarbeiten sollte. »Wie lange würden die denn für so einen Filialcheck wohl brauchen?« fragte er schließlich.

»Keine Ahnung«, antwortete Ludwig. »Aber ich kann ja mal mit dem Revisionsleiter sprechen.«

Das ist eigentlich gar keine so dumme Idee, dachte Sebastian. »Ja, genau, mach das«, sagte er. »Und wenn du dann herausgefunden hast, wie lange so ein Filialeinsatz dauern würde, schreibst du die einzelnen Schritte bis zur Filialschließung fein säuberlich auf eine Folie und malst mir einen groben Zeitrahmen dran.«

Er sah auf die Uhr. Es war kurz nach halb elf. Zwei Stunden mussten reichen. »Und um halb eins hast du alles fertig und wartest am Fax darauf, dass ich dir aus dem Teamraum das Signal gebe. Und dann kannst du alles losschicken.«

Ludwig stöhnte nur ganz leise, aber Sebastian konnte es doch hören. Er konnte sich ein Grinsen nicht verkneifen, denn er konnte sich nur zu genau vorstellen, wie der Junior-Berater sich jetzt fühlte. Aber das kam halt davon, wenn man in diesem Job gute Ideen hatte – und sie auch noch laut sagte.

Sebastian setzte den Blinker und zog den Wagen nach rechts zur Ausfahrt. Er musste fertig werden mit seinem Gespräch. »Schön, Ludwig. Mach dich an die Arbeit. Wenn wir Grimm diesen Plan übergeben können, haben wir unsere Glaubwürdigkeit wiedergewonnen.« Er verabschiedete sich und legte auf. Bestens, dachte er und betrachtete das vorbeiziehende Flughafengelände. Jetzt sind wir auf dem richtigen Weg.

Das Hauptgebäude kam näher. Er sah die Lufthansa-Maschinen aufgereiht an den gläsernen Fingern. Als er unter der Brücke kurz vor Terminal A hindurchfuhr, rollte gerade eine Maschine über ihm in Richtung Startbahn. Er zuckte instinktiv zusammen, aber die Brücke hielt natürlich. Das muss ein gutes Omen sein, dachte Sebastian.

11:06 Uhr

Das prustende Schnarchen seines Nachbarn weckte Sebastian. Unwillig blinzelte er ein paar Mal. Zu allem Überfluss blendete ihn auch noch das gleißende Sonnenlicht, das von der schneeweißen Wolkendecke reflektiert wurde. Er zog die Fensterklappe nach unten und sah sich um.

Neben ihm saß ein kleines, unförmiges Männchen mit wirren grauen Haarresten, die mühevoll über den fast kahlen Schädel gezogen waren. Der pralle Kugelbauch hob und senkte sich regelmäßig, und mit ihm wanderte ein zerknülltes Exemplar der *Financial Times* auf und ab, fest gehalten von zwei wurstfingerigen Händen, die an vergleichsweise dünnen Ärmchen ansetzten.

Als die Stewardess ihnen mit erprobtem Werbelächeln den Reiseproviant anbot, wachte das Männchen auf. Im Korb vor ihnen lagen dicht gedrängt Minibaguettes mit Räucherlachs. Edel war sie ja, die Lufthansa, wenn auch etwas knapp bemessen. Sebastians kleiner dicker Nachbar griff gleich nach zwei Brötchen, um die knappe Größe durch die Menge auszugleichen. Sebastian beschränkte sich auf eins.

Eigentlich ist das ja eine ganz normale Woche, dachte Sebastian, während er das Baguette aus der Serviette herauspellte. Das eine Projekt ist kurz vor dem Abschluss, der Kunde ist voller Erwartung, und der Partner ist nicht zufrieden mit den Ergebnissen. Das andere Projekt fängt gerade an, der Kunde ist misstrauisch, und der Partner will ihn unbedingt beruhigen, damit der Fang auch sicher in den Hafen gebracht werden kann. Standardsituationen. Eigentlich hatte er das schon x-mal erlebt. Was es diesmal etwas anders machte, war die anstehende Partnerwahl. Er biss in sein Baguette und kaute auf dem Lachs herum. Was hatte Michael gestern gesagt? »Der wichtigste Schritt in deiner Karriere. Vielleicht der wichtigste in deinem Leben.« Das klang ziemlich dramatisch.

Aber irgendwo hatte er ja recht. Was ihm bevorstand, war der entscheidende Moment des Beraterlebens. Definitely up or out.

Und da war es natürlich schon ziemlich bitter, dass sich ausgerechnet in diesem Moment die Fehler häufen. Fehler, die auf eine charakteristische Schwäche zurückzuführen waren, die ihn im Grunde schon seine Karriere hindurch verfolgte. Michael hatte es ja gesagt. Und es stand auch in mehreren Bewertungen. »Tends to be somewhat superficial.«

»Was möchten Sie trinken?«

Die Stewardess schickte ihr Barbie-Lächeln in Sebastians Richtung. In Anbetracht der noch ausstehenden Termine entschied er sich für einen Kaffee. Er klappte den Tisch aus der Sessellehne heraus und stellte das Tässchen darauf ab. Jetzt musste er ganz systematisch vorgehen. Sich nicht auf seine Projektroutine verlassen, sondern jede Aufgabe so sorgfältig angehen, als machte er sie zum ersten Mal. Der Fragebogen zum Beispiel, der war gut dafür geeignet, die Vorsätze in die Tat umzusetzen. Am besten fing er gleich hier im Flieger damit an … Nein. Das war Unsinn. Übertriebene Hektik. Die Zeit reichte nie und nimmer, um das Ding korrekt durchzuarbeiten. Das war etwas für heute Nachmittag, nach der Präsentation in der Bank.

Er stellte die Lehne seines Sitzes nach hinten und lehnte sich entspannt zurück. Eigentlich war das eine richtige Herausforderung. Er freute sich regelrecht ein wenig darauf, Phil zu zeigen, dass auch er genau arbeiten konnte. Präzise. Analytisch korrekt. Einfach klug.

Und wenn der Erfolg dann kam, dann würde er schon dafür sorgen, dass die Meldungen richtig lanciert wurden. Viel Zeit hatte er natürlich nicht, aber bis Anfang Dezember waren es ja noch ein paar Tage. Und vorher würde die Partnergruppe sich bestimmt nicht treffen.

Wenn man alles in Ruhe betrachtet, dachte Sebastian, sind die Aussichten doch gar nicht so schlecht. Mit Birgit musste er sich wieder versöhnen, denn die brauchte er für seine PR in eigener Sache. Notfalls musste er halt ein paar Euro für einen großen Blumenstrauß investieren. Das hatte bisher immer gewirkt.

Die Stewardess räumte die Tasse und die Reste ihres kärglichen Mahles ab. Neben Sebastian schnarchte das kleine dicke Männlein lautstark unter seiner Zeitung. Die Stewardess musste es wohl irgendwie angestoßen haben, denn mit einem Mal rappelte es sich in seinem Sessel wieder auf, schnallte sich los, suchte oben im Gepäckfach nach seiner Aktentasche und nahm eine leuchtend rote Hülle heraus. Mit einem misstrauischen Blick auf Sebastian setzte es sich wieder auf seinen Platz, schnallte sich unter gemurmelten Flüchen und lauten Zisch- und Schnalzgeräuschen wieder an und vertiefte sich in seine Papiere, wobei es sorgsam darauf achtete, dass sein Nachbar nichts von ihnen erkennen konnte.

Über den Lautsprecher kam die Nachricht, dass sie zum Landeanflug auf Frankfurt ansetzten. Sebastian sah zu seinem dicken Nachbarn hinüber. Dessen Vorsichtsmaßnahmen erwiesen sich gerade als hinfällig, weil er wieder vom Schlaf überwältigt worden war und sich die Blätter auf seinem Kugelbauch ausbreiteten. Sebastians berufsmäßige Neugier war entfacht. Mit einem schrägen Blick versuchte er, unauffällig zu erspähen, worum es wohl in den Papieren ging.

Auf der Titelseite stand oben groß »Offering Memorandum«, als Verfasser war die Londoner Investmentbank Mitchell's angegeben. Darunter war zu lesen: »Project Switzerland« und dann: »Strictly confidential«. Sebastian zog die Brauen hoch. Das klang ja spannend. Er drehte sich ein wenig, um mehr vom nachfolgenden Text erkennen zu können. Das kleine dicke Männchen schnarchte vor sich hin, und mit jedem Atemzug drohte das Papier vom Kugelbauch herunterzurutschen. Sebastian musste schnell sein.

Der Text beschrieb mit merkwürdigen Decknamen und umständlichen juristischen Formulierungen die Gesellschafterstruktur einer Privatbank. Am Schluss der ersten Seite kam das Entscheidende: Eine größere Gruppe von Teilhabern wollte sich in anderen Branchen engagieren und ihre Anteile verkaufen, am liebsten an ein europäisches Bankhaus, das einen Stützpunkt in Deutschland benötigte. Problematisch war aber wohl, dass einige andere Gesellschafter noch gegen den Verkauf waren. Die Investmentbank sah jedoch eine Lösung, die –

Hier endete die erste Seite. Sebastian fluchte leise und sah sich um. Auf der rechten Seite der ersten Reihe saß nur ein Passagier, versunken in irgendwelchen Zahlenkolonnen. Von hinten konnte man die erste Reihe nicht einsehen. Die Stewardessen waren irgendwo unterwegs. Er konnte es wagen. Unauffällig beugte er sich nach vorne und versuchte, mit der *Financial Times*, die auf dem Platz zwischen ihm und dem Dicken lag, vorsichtig das oberste Blatt etwas zu verschieben. Während der Dicke in aller Ruhe weiter schnarchte, bewegte sich die Seite ganz langsam und rutschte ein wenig nach rechts …

»Noch etwas Süßes für Sie?«

Vor Sebastians Nase schwebte eine Schale mit Schokolade, gehalten von der plötzlich aus dem Nichts aufgetauchten Stewardess. Das Männchen schreckte hoch. Sebastian beeilte sich, in eine unauffällige Sitzhaltung zurückzurutschen, und griff nach einer der kleinen Tafeln. Der Dicke blinzelte einmal mehr, nahm sich zwei Tafeln und beeilte sich, sein Papier zu ordnen, nicht ohne seinem Nachbarn einen weiteren verkniffenen Blick zuzusenden.

Sebastian lehnte sich zurück und packte die Schokolade aus. Konnte es sein, dass es in dieser Verkaufsoffer um Großmann, Meyer & Cie. ging? »Project Switzerland« ließ eigentlich eher auf eine Schweizer Bank schließen, aber dann war ja ausdrücklich von einem Stützpunkt in Deutschland die Rede. Vielleicht war »Switzerland« eine Anspielung auf Schweizer, den Imperator? Er aß das zweite Stück und versuchte vorsichtig, zu seinem dicken Nachbarn hinüberzuschielen. Das Männchen schien nun hellwach zu sein und schrieb eifrig auf seinem Memorandum herum, nicht ohne durch seine Spinnenarme und seine Körperfülle das Papier so abzudecken, dass von keiner Seite auch nur ein Buchstabe zu erkennen gewesen wäre. Als er einen Moment lang hochsah, schaute Sebastian schnell wieder weg.

Über den Lautsprecher wurden sie aufgefordert, die Tische hochzuklappen und die Sitze wieder gerade zu stellen, weil die Landung in Frankfurt anstand. Der Dicke packte alles zusammen und steckte die Unterlagen in den Spalt zwischen seiner Körperfülle und der Sessellehne. Sebastian wurde immer unruhiger. Je mehr er darüber nachdachte, umso weniger zufällig erschienen ihm einige der Dinge, die ihm in den letzten achtundvierzig Stunden widerfahren waren. Aufzüge blieben stecken, Bankenchefs bemühten sich auffällig, ihm ihre Unterstützung in zuvor stark umstrittenen Punkten kundzutun. Die Frau, mit der er eine leidenschaftliche Beziehung begonnen hatte, wurde plötzlich auf ein weit entferntes Projekt beordert und war nicht nur kaum zu erreichen, sondern auch deutlich abweisend. Der Consultant, den er als Ersatz erhielt, rief ihn zu nachtschlafender Zeit an, um ihn auf katastrophale Fehler hinzuweisen, nur um zwei Tage später alle angeblich völlig falschen Schlüsse als goldrichtig anzupreisen. Und seine glänzende Karriere bei einer der weltweit führenden Beratungsfirmen geriet plötzlich kurz vor der entscheidenden Beförderung in eine elementare Krise …

Konnte es eigentlich sein, dass alle diese Geschehnisse zusammenhingen? Und zwar in der Weise, dass sie alle durch eine gemeinsame Absicht verbunden waren? Das könnte bedeuten ... Er schluckte. Das könnte bedeuten, dass es sich um einen groß angelegten Plan handelte, in dem er vielleicht nur eine kleine Spielfigur war. Aber was war der Plan?

Sie landeten. Sebastian schüttelte den Kopf. Irgendwie klang das alles nach einem fortgeschrittenen Fall von Paranoia. Statt sich in groß angelegte Verschwörungsgeschichten hineinzusteigern, sollte er sich lieber noch einmal mit den nächsten Terminen beschäftigen. Schließlich ging es da ganz handfest darum, drei der Chefs dieser Privatbank von der Richtigkeit ihres Konzepts zu überzeugen. Wenn ihm das gelang, war das Projekt weiterverkauft, niemand würde ihm mehr Oberflächlichkeit vorhalten, und seine Partnerwahl war sicher. Und wenn er das geschafft hatte, konnte er sich so viele Geschichten ausdenken, wie er wollte.

Die Maschine rollte langsamer, und dann sah er schon den Finger auf die Kabinentür zukommen. Der Signalton erklang, die Stewardess sagte an, dass sie die Parkposition erreicht hatten. Das dicke Männchen stand auf und holte seine Aktentasche heraus. Als er seine Unterlagen wieder einstecken wollte, rutschten ihm die Papiere aus der roten Hülle heraus. Er fluchte unwirsch und machte sich daran, die Blätter schnell wieder einzusammeln. Sebastian sah, dass in der Hülle auch eine ausgerissene Seite aus der *FAZ* war. Er meinte, die Überschrift des Nachrufs auf Kaiser zu erkennen.

Als das Männchen wieder alles eingesammelt hatte, half die Stewardess ihm in seinen Mantel. Kaum war die Tür offen, eilte es dann mit erstaunlicher Geschwindigkeit davon. Sebastian marschierte ihm hinterher. Sie kamen in die große Abflughalle des Frankfurter Flughafens und gingen nacheinander die Treppe zur Ankunftsebene hinunter, wo die Taxen warteten. Der Dicke steuerte zielstrebig auf einen großen, elegant gekleideten Herren zu, der vor dem Presseladen neben dem Ausgang wartete. Sebastian hörte, wie sie sich lautstark begrüßten. Als er an ihnen vorbei ging, versuchte er, sich den Bekannten des Dicken etwas genauer anzusehen. Er hatte graumelierte, kurze Haare, dichte Augenbrauen, merkwürdig hellblaue Augen und ein langes Gesicht mit einem auffallenden Grübchen im Kinn. Irgendwie kam er Sebastian bekannt vor.

Er musste wohl etwas zu auffällig hinübergesehen haben, denn der

Mann blickte plötzlich zu ihm zurück. Sebastian drehte sich schnell weg und beeilte sich, zu den Taxen zu kommen. Als er sein Gepäck eingeladen hatte, wandte er sich noch einmal um. Der Dicke zeigte auf die Taxen und redete auf seinen eleganten Bekannten ein. Der sah starr in Sebastians Richtung und nickte.

Er stieg schnell ein und herrschte den Taxifahrer an, er sollte losfahren. Irgendwie war ihm ausgesprochen mulmig zumute. Vielleicht litt er doch nicht unter Paranoia.

13:07 Uhr

»Tja, Herr Dr. Ritter, da haben Sie ja wirklich ein Meisterstück abgeliefert. Herr Dr. Sturm war noch immer völlig außer sich, als er hier bei mir ins Büro kam.«

Grimm saß steif in seinem großen, schwarzen Chefsessel und betrachtete mit düsterer Miene die beiden Berater, die auf der anderen Seite des riesigen Schreibtischs auf den Stühlen kauerten. Sebastian tat, wie Michael ihm geheißen hatte: Er sah schuldbewusst zu Boden und sagte nichts. Michael hatte seine Therapeutenmiene aufgesetzt – und sagte ebenfalls nichts.

Grimm fühlte sich bald bemüßigt, etwas nachzulegen. »Was mich aber wirklich fuchsteufelswild macht, das ist dieser Versuch, Ihre eigenen Schwächen auf diese billige Weise zu überdecken und uns den schwarzen Peter zuzuschieben. Herr Dr. Sturm hat in der Sitzung am Montag ja nun geradezu überdeutlich demonstriert, dass Ihre Analyse der Ostfilialen alles andere als hieb- und stichfest ist. Und Sie haben als Antwort nichts besseres zu tun, als uns Fehler und Versäumnisse zu unterstellen und mit Forderungen nach neuen Erhebungen zu kommen, die unser komplettes Rechenzentrum für ganze Tage lahm legen würde.«

Sebastian blickte zu Grimm hoch. »Für die neuen Daten benötigen wir keine Minute Rechnerleistung aus dem Rechenzentrum.«

Michael trat sofort einmal kräftig auf Sebastians Fuß und sandte noch einen bösen Blick hinterher. Aber es war schon zu spät.

»Ich habe überhaupt keine Lust, mich mit Ihnen über technische Details herumzustreiten, Herr Dr. Ritter.« Grimm stand auf und stapfte wütend durch sein Büro, die Hände hinter dem Rücken gefaltet. »Ich habe mir eine halbe Stunde lang Herrn Dr. Sturms detaillierte Erläuterungen anhören müssen, warum diese Sonderauswertung vor Weihnachten nicht machbar ist, und meine Techniker haben mir den Aufwand in unserem RZ bestätigt. Da sind Ihre besserwisserischen Kommentare ausgesprochen überflüssig.«

Er stand vor der Sitzgruppe, mit dem Rücken zu den Beratern, und sah zu dem Bild hoch, das über dem Ledersofa hing. Die beiden Berater verharrten in unbequemen Drehungen in ihren Stühlen, um ihn überhaupt sehen zu können. Grimm zeigte ihnen nur seinen Rücken und betrachtete weiter die präzise Darstellung auf dem kargen Kunstwerk. Schließlich schien er ein Einsehen zu haben und wandte sich langsam wieder um. »Wenn ein Berater dermaßen unangenehm bei qualitativ minderwertigen Leistungen ertappt wird«, sagte er, »dann erwarte ich eine sofortige, vollständige und klar dokumentierte Nachbesserung und keine zusätzlichen Anforderungen an den Kunden, die den Geschäftsbetrieb zum Kollaps führen.«

Er stand da wie ein Racheengel, vom Zorn des Herren geleitet. Und je mehr er die Rolle annahm, desto schneidender wurde seine Stimme. »Ob solche Dinge mit Ihnen, Herr Dr. Ritter, allerdings noch möglich sind, das möchte ich nachdrücklich bezweifeln. Sie haben sich mit Ihren kindischen Attacken gegen Herr Dr. Sturm eindeutig disqualifiziert.«

Sebastian wurde noch etwas kleiner in seinem Stuhl.

»Herr Grimm, wir verstehen Ihren Ärger«, sagte Michael. »Und wir haben uns deshalb gleich nach der Präsentation am Montag daran gesetzt, Ihnen eine komplette, detaillierte Dokumentation unserer Filialberechnungen aufzustellen.« Er holte einen Aktenordner neben seinem Stuhl hervor und legte ihn Grimm auf den Tisch. »Wir haben zu Beginn die Logik der Analyse in der Übersicht dargestellt und anschließend die Berechnung jeder Filiale im Einzelnen aufgeführt. Sie werden sehen, dass alle unsere Folgerungen schlüssig aus den vorliegenden Daten hervorgehen.«

Grimm war langsam wieder zum Schreibtisch gekommen, als Michael den Ordner hingelegt hatte. Er ließ sich auf seinem Sessel nieder, zeigte aber keine Anstalten, sich die Papiere anzusehen.

Michael schlug die Filiale Dresden auf. »Hier, Herr Grimm. Auch für die Ostfilialen haben wir eine komplette Dokumentation …«

»Warum fangen Sie jetzt wieder mit dieser Zahlenreiterei an?«

Grimms Stimme hatte eine unangenehme Lautstärke erreicht. »Das interessiert mich nicht, was Sie da an altem Zeug herausgesucht haben. Überarbeiten Sie Ihre Berechnungen, und dann können Sie wieder kommen.«

»Herr Grimm, wir können unsere Berechnungen nicht überarbeiten, solange wir nicht besseres Datenmaterial erhalten.« Auch Michaels Mund war jetzt schmal geworden. Er sah Grimm bewegungslos an.

»Wollen Sie jetzt auch noch anfangen? Wir können das Projekt auch einfach abbrechen, und dann geht Ihre hochgelobte Firma eben nach Hause.«

Michael schwieg einen Moment und sah Grimm durchdringend an. Dann sagte er: »Herr Grimm, welche Fehler werfen Sie uns in unserer Analyse vor?«

Grimm schaute gekonnt entnervt zur Decke. »Sie wissen genau, wovon ich rede. Sie haben gewisse Daten nicht aufgenommen, weil damit Ihr gewünschtes Ergebnis in Frage gestellt worden wäre.«

»Sie meinen also, wir haben unsere Datenauswahl manipuliert?«

»Ja. Genau das meine ich, Herr Klosters.«

»Herr Grimm, der Ihnen unterstellte Leiter der DV-Abteilung hat uns ausdrücklich bestätigt, dass die Jahresenddaten der Filialen Berlin, Leipzig und Dresden durch einen Programmfehler verfälscht worden sind. Da scheint es mir nur folgerichtig zu sein, diese Zahlen nicht in eine Prognose des zukünftigen Geschäftsaufkommens aufzunehmen.«

Grimm wurde noch eine Spur bleicher. »Ich will mit Ihnen jetzt nicht über Details streiten. Tatsache ist, dass Ihre Berechnungen für den Osten nicht aus Daten der Filialen stammen. Herr Dr. Sturm hat das mir gegenüber im Einzelnen nachgewiesen.«

Sebastian hob den Kopf und machte Anstalten, auch etwas zu sagen, wurde aber gleich durch ein Handzeichen von Michael wieder gestoppt. »Herr Grimm, diese Schwäche ist uns wohl bewusst«, fuhr er fort. »Wir haben deshalb auch schon Kontakt mit den Filialen aufgenommen, um entsprechende Daten direkt von dort zu erhalten.«

Sebastian sank noch eine Spur tiefer in seinen Stuhl. Jetzt wurde es spannend. Im Fahrstuhl hatte er Michael Ludwigs Idee zugeraunt. Michael hatte sofort verstanden, dass er damit den Vorwürfen, die von Grimm zu erwarten waren, die Spitze nehmen konnte, indem er einen eleganten Ausweg am Rechenzentrum vorbei auf den Tisch legte. Die

Frage war nur, ob Grimm erkannte, dass dieser Weg auch an Sturm vorbeiführen sollte.

»Und das soll ohne zusätzlichen Aufwand gehen?«, fragte Grimm skeptisch. Immerhin hatte er sich auf den Vorschlag eingelassen.

Michael stieß Sebastian an. Sein Einsatz. »Herr Krumme aus der Filiale Berlin hat uns bestätigt, dass er die Daten bereits vorliegen hat. Er muss sie uns nur noch zusenden.«

Grimm fuhr sich nachdenklich über sein Kinn. »Und was sagt Herr Dr. Sturm dazu?«

Sebastian erstarrte. Da war sie, die Frage, die er so gefürchtet hatte. Wieder kam unter dem Tisch ein Stoß von Michael. Er sah zu ihm hinüber. »Los« sagten Michaels Lippen stumm. Sebastians Blick wanderte zu Grimm. Es half ihm nichts. Er musste das sagen, was Michael ihm aufgetragen hatte. »Ich wollte unmittelbar nach unserem Gespräch zu Herrn Dr. Sturm gehen und mich entschuldigen. Und ihm bei dieser Gelegenheit vorschlagen, die Daten direkt in den Filialen abzufragen, um keinen zusätzlichen Aufwand zu verursachen.«

Grimm zeigte den Anflug eines spöttischen Grinsens. »Tja, dann wünsche ich Ihnen viel Vergnügen bei diesem Gang, Herr Dr. Ritter.«

Michael grinste noch deutlich breiter als der Banker. Sebastian sah auf den Boden. Er war der einzige, der diese Bemerkung nicht komisch fand.

»Gut, meine Herren«, sagte Grimm, nun eher gönnerhaft, »dann ist der Osten ja erst einmal vom Tisch, bis Sie Ihre Berechnungen überarbeitet haben. Und worüber reden wir dann gleich in Ihrer Präsentation?«

Sebastian sah wieder Michael an. Damit brauchte er Ludwigs Fleißarbeit gar nicht erst aus der Tasche zu ziehen, denn Grimm jetzt den Schließungsfahrplan unter die Nase zu halten, hätte den gerade mühsam besänftigten Streit sofort wieder neu entfacht. Na ja, dachte er, dann wandert der Plan halt erst einmal in die Akten. Irgendwann würden sie ihn schon gebrauchen können.

Michael war längst schon weiter. »Wir möchten Ihnen unser Konzept für einen mobilen Vertrieb vorführen«, verkündete er. »Dieses Konzept ist übrigens ganz unabhängig von Filialschließungen zu realisieren. Es verlangt allerdings einige Umstrukturierungen, mit denen jedoch der Marktauftritt der Bank ganz erheblich verbessert werden könnte.«

»Mmh«, brummte Grimm, das Kinn in der Hand vergraben. Dann rückte er ein wenig nach vorne. »Und was für Umstrukturierungen wären das?«

»Der Personalschwerpunkt muss aus der Bearbeitung in die Beratung verlagert werden«, sagte Michael voller Elan. »Natürlich ging das am besten bei einer Zusammenlegung des Back Offices in ein bis zwei Zentren ...« Grimms Miene verfinsterte sich wieder. Michael reagierte sofort. »Aber auch bei einem Verbleib der Bearbeitung in den einzelnen Filialen sind durch relativ einfache Ablaufänderungen deutliche Effizienzverbesserungen in der Bearbeitung möglich. Sie könnten dann dort Kapazitäten freisetzen und praktisch kostenneutral den Vertrieb verstärken.«

Grimm kratzte sich weiter am Kinn. »Aber Sie glauben doch nicht, dass wir in der Bearbeitung das geeignete Personal für eine kompetente Kundenberatung haben?«

»Sicher nur in einzelnen Fällen«, antwortete Michael und hob beschwichtigend die Hände. »Man müsste verschiedene Personalmaßnahmen miteinander verbinden, aber natürlich, da haben Sie schon recht, um einen Sozialplan käme man nicht herum.« Er machte eine kleine Pause, um Grimm die Möglichkeit zur Reaktion zu geben. Aber ihr Gegenüber schwieg. Michael legte noch etwas nach. »Damit hätten Sie natürlich die Möglichkeit, durch spätere Neueinstellungen die Personalqualität erheblich zu verbessern.«

Grimm lehnte sich zurück und sah nachdenklich über die beiden Berater hinweg. »Sicher, das klingt schon alles ganz schön«, sagte er. »Aber wie sieht das denn nun konkret in Zahlen aus? Wie viele Leute kämen in den Sozialplan, und wie viele müssten wir neu einstellen?«

Unter dem Tisch bekam Sebastian wieder das Signal. Er griff in seine Tasche und holte die Präsentationsfolien hervor. »Schauen Sie, Herr Grimm«, sagte er, während er nach der Übersicht über die Einführung neuer Abläufe im Kreditbereich suchte. Endlich hatte er sie gefunden und legte sie Grimm vor. »Hier auf der Säule links sehen Sie die heutige Personalverteilung in den Filialen. Der Block in der Mitte zeigt die Kapazitätsauswirkungen unserer einzelnen Ablaufänderungen. Und hier rechts die Säule, das wäre die verringerte Personalstärke nach der Reorganisation.«

Grimm sah mit großen Augen auf die Folie. Dann nickte er und lehnte sich wieder zurück. Wieder an Michael gewandt fragte er: »Und wie lange würde dieser Prozess dauern?«

»Das ist davon abhängig, wie schnell Sie sich mit Ihrem Betriebsrat einigen«, sagte Michael nüchtern. »Aber nehmen wir mal an, Sie würden da unserem Musterzeitplan folgen« – Sebastian kramte sofort in seinen Folien, aber Grimm winkte ab – »dann, denke ich, dass die Umstrukturierung in weiteren sechs Monaten durchzuführen ist.«

»Ich vermute, Sie würden uns dann dabei unterstützen.« Grimm schielte zu dem Partner hinüber.

Michael zeigte keinerlei Regung. Alles, was er sagte, war ein Wort.

»Gerne.«

Grimm stand auf und ging noch einmal durch sein Büro. Diesmal sah er ein, zwei Minuten aus dem Fenster, bevor er sich umdrehte und auf die Berater zuging. »Gut, meine Herren. Das klingt alles ganz sinnvoll. Ich bin gespannt auf Ihre Präsentation. Und wenn Sie es schaffen, möglichst bald eine vernünftige Berechnung für den Osten vorzulegen, dann können wir über die Weiterführung des Projektes reden.« Er sah kritisch auf Sebastian herunter. »Voraussetzung ist allerdings, dass Sie sich mit Herrn Dr. Sturm einigen, Herr Dr. Ritter.« Sebastian nickte schuldbewusst. »Herr Dr. Sturm hat es geschafft, innerhalb von kürzester Zeit ein Controlling aufzubauen, das vom gesamten Kabinett akzeptiert wird«, fuhr Grimm fort. »Er hat das uneingeschränkte Vertrauen von Herrn Dr. Schweizer. Und, wer weiß …« Er senkte den Kopf und rieb sich die Nasenspitze. Dann sah er wieder seine Zuhörer an. »Ich rechne damit, dass Herr Dr. Schweizer ihm zum Beginn des neuen Jahres einen Sitz im Kabinett anbieten wird. Soweit ich weiß, ist die Zustimmung des Beirats sicher.«

Sebastian und Michael sahen sich kurz an. Das war also der Grund für Grimms Solidarisierungsakt.

»Gut«, sagte der Banker und schaute demonstrativ auf seine Armbanduhr. »Meine Herren, wir sehen uns dann in einer halben Stunde.«

Die Berater standen auf. Grimm begleitete sie bis zu seinem Vorzimmer. Als sie sich verabschiedeten, klingelte das Telefon, und Grimms Sekretärin rief ihrem Chef zu, dass ein Mitglied des Beirats am Apparat sei. Grimm nickte und schloss seine Tür.

Draußen auf dem Korridor sah Sebastian Michael fragend an, aber der schüttelte den Kopf. »Nicht jetzt«, sagte er. »Geh jetzt zu de Guise.

Ich mache meinen Besuch bei Böttcher. Wir sehen uns gleich im Sitzungssaal.« Dann zog sich doch ein breites Lächeln über sein Gesicht. »Ist doch gut gelaufen, oder?«

Sebastian lächelte zurück und nickte.

»Aber vergiss mir den Sturm nicht.« Michaels Lächeln war zu seinem typischen unangenehmen Grinsen geworden.

Sebastian zog es vor, nicht zu reagieren. Er drehte sich um und machte sich auf zum nächsten Termin.

13:48 Uhr

Die Windböen drückten den Regen in unregelmäßigen Abständen gegen die Fensterscheiben. Dicht an dicht saßen die Tropfen auf dem Glas, und dahinter versanken die Frankfurter Bankentürme in der schmutziggrauen Watte aus Wolken, Nebel und Gischt. Oder was sonst noch in der Luft hing.

Der Banker drückte seine Stirn gegen das kalte Glas. Solange sein Besuch da gewesen war, hatte er sich noch zusammenreißen können. Aber jetzt war er weg, und damit brach bei ihm die Verzweiflung durch.

Er stöhnte laut und sah zu, wie das Glas beschlug. Dann rammte er seine Stirn gegen die Scheibe. Der Knall war viel lauter, als er gedacht hatte, und die Scheibe vibrierte spürbar. Um Gottes willen, dachte er. Am Ende zerspringt sie noch. Und wie sollte er das dann erklären?

Er ging schnell vom Fenster weg und setzte sich auf einen der Sessel. Langsam ließ er seinen Blick zu dem Bild hoch wandern, obwohl er wusste, dass es ihn heute nur ärgern würde. An einem solchen Tag sah auch das Bild grauenhaft aus. Die Farben waren falsch, zu flach, zu kalt, und bauten keinen Raum auf. Und der Mann im Pool war weder ein Schwimmer noch eine Wasserleiche, sondern einfach nur eine schlechte Illusion.

Er überlegte, ob er sich einen Cognac genehmigen sollte. Aber gleich begann ja die Präsentation … Wenn sie denn diesmal überhaupt stattfand. In diesem Haus musste man ja laufend auf Überraschungen gefasst sein.

War das eigentlich wirklich so eine Überraschung, was er da eben zu hören bekommen hatte? Eigentlich, dachte er sich, war es ja nur folgerichtig. Die Berater waren einfach nur einen Schritt weiter gegangen auf dem Weg, der sich gestern schon abgezeichnet hatte und den er ja ausdrücklich unterstützte. Den er einen Moment lang für sein eigenes Konzept gehalten hatte … einen Irrtum lang. Natürlich, die Berater verfolgten genauso ihre eigenen Interessen wie alle anderen hier in der Bank. Die Schließung der Filialen im Osten war ihnen zu heikel geworden, also wurde sie zurückgestellt. Neue Daten wollten sie nun, um belegen zu können, dass auch der Osten keine Ausnahme war, sondern dass ihr Gesamtkonzept dort ebenfalls zutraf.

Vielleicht war ihm diese Nuance bisher ja nur entgangen, aber er war doch zusammengezuckt, als er sie vorhin gehört hatte. Dabei war es ja glasklar, wenn man es einmal durchdachte: Sie hatten sich eine neue Filialstruktur überlegt, und die wollten sie jetzt umsetzen. Das war ein neues Projekt, ein neuer Auftrag, der mindestens ein halbes Jahr dauerte. Die Schließung dagegen … Aber damit sie dort nicht ihr Gesicht verloren, sollten jetzt noch neue Daten her – als Feigenblatt.

Er vergrub sein Gesicht in den Händen. Es war so sicher wie das Amen in der Kirche, dass sie über neue Daten aus den Filialen auf die Geschäfte stoßen würden. Das musste er verhindern. Bloß wie … Die einzige Möglichkeit war eigentlich eine Allianz mit Dr. Sturm. Aber wie sollte er das nun wieder hinbekommen, ohne dass er ihn endgültig als Verlierer ansah. Und Dr. Sturm würde dann sicherlich keinen Moment zögern, ihn über die Klinge springen zu lassen, wahrscheinlich unter dem Applaus all seiner reizenden Kollegen und womöglich noch mit diesem Intriganten Hohenstein im Hintergrund?

Der Banker stand auf und ging mit schleppenden Schritten durch sein Zimmer. Es sah so aus, als wäre es wieder einmal so weit. Er hatte sich ja eigentlich geschworen, nicht wieder in diese Bar zu gehen, nicht wieder einen Schnaps nach dem anderen zu kippen, bis die Zunge gelöst war und das Spiel beginnen konnte … Er schüttelte angewidert den Kopf. Nein, sagte er sich, nein, nicht schon wieder. Vor allem nicht mitten in der Woche. Wenn überhaupt, dann erst Freitagnacht. Er schlurfte weiter. Wie ein alter Mann, dachte er. Das haben sie aus mir gemacht. Diese Bank und vor allem dieser Hohenstein. Aber jetzt auch noch über diesen Kerl nachzugrübeln, würde ihn wahrscheinlich endgültig der Depression übergeben. Er sah auf seine Uhr. Fünf vor zwei. Am besten, er ging jetzt hinunter in den Sitzungsraum. Es hatte ja doch keinen Sinn im

Moment. Und vielleicht bot die Sitzung ja auch einmal eine positive Überraschung. Oder wenigstens eine kleine Inspiration.

13:57 Uhr

Als Sebastian in den Sitzungssaal kam, wartete Michael schon auf ihn. Er saß sichtlich entspannt auf einem der Stühle und schob sich einen Schokoladenkeks in den Mund. »Und?«, fragte Sebastian. »Zufrieden?« Er begann, die Präsentationsfolien auszupacken.

»Hmmmh …« Michael kaute noch. »Doch. Das war vorhin eine gelungene Vorstellung.«

»Und bei Böttcher?«

»Der konnte sich kaum halten vor Begeisterung.« Michael wischte sich den Mund ab. »Er hat sofort zugestimmt, dass die Filialschließungen nur ein kleines Element sind und das Gesamtkonzept das eigentlich Wichtige. Du hättest das ja schon gestern erwähnt, und er sei sowieso immer dafür gewesen, dass wir das umsetzen sollten.«

Sebastian nickte zufrieden. Damit war die Gefahr, dass er das Projekt verlieren könnte, wohl endgültig vom Tisch. »Schön«, sagte er. »Dann ist er ja genauso auf Linie wie de Guise. Ist doch schon erstaunlich, was die Aussicht auf die Sprecherposition so alles bewirken kann.«

Michael streckte sich genüsslich. »Ja ja. Aber zu allem nicken sie nun auch wieder nicht. « Er faltete die Hände auf dem Bauch. »Da muss man schon mit der richtigen Idee auftauchen, mein Lieber.«

Sebastian ging zum Overhead-Projektor und legte die erste Folie auf den Projektor. »Etwas höher«, sagte Michael. Sebastian verstellte den Spiegel, bis das Bild richtig stand. »Aber es bleibt noch der Sturm.«

»Ich habe ihn noch nicht erreicht«, sagte Sebastian schnell. »Er war bei Schweizer.«

»Ach so. Na ja, es war ja zu erwarten, dass wir ihn nicht vor der Präsentation zu fassen bekommen.« Er stand auf und ging an den Sitzungstischen entlang.

»Ihn hier vor dem ganzen Kabinett mit unserem Vorschlag zu konfrontieren, das bringt allerdings auch nichts«, sagte er nachdenklich. »Dann blockiert er garantiert. Die Klärung der DV-Frage musst du natürlich bringen, das ist ja die Anknüpfung an den Montag. Und dann schlägst du vor, alle weiteren Fragen zu den Ostfilialen mit ihm getrennt zu besprechen. Wenn er dann zuckt, sage ich, dass für uns das neue Gesamtkonzept für alle Filialen im Vordergrund steht. Nach den Gesprächen eben müssten da alle nicken, und dann ist auch der Imperator überzeugt.«

Sebastian machte den Projektor wieder aus. »Dann soll ich nach der Präsentation zu ihm hingehen?«

»Wenn du einen Termin bekommst«, sagte Michael. »Sonst halt morgen.« Er blieb vor den Folien stehen. »Denk dran, Sebastian. Sturm muss heute nur ruhig gestellt werden. Unser Ziel für die Präsentation heißt, das Projekt weiterzuverkaufen. Und dazu sind wir auf dem besten Wege, würde ich mal sagen.«

Sebastian schaute ihn verstohlen an. Und was das für dich heißt, ist ja wohl klar, sagte Michaels Blick.

Es klopfte. Die Berater drehten sich zur Tür und sahen Böttcher hineinkommen, in gebührendem Abstand gefolgt von seinem Wasserträger, Wahlen. Man begrüßte sich. Wahlen nickte Sebastian aufmunternd zu. Kaum hatten sich die beiden Kreditleute gesetzt, kam auch Grimm. Die Stimmung war gut, man witzelte herum. Nach ein paar Minuten stieß auch de Guise dazu. Sebastian sah auf die Uhr. Fünf nach zwei. Hoffentlich ließ der Imperator sie heute nicht wieder eine halbe Stunde warten.

Fünfzehn Minuten später war Sebastians Hoffnung schon deutlich gesunken. Das akademische Viertel war vorüber, und noch immer war vom Imperator und von Sturm nichts zu sehen. Auch die Banker wurden langsam ein wenig nervös. Das Gespräch erlahmte. Dann, um zwanzig nach zwei, klopfte es an der Tür. Frau Schumann, die erste Sekretärin des Imperators, kam in den Raum. Sie war wachsweiß im Gesicht. »Es tut mir sehr leid …«, begann sie. In der Runde wurde es still. Alle Blicke richteten sich auf die kleine, zerbrechliche Gestalt der Sekretärin, die so unsicher in diesem großen Raum stand, dass man befürchten musste, sie würde gleich umfallen.

»Auf … auf die Gattin von Herrn Dr. Schweizer ist geschossen worden.« Die Tränen schossen ihr in die Augen.

»Was?«, rief Böttcher. »Geschossen? Das gibt es doch gar nicht.«

»Ich weiß auch nicht mehr, Herr Böttcher«, schluchzte Frau Schumann. Sie griff nach einem Taschentuch und presste es gegen ihre Wangen. »Herr Dr. Schweizer ist gleich losgefahren, um nach dem Rechten zu sehen.«

»Ist Frau Schweizer verletzt?«, fragte de Guise.

Frau Schumann schüttelte den Kopf. »Glücklicherweise wohl nicht. Sie hat eben selbst angerufen. Aber ...« Sie hielt sich wieder das Taschentuch vor ihr Gesicht.

»Ist sonst jemandem etwas zugestoßen?«, hakte de Guise nach.

»Man weiß noch nichts«, sagte die Sekretärin mit zittriger Stimme. »Herr Dr. Sturm hat Herrn Dr. Schweizer begleitet.«

Die Banker schwiegen betreten. Böttcher blickte auf den Boden, de Guise kratzte sich am Kinn. Wahlen kritzelte in seinem Kalender und bemühte sich, bloß niemanden anzusehen. Grimm war weiß wie ein Handtuch und starrte Schweizers Sekretärin an, als wäre sie eine Geistererscheinung. Sebastian sah zu seinem Nachbarn. Michael fluchte lautlos vor sich hin.

Schließlich räusperte sich Frau Schumann. »Ja«, sagte sie, das Taschentuch fest in der Hand. »Ich bin vor allem heruntergekommen, um Ihnen zu sagen, dass die Sitzung verschoben werden muss. Herr Dr. Schweizer will morgen mit Ihnen einen neuen Termin für die nächste Woche vereinbaren.« Sie schnäuzte sich. »Das war es eigentlich.«

Als die Sekretärin wieder gegangen war, blieben die Sitzungsteilnehmer unbeweglich sitzen. Erst nach einigen Minuten stand Böttcher auf und meinte, ohne Schweizer und Sturm mache es wenig Sinn, jetzt irgendwelche Untersuchungsergebnisse zu besprechen, man solle doch wirklich bis zur nächsten Woche warten und die Sitzung jetzt beenden. Die anderen nickten. Böttcher verabschiedete sich und ging, de Guise folgte ihm. Als Wahlen aufstand, flüsterte Michael Sebastian zu, sie könnten jetzt eigentlich einmal den Kreditleiter aushorchen, was in der Bank los sei. Sebastian nickte, flüsterte dann aber zurück, dass er das besser alleine machen solle. Er kannte Wahlen gut genug, um zu wissen, dass er in einer Runde nie dasselbe sagte wie unter vier Augen. Michael schaute etwas pikiert, nickte dann aber.

Schnell rannte Sebastian hinter Wahlen her und verabredete das Gespräch. Michael ging an ihnen vorbei und raunte Sebastian zu, dass er ihn sofort nach dem Gespräch im Office sehen wollte.

In Wahlens Büro war der alte runde Besprechungstisch übersät mit Kreditakten. Er stöhnte einmal kurz, griff beherzt zu und manövrierte alle mit einem Schwung auf seinen Schreibtisch. Dann ließ er sich auf einem der Stühle nieder und wies Sebastian mit einer Geste den gegenüberliegenden zu.

»So, Herr Dr. Ritter. Ich habe schon gedacht, Sie kommen gar nicht mehr zu mir. Sie hetzen ja nur noch von einem Kabinettsmitglied zum anderen.«

Sebastian lächelte möglichst vielsagend.

»Aber jetzt wollen Sie also wieder etwas von mir. Dann darf ich wohl vermuten, dass Ihre Verwirrung inzwischen ein fortgeschrittenes Stadium erreicht hat.«

Sebastians Lächeln erstarrte. Wahlen war ja in einer wunderbaren Laune.

»Also, was wollen Sie wissen?«, fragte der Kreditleiter.

»Alles, was Sie mir über die Bank sagen können.«

»Das erzähle ich Ihnen doch schon seit einem halben Jahr. Haben Sie nicht richtig zugehört?«

Ich hätte ihn mehr hofieren sollen, dachte Sebastian. Jetzt will er es mir heimzahlen. »Natürlich habe ich Ihnen zugehört, Herr Wahlen. Aber in den letzten Tagen sind Dinge passiert, die unsere früheren Themen doch alle etwas nichtssagend erscheinen lassen.«

Wahlen sah ihn skeptisch an und schwieg.

»Herr Wahlen. Sie haben mir doch selber gesagt, dass jetzt die Karten neu gemischt werden. Wir haben versucht, uns darauf einen Reim zu machen. Und dann passiert diese komische Sache heute.« Er lehnte sich zu seinem Gegenüber. »Herr Wahlen, Sie sind der einzige, der noch durchschaut, was hier abgeht.«

Jetzt muss er sich einfach geschmeichelt fühlen, dachte Sebastian. Aber Wahlen sagte noch immer nichts. Vielleicht war es zu durchsichtig.

Sebastian setzte gerade wieder an, als der Kreditleiter die Hand hob. »Schon gut, Herr Dr. Ritter. Es reicht. Ich erzähl Ihnen ja etwas.« Er fuhr sich über seinen schmalen, wie mit Schuhcreme eingewichsten Schnurrbart. »Fangen wir mal mit dem kleinen Einmaleins an«, sagte er dann. »Sie wissen, wie das Kapital in dieser Bank verteilt ist?«

Sebastian schüttelte den Kopf.

Wahlen seufzte. »Das dachte ich mir.« Er lehnte sich bequem zurück und begann zu dozieren. »Kaiser hatte bei weitem den größten Anteil, wenn auch zum Teil nur treuhänderisch. Eine ganze Reihe von Gesellschaftern hatte ihm das Stimmrecht übertragen, zum Beispiel die Erben der Gründer. Wenn Sie so wollen, war er der Hauptgesellschafter dieser Bank.«

»Wie viel Prozent hat er denn gehalten?«, fragte Sebastian.

»Mit allen übertragenen Stimmrechten über 50 Prozent. Aber das ist jetzt Schnee von gestern – Kaiser ist tot, und die Bevollmächtigung galt nur für ihn persönlich. Außerdem ist seine Witwe gänzlich ungeeignet für alle geschäftlichen Tätigkeiten. Bis sie Ordnung in sein Erbe gebracht hat, wird einige Zeit vergehen. Man nannte ihn nicht umsonst Nero – die jungen Freundinnen hatte er nicht zuletzt, um den Tod aus seinem Leben zu verbannen. Und jetzt ist natürlich nichts vorbereitet.«

Sebastian nickte wieder. »Also sind die Gesellschafter jetzt führungslos?«, fragte er. »Aber es muss doch ein neuer Beiratsvorsitzender gewählt werden.«

Wahlen ließ sich noch tiefer in seinen Stuhl rutschen und hob theatralisch die Arme. »Der neue Beiratsvorsitzende. Tja, Herr Doktor, das mag wohl so sein, aber was meinen Sie denn, wann der gewählt werden muss?«

»Bei der Gesellschafterversammlung, vermute ich«, sagte Sebastian und merkte, dass er unwirsch klang. Wahlens Oberlehrermanier ging ihm langsam auf die Nerven.

Der Kreditleiter schien Sebastians Ärger zu genießen. »Ja, ja«, sagte er spöttisch. »Das ist das, was man so in Lehrbüchern liest. Aber die ordentliche Gesellschafterversammlung ist nächstes Jahr im Juni. Und wenn es keine außerordentliche gibt, was passiert dann bis dahin, Herr Dr. Ritter?«

»Dann macht es der bisherige Stellvertreter, vermute ich.«

»Richtig«, sagte Wahlen und klatschte in die Hände. »Und wer ist das wohl?«

»Ich weiß es nicht, Herr Wahlen«, sagte Sebastian leise.

»Ach, nun kommen Sie, Herr Dr. Ritter. Ich dachte immer, ein Berater müsste auch etwas von einem Detektiv haben.«

»Ein Detektiv braucht eine Spur.«

»Ach, und die haben Sie nicht?« Wahlens Grinsen erinnerte Sebastian allmählich an einen Mafioso. »Na, dann raten Sie doch mal.«

»Sagen Sie es mir bitte«, flüsterte Sebastian.

»Also gut«, meinte Wahlen gönnerhaft. »Es ist ein gänzlich unbedarfter Erbe aus der Familie Meyer. Nero mochte keine starken Männer neben sich. Nur Schweizer hat er akzeptiert – die beiden waren ja alte Saufkumpane. Was meinen Sie, was noch vor ein paar Wochen in Schweizers Villa auf Mallorca alles abgelaufen ist …«

Sebastian sah ihn verständnislos an.

»Habe ich Sie jetzt verwirrt, Herr Doktor?«

»Ich verstehe nicht, worauf Sie hinauswollen, Herr Wahlen.«

Wahlen legte die Fingerspitzen an seine Lippen. »Sagt Ihnen der Name Hohenstein etwas?«

Sebastian überlegte. Hohenstein … den Namen hatte er schon einmal gehört. Aber wo …

»Hubertus von Hohenstein ist der Vorsitzende …«

»Jetzt weiß ich es wieder«, fuhr ihm Sebastian dazwischen. »Böttcher hat ihn gestern erwähnt. Er hatte einen Termin mit ihm.«

Wahlen zog die Augenbrauen hoch. »So, Böttcher. Das ist ja interessant.«

»Er hat ihn allerdings gerade absagen lassen, als ich da war. Wegen der Präsentation heute.«

»Na ja«, sagte Wahlen mit einem wissenden Grinsen. »Da dürfte auch noch anderes dahinter gesteckt haben.«

»Wie meinen Sie …«

»Böttcher hat Hohenstein vor Jahren in den Aufsichtsrat bugsiert. Vermutlich hat er das seitdem mehr als einmal bereut.«

»Was? Können Sie das vielleicht einmal der Reihe nach erzählen …«

»Also«, sagte Wahlen. »Fangen wir wieder ganz von vorne an. Böttcher ist Kaisers Patensohn, das wussten Sie, oder?«

»Was? Patensohn? Ich dachte, das wäre hier eine Bank.«

Wahlen lachte kurz, aber heftig. »Das ist eine Privatbank, Herr Dr. Ritter. Privatbanken gehören Familien. Kaiser war der Cousin von Großmann, dem einen der beiden Gründer. Und Böttcher ist der Sohn einer Jugendfreundin von Kaiser. Glauben Sie, Böttcher wäre sonst Bankdirektor geworden?« Er lachte wieder, wenn es diesmal auch mehr wie ein Bellen klang. »Als Böttcher dann ein paar Jahre dabei war, hat er Hohenstein kennen gelernt. Der war damals noch Wirtschaftsprüfer und wollte sich gerade als Steuerberater selbständig machen. Die beiden haben sich prächtig verstanden. Sie wissen schon … Man hatte denselben Geschmack, dieselben teuren Hobbys und nicht zuletzt zwei

Frauen, die gern gemeinsam Geld ausgaben. Hohenstein hat als Student sein Geld als Autoverkäufer verdient. Wahrscheinlich können Sie sich vorstellen, was er für ein Typ ist«, sagte er und zog einmal die Nase hoch. »Jedenfalls hat der gute Jochen seinen Patenonkel Nero überredet, dem lieben Hohenstein doch erst ein paar Anteile zu verkaufen und ihn dann später in den Aufsichtsrat der Bank zu wählen. Bloß – kaum war er drin, war er schon alles andere als lieb. Er hat nämlich versucht, seinen Kumpel Böttcher zum Aufstand gegen den großen Dr. Schweizer zu überreden. Böttcher ist auch zu seinem Patenonkel gegangen, aber dann hat er doch kalte Füße gekriegt.«

Sebastian folgte Wahlens Erzählungen mit offenem Mund. »Und dann?«, fragte er.

»Dann gab es einen riesigen Krach. Böttcher blieb nur bei der Bank, weil sein Patenonkel Hauptgesellschafter war, aber seine Ambitionen, einmal Schweizers Nachfolger zu werden, konnte er sich an den Hut stecken.«

»Und Hohenstein?«

»Kaiser hat natürlich versucht, ihn loszuwerden, aber es war schon zu spät. Er hatte sich bei der Steuerberater-Fraktion der Gesellschafter festgesetzt wie ein Parasit. Nur dass sie ihn heiß und innig liebten – weil er ihnen goldene Nasen versprach, wenn er einmal das Sagen in der Bank hätte.«

»Wann war das?«

»Vor drei Jahren.«

»Und jetzt reden Böttcher und Hohenstein nicht mehr miteinander?«

Wahlen zuckte mit den Achseln. »Einige Zeit haben sie es mit Sicherheit nicht getan. Aber seit de Guise da ist …«

»Wie kommt der jetzt ins Bild?«

»De Guise und Hohenstein haben schon in de Guises früherer Bank miteinander Geschäfte gemacht«, erzählte Wahlen weiter. »Und Hohenstein hat de Guise ins Spiel gebracht, als ein neues Kabinettsmitglied für den Wertpapierbereich gesucht wurde.«

»Ich dachte, Hohenstein kam bei Kaiser nicht mehr durch die Tür?«

»Er hat es natürlich etwas geschickter eingefädelt, über Mittelsleute. Und de Guise war sehr überzeugend. Französischer Charme, wenn Sie wissen, was ich meine. Die Beziehung zu Hohenstein kam erst heraus, als er schon im Kabinett war.«

Sebastian atmete tief durch und ließ sich in seinem Stuhl sinken. »Also wenn ich das richtig verstehe, dann wird dieser Hohenstein nach dem Tod Kaisers darauf aus sein, den Beiratsvorsitz für sich zu reklamieren, und de Guise wird dann der nächste Sprecher der Bank.«

Wahlen rieb sich über den Schnäuzer und kniff ein Auge zu. »Richtig«, sagte er. »Und doch falsch.«

»Wieso das jetzt?«

»Es gibt Anzeichen dafür, dass Böttcher sich wieder mit Hohenstein versöhnt hat, und dass Hohenstein andererseits de Guise doch nicht so furchtbar viel zutraut. Aber dass Hohenstein Beiratsvorsitzender werden will, das könnte schon stimmen.«

»Also wird er versuchen, eine außerordentliche Gesellschafterversammlung einzuberufen?«

Wahlen nickte. »Genau«, sagte er. »Und zwar mit Ihrer Hilfe.«

Sebastian zog die Brauen zusammen. »Was?«, fragte er ungläubig.

»Herr Dr. Ritter, wie naiv sind Sie eigentlich? Allmählich müsste Ihnen doch klar geworden sein, dass Sie und Ihre vornehme Firma auch nur Instrumente in einem sehr viel größeren Spiel sind.«

Sebastian schwieg. Die Erinnerung an sein Erlebnis im Flugzeug kehrte zurück.

»Hohenstein wird Ihr Reorganisationspaket als Anlass dafür nehmen wollen, die außerordentliche Gesellschafterversammlung einzuberufen«, sagte Wahlen in einem Ton, der keinen Zweifel zuließ. »Er weiß genau, dass er allein mit dem Tagesordnungspunkt ›Wahl eines neuen Beiratsvorsitzenden‹ auf verlorenem Posten steht. Kaiser ist halt nicht mehr, und die führungslosen Gesellschafter werden sich jetzt erst einmal an Schweizer halten. Es sind ja nur so etwa dreißig, und der ganze Haufen ist unglaublich zerstritten. Aber wenn auf einmal dunkle Zeiten angekündigt werden und sich keiner mehr auskennt, dann vertraut man gerne einem erprobten Haudegen. Wenn Hohenstein in dieser Situation wirklich die Mehrheit hinter sich bringen will, dann muss er mehr bieten als nur seinen Willen zur Macht.«

Die Mehrheit könnte er ja auch anders kriegen, dachte Sebastian. »Und was, wenn er die Bank nicht reorganisieren, sondern verkaufen will?«, fragte er langsam.

Wahlen war sichtlich überrascht von dieser Variante. Er schwieg einige Sekunden, bevor er zurückfragte: »Wie kommen Sie denn darauf?«

Sebastian zuckte mit den Schultern. »Nur eine weitere Möglichkeit.«

»Das ginge den meisten Gesellschaftern zu weit, glaube ich«, sagte Wahlen und schüttelte den Kopf. »Diese Henne hat schließlich all die Jahre ziemlich goldene Eier gelegt, die gibt man nicht so schnell aus der Hand. Eine Reorganisation dürfte jetzt eher ziehen, wo das Edelmetall etwas blechern wird.«

»Dann hätten wir aber doch ganz gute Karten für unser Programm«, sagte Sebastian und versuchte, optimistisch zu klingen.

Wahlen kuschelte sich geradezu in seinen Stuhl. »Sie haben eins vergessen«, sagte er triumphierend. »Es gibt auch noch Dr. Sturm.«

»Sie meinen, der spielt eine so große Rolle?«, fragte Sebastian zurück.

»Sie können ihn nicht ausstehen, das beeinträchtigt das Urteilsvermögen, Herr Dr. Ritter. Kein kluger strategischer Zug, wenn ich das einmal anmerken darf.«

Nicht einmal ignorieren, dachte Sebastian. Wahlen hatte sich so gut in Fahrt geredet, da durfte man ihn nicht mehr irritieren.

»Böttcher und de Guise sind mit Grabenkämpfen beschäftigt und neutralisieren sich gegenseitig. Schweizer hat das durchschaut. Deshalb baut er Sturm als seinen Nachfolger auf. Das weiß der ganz genau. Und er hätte Sie gerne benutzt, um dabei voranzukommen.«

»Und? Warum hat er es nicht getan?«

Wahlen lehnte sich weit über den Tisch. »Er hat es versucht, Herr Dr. Ritter«, sagte er leise. »Aber Sie waren zu starrköpfig. Sie wollten sich nicht unterordnen.« Er sah Sebastian in die Augen. »Sturm ist klug, sehr genau und äußerst machtbewusst. Das hätte Ihnen klar sein müssen. Aber Sie mussten auf Ihrer Position bestehen, und jetzt haben Sie Sturm gegen sich. Natürlich will er Ihr Programm durchziehen, aber unter seinem Namen. Dann hat er Schweizer und den Beirat auf seiner Seite. Böttcher und de Guise hält er hin, bis die beiden sich endgültig die Köpfe eingeschlagen haben. Daran werden Sie dann schuld sein – und Sturm ist der Gewinner.«

Sebastian schluckte. Nicht schlecht, was der kleine Kreditstratege sich da ausgedacht hatte. Vielleicht gelang es ihm ja sogar, noch ein bisschen mehr aus ihm herauslocken. »Was können wir denn tun, damit der Plan nicht funktioniert?«, fragte er unschuldig.

Wahlen fuhr sich langsam über das Kinn. »Diese Präsentationsverschiebung heute, das war das letzte Steinchen, das mir noch fehlte im

Mosaik.« Er sah verschwörerisch zu Sebastian. »Sturm ist mit Schweizer mitgefahren, das ist so etwas wie der Ritterschlag. Nur der Anlass für diese Verschiebung, der macht mir Sorgen. So etwas ist selbst in dieser Bank noch nicht vorgekommen. Schüsse auf die Ehefrau, das sind Mafiamethoden.« Er machte eine Pause und betrachtete den Berater prüfend. Mit einem Mal griff er nach dem Arm seines Gegenübers. Sebastian zuckte erschrocken zusammen.

»Machen wir uns nichts vor, Herr Dr. Ritter. Ganz egal, was da sonst noch läuft – entscheidend ist das Verhältnis von Schweizer und Sturm. Er ist sich Schweizers Unterstützung sicher. Und damit haben Sie so gut wie verloren. Ich weiß jedenfalls nicht, was Sie noch machen können.«

Er drückte genau auf die Stelle, die Michael gestern morgen im Griff hatte. Sebastian verzog das Gesicht. »Es sei denn, Herr Dr. Ritter, Sie kriechen bei Herrn Dr. Sturm zu Kreuze.«

Endlich ließ Wahlen los. Sebastian fuhr sich über den Arm.

»Ich meine es gut mit Ihnen, Herr Dr. Ritter. Und ich will nicht, dass diese Bank im Ränkegewirr untergeht. Nehmen Sie meinen Rat ernst.«

Sebastian sah lange auf den Boden und schwieg. Dann nickte er, stand auf und bedankte sich. Es war Zeit, ins Büro zu gehen.

15:46 Uhr

Wütend warf der Banker den Hörer auf den Apparat. Seit bald einer Stunde versuchte er jetzt, Hohenstein zu erreichen, und auf keiner seiner vielen Nummern bekam er eine Antwort. Nicht einmal das Sekretariat war besetzt. Überall liefen nur irgendwelche nichtssagende Tonbandtexte. Vielleicht war er ja schon auf der Flucht, in irgendein exotisches Land. Wie es Kriminelle eben so machen, wenn es ihnen zu heiß wird.

Er schlug mit beiden Händen auf den Tisch. Es war einfach unglaublich. Auf die Gattin des Imperator zu schießen! Als die kleine alte Hexe aus Schweizers Vorzimmer die Nachricht überbrachte, hatte er sofort gewusst, dass nur Hohenstein hinter solch einer Ungeheuerlichkeit stecken konnte. Wer sonst konnte so skrupellos sein, die geheiligte Burg des Imperators zu entweihen? Sein Zuhause, vor dem er jeden Geschäftskontakt gewissenhaft fernhielt? Gerade, dass Irmgard Schweizer noch ab und zu mitkam zu Veranstaltungen, bei denen es sich absolut nicht vermeiden ließ, ansonsten hütete sie das Haus und wachte über die Ehen der beiden Kinder. Und Schweizer ließ keine Gelegenheit aus, die innige Nähe zu seiner lebenslangen Gefährtin zu demonstrieren. Dass das mit Vorsicht zu genießen war, wusste der Banker allerdings erst, seit er eines Abends zufällig mit einer Dame ins Gespräch gekommen war, die sich nach ein paar Gläsern Champagner als kürzlich abgelegte Geliebte des Imperators outete.

Egal, dachte der Banker bitter. Er wünschte, er könnte über seine Frau so reden, wie Schweizer das über seine Irmgard tat. Seine Frau würde jeden Killer verführen, bevor er überhaupt die Waffe zücken könnte. Aber dennoch, trotz aller Differenzen, auch ihn hätte es ziemlich aus der Bahn geworfen, wenn er heute Nachmittag solch eine Nachricht erhalten hätte ... Er schlug noch einmal mit der Faust auf den Tisch. Schüsse, das war einfach zuviel. Das waren keine verdeckten Operationen mehr, die notwendig waren, um die wahnwitzige Steuerlast auf ein angemessenes Niveau zu reduzieren. Das war ein Gewaltverbrechen. Und mit so etwas wollte er nichts zu tun haben.

Es klopfte an seiner Tür. »Ja«, sagte er mechanisch. Seine Sekretärin steckte den Kopf hinein. »Herr Direktor ...«

»Ja? Was ist denn?«

»Herr Direktor, ich wollte nur fragen, ob alles in Ordnung ist.«

»In Ordnung? Was soll mit mir nicht in Ordnung sein?«

»Na ja, es hat mehrfach so laut geknallt, seit Sie wieder im Büro sind ...«

Da stand sie in der Tür, eine schmale, fast knabenhafte Person, ganz beherrscht von ihren großen, sorgenvollen Augen. Er musste lächeln. Es war schon rührend, wie sie sich um ihn kümmerte.

»Keine Angst. Ich habe mich nur etwas aufgeregt. Aber ... es hat sich schon wieder alles beruhigt.«

Sie sah auf den Boden. »Es ist wegen des Anschlags auf Frau Schweizer, nicht wahr?«

»Sie haben schon davon gehört?«

»Das hat sich wie ein Lauffeuer in der Bank verbreitet.«

Der Banker seufzte resigniert. Das war ja klar. »Und?«, fragte er. »Was halten Sie von der ganzen Geschichte?«

Sie zuckte mit den Achseln. »Ich kann mir das nicht so recht vorstellen, dass jemand auf die Frau von einem Bankenchef schießt, den kein Mensch kennt. Und dann auch noch so, dass sie nicht einmal verletzt ist.«

Da hatte sie eigentlich Recht, dachte der Banker. »Vielleicht war es ja ein schlechter Schütze«, sagte er trotzdem.

»Und wer soll den dann beauftragt haben?«

»Es könnte ja ein persönlicher Racheakt sein.«

»Ja, schon«, sagte sie. »Aber in den Kreisen macht man das doch nicht per Pistole, oder?«

»Hm.« Sie hatte Recht. »Was glauben Sie denn, was es war?«

Sie kam ein paar Schritte auf ihn zu. »Also, ich sehe zwei Möglichkeiten. Entweder, Frau Schweizer hat sich das nur eingebildet …«

»Meinen Sie?«, fragte er skeptisch. »Die Frau ist Ende Fünfzig, die hat noch Erinnerungen an den Krieg. Die weiß doch, wie ein Schuss klingt.«

»Und wenn ein Auspuff gleich neben ihr explodiert ist? Von einem alten Käfer?«

Er schüttelte den Kopf. »Nein. Das ist mir zu weit hergeholt.«

»Na gut«, sagte die Sekretärin. »Dann nehmen wir Möglichkeit zwei. Könnte es nicht sein, dass jemand Frau Schweizer einen Schock versetzen wollte, damit ihr Mann zu ihr nach Hause kommt?«

Der Banker zuckte zusammen. Daran hatte er noch überhaupt nicht gedacht. Obwohl es doch so eindeutig war wie nur irgendetwas. Hohenstein hatte Schweizer weggelockt, um die Präsentation zu stoppen.

»Was halten Sie davon?«

Und warum wollte Hohenstein die Präsentation stoppen? Weil er verhindern wollte, dass ein anderes Thema die Filialschließungen verdrängte? Oder weil er Zeit gewinnen wollte? Zeit wofür?

»Herr Direktor?« Sie stand direkt vor ihm und beugte sich zu ihm hinab. Er roch das süßliche Parfüm, dass ihm aus ihrem Ausschnitt entgegenströmte, und wich zurück. So nah wollte er diese Frau nicht an sich heranlassen.

Das Telefon klingelte. Erleichtert sah er zum Apparat und griff nach dem Hörer. Manchmal konnten Störungen doch auch sehr hilfreich sein. »Ja?«

»Ich bin es.«

Der Banker erstarrte. Hohenstein. Er wagte es wirklich, ihn anzurufen.

»Sie …«

»Ich hatte doch gesagt, dass ich Sie anrufen würde.«

Der Banker hielt die Hand vor den Hörer. »Würden Sie mich bitte alleine lassen?«, sagte er zu der Sekretärin. Sie sah ihn an und lächelte bitter. Dann drehte sie sich um und ging.

Als sie die Tür geschlossen hatte, legte der Banker los. »Jetzt hören Sie mal zu. Meinen Sie, dass ich mich mit so einem gemeinen Kriminellen wie Ihnen überhaupt noch einlasse?«

Zunächst herrschte Stille in der Leitung. Dann fragte der andere: »Sind Sie übergeschnappt?«

»Übergeschnappt? Wenn hier einer übergeschnappt ist, dann Sie!«

»Wovon reden Sie überhaupt?«

»Wovon ich rede?«, schrie er in den Hörer. »Na, von den Schüssen auf Frau Schweizer natürlich.«

»Schüsse? Was für Schüsse?«

Er zwang sich, ruhig zu sprechen. »Jetzt hören Sie schon auf, Hohenstein. Vor zwei Stunden ist auf die Gattin von Herrn Dr. Schweizer geschossen worden. Und dahinter steckt niemand anderes als Sie.«

Es dauerte einen kleinen Moment, dann fing Hohenstein lauthals an zu lachen.

»Hohenstein!«, brüllte der Banker ins Telefon. »Hören Sie auf mit diesem Blödsinn!«

Der andere gluckste noch ein paar Sekunden. »Und das glauben Sie?«

»Jetzt kommen Sie mir nicht an mit irgendwelchen explodierenden Auspuffen.«

»Was? Ach so. Nein, nein. Trotzdem, jede Wette, dass keine Spur von irgendwelchen Schüssen gefunden wird.«

»Wie meinen Sie das?«

»Kennen Sie Schweizers Frau?«

»Nur von zwei oder drei Empfängen. Und Sie?«

»Ich habe x-mal erlebt, wie sie sich die Birne zugekippt hat, bis sie nicht mehr richtig stehen konnte, und dann anfing, ihren Alten zu beschimpfen. Meinen Sie, es ist ein Zufall, dass Schweizer sie nirgendwohin mehr mitnimmt?«

»Ja … und?«

»Und? Wahrscheinlich war sie wieder blau. Und wollte den Alten bei sich haben, um ihm mal wieder die Meinung zu sagen.«

»Und dafür erfindet sie Schüsse?«

»Vermutlich haben die Sekretärinnen sie nicht durchgestellt, und dann musste sie halt etwas heftiger werden. Er hat dann doch bestimmt die Präsentation geschmissen und ist brav zu ihr gefahren, oder?«

»Ja … mit Herrn Dr. Sturm.«

Hohenstein fing wieder an, lauthals zu lachen. »Der alte Gauner … Alleine traut er sich schon nicht mehr nach Hause, jetzt kommt er schon mit Geleitschutz. Na ja, dieser Sturm sieht ja nicht so schlecht aus, vielleicht besänftigt das die gute Irmgard ja wieder.«

Der Banker schwieg. So recht wollte er Hohenstein die Geschichte nicht abnehmen. »Ach ja …«, sinnierte der andere. »Was man in dieser Bank so alles erlebt.« Plötzlich änderte sich seine Stimme. »Sie glauben mir nicht, was?«

»Nein.«

»Na ja«, sagte der andere, und es klang wieder einmal etwas verächtlich, »dass Ihnen so etwas fremd ist, wundert mich nicht. Aber dann fragen Sie doch mal ein paar von Ihren Kollegen. Sie werden schon sehen, dass ich Recht habe.«

Das glaube ich dir nicht, das lügst du mir vor, dachte der Banker. Aber warum machst du das? »Was wollten Sie eigentlich von mir?«

»Was? Ach so. Ich wollte nur wissen, wie die Präsentation gelaufen ist.«

Die Präsentation, natürlich. Und Plan B hatte er völlig vergessen, selbstverständlich. Aber war das nicht zu erwarten gewesen, bei einem Typ wie Hohenstein? »Tja. Darauf müssen Sie jetzt wohl noch etwas warten.«

Der andere schnaubte höhnisch. »Warten. Das können Sie machen. Ich habe schon lange gehandelt.«

So ein Angeber. »Dann haben Sie ja hoffentlich auch das Richtige gemacht«, sagte der Banker und versuchte, Verachtung in seine Stimme zu legen. »Die Berater wollen neue Daten in den Filialen erheben.«

»Ja, ja. Das weiß ich schon lange. Keine Angst, dagegen ist schon etwas unternommen.«

»Sie können mir viel erzählen.«

Er schnaubte wieder, aber diesmal klang es eindeutig wütend. »Jetzt hören Sie mir mal gut zu, Sie Klugscheißer. Wenn hier einer in den letzten Tagen viel erzählt und wenig getan hat, dann waren Sie das ja wohl.«

Der Banker war selbst überrascht, wie wenig es ihm ausmachte, dass dieser Kretin wieder anfing, ihn zu beleidigen. Er glaubte ihm nicht, das war der Grund. Er wusste, dass der Mann am anderen Ende der Leitung nichts von dem meinte, was er sagte, und dass er in Wahrheit nichts anderes als ein gemeiner Krimineller war. Und das war ein Sachverhalt, der jede weitere Zusammenarbeit verbot. »Hören Sie auf, Hohenstein«, sagte er kalt. »Sie können mich nicht mehr beeindrucken. Das heute war ein Schritt zu weit. Ich lege jetzt auf, und dann gehe ich zu Schweizer und sage ihm, dass Sie auf seine Frau geschossen haben.«

Es dauerte einen Moment, dann fing der andere wieder an, schallend zu lachen. Leg auf, jetzt sofort, sagte sich der Banker, doch dann, als sein Arm schon zuckte, besann er sich eines Besseren. »Schön, dass Sie das so lustig finden. Ich glaube nicht, dass Schweizer Ihren Humor teilen wird, wenn ich ihm auch noch von Neros Tod erzähle.«

Das Lachen brach ab. »Ich mache Sie fertig, Sie Wicht«, zischte Hohenstein, »wenn Sie auch nur an Schweizers Tür klopfen. Ich habe alle Beweise ...«

Der Banker war jetzt wirklich ganz kaltblütig. »Ja ja. Aber ob Sie sich Ihres Siegs dann freuen können, wenn Sie in der Zelle sitzen ...«

Erst kam nur Schweigen aus der Telefonleitung, dann ein Satz, der so ganz anders klang als das, was bisher zu hören gewesen war. »Jetzt hören Sie auf mit dem Quatsch.«

Der Banker horchte auf. Sollte der andere tatsächlich nervös werden? Hohenstein redete weiter. »Kommen Sie lieber mal wieder auf den Teppich zurück.«

Er war im Vorteil, ganz eindeutig! Sein stolzer Partner zog den Schwanz ein. Jetzt war er es, der anfing zu lachen ...

»Hören Sie auf!«

Er lachte einfach weiter.

»Also gut, Sie haben gewonnen«, sagte Hohenstein, und es klang nach Resignation. »Ich schicke Ihnen Plan B.«

Das Lachen blieb ihm im Hals stecken. »Was?«, frage er verdutzt.

»Nun kommen Sie schon«, sagte der andere, »das wollten Sie doch die ganze Zeit.«

Plan B. Jetzt war Hohenstein wirklich bereit, ihm das Papier zu schicken! »Was schicken Sie mir? Und wann?«

»Ich faxe Ihnen fünf Seiten zu. Morgen früh.«

»Morgen?«, fragte er und war plötzlich wieder enttäuscht. »Warum erst morgen?«

»Weil noch nicht alles fertig ist. Wann kommt Ihre Sekretärin ins Büro?«

»So gegen halb neun.«

»Gut. Dann seien Sie morgen um halb acht da.« Es klickte in der Leitung.

Verwirrt legte der Banker den Hörer zurück. Was für ein abruptes Ende. Aber einen Moment des Triumphs musste er sich doch gönnen. Ich habe es geschafft, dachte er. Ich habe ihn nervös gemacht. Lächelnd lehnte er sich in seinem Sessel zurück. Aber, sagte er sich dann, aber gerade deswegen ist es klar, dass die Geschichte mit Frau Schweizer gelogen war. Und Plan B ... Er schüttelte den Kopf. So recht wollte er auch das nicht glauben. War Hohenstein wirklich in einer Extremsituation, jetzt, wo es um alles oder nichts ging? Es war nicht abzustreiten, er brauchte einen Verbündeten, um die Macht an sich zu reißen, und zu wem sollte er gehen außer ihm ... Aber dieser Mann war doch ein Krimineller, das wusste er doch nun ... War er es wirklich? Er kratzte sich am Kinn. So richtig wusste er nicht mehr, was wirklich war. Das Beste war, zu warten, was morgen passieren würde.

18:24 Uhr

Sebastian starrte auf das weiße Papier. Seit mindestens fünfzehn Minuten versuchte er, eine sinnvolle Schlussfrage für seinen Fragebogen zu formulieren, aber alles, was ihm einfiel, erschien ihm entweder zu trivial oder zu erklärungsbedürftig. Vielleicht lag es ja auch an den anderen Gedanken, die in diesem Kopf hartnäckig herumgeisterten und den sicherlich wichtigen, Sebastian aber doch recht fernen Wertmanagement-Fragebogen immer wieder in den Hintergrund drängten.

Nach dem Gespräch mit Wahlen war er ziemlich verwirrt ins Office gekommen. Leider war der Versuch, sich erst einmal in ein leeres Büro zu schleichen und die Gedanken zu ordnen, schmählich gescheitert. Er war Michael Klosters gleich an der Rezeption in die Arme gelaufen, und Michael hatte ihn – wieder einmal – regelrecht durch die Gänge gezerrt und dann auf den Stuhl vor seinen Schreibtisch platziert.

»So«, hatte er gesagt. »Jetzt erzähl.«

Und das hatte Sebastian dann getan. Michael hatte lange Zeit nichts gesagt und genickt, bis er schließlich bei Wahlens dramatischem Ratschlag angekommen war. Da hatte er nur noch tief geseufzt. Und nach einer Weile dann auch gesprochen. »Ich wusste schon immer, dass dieser Wahlen zum Schwafeln neigt.«

»Ja, gut, da hast du ja Recht. Aber meinst du nicht, dass er die Sache insgesamt doch richtig einschätzt?«

Michael legte die Stirn in Falten und begann, unter den Papierbergen nach seiner Zigarillokiste zu suchen. »Na ja, was hat er denn inhaltlich groß Neues gesagt? Gut, diese ganzen Hintergrunddetails kannten wir nicht, aber dass es in einer Bank vor Intrigen nur so wimmelt, gerade in der Chefetage und in einer Privatbank natürlich noch umso mehr …« Auch unter dem letzten Stapel war keine Kiste. Michael kratzte sich am Kopf.

»Aber die Geschichte mit diesem Hohenstein, das ist doch schon ganz schöner Sprengstoff.«

»Ach, Sprengstoff.« Michael hatte fürs erste aufgegeben und lehnte sich nun ohne Zigarillo in seinem Sessel zurück. »Um ehrlich zu sein, mich interessiert das alles nicht so fürchterlich. So schnell ändert sich erfahrungsgemäß nichts in den Führungsriegen einer Bank.« Er rollte zurück, schob mit dem linken Fuß ein paar Papiere beiseite und streckte die Beine dann genüsslich auf die Tischplatte.

Sebastian sah ihm missbilligend zu. »Ich versteh dich nicht«, sagte er. »Unsere Präsentation wird im letzten Moment abgeblasen, und zwar wegen Schießereien – Schießereien, das muss man sich mal vorstellen –, wir hören etwas von geheimnisvollen Machtkämpfen beim Kunden, ich soll mir die Nase blutig schlagen lassen von diesem Sturm …«

»Das ist es, was dich wurmt, was? Du hast keine Lust, im Showdown zu verlieren?«

Sebastian stockte. Er hätte gerne heftig mit dem Kopf geschüttelt. Aber er konnte es nicht.

»Sebastian«, sagte Michael, und es klang fast beschwörend. »Das ist das falsche Bild. Hör auf, dich immer mit Sturm duellieren zu wollen. Sieh es politisch. Es muss nur Ruhe einkehren mit ihm. Das ist alles, was wir brauchen.«

Er musste noch immer skeptisch geschaut haben, denn Michael deklamierte im gleichen Ton weiter: »Es bringt doch überhaupt nichts, jetzt eine große Sache aus den Ostfilialen zu machen. Wir – müssen – das – Projekt – weiterverkaufen. Das ist alles, was jetzt zählt.« Er verschränkte die Arme hinter dem Kopf. »Dabei soll der Sturm mitmachen. Und den Osten schließen können wir später immer noch, wenn wir mitten drin sind in der Neuorganisation.«

»Aber was ist, wenn sie uns wirklich nur benutzen will, um …«

»Sebastian«, stöhnte Michael. »Willst du jetzt Partner werden oder nicht?«

Es hatte keinen Sinn. Sebastian nickte.

»Na also. Dann geh zu ihm hin, entschuldige dich, gib zu, dass wir einen Fehler gemacht haben, schlag ihm vor, wie wir den Fehler gut machen wollen, und erklär ihm unser Gesamtkonzept für die Filialen. Und zwar so, dass er es gut findet.« Während er sich kräftig streckte, murmelte Michael noch: »Ich habe dir schließlich gezeigt, wie man das macht.«

Und trotzdem wird es alles scheitern, schoss es Sebastian durch den Kopf, wenn die Bank verkauft wird. Sollte er Michael von dem »Project Switzerland« erzählen?

»Gut«, brummte Michael. »Dann brauchen wir eigentlich nur noch einen neuen Präsentationstermin, oder?«

»Ich habe da noch etwas«, sagte Sebastian leise.

»Ach ja?«

»Ja. Ich habe den Verdacht, dass die Bank gerade zum Verkauf ansteht.«

Michael zog die Brauen hoch. »Wo hast du das denn her?«

Sebastian berichtete von seinem Erlebnis auf dem Flug von München nach Frankfurt. Noch während er redete, wurde ihm bewusst, dass es ein Fehler war, Michael die Geschichte zu erzählen. Die Miene seines Gegenübers verdüsterte sich mehr und mehr.

»Also, wenn du meine Meinung wissen willst«, sagte er, kaum dass Sebastian fertig war. »Das ist totaler Quatsch.«

So fernab aller Wirklichkeit sah Sebastian seinen Verdacht nun doch nicht. »Aber die Bank ist wirklich ein ideales Übernahmeobjekt. Eine kleine, zahlungskräftige Klientel, ein eingeführter Name, das Haus in einem einigermaßen intakten Zustand, mit einem riesigen Potenzial, das wissen wir beide. Die einzigen Probleme sind das verkrustete Kabinett und der wahrscheinlich noch verschlafenere Beirat. Aber jetzt ist der Beiratsvorsitzende tot, und da wittert jemand seine Chance.«

»Ja ja«, sagte Michael. »Das stimmt schon alles. Aber daraus einen Zusammenhang zu diesem komischen Papier herstellen zu wollen …« Er schüttelte den Kopf.

»Aber es liegt doch wirklich auf der Hand«, entfuhr es Sebastian. »Die Panik, mit der die Bankenführung agiert, ist doch der Beweis dafür, dass da etwas im Hintergrund abgeht. Und dann diese Schüsse heute. Was willst du denn noch an Indizien?«

»Ob diese Schüsse nun wirklich Indizien sind, ich weiß nicht. Mir kommt das ein bisschen vor wie eine UFO-Meldung.«

Michaels Gesicht war völlig verschlossen. Er wollte einfach nichts von der Verkaufstheorie hören, eindeutiger war es nicht zu signalisieren. Eigentlich merkwürdig, dachte Sebastian, wo er anfangs doch selber dieses Thema als so wichtig angesehen hatte und immer wieder mit Schweizer darüber reden wollte … Aber das war offenbar vorbei, ohne dass Sebastian den Grund dafür erkennen konnte.

»So«, hatte Michael schließlich gesagt, »jetzt ist Schluss. Hast du nicht noch ein anderes Projekt? Stürz dich doch darauf, wenn du überschüssige Fantasie hast.«

Sebastian hatte seine Sachen genommen und war in ein leeres Büro gegangen, um dort zu arbeiten. Seitdem waren anderthalb Stunden vergangen, in denen er vor einem beeindruckenden Berg Papier gesessen hatte, ein Berg, den er eigentlich durchforsten wollte. Er bestand aus alten Fragebögen und Auswertungen aus Wertmanagement-Projekten, die der Information Service kurzfristig für ihn ausfindig gemacht hatte. Die Auswertungen waren recht beeindruckend, am meisten die Folien, die die Ergebnisse schließlich zusammenfassten. Aber sie zeigten auch, dass die ursprünglichen Fragebögen und das, was am Ende als Erkenntnisse vorgeführt wurde, nicht unbedingt eng zusammenhingen. In allen Fällen waren Anschlussinterviews nötig geworden – etwas, für das Sebastian überhaupt keine Zeit hatte. Es blieb ihm nichts übrig, als herauszuarbeiten, was an Ergebnissen herauskommen sollte, und von hier auf die notwendigen Fragen zurückschließen. Und das bedeutete, den Fragebogen noch einmal neu zu schreiben.

Immerhin, er war bis zur letzten Frage gelangt, aber hier hatte ihn dann der Elan verlassen. Es wollte sich einfach kein sinnvoller Schluss finden. Leider war es aber verdammt wichtig, einen guten Ausstieg zu schaffen. Schließlich sollte es ja nicht das letzte Gespräch mit diesen Topmanagern sein.

Gerade griff Sebastian wieder nach einem Papierstapel, um doch noch eine bisher übersehene Anregung für die Abschlussfrage zu finden, als sein Handy klingelte. Ungläubig sah er auf das Display. In ihm blinkte die Nummer des Londoner Büros von Top Management Consulting.

»Ritter. Hallo?«, sagte er.

»Sebastian?«, kam es aus dem Hörer. »Ich bin es, Natalie.«

»Natalie …« Da war es wieder, das Herzrasen. Sebastian saß steif an seinem Schreibtisch. Er wusste nichts zu sagen.

»Geht's dir gut?«, fragte sie.

»Ja … na ja.« Ein ganzer Satz wollte ihm noch nicht gelingen. Er holte tief Luft. »Ich muss morgen früh einen Termin mit Sturm machen, um mich bei ihm zu entschuldigen.«

Sie kicherte. »Oh Gott«, sagte sie, »du Armer. Hat Michael dich verdonnert?«

»Du weißt doch, wie er ist«, antwortete er. »Aber diesmal ist es wirklich wichtig. Wenn ich die große Versöhnung hinbekomme, haben wir das Projekt weiterverkauft.«

»Ach je. Dann bist du ja noch ein Jahr bei dieser langweiligen Bank?«

»Kann schon sein. Aber dann wohl als Partner.«

Sie schwieg einen Moment. »Ach so«, sagte sie dann. »Deine Wahl hängt also von Sturm ab.«

Er lachte verkrampft. Sie hatte diese Art, Dinge so zu formulieren, dass sie weh taten. Er hätte gerne das Thema gewechselt, aber ihm fiel nichts Passendes ein. Schließlich sagte er: »Warum hast du gestern nicht angerufen?«

»Es ging nicht, Sebastian«, antwortete sie. »Mir ist abends noch ein Termin aufgedrückt worden.«

»Du hättest dich wenigstens melden können.«

»Das habe ich heute morgen getan.«

»Ja. Per E-Mail.«

»Das ganze Büro war voll mit Consultants.«

»Ich habe gestern Abend gewartet.«

Sie schwieg und atmete laut hörbar in den Hörer. Als sie dann wieder sprach, klang ihre Stimme noch distanzierter als vorher. »Ich habe mich schon entschuldigt, Sebastian.«

Das Gespräch lief genau so, wie er es nicht wollte. Leise kroch die Angst in ihm hoch. »Natalie, bitte, versteh doch«, sagte er. »Ich habe hier Druck ohne Ende. Und wenn du mich dann auch noch im Stich lässt, dann tut das doppelt weh.«

»Ich habe dich nicht im Stich gelassen, Sebastian«, sagte sie. »Ich melde mich ja wieder.«

»Ja ... ja, du hast ja recht. Entschuldige. Was war das denn für ein Termin gestern Abend?«

Sie zögerte. »Das war ... ein Bekannter von früher, aus dem Studium.«

»Ach so«, sagte Sebastian. »Na ja, das ist ja immer ganz nett, so ein Wiedersehen.«

»Es ging. Das letzte Mal hatte ich ziemlichen Krach gehabt mit diesem Typ. Ich wollte ihn eigentlich nie wieder sehen.«

»Wer ist das denn?«

»Du kennst ihn nicht«, sagte sie schnell. »Er hat wahnsinnig viel Geld verdient in den letzten Jahren, und das ist ihm wohl etwas zu Kopf gestiegen.«

»Und was wollte er von dir?«

Sie schwieg wieder. Sebastian glaubte, Geräusche im Hintergrund zu hören. »Ist jemand bei dir?«

»Was?«, fragte sie abwesend. »Nein, ich habe mir nur eine Zigarette angezündet.«

Er hörte sie rauchen. Nach einer Weile sagte sie: »Er wollte Informationen von mir.«

»Informationen? Was denn für Informationen?«

»Über einen Kunden.«

»Was?« Der Projektleiter in ihm war aufgerufen. »Natalie, lass bloß die Finger davon, damit kommst du in Teufels Küche.«

»Ich weiß, Sebastian«, sagte sie. »Ich kann auf mich alleine aufpassen.«

Er fuhr sich über den Nacken. Irgendwie schien er heute immer den falschen Ton zu treffen. »Und?«, fragte er. »Was hast du ihm gesagt?«

»Dass er von mir höchstens einen Tritt bekommt.«

Sebastian musste grinsen. »Das kann ich mir vorstellen«, sagte er. »Aber dafür hast du den ganzen Abend gebraucht?«

»Ja, Sebastian. Es hat gedauert, bis er zu diesem Thema kam.«

»Ach so. Ja.« Warum hatte sie bloß angerufen, wenn sie ihm doch eigentlich gar nichts erzählen wollte? Vielleicht lag es ja wirklich am Telefon. Natalie war nicht geschaffen für das Telefon. Wenn sie sich gegenüber saßen, redeten sie miteinander. Am Telefon wurden es mit schöner Regelmäßigkeit Verhöre. Wenn sie sich überhaupt erreichten. Er schwieg.

»Erzähl mir doch noch ein bisschen von der Bank, Sebastian«, sagte sie schließlich, noch leiser als zuvor.

»Was soll ich dir da erzählen«, sagte er. »Du weißt ja, wie schwierig die Leute sind.«

»Hat das denn geklappt mit euren neuen Einzelaufstellungen der Filialkapazitäten?«

»Ach so. Ja, schon. Nur, wir konnten es nicht vorstellen.«

»Was?«

Natürlich, Natalie konnte ja noch nichts wissen von den dramatischen Geschehnissen des Nachmittags. Sebastian erzählte ihr von den Gesprächen mit den Bankenchefs, von der Präsentation, die gar nicht erst begonnen hatte, von Wahlens Vermutungen. Vom »Project Switzerland« und Michaels Zurückweisung sagte er nichts. Und er hielt ihr auch nicht vor, dass sie es gewesen war, die die fragwürdigen Berechnungen der Ostfilialen aufgestellt hatte. Natalie hörte zu und schwieg. Erst als er bei dem Arbeitspensum vor ihm auf dem Schreibtisch angelangt war, wurde sie wieder lebendig.

»Ganz schön aufregend.«

»Tja«, meinte er mit gequältem Stolz, »damit kann London wohl nicht mithalten.«

»Nein«, sagte sie voller Ernst. »Ich sitze hier nur und gebe eine Zahlenreihe nach der anderen ein. Und von London habe ich bisher nur das Hotel und zwei Restaurants gesehen.«

Er spürte, wie es wieder über ihn kam. Sag es jetzt nicht, warte ab, sagte er sich. Gib ihr nicht wieder die Chance, Nein zu sagen. »Natalie …«

»Ja?«

Zu spät. Die Worte waren schneller als seine Vorsätze. Er hörte, wie er sagte: »Warum kommst du am Freitag nicht einfach nach München?«

Sie antwortete noch schneller, als er es erwartet hatte. »Sebastian, ich stecke bis zum Hals in Arbeit. Was soll ich denn da bei dir. Ich muss ins Büro.«

»Ja ja, aber ein Büro gibt es ja auch in München. Und arbeiten muss ich auch. Aber wir könnten wenigstens zusammen essen und abends etwas unternehmen …«

»Und ins Bett gehen.«

Er schluckte. »Das auch, wenn du willst«, sagte er.

Im Hintergrund hörte er ein männliche Stimme etwas auf Englisch sagen und dann laut lachen. Natalie hielt die Hand vor den Hörer und antwortete etwas, das Sebastian nicht verstand. Dann hörte er wieder ihren Atem im Telefonhörer. »Natalie?«, fragte er.

»Ja. Hier ist jemand gekommen«, sagte sie. »Und dieser Typ hat auch schon wieder angerufen …«

Er stutzte. Welcher Typ? Aber noch ehe er fragen konnte, redete Natalie weiter. »Ich kann jetzt nicht mehr reden. Ich … ich überlege es mir mit München, Sebastian.«

»Rufst du noch einmal an?«

»Ja.«

»Wann?«

»Wann … Morgen.«

»Ich bin aber den ganzen Tag unterwegs.«

»Ich hinterlasse dir eine Nachricht auf deinem Handy.«

Er schwieg. Immerhin, kein klares Nein. Er wartete darauf, dass sie sich verabschiedete und auflegte, aber nichts geschah. Als sie dann doch etwas sagte, war ihre Stimme überraschend nah.

»Und … Sebastian.«

»Ja?«

»Alles Gute für das Gespräch mit dem Sturm.«

In diesem Moment sah er es wieder, das Lächeln, nur eine zarte Andeutung, ein Hauch, der mehr verhieß. »Danke«, sagte er.

»Du schaffst das schon, dich mit ihm zu versöhnen«, flüsterte sie. »Bestimmt. Und dann habt ihr auch eine Chance gegen den Beirat. Also, dann tschüs.«

Es klickte in der Leitung.

Langsam legte Sebastian das Handy wieder auf den Tisch. Sie hatte doch ein Herz. Manchmal war es ihm erschienen, als sei da nur ein Stein, ein kalter, harter, völlig bewegungsloser Block. Aber in Momenten wie diesem taute sie doch auf und war ihm nah. Er blickte herunter auf den Fragebogen, aber die schwarzen Zeichen auf dem weißen Papier wollten keine Bedeutung annehmen. Durch sie hindurch sah er Nathalie, wie sie am Sonntag vor seinem Bett gestanden hatte, nur in einem T-Shirt und einer rosa Socke. Sie stand da und sah ihn an mit ihren blauen Augen, die noch ganz verquollen waren vom Schlaf. Ihre hellblonden Haare waren zerzaust, ihre Haut war blass, auch ihre Lippen waren nur einen Hauch dunkler, aber sie hatten dieses Lächeln, diesen leichten, geheimnisvollen Zug, nur angedeutet, hingehaucht. Sie stand da, ätherisch, elfengleich, beugte sich herunter, hob ihre zerknautschten Zigaretten auf und fing an, wild zu fluchen. Er stand in der Tür und konnte den Blick nicht von ihr wenden. Sie hielt die krummen Zigaretten in der Hand, noch immer fluchend, sah wieder zu ihm herüber und lachte. Dann war sie auf ihn zugegangen, hatte ihm einen Kuss auf den Mund gegeben und gesagt, dass es nun genug sei. An ihm vorbei war sie ins Bad gegangen. Er hatte noch eine Weile in der Tür gestanden, unbeweglich, und hatte sie weiter vor dem Bett gesehen, in ihrem T-Shirt und dem Socken.

Er fuhr sich mit den Händen durch sein Gesicht. Es hatte keinen Sinn mehr. Er konnte sich nicht konzentrieren. Am besten wäre es, wenn er jetzt seine Sachen nähme und aufbrechen würde. Heute musste er mal nicht fliegen – nach Stuttgart fuhr man mit dem Zug. Er sah auf die Uhr. Kurz vor sieben. Irgendwo hatte er auch eine Platzkarte. Egal, dachte er dann. Die Züge fuhren schließlich jede Stunde.

Er stand auf und begann, seine Sachen zusammenzupacken. Natalies Stimme war noch in seinem Ohr – nicht die harte, distanzierte Stimme, mit der sie sprach, wenn sie beim Kunden war, nicht die abweisende Stimme, mit der sie von ihrem Termin gestern Abend erzählt hatte, es war die Stimme ihrer letzten Sätze, weich, nah, voller Verständnis. Du schaffst es schon, sagte die Stimme. Bestimmt. Und gemeinsam habt ihr auch eine Chance gegen den Beirat.

Er stutzte. Wieso eigentlich gegen den Beirat? Es war doch nie die Rede davon gewesen, dass der Beirat gegen die Berater eingestellt war. Er dachte noch einmal daran, was Wahlen alles über die Frontenbildung in der Bank erzählt hatte. Vielleicht tat sich da ja wirklich eine neue Gefahr auf, die er noch gar nicht gesehen hatte. Erstaunlich, dass Natalie das gleich so genau durchschaut hatte. Es war doch gut, mit jemandem über diese Dinge zu reden, der strategisch denken konnte.

Er zog seinen Mantel an, nahm seinen Aktenkoffer und schwang sich den Kleidersack über die Schulter. Komisch nur, dass Natalie ihn nicht vor einer Gefahr gewarnt hatte. Sie hatte ihm nur Glück gewünscht für den Schritt, der nach dem Gespräch mit Sturm kommen würde. Als wüsste sie schon, was alles passieren würde.

Er schüttelte einmal mehr den Kopf. Da war sie wieder, die paranoide Freude am Kombinieren. Er baute sich wieder Wolkenschlösser zusammen, wo überhaupt nichts war. Nichts, außer einem netten Satz zum Abschied.

Er machte das Licht im Büro aus und schloss die Tür. In den anderen Räumen war noch ziemlich viel Betrieb. Er nahm sich vor, die letzte Frage im Zug zu schreiben.

Donnerstag, 21. November

06:17 Uhr

Sebastian schreckte hoch und starrte in die Dunkelheit. Schemenhaft sah er verschiedene Flächen, ohne dass er ihnen eine vertraute Form zuzuordnen vermochte. Wo war er? War jemand neben ... Nein. Er war allein im Bett. Zu Hause? Das war nicht seine Wohnung. Er musste in einem Hotel sein.

Langsam begann er, mehr in dem finsteren Zimmer zu erkennen. Links neben dem Bett war ein Vorhang, der ganz oben einen kleinen Spalt offenstand, durch den das fahle Licht der Straßenbeleuchtung hinein kam. Er schaute noch einmal über das Fußende seines Betts. Die Flächen entpuppten sich als eine Kommode, auf der ein Fernseher stand, und ein großes Bild mit dunklem Rahmen, dessen Motiv er nicht erkennen konnte. Und da, ganz rechts, das musste ein Schrank sein. Er zuckte zusammen. Stand da nicht jemand davor?

Irgendwo musste es hier einen Lichtschalter geben. Sebastian tastete am Kopfende des Betts entlang, bis er auf etwas Glattes, Quadratisches stieß. Das helle Licht der Deckenlampe ließ ihn blinzeln. Er hielt seine Hand schützend über die Augen und sah sich noch einmal um. Die Schranktür war offen, und an ihr hing sein dunkelgrauer Anzug, so wie er ihn gestern Abend dort aufgehängt hatte.

Langsam sank er in sein Kissen zurück. Wie spät war es eigentlich? Die Digitaluhr auf dem Nachtisch zeigte 06:17 an. Er hatte noch eine Stunde, bis ihn der Weckdienst hier im Hotel anrufen würde. Er drehte sich noch einmal zum Nachttisch, erspähte den Schalter und löschte das Licht wieder.

Nach dem kalten Licht hatte die Dunkelheit alle furchteinflößende Fremde verloren. Er wickelte sich in die warme Bettdecke, zog die Beine an und versuchte, den Schlaf wiederzufinden. Schwarz. Vor ihm war nichts als Schwarz. Keine Formen, keine Figuren. Auch nicht die Figur von Natalie ... Nein. Nicht das. Nicht wieder dasselbe wie gestern Abend. Nicht wieder das Grübeln darüber, was wohl in ihr vor sich ging.

Warum sie so abweisend war und dann doch wieder so nah, so verführerisch. Aber vielleicht war es ja gerade das, was ihn so anzog. Was ihn verrückt machte nach ihr. Vom ersten Abend an.

In Düsseldorf hatten sie auf einem dieser Bootlokale auf dem Rhein gesessen, gegessen, getrunken und erzählt, bis die Sommernacht kühl wurde und das Lokal schloss. Eigentlich hatte nur sie erzählt, zuerst von ihrem Studium, davon, wie allein sie gewesen war in der Menge, wie sie unter der Angst gelitten hatte, den Ansprüchen nicht gerecht zu werden und im Wettbewerb nicht bestehen zu können. Er hatte ihr zugehört und sie angesehen, ein, zwei, drei Stunden lang. Er war versunken in ihren Augen, verschmolzen mit ihrem Mund, ihrem leichten, nur angedeuteten Lächeln, vergangen vor Sehnsucht danach, den letzten Abstand zu überwinden, eins zu werden mit ihren Ängsten, ihren Hoffnungen, ihren Träumen. Eins zu werden mit ihr. Aber so recht hatte er es nicht verstanden, seine Gefühle auch in Worte zu fassen.

»Ich will dich nicht nur für eine Nacht«, hatte er gesagt. »Ich will etwas, was tiefer geht. Was uns lange verbindet.«

Danach waren sie händchenhaltend durch den Park zum Büro zurückgegangen, und als sie ihre Sachen aus der Garderobe unten neben dem Empfang holte, hatte er sie gepackt und geküsst, gierig, voller Hunger nach mehr. Sie hatte ihn angesehen und gegrinst.

»Du hast auch gar keine Skrupel, was.«

Dann hatte sie ihre Sachen genommen und war zur Tür gegangen.

»Ich glaube, ich nehme jetzt ein Taxi und fahr nach Hause. In welchem Hotel bist du denn?«

Er hatte sie zum Taxi gebracht, und dann war er zu Fuß ins Hotel gegangen. Es war nicht so weit vom Büro, und er brauchte noch etwas Abkühlung. Er ging die nächtlichen Straßen der Düsseldorfer Innenstadt entlang und schaute angestrengt in die opulenten Schaufenster der Geschäfte, um die wirren Gedanken in seinem Kopf ruhig zu stellen.

Ausgerechnet vor einer Dekoration mit Damenunterwäsche blieb er stehen. Fünf oder sechs Puppen mit strohartigen, glatt fallenden blonden Haaren standen in manierierten Posen vor einem riesigen Poster des regennassen Broadways herum. Sie trugen offene, transparente Regenmäntelchen mit schwarzem Rand und darunter die Dessous – BHs, Slips, Strumpfhalter und Strümpfe. Ohne Schaufensterbeleuchtung wirkten die Farben nur ordinär – weinrot, mintgrün, apricot. Aber ein Teil gefiel ihm. Es war weiß, aus Seide, ganz glatt, ein wenig transparent. Er ging am Schaufenster entlang und versuchte zu erkennen, wie der Slip wohl von hinten aussah. Am äußersten Rand des Schaufenster angelangt, drückte er sein Gesicht gegen das kalte Glas und spähte in die halbdunkle Auslage. Es war nichts zu erkennen. Wie viel Stoff würde wohl hinten noch übrig sein? Er stellte sich das Höschen an Natalie vor, drehte sie, betrachtete sie von allen Seiten, fuhr am Saum entlang, taste sich zwischen Stoff und Haut …

Von irgendwoher hörte er eine Frau lachen. Er trat schnell zurück von der Schaufensterscheibe und sah sich um. Es war niemand zu sehen. Als er wieder in die Auslage blickte, sah er sein Spiegelbild. Er stand da in seinem hellen, offenen Trenchcoat, die Hände in den Taschen vergraben. Der Kragen war hochgeschlagen, seine Haare waren zerwühlt, sein Gesicht fast vollständig im Schatten. Er sah schnell weg, nahm seine Taschen und schlich davon in Richtung Hotel.

Jetzt wälzte er sich von der rechten auf die linke Seite. Er spürte die Müdigkeit, aber an Schlaf war nicht zu denken. Es war 6 Uhr 31 – noch eine dreiviertel Stunde Zeit, Entspannung zu suchen, bevor der Tag begann. Die Gedanken an Natalie waren da leider wenig hilfreich. Er hätte schon damals, an diesem ersten Abend, wissen müssen, dass er verloren war. Nichts von dem, was sie beide sagten oder taten, war verlässlich. Die Attribute »ehrlich« oder »gelogen« trafen nicht mehr zu. Es war ehrlich von ihm, als er sagte, dass er nicht mit ihr schlafen wollte. Aber es war nicht wahr. Alles zog ihn hin zu ihr, zu ihrem Körper, ihrer warmen Haut, ihrem feuchten Schoß. Und es kam die Nacht, als sie ihn zu sich ließ, als sie das weiße Höschen mit dem schmalen Steg trug, als sie schrie vor Lust und eins zu werden schien mit ihm.

»Das war nett«, sagte sie danach.

»Wie – nett?«

»Schön halt. Wie ein Bad im Ozean.«

Er hätte aufstehen sollen, sich anziehen, seine Sachen nehmen und gehen. Aber es war zwei Uhr morgens, sie waren in seinem Hotelzimmer, und er blieb liegen. Kurze Zeit später war sie eingeschlafen, und er blieb wach und starrte in die Dunkelheit.

Vielleicht sollte er den Fernseher anmachen? Oder etwas lesen? Nein. Vor ihm lag ein harter Tag – Interviews, Reisen, Telefonate. Er musste weiter versuchen, sich zu entspannen. Er drehte sich auf den Rücken, legte die Arme auf die Bettdecke und konzentrierte sich auf seinen Atem.

Das Merkwürdige war, dass es ja trotz ihrer Bemerkung nicht bei der einen Nacht geblieben war. Am nächsten Morgen hatte sie fast nichts gesagt und war einfach verschwunden, aber im IPM am nächsten Tag hatte sie ihn sehnsüchtig angesehen und ihn dann nachts angerufen. Und schließlich war sie zu ihm nach München gekommen, und auch dort hatten sie wieder miteinander geschlafen, leidenschaftlich und ohne Tabus. Aber danach hatte sie sich zurückgezogen, sich weggedreht, jede Berührung verweigert und war eingeschlafen. Sie hatte ihm gesagt, dass er zu lieb für sie sei. Dass sie das Alleinsein bräuchte. Dass sie das nächste Mal weniger abgedreht sein würde. Dass sie froh sei, dass er bei ihr sei. Dass sie nicht wüsste, wie es mit ihnen weitergehen solle.

Worte waren Worte. Aber auch Taten waren nicht mehr. Alles war wahr, und alles konnte einen Moment später nicht mehr gelten. Es gab keine Sicherheit. Aber es zog ihn zu ihr, und wohl auch sie zu ihm. Es würde weitergehen, irgendwie, das wusste er. Immer weiter, fortgetrieben von der Hoffnung, dass es einmal anders würde.

Er merkte erst, dass er tatsächlich wieder eingeschlafen war, als das Telefon klingelte. Es war sein Weckruf. Als er den Hörer wieder zurück auf die Gabel gelegt hatte, drehte er sich noch einmal auf die Seite. Er fühlte sich völlig zerschlagen. Jetzt wäre er in der Lage gewesen, weiter zu schlafen. Aber jetzt begann der Tag.

07:30 Uhr

Der Banker starrte auf das Telefon. Die ganze Nacht hatte ihn dieser Anblick verfolgt: Der schwarze flache Kasten, rechts die zwanzig schmalen Tasten für die Kurzwahlen, links die normalen Wähltasten, darüber der Hörer. Aber in keinem seiner Träume hatte es tatsächlich geklingelt – vier, fünfmal war er hochgeschreckt, und jedes Mal hatte er nichts anderes gehört als seinen eigenen Atem. Er hasste dieses Warten, und er hasste sich noch mehr dafür, dass es ihn so verfolgte. Dabei hatte er doch gar nicht geglaubt, was Hohenstein ihm da gestern erzählt hatte. Als er abends aufgebrochen war, hatte er sich gesagt, dass es Unsinn war, sich jetzt wieder verunsichern zu lassen. Das konnte doch nur ein weiterer Trick sein, um zu verhindern, dass er wirklich zu Schweizer ging. Hohenstein war ein Krimineller, daran bestand doch kein Zweifel. Zu Hause hatte er die ganze Sache dann schon fast vergessen. Seine Frau war gerade damit beschäftigt gewesen, sich für den Abend herzurichten, als er ankam, und kaum dass er sich umgezogen hatte, war sie auch schon losgezogen. Das hatte seine Gedanken in eine andere Richtung gelenkt. Aber dann war die Nacht gekommen und die Träume ... Jedes Mal hatte er sich gesagt, dass der andere doch gelogen hatte wie so oft. Aber es hatte nichts geholfen.

Im nächsten Moment geschah es. Das Telefon klingelte. Einfach so, ohne Vorwarnung, ohne Begleiterscheinungen. Instinktiv wollte er sofort abnehmen, doch als er den Hörer berührte, beherrschte er sich noch einmal. Es klingelte ein zweites Mal. Er spürte seinen Herzschlag. Nach dem dritten Klingeln nahm er ab.

»Ja?«

»Sind Sie allein?«

»Ja ...«

»Gehen Sie zu Ihrem Fax. Die fünf Seiten kommen gleich.«

Er hatte gar keine Zeit, mehr zu sagen. Es klickte sofort in der Leitung. Verwirrt sah er auf den Hörer. Es war doch keine Lüge gewesen. Er wollte ihm wirklich Plan B geben.

Langsam erhob er sich aus seinem Sessel und ging zum Sekretariat. Er zwang sich, nicht auf das Bild zu sehen. Es war wirklich schon so weit, dass dieses Ding für ihn zu einer Obsession wurde. Das durfte nicht so weitergehen. Irgendwo musste man sich schließlich beherrschen können.

Im Sekretariat ging er auf und ab und wartete darauf, dass das Fax ansprang. Es dauerte noch, aber jetzt wusste er ja, dass etwas kommen würde. Der Schreibtisch seiner Sekretärin war fein säuberlich aufgeräumt, kein Blatt lag herum, keine Kritzelei befleckte die große weiße Schreibunterlage. Komisch, dachte er, sonst wirkt sie alles andere als pedantisch. Er wurde neugierig. Ob ihre Schubladen auch so sauber aufgeräumt waren? Wahrscheinlich waren sie ja sowieso abgeschlossen, wie es sich für ein anständiges Vorzimmer gehörte.

Er versuchte, die oberste Schublade aufzuziehen – und sie gab nach. Allerdings war nichts Aufregendes zu sehen. Kugelschreiber, Bleistifte, Umschläge verschiedener Größe, Schreibmaschinenpapier – was man halt so brauchte im Büro. Er schüttelte den Kopf. Es war ja auch eine blöde Idee, hier herumzuspionieren. Peinlich geradezu für einen Geschäftsführer. Andererseits ... die Neugier kribbelte. Er zog die zweite Schublade auf.

Unter ein paar einzelnen weißen Blättern erspähte er eine Zeitschrift. Er schob das Papier beiseite und sah genauer hin. Das sah ziemlich nach einer Klatschspalte aus.

Plötzlich sprang das Fax an. Es brummte, und in winzigen Schritten schob sich das erste Blatt aus der Maschine. Warum musste das so ewig langsam sein, dachte er. Verärgert schaute er noch einmal auf die Zeitschrift in der Schublade. Was stand da ... Um die Überschrift besser lesen zu können, nahm er das Blatt heraus. Es war ein Bericht über den Geburtstagsball eines Bankenvorstands, bei dem er auch eingeladen gewesen war. Richtig, auf einem der Fotos war er auch abgebildet, neben Kaiser und ... merkwürdig. Der Mann neben ihm war mit Kugelschreiber so dick übermalt, dass man nicht mehr erkennen konnte, wer es war. Er hob die Seite hoch und hielt sie gegen das Licht. So konnte er erst recht nichts sehen. Er nahm die Brille hoch und hielt das Bild ganz nah vor seine Augen. Das konnte doch eigentlich nur ...

In das Schloss der Vorzimmertür wurde ein Schlüssel gesteckt. Schnell legte er die Zeitschrift wieder in die Schublade, schob sie zu und ging zum Fax. Als die Tür aufging, sah er in das erstaunte Gesicht seiner Sekretärin.

»Herr Direktor! Sie schon hier?«

Er lächelte verlegen. »Ja ... Mir ist gestern ein wichtiges Fax angekündigt worden, und da dachte ich, gehst du am besten etwas früher ins Büro, falls es schon da ist ... Und jetzt kommt es gerade durch.« Er zeigte auf das Fax, wo gerade die zweite Seite ausgeworfen wurde.

Sie nickte, schaute aber skeptisch. Während sie sich den Mantel auszog, musterte er sie. Gestern war sie noch so frisch gewesen, zauberhaft geradezu in ihrer Sorge um ihn. Aber heute sah sie müde aus, traurig. Eher sogar verbittert. Als sie auf dann auf ihn zuging, sah er, dass ihre Augen ganz rot waren.

»Geht es Ihnen nicht gut?«, fragte er leise.

Sie sah ihn an, schüttelte den Kopf und drehte sich gleich darauf schnell zum Fax. Es sah aus, als wären ihr wieder die Tränen gekommen. Er schaute peinlich berührt zu Boden, bis ihm bewusst wurde, dass sie gerade die Blätter aus dem Gerät nahm.

»Danke«, sagte er überstürzt und riss ihr die Seiten aus der Hand. Als sie ihn erstaunt ansah, das Make-up schon tränenverwischt, lächelte er unsicher. »Ich komme schon klar, lassen Sie mal.«

In ihr Erstaunen schien sich Misstrauen zu mischen, aber sie sagte nichts. Hoffentlich hat sie nichts gelesen, dachte der Banker.

»Sind Sie so nett und machen mir einen Tee?«, fragte er und hoffte, sie damit loswerden zu können.

Sie nickte wortlos und ging zur Tür.

Als sie gegangen war, sah er auf das Papier. Er brauchte nur den ersten Abschnitt zu überfliegen, um zu verstehen, warum sich Hohenstein so angestellt hatte. Was er da in der Hand hielt, war purer Sprengstoff.

Das Fax piepte. Er nahm die restlichen Seiten heraus und ging in sein Büro. Als er die Tür geschlossen hatte, ließ er sich auf den nächststehenden Ledersessel sinken und fing an, das Memo Zeile für Zeile zu lesen.

08:36 Uhr

»**E**inen schönen guten Morgen, Ritter hier. Ich hätte gerne Herrn Dr. Sturm gesprochen«, sagte Sebastian und versuchte, sich auf dem Rücksitz des Taxis in eine möglichst entspannte Position zu bringen. Wenn jetzt nur die Funkleitung hielt.

»Einen Moment bitte«, antwortete die Sekretärin. »Ich muss einmal sehen, ob Herr Dr. Sturm schon an seinem Platz ist.«

Es knackte kurz, dann hörte er eine grauenhaft verzerrte elektronische Version der kleinen Nachtmusik. Er hielt das Handy in einiger Entfernung von seinem Ohr. Dabei wäre ihm fast entgangen, dass das Gedudel auf einmal abbrach.

»Hallo? Herr Ritter?«

»Ja, Herr Sturm, guten Morgen.«

»Guten Morgen«, sagte der Controlling-Chef und klang gehetzt. »Ich habe nicht viel Zeit, Herr Ritter. Um 9 Uhr habe ich einen Termin mit Herrn Schweizer.«

»Natürlich. Herr Sturm, ich möchte … Zunächst möchte ich mich entschuldigen. Ich war sehr aufgebracht bei unserem letzten Gespräch …

»Allerdings, Herr Ritter. Sie haben sich schlicht daneben benommen.«

»Ja … Es tut mir sehr leid, Herr Sturm. Ich hätte mich besser unter Kontrolle haben sollen.«

»Schön, dass Sie jetzt Einsicht zeigen, Herr Ritter. Aber wenn Sie meinen, damit wäre es getan, irren Sie sich, ja. Wer einen solchen Unsinn redet wie Sie in unserem letzten Gespräch, disqualifiziert sich von selbst.«

Sebastian schluckte. Sturm wusste, wie man austeilte. »Wenn Sie mir trotz dieses Eindrucks noch einmal eine Chance geben würden«, begann er noch einmal und versuchte, bloß kein Zittern in seiner Stimme zuzulassen, »dann wäre ich Ihnen sehr dankbar, wenn wir uns morgen noch einmal treffen könnten.«

»Ein Treffen? Wozu?«

»Wir sind noch einmal den Berechnungsweg für die Filialkapazitäten im Osten durchgegangen, und ich glaube, es gibt da zwischen uns noch ein paar Missverständnisse.«

»Missverständnisse gibt es da keine, Herr Ritter. Ihr Berechnungsweg ist einfach falsch, ja? Korrigieren Sie ihn. Vorher sehe ich keinen weiteren Gesprächsbedarf.«

»Genau darum geht es, Herr Sturm. Ich sehe da eine Verbesserungsmöglichkeit …«

»Wenn Sie damit Ihren Vorschlag zur Datenerhebung meinen, vertun Sie Ihre Zeit. Wir haben hier ein Geschäft, das reibungslos ablaufen muss, Herr Ritter. Auch dann, wenn Berater im Hause sind. Wir können nicht wegen jedem Ihrer Wünsche unsere Programme abstellen.«

»Nein, nein, natürlich nicht, Herr Sturm. Das ist mir klar.«

»Ach ja? Den Eindruck hatte ich am Dienstag nicht.«

Sebastian blieb die Luft weg.

»Ja. Nein, darum geht es nicht, Herr Sturm …«

»Dann sagen Sie doch, worum es geht. Ich muss gleich weg, Herr Ritter.«

»Ich möchte Ihnen gerne eine verbesserte Berechnung vorlegen und die Implikationen mit Ihnen diskutieren.« Das war ein reichlich vollmundiges Versprechen, und eigentlich auch keines, das in Michaels Plan vorgesehen war. Egal, er brauchte einen Aufhänger.

»So.« Er stöhnte emphatisch in den Telefonhörer hinein. »Ich hätte nächste Woche Donnerstag wieder einen Termin frei.«

Sebastian schloss die Augen. »Ich fürchte, die Zeit drängt etwas, Herr Sturm. Wenn möglich, sollten wir uns vor der Präsentation …«

»Ich sagte Ihnen doch, es ist nicht möglich.«

»Ich komme auch gerne am frühen Morgen oder am Abend.«

»Wenn ich sage, es geht nicht, Herr Ritter, dann meine ich, dass alle meine Termine belegt sind, ja?«

»Spräche denn etwas gegen morgen früh, acht Uhr?«

»Warum hören Sie eigentlich nicht zu? Ich habe morgen früh um acht Uhr dreißig einen Termin mit Herrn Grimm …«

»Wir würden mit einer Stunde auskommen, Herr Sturm.«

»Ich fange meinen Tag normalerweise mit einer halben Stunde Korrespondenz an, Herr Ritter. Das wollte ich auch morgen tun.«

»Wenn Sie einverstanden sind, frage ich bei Herrn Grimm nach, ob sich sein Termin um eine halbe Stunde verschieben lässt. Und vielleicht könnten Sie ja Ihre Korrespondenz ausnahmsweise später am Tag erledigen. Unser Thema ist wirklich wichtig.«

»Ich bin ganz und gar nicht einverstanden, Herr Ritter. Was für mich wichtig ist, entscheide ich immer noch selbst. Sie können nächste Woche Donnerstag um 8 Uhr 30 zu mir kommen. Sagen Sie in meinem Sekretariat Bescheid, wenn Sie sich entschieden haben.« Ein lauter Knall markierte das Ende der Verbindung.

Sebastian legte das Handy auf den Schoss und seufzte. Was für ein Anfang für diesen Tag. Er sah durch die tropfenbehangenen Fenster des Taxis auf das verregnete Stuttgart. Aus diesem Anblick konnte auch kein Elan erwachsen.

Aber er durfte sich nicht unterkriegen lassen. Er brauchte dieses Gespräch vor dem nächsten Präsentationstermin, und das hieß nichts anderes als diese Woche. Er griff wieder nach dem Handy und suchte nach der Nummer von Grimm.

»Neher.«

Habe ich mich jetzt verwählt, dachte Sebastian. Frau Neher ist doch de Guises Sekretärin. »Frau Neher, guten Morgen, hier Ritter«, sagte er irritiert. »Ich wollte eigentlich mit Herrn Grimm sprechen …«

»Ja, da sind Sie sind bei mir schon richtig«, sagte sie freundlich. Ein Glück, dachte Sebastian, sie ist nicht mehr sauer wegen des misslungenen Flirtversuchs am Dienstag. »Seine Sekretärin ist krank, deshalb ist seine Leitung auf mich umgestellt. Warten Sie, ich schau mal gerade nach, ob er an seinem Platz ist.« Es klickte wieder. Sebastian nahm den Hörer sofort wieder vom Ohr weg, aber er bekam noch etwas von den schrillen Mozart-Tönen mit. Nach einigen Sekunden knackte es ein zweites Mal. Frau Nehers Stimme war wieder in der Leitung.

»Herr Dr. Ritter«, sagte sie, »Herr Grimm lässt fragen, ob es sehr dringend ist …«

»Ja, das ist es leider.«

»Ach so. Ja, dann stelle ich Sie wohl besser durch.« Sebastian machte sich wieder auf das elektronische Gedudel gefasst, aber dann hörte er doch noch einmal Frau Nehers Stimme.

»Ach … Herr Dr. Ritter?«

»Ja?«

Erst kam nur eine Pause, aber dann sagte sie: »Ich war da Dienstag etwas schroff. Das tut mir leid.«

Sebastian traute seinen Ohren nicht. »Aber ich bitte Sie, Frau Neher«, sagte er und überlegte schnell, wie er denn am besten an diese versöhnliche Geste anknüpfen sollte. Doch Frau Neher kam ihm zuvor.

»Ich würde mich wirklich gerne mal mit Ihnen unterhalten. Über die Bank und …«

»Und über die Welt.«

Sie lachte. »Ja, über die auch.«

Jetzt hieß es, die Gelegenheit beim Schopfe zu packen. Sebastian griff nach seinem Terminkalender. »Wie wär's mit nächster Woche?«, fragte er.

»Ja …« Dann musste sie die Hand auf die Muschel gelegt haben, denn plötzlich hörte er nur noch gedämpftes Gerede, von dem er nichts verstand. Dann war sie wieder da. »Ich stelle Sie jetzt durch zu Herrn Grimm. Rufen Sie doch bitte später noch einmal an.«

Es knackte wieder. Offensichtlich war jemand in den Raum gekommen. Aber sie hat gesagt, ich soll noch einmal anrufen, tröstete sich Sebastian.

Einen Moment später meldete sich ein wenig erbauter Grimm. Sebastian schilderte in dürren Worten das Gespräch mit Sturm. Am Schluss sagte er: »Sie wissen besser als ich, wie wichtig dieser Termin ist, Herr Grimm. Und wie dringend.«

Grimm schwieg.

»Und deshalb rufe ich nun bei Ihnen an, weil ich dachte, dass Sie vielleicht noch einmal mit Herrn Dr. Sturm reden könnten … Vielleicht wäre es ja auch möglich, Ihren Termin mit ihm morgen etwas nach hinten zu schieben.«

Sebastian hatte sich redlich bemüht, den letzten Worten einen flehentlichen Unterton zu geben. Trotzdem dauerte es, bis Grimm sich zu einer Reaktion herabließ.

»Sie haben da ja etwas Schönes angerichtet«, sagte er und schwieg dann wieder. Sebastian hütete sich davor zu reagieren.

»Also gut«, brummte Grimm schließlich. »Ich rufe ihn an. Sind Sie heute zu erreichen?«

»Ich bin den ganzen Tag in Sitzungen, aber vielleicht könnten Sie mir eine Nachricht auf meinem Handy hinterlassen ...«

»Ja, ja, in Ordnung. Das macht dann meine Sekretärin. Auf Wiederhören, Herr Dr. Ritter.«

Sebastian lehnte sich zurück und atmete tief durch. Draußen hatte das Industriegebiet begonnen. Es konnte nicht mehr weit sein bis zu seinem nächsten Kunden.

10:26 Uhr

Auch nach einer guten Stunde zeigte der Finanzvorstand noch keinerlei Anzeichen von Ermüdung bei seinen Versuchen, Sebastian von einem Detail des Wertmanagements zum nächsten zu hetzen. Es ging los mit seinen bohrenden Fragen zu einer eingängigen – und umsetzbaren! – Definition des Cashflows, denn die bräuchte man ja schließlich, wenn man sinnvolle Kennzahlen benutzen wollte, die nicht auf Buchwerten basierten. Dann kamen die generellen Unterschiede zwischen der handelsrechtlichen Bilanzierung und der nach US-GAAP. Und schließlich ließ der Vorstand seinen Zweifeln freien Lauf, die er an der Börse als einzigem Richtwert unternehmerischen Handelns hatte – denn nichts anderes bedeutete schließlich »Shareholder Value« in der Praxis. Aber die Börse schwankte doch – gerade in Deutschland – oft genug willkürlich, aus »psychologischen Gründen«, wie man dann so schön sagt. Und sich danach zu richten, hieße das nicht, ein Unternehmen dem Gerücht als oberster Maxime auszuliefern?

Sebastian standen die Schweißperlen auf der Stirn. Er beantwortete die Fragen so gut es ging, doch der steigende Enthusiasmus, mit dem der Vorstand bei seinen Antworten nachhakte, zeigte schon, wie sehr er hier vorgeführt wurde. Da war es kaum verwunderlich, dass der spöttische

Zug in den Mundwinkeln seines Gegenübers immer deutlicher hervortrat.

Sie saßen an einem großen, runden Besprechungstisch aus Eiche, der sicherlich schon etliche Generationen von Unternehmenslenkern erlebt hatte. Tradition war das bestimmende Merkmal des Maschinenbauers, und das wurde auch dem erstmaligen Besucher bewusst, ehe er noch das Werksgelände betreten hatte, denn die Straße, in der sich die Einfahrt befand, war nach dem Firmengründer benannt. Stand man einmal in der Anmeldungsbaracke und stellte sich den misstrauischen Blicken des Werkschutzes, wurde schnell klar, dass die großen Zeiten des Unternehmens vorüber waren. Bei dem beleuchteten Firmenlogo auf der Baracke blieb der erste Buchstabe dunkel, das Fenster in der Eingangstür war gesprungen, die Wartestühle neben dem Tresen der Wachleute sahen aus, als wären sie aus den fünfziger Jahren.

Sebastian war in das erste Gebäude auf dem Gelände geschickt worden, in das oberste Stockwerk, die Vorstandsetage. Der Aufzug wirkte wenig vertrauenserweckend, aber trotz Rumpeln und Quietschen brachte er ihn nach oben. Besser als in mancher Bank, dachte Sebastian.

Dr. Klaus Meier, der Finanzvorstand, war Anfang vierzig, recht drahtig, mit einer prominenten Glatze und neugierigen Augen hinter rahmenlosen Brillengläsern. Sein Büro war groß, aber karg. Von der langen Fensterfront aus überblickte man das gesamte Werk. Es musste einmal riesig gewesen sein, geradezu einschüchternd in seiner Ansammlung von Fabrikhallen. Inzwischen waren nur noch einige wenige in Betrieb, und eine der wesentlichen Tätigkeiten von Dr. Meier bestand darin, noch mehr Teile des Geländes stillzulegen. Weiter im Hintergrund sah das Werk deshalb eher aus wie ein Schrottplatz.

Sebastians Blick wanderte vom Fenster wieder zu seinem Gegenüber. Dr. Meier hatte gerade begonnen, über seine Sanierungsziele zu dozieren. Verstohlen sah Sebastian auf die Uhr. Halb elf. Ihr Termin war auf zwei Stunden angesetzt, also noch bis viertel nach elf. Eine dreiviertel Stunde musste er noch durchhalten. Am besten, er ließ Dr. Meier erzählen, dann würde er nicht so viel fragen. Er griff nach der Kaffeekanne.

Dr. Meier redete lebhaft über die tiefen Einschnitte im Personal, die sein Sanierungsprogramm mit sich brachte. Da haftete einem schnell der Ruf des Jobkillers an. Um so wichtiger war es, das Management zu neuen, konstruktiven Aufgaben hin zu führen, und von nicht geringer Bedeutung war dabei das Anreizsystem.

»Wie ist denn da eigentlich Ihre Sicht, Herr Ritter«, fragte er unvermittelt. »Würde sich der Free Cashflow als eine Grundlage für die Berechnung des Jahresbonus eignen?«

Sebastian hatte gerade die Kaffeetasse am Mund, als ihn die Frage traf. Glücklicherweise zuckte er nicht so stark, dass er sich bekleckert hätte, aber Dr. Meier musste es gesehen haben. Er stellte die Tasse langsam zurück.

»Ich denke«, fing er an, »ich denke, die Bonusberechnung sollte so einfach wie möglich erfolgen, damit sie den Führungskräften transparent und nachvollziehbar erscheint. Ob da der Free Cashflow so ohne weiteres akzeptiert wird, erscheint mir etwas fraglich.«

Dr. Meier nickte langsam. »Das heißt«, sagte er, »Sie halten den Free Cashflow nicht für transparent und nachvollziehbar?«

Sebastian sah etwas verdutzt zu dem Finanzvorstand herüber. Dr. Meier sah ihn genauso ruhig an wie zuvor. Vielleicht war der Spott in seinem Gesicht noch etwas mehr hervorgetreten. Er musste es jetzt darauf abgesehen haben, Sebastian den entscheidenden Stoß zu versetzen.

»So würde ich das nicht formulieren«, sagte Sebastian vorsichtig. Er wollte sich auf gar keinen Fall auf eine Diskussion einlassen, bei der er nur schlecht aussehen konnte. Nicht zuletzt deswegen, weil ihm die genaue Abgrenzung des speziellen Free Cashflows vom generellen Cashflow nicht unbedingt präsent war. »Man muss da unterscheiden. Für die Spezialisten, die die Wertberechnungen betreiben sollen, ist das sicherlich ohne Probleme vermittelbar, aber in der Breite der Führungsebene wäre ich vorsichtig, zumal es ja direkt um das Einkommen geht.«

»Das überrascht mich jetzt etwas«, sagte Dr. Meier, nachdem er sich ausführlich das Kinn massiert hatte. »Hatten Sie nicht vorhin gesagt, dass das Wertmanagement eine Aufgabe für alle Führungskräfte sei?«

»Das ist völlig richtig«, sagte Sebastian und versuchte, wieder etwas sicherer zu klingen. »Es ist nur die Frage, ob alle Details der Berechnungen dem gesamten Management gegenüber offengelegt werden müssen.«

»Ihre Maximen der Transparenz und der Nachvollziehbarkeit würden Sie also für das Wertmanagement generell nicht ansetzen?«

»Doch, sicherlich ... In der Umsetzung kommt es aber doch vor allem auf die Detaillierungsebene an.«

»Und wo setzen Sie da die Grenze?«

Sebastian holte kurz Luft. »Da gibt es kein Patentrezept«, sagte er ausweichend.

»Sie wollen die Führungskräfte doch wohl nicht einer Intelligenzprüfung unterziehen?«

Sebastian nahm die Kaffeetasse hoch und sah, wie sie zitterte. So hatte es keinen Sinn. Dr. Meier hatte ihn in eine Ecke gejagt und spielte jetzt mit ihm. Das Einzige, was ihm blieb, war, in die Offensive zu gehen.

Scheppernd stellt er die Tasse wieder ab. »Lassen Sie mich doch noch einmal die Ziele unserer Wertmanagement-Philosophie darstellen«, sagte er dann. Ehe Dr. Meier ihm ins Wort fallen konnte, ging Sebastian Punkt für Punkt das Shareholder-Value-Programm durch, so, wie Top Management Consulting es in einer seiner brillant aufgemachten Hochglanzbroschüren darstellte. Nicht kurzfristige Gewinnmaximierung, sondern langfristige Steigerung des Unternehmenswertes als Ziel. Der wichtigste Hebel: Das Unternehmen musste in seinen Kernkompetenzen ständig besser werden.

Wie war das umzusetzen? Von Branche zu Branche gab es da Unterschiede. Mit einem Mal sah Sebastian eine Antwort auf Dr. Meiers Frage: Was die Führungskräfte des Unternehmens in erster Line leisten mussten, war, die Kernkompetenzen zu identifizieren und ihre ständige Verbesserung anzugehen. Hieran sollte ihr Bonus gemessen werden. Und wenn sich der Free Cashflow im Werkzeugmaschinenbau als die geeignete Messgröße herausstellen sollte, bitte.

»Mit Ihrem Sanierungsprogramm machen Sie doch genau das, was ich Ihnen eben beschrieben habe, Herr Dr. Meier. Sie reduzieren Ihr Unternehmen auf die Kernkompetenzen. Und die Wertsteigerung erreichen Sie natürlich über die Kostenreduzierung, die Ihnen die Möglichkeit gibt, wieder rentabel zu produzieren. Das können Sie am einfachsten messen, indem Sie fragen, was am Ende einer bestimmten Periode in der Kasse bleibt. Damit sind wir dann beim Free Cashflow.«

Dr. Meier betrachtete ihn schweigend. Natürlich war das holzschnittmäßig vereinfacht, was Sebastian gerade gesagt hatte. Vielleicht sogar verfälschend?

Aber dann lächelte Dr. Meier. Es war kein Spott mehr in seinen

Zügen, eher so etwas wie Anerkennung. »Gut«, sagte er. »Sie haben da einen interessanten Ansatz, Herr Dr. Ritter. Und wie geht es jetzt weiter?«

»Wir berichten in vierzehn Tagen an den Holding-Vorstand«, antwortete Sebastian. »Dann wird entschieden, in welchen Unternehmen wir mit der Einführung des Wertmanagements beginnen werden.«

»Und Sie werden dann das Projekt leiten?«

Sebastian nickte.

»Wie lange sind Sie schon dabei, wenn ich fragen darf?«

»Seit sechs Jahren.«

»Sechs Jahre?« Dr. Meier zog die Augenbrauen hoch. »Dann sind Sie ja länger bei Ihrem Verein als ich im Unternehmen bin.«

Langsam fiel die Spannung von Sebastian ab. »Wann haben Sie denn hier angefangen?«, fragte er.

Dr. Meier lehnte sich zurück. »Vor fünf Jahren, als Leiter der Controlling-Abteilung«, sagte er. »Der damalige Finanzvorstand war schon seit zwanzig Jahren dabei. Entsprechend wenig hat sich zu dieser Zeit bewegt.«

Sebastian lächelte. »Aber mit Ihnen hat sich das ja deutlich geändert.«

»Ja, ja ...«, sagte der Vorstand und klang nach Zweifeln. »Wir haben einfach Glück gehabt. Jedenfalls am Anfang. Ich wäre ja nie auf diesen Posten gekommen, wenn mein Vorgänger nicht hätte gehen müssen.«

»Hat die Holding durchschaut, dass er nichts bewegte?«

Dr. Meier schüttelte den Kopf. »Die Holding hat sich bisher nie besonders um unseren Laden gekümmert«, sagte er. »Damals nicht, leider, muss man sagen, und heute auch nicht, und dafür danken wir Gott. Nichts ist schlimmer als ein paar schlaue Stabsleute, die einem erklären wollen, wie man sein Geschäft besser macht.« Er grinste, als er merkte, wie Sebastian wieder erstarrte. »Nein, nein, keine Angst, Berater stelle ich nicht auf dieselbe Stufe. Nicht ganz jedenfalls.« Er gluckste ein wenig.

»Aber Sie verstehen, dass ich Ihnen vor diesem Hintergrund mit etwas Skepsis begegne. Und in solchen Situationen neige ich dazu, etwas unfaire Fragen zu stellen. Aber als Berater haben Sie ja gelernt, damit umzugehen.«

Sebastian nickte wortlos.

»Wir sind hier noch lange nicht durch mit unserer Sanierung«, seufzte

Dr. Meier. »Etliche Bereiche schreiben noch immer rote Zahlen, und dazu gehört leider auch das Stammwerk hier. Experimente kann ich da nicht brauchen.« Er sah zu Sebastian hinüber. »Aber wenn Sie mir einen vernünftigen Plan vorlegen, wie Ihr Wertmanagement unsere Sanierung beschleunigen kann, dann bin ich dabei.«

Hervorragend, dachte Sebastian. Ein gelungener Auftakt. Er steckte den Fragebogen wieder in seinen Aktenkoffer, als ihn doch noch die Neugier übermannte. »Warum musste denn eigentlich Ihr Vorgänger gehen?«

»Wie? Ach so.« Dr. Meier fuhr sich kurz an der Nase entlang, als müsste er sich noch einmal erinnern. Dann sagte er: »Er hat Kreditmanipulationen vorgenommen, und so etwas vergibt die Holding niemandem.«

»Kreditmanipulationen?«

»Ja. Eigentlich war es schlichte Steuerhinterziehung. Er hat versucht, Einnahmen aus Nebentätigkeiten an der Steuer vorbei zu manövrieren, und weil er dachte, dass sich niemand traut, in seiner Buchhaltung herumzuspionieren, hat er versucht, das Geld als Firmendarlehen zu deklarieren.«

»Aber das muss doch den Wirtschaftsprüfern aufgefallen sein.«

»Ganz richtig«, sagte Dr. Meier. »Man vermutete deshalb auch, dass der Wirtschaftsprüfer mit im Spiel war, aber es war ihm nichts nachzuweisen.«

»Welcher Prüfer war das denn?«

Dr. Meier kratzte sich an einer Geheimratsecke. »Also, den Namen weiß ich nun wirklich nicht mehr. Warum interessiert Sie das denn?«

»Ach, rein persönlich.« Der Vorstand sah Sebastian verwundert an. »Nein, nicht, was Sie jetzt denken«, fügte er schnell hinzu. »Ich habe nur ein paar Bekannte in Wirtschaftprüfungsgesellschaften, deshalb die Frage.«

»Ach so. Ich kann Ihnen den Namen gerne heraussuchen lassen. Wir werden ja noch telefonieren.«

Sebastian stand auf. »Ja, sicher«, sagte er. »Ich schicke Ihnen am Montag das Protokoll.«

Dr. Meier nickte. »Gut, danke. Wo geht es jetzt hin?«

»Nach Wien.«

»Ach ja. Sehen Sie Herrn Sawatzki?«

»Genau.«

»Dann grüßen Sie ihn mal schön von mir. Sawatzki war hier mal Leiter des Rechnungswesens. Er hatte bessere Kontakte zur Holding als ich, deshalb hat man ihn damals nach Wien beordert, als der Posten vakant wurde.« Dr. Meier erhob sich und ging auf Sebastian zu, um sich zu verabschieden.

»Sawatzki ist gegangen, kurz nachdem die Affäre damals ruchbar wurde«, sagte er zum Abschluss. »Der kann Ihnen auch eine Menge erzählen. Auf Wiedersehen, Herr Dr. Ritter.«

11:12 Uhr

Es war nicht zu erkennen, woher das Blut stammte, aber es lief am linken Bein hinab, weiter in das Wasser, bis es sich am Bildrand sammelte. Es war nicht so viel, dass es über den Rahmen hinaus gelaufen wäre. Aber auf dem Bild war es deutlich zu sehen.

Irgendjemand musste in seinem Büro gewesen sein, dachte der Banker, und sein Bild beschmiert haben. Irgendjemand hatte eine rote Flüssigkeit über die Figur geschüttet, die im Pool trieb. Nicht viel, keinen dicken Klecks, nur ein wenig, so dass eine dünne rote Linie das Bild hinabfloss. Eine Linie, die aussah wie Blut.

Er drehte sich langsam von dem Bild weg und ging zum Fenster. War das Zufall, oder war es eine Drohung? Es war nicht sonderlich schwer, hier in das Büro hineinzukommen, abends, wenn die Putzkolonne das Gebäude durchschwärmte. Vielleicht war es ja jemand von der Putzkolonne gewesen. Nein, das war unwahrscheinlich. Dazu war die Farbe zu gekonnt auf das Bild geträufelt. Das machte keine Putzfrau. Außerdem, warum sollte es abends gewesen sein? Heute morgen hatte er noch nichts bemerkt auf dem Bild. Vielleicht war er zu sehr mit dem Fax und Plan B beschäftigt gewesen. Jedenfalls hatte er die rote Spur erst gesehen, als er aus der Sitzung zurückkam.

Es konnte sich ja jemand hineingeschlichen haben in sein Büro, als er nicht da war. Ein Berater? Vielleicht. Das Wahrscheinlichste war, dass es einer der Maulwürfe von Hohenstein war. Und dann war es wohl eine Drohung. Oder nur eine Warnung?

Er sah hinaus auf die Hochhäuser Frankfurts. Vielleicht saß Hohenstein jetzt ja hinter irgendeinem dieser Fenster und spann seine Pläne weiter. Seit das Fax angekommen war, hatte er nichts mehr von ihm gehört. Er hatte ihn auch wieder einmal nicht erreichen können. Das war schon kein gutes Zeichen gewesen. Und jetzt das.

Langsam ging der Banker zu seinem Schreibtisch und setzte sich auf seinen Sessel. Dann machte er die unterste Schublade des linken Containers auf und zog eine blaue Klarsichthülle heraus. Plan B.

Er nahm die Blätter aus der Hülle und legte sie nebeneinander auf den Tisch. Fünf Seiten. Vier Seiten Text, ein Organigramm. Das neue Bankhaus Großmann, Meyer & Cie.

Dass Hohenstein so eng mit den Beratern zusammenarbeiten würde, hätte er nie gedacht. Was da vor ihm lag, konnte nur von ihnen stammen. Es war ein komplett ausgearbeitetes Szenario, wie die Bank ihre Geschäfte mit 25 Prozent weniger Personal ausführen konnte, wobei sich diese Einsparungsquote auch auf die Hauptverwaltung bezog und nicht einmal vor dem Chefkabinett halt machte. Ein Posten sollte einfach wegfallen.

Namen wurden keine genannt in dem Papier, nur Funktionen wurden beschrieben. Ein Kabinettsmitglied sollte zuständig sein für das Kreditgeschäft, eines für die Einlagen und die Wertpapiere, eines für Controlling, Personal, Verwaltung und IT. Alle diese Posten waren heute besetzt. Darüber hinaus gab es heute noch den Sprecher, übergeordnet, ohne weitere festgeschriebene Zuständigkeiten. In Plan B kam er nicht mehr vor. Das neue Bankhaus Großmann, Meyer & Cie. war eines ohne den Imperator.

Der Banker stützte das Gesicht in beide Hände. Merkwürdig. Das war wohl noch der harmloseste Begriff für das, was ihm da widerfahren war. Er hatte frech mehr Informationen gefordert, und Hohenstein hatte wirklich nachgegeben. Erst mit etwas Zeitverzug, aber immerhin, das Papier mit der zukünftigen Struktur der Bank lag vor ihm. Aber zwei Fragen blieben offen: Erstens, wer in der neuen Struktur die Sprecherfunktion ausüben sollte. Und zweitens, wie man zu dieser neuen Struktur gelangen sollte.

Das waren Fragen, von denen Hohenstein wissen musste, dass er sie stellen würde. Aber er hatte es vorgezogen, sich ihnen zu entziehen. Er hatte auch keinen Ton mehr zu der Frage der Filialschließungen im Osten gesagt. Er hatte ihm einfach dieses Papier in die Hand gegeben, das sie beide den Kopf kosten konnte, wenn es Schweizer in die Hände geriet.

Vielleicht war es ja alles nur eine Finte, um ihn von dem Problem der Ostfilialen abzulenken? Um ihn zu beschäftigen, während die Ermittlungen liefen, die herausfinden würden, wozu sie die Filialen im letzten Jahr benutzt hatten? Die ihn nicht nur aus dieser komfortablen Bank katapultieren würden, sondern auch schnurstracks hinter Gitter?

Aber Hohenstein war doch mit von der Partie gewesen – er hatte eigentlich die Idee gehabt. Die Umsetzung war dann der Job des Bankers gewesen, denn schließlich hatte er die richtigen Verbindungen zu den Filialleitern. Kritisch war es geworden, als der alte Leclaire in Berlin verrückt spielte, aber sie hatten ihn noch einmal beruhigen können. Und ihn dann mit einer fürstlichen Abfindung in den Ruhestand geschickt. Hohenstein hatte das immer im Hintergrund gedeckt – wollte er sich jetzt ganz absetzen?

Wenn das sein Ziel war – warum gab er dann seinem Opfer belastendes Material in die Hand? Nachdenklich kratzte sich der Banker am Kinn. Aber es half nichts. Es wollte sich keine Lösung ergeben. Er kam einfach nicht darauf, was dieser Mann im Schilde führte.

Wie gefährlich Hohenstein sein konnte, hatte diese Woche ja schon gezeigt. Erst die Geschichte mit Nero – wobei man ihm da zugute halten musste, dass er nicht vorhersehen konnte, dass Nero vor lauter Geilheit gleich einen Herzinfarkt bekommen würde. Immerhin, auch wenn er den Alten ja eigentlich nur mit der kleinen Nutte erpressen wollte, die er ihm aufs Hotelzimmer geschickt hatte – wobei dieses »nur« schon recht zynisch war –, er hatte es in Kauf genommen, dass Nero dabei draufging.

Er schüttelte sich voller Abscheu. Was für eine Brutalität, und was für eine Kaltblütigkeit! Wegen diesem alten Narren hatte Hohenstein seine gesamte Existenz aufs Spiel gesetzt. Und fast hätten sie ihn ja wirklich noch erwischt, nicht die Polizei, aber die Presse. Da konnte sich der Banker dann aber doch einer gewissen Bewunderung nicht erwehren. Es waren keine Geschichten zu Kaiser mehr in den Zeitungen – Hohenstein hatte für Ruhe gesorgt. Mit seinen Mitteln zwar, aber immerhin.

Er konnte sich noch genau an die Nacht erinnern, die er damals mit Hohenstein in der einsamen Skihütte zugebracht hatte. Sturzbetrunken waren sie beide gewesen, und die Geschichten über ihre Autos und ihre

Abenteuer an der Börse hatten sie schon hinter sich gebracht. Als er dann die zweite Flasche Obstler aufmachte, hatte Hohenstein ihm eine Geschichte aus seiner Kindheit erzählt. Wie es in der Schule einmal zu einem Entscheidungskampf gekommen war, wer der Stärkste in der Klasse war. Vierzehn oder fünfzehn musste Hohenstein da gewesen sein. Johlend hatte die Meute um die beiden Kampfhähne herumgestanden. Mindestens eine Viertelstunde lang konnte keiner der beiden einen Vorteil erlangen. Doch dann war Hohensteins kleiner Finger im Nasenloch des anderen gelandet, und mit einem kräftigen Ruck hatte er ihm das halbe Gesicht aufgerissen – und gewonnen. Zwar hatte er vor Blut getrieft, aber ein Sieg war ein Sieg.

Der Banker schluckte. Er sah den anderen vor sich, wie er in der Hütte halb über dem Tisch lag, prustend und spuckend, wie ihm vor Lachen die Tränen die Wangen hinabliefen. Danach, hatte er dann erzählt, war er von der Schule geflogen, und seine Eltern hatten ihn in ein Internat gesteckt. Langsam hatte er aufgehört zu lachen. Und als er dann den einen Satz sagte, den der Banker nie vergessen hatte, wirkte Hohenstein gar nicht mehr betrunken.

»Aber was war das schon alles gegen dieses unvergleichliche Gefühl, der Stärkste zu sein.«

Eigentlich, dachte der Banker, war diese ganze Geschichte ja eher lächerlich. Eigentlich zeigte sie ja, was dieser Hohenstein für ein aufgeblasener, ungehobelter Fatzke war. Schlicht erbärmlich. Aber gerade deswegen war er so gefährlich. Denn wo die feinen Banker zurückschreckten, ging er einfach weiter. Getrieben von dem unwiderstehlichen Drang, alle anderen klein zu machen.

Von daher hätten auch die Schüsse auf Frau Schweizer genau ins Bild gepasst. Aber es war einfach nicht herauszubekommen, was da wirklich geschehen war. Schweizer war nicht im Haus, und auch über die Sekretärinnenkanäle hatte er nichts Neues erfahren können – dabei waren die normalerweise die besten Informationsquellen. So konnte er nur sagen: Vielleicht hatte Hohenstein nicht gelogen. Vielleicht zog er aber auch wieder im Hintergrund die Fäden. Es war zum Kotzen.

Er sah auf die Uhr. Gleich war es halb drei, und er musste los zu der Abteilungsleiterbesprechung. Also. Was konnte er tun? Zu Schweizer gehen. Damit hatte er gedroht, aber ganz nüchtern betrachtet war es viel zu gefährlich, denn so egal war ihm sein eigenes Wohl nun auch wieder nicht. Still halten. Das war die Kapitulation. Was blieb, war weiterhin zu versuchen, Hohenstein zu erreichen. Ihn dazu zu bringen, aktiv zu werden. Er sah auf das Telefon. Eher widerstrebend griff er zum Hörer und gab die Handy-Nummer ein. Es dauerte einige Sekunden, bis eine Reaktion aus der Leitung kam.

»Der gewünschte Teilnehmer ist zur Zeit nicht erreichbar. Bitte versuchen Sie es später noch einmal.«

Langsam legte der Banker den Hörer wieder zurück. Nichts zu machen. Und die anderen Nummern brauchte er erst gar nicht zu versuchen. Was also konnte er tun? Er konnte auf jemand andern zugehen. Aber auf wen? Die Berater? Ganz offensichtlich saßen die ja mit Hohenstein in einem Boot.

Er sah auf die Seiten, die vor ihm lagen. Wie bei den Beratern üblich, war auf jeder Seite ein Kürzel in der Kopfzeile. Erst kam der Name »Top Management Consulting«, dann ein Kürzel für die Datei und das Datum des Ausdrucks. 19. November. Ganz frisch. Es sah alles echt aus. Auch wenn er es wirklich schwer glauben konnte, dass diese Firma sich auf ein solches doppeltes Spiel einlassen würde. Das passte nicht zu ihrem Renommee. Und außerdem war Schweizer ihr Auftraggeber.

Darüber war eine weitere Zeile, die er bisher nicht gesehen hatte. »20. Nov« stand dort, »07:31«. Daneben das Wort »FAX«, dann eine Nummer, die mit »+44« begann, und zwei Worte: »The Connaught«. Wahrscheinlich die Absenderangabe, dachte der Banker. Gab es nicht ein Hotel Connaught? Natürlich, das kannte er doch. Das Connaught in London, da hatte er ja auch schon einmal gewohnt.

Er stand auf und ging um den Schreibtisch herum. Hohenstein hatte doch am Dienstag gesagt, er wollte seinen Maulwurf besuchen. Und das hatte er dann wohl getan, und zwar in London, in diesem Hotel. Und wenn er sich das Fax ansah, dann musste dieser Maulwurf wohl einer von den Beratern sein. Einer, der Hohenstein das Papier ausgearbeitet hatte.

Mit einem Mal kam ihm eine Idee. Was, wenn Hohenstein den Maulwurf und das Papier nutzen wollte, um die Berater aus der Bank zu werfen? Er brauchte das Papier schließlich nur auf verdeckten Wegen Schweizer zukommen zu lassen, dann würde es einen Riesenskandal geben, und die geschniegelten Herren müssten wie die Hasen aus dem Haus flüchten, denn sie wären ja die Schuldigen. Aber wozu das alles?

Er blieb vor dem Bild stehen. Die Verhältnisse hatten sich umgekehrt. Oder waren sie immer schon so gewesen, und er hatte sich nur eingebildet, dass sie anders seien? Jedenfalls war es jetzt nicht mehr zu bestreiten: Er war im Pool, und Hohenstein sah ihm vom Beckenrand zu, unbeweglich, undurchschaubar in seinen Absichten. Er ging näher an das Bild heran. Die Farbspur stand dick von der Leinwand ab. Er kniete sich auf einen der Sessel und kratzte mit dem Fingernagel an der Farbe herum. Sie ging ab. Langsam arbeitete er sich bis zum Bildrand vor.

Als er fertig war, ging der Banker einen Meter zurück und betrachtete seine Arbeit. Die Linie war verschwunden. Er hatte doch noch eine Chance, sagte er sich. Er musste diesen Ritter erreichen.

17:59 Uhr

Missmutig trank Sebastian seinen Bourbon mit Ginger Ale. Es war ja klar, dass es ausgerechnet an so einem Tag in Wien anfangen musste zu schneien. Und dass deshalb alle Flüge Verspätung hatten. Wobei sein Flug nach Frankfurt noch einer war, der ganz gut wegkam – er musste nur eine Stunde warten. Trotzdem, eine Stunde Verspätung hieß, dass er jetzt mindestens bis acht hier in der Senator-Lounge am Wiener Flughafen herumhängen durfte und erst gegen zehn in Frankfurt ankommen würde. Einfach ein Traum, dachte Sebastian. Ein passender Abschluss für einen beschissenen Tag.

Dabei hatte alles noch richtig gut ausgesehen, als er in Stuttgart losgeflogen waren. Noch im Taxi hatte er seine Mailbox abgehört. Eine gute Nachricht nach der anderen – vielleicht mit Ausnahme der letzten. Am Anfang stand der neue Präsentationstermin in der Bank: Montag, ihr Wunschtermin. Grimm hatte Sturm überredet, Sebastian morgen früh um acht zu empfangen, so dass sichergestellt war, dass er vor der Präsentation mit ihm reden konnte. Und hoffentlich auch alles klären.

Frau Neher hatte die Nachricht durchgegeben, und sie war wieder so aufmerksam, ja, so besorgt gewesen, dass er geradezu hingerissen war. Um so größer war dann sein schlechtes Gewissen, als er die nächste Nachricht hörte. »Warum muss ich eigentlich immer auf deinen blöden Anrufbeantworter treffen«, hatte eine weibliche Stimme gesagt. »Das ist wirklich ein Scheißjob, den du dir da ausgesucht hast. Na ja, ich ja auch.«

Dann kam ein Lachen, und erst an dieser Stelle war Sebastian klar geworden, dass es Natalie war. Sie klang richtig fröhlich. »Was ich dir sagen wollte: Am Wochenende …« Aber da musste die Leitung zusammengebrochen sein, denn alles, was danach kam, war nur ein Rauschen. Immerhin. Mit so fröhlicher Stimme sagte man nicht ab. Sie würden sich am Samstag sehen, da war Sebastian sich sicher.

Die letzte Nachricht war dann von Phil. Er konnte nun doch nicht am Termin in Wien teilnehmen. Sebastian sollte ihn am Abend anrufen, vor halb sieben, denn um diese Zeit saß er schon wieder im Flieger.

Einerseits war Sebastian heilfroh gewesen, denn diese Gespräche in den RFG-Unternehmen konnten böse Überraschungen bereithalten, das hatte der Morgen ja gezeigt. Andererseits war es ihm ja gelungen, sich blendend aus der Affäre zu ziehen, so etwas gab Selbstvertrauen.

Jetzt musste er grinsen. Wenn er am Morgen gewusst hätte, was auf ihn noch zugekommen sollte, hätte er Gott gedankt, dass Phil abgesagt hatte. Obwohl – vielleicht wäre gar nichts passiert, wenn er dabei gewesen wäre.

Sebastian sah auf die Uhr. Kurz nach sechs. Es war Zeit für seinen Anruf. Er nahm sein Handy vor, und wenig später hörte er Phils Stimme, leicht blechern und mit heftigem Rauschen im Hintergrund.

»Hallo, Phil«, sagte er. »Hier ist …«

»Sebastian! Gut von dir anzurufen. Wie waren die ersten Gespräche?«

»Oh, insgesamt gut.« Er schluckte.

Von der anderen Leitung kam einen Moment lang nur das Rauschen. Er hat schon etwas gemerkt, dachte Sebastian. Dann sagte Phil: »Erzähl.«

Und Sebastian erzählte. Vom Morgen beim Maschinenbauer, davon, wie Dr. Meier, der Finanzvorstand, die Sanierung gut im Griff zu haben schien, wie aufgeschlossen er dem Wertmanagement gegenüber war, wie intensiv sie alle Fragen diskutiert hatten, wie gut er selbst mit der Thematik zurechtgekommen war …

»Ah, wunderbar«, sagte Phil. »Also du bist jetzt im Thema drin?«

»Das kann man so sagen.«

»Okay. Dann war alles positiv. Und es gab keine kritischen Momente?«

Sebastian hätte jetzt von seinem Schwächemoment erzählen können, oder von der merkwürdigen Steuerhinterziehung des Vorgängers von Meier, vielleicht auch von dem Hinweis auf den Kollegen in Wien, der doch mehr über die Geschichte wissen sollte. Er tat es nicht. Konzentration auf das Wichtigste war die erste Priorität bei Gesprächen mit Partnern, hatte er einmal gelernt. »Nein«, sagte er. »Es lief alles richtig gut.«

»Und dann?«

»Dann bin ich zu dem Textilmaschinenhersteller nach Wien geflogen.«

»Oh ja, natürlich. Wien ist eine schöne Stadt, nicht wahr?«

»Kann schon sein«, sagte Sebastian tonlos. »Wir sind nur vom Flughafen zum Industriegebiet gefahren. Und der Autobahnring ist nicht besonders attraktiv.«

»Ach so«, sagte Phil. »Ja. Hätte ich mir denken können.« Er schwieg einen Moment lang. »Wie war es da?«

Er hätte sagen sollen: Es war einfach beschissen. Dieser wienerische Intrigant Sawatzki hatte ihn erst eine halbe Stunde im Flur warten lassen, dann hatte er so getan, als wüsste er überhaupt nichts von einem Projekt, geschweige denn von neumodischem Kram wie Wertmanagement, und sich erst einmal über ihren Fragebogen lustig gemacht. »Es ... es fing etwas schwierig an.«

Phil zeigte keine Reaktion. Er wollte mehr hören.

»Mein Gesprächspartner war nicht so recht über das Projekt informiert«, sagte Sebastian. »Genauer gesagt, ich glaube, er wollte sich nicht informieren, denn Klohs hat ja alle Geschäftsführer angerufen.«

»Sag mir, was herausgekommen ist.« Phil klang etwas gehetzt. Wahrscheinlich war er wieder kurz davor, seinen Flug zu verpassen.

Was war herausgekommen? Nach einer halben Stunde hatte sich Sawatzki leidlich ausgetobt, und er konnte mit den Fragen anfangen. Es ging schon besser als am Morgen, und je länger es dauerte, umso zugänglicher wurde der Herr Generaldirektor – was tatsächlich sein Titel war. »Ich habe unseren Fragebogen durchgezogen.«

»Dann können wir einen Statusbericht über das Unternehmen abgeben? Für die Präsentation, meine ich?«

»Ja«, sagte Sebastian. »Das können wir.« Er meinte fast, Phil aufatmen zu hören. Aber es war nur das Rauschen.

»Hör zu, Sebastian«, sagte Phil schließlich. »Ich komme jetzt gleich am Flughafen an. Wir können jetzt nicht mehr reden. Ich vermute, das

Gespräch war ziemlich unangenehm, und du machst dir deswegen Sorgen. Aber das Entscheidende ist, dass wir die Präsentation fertig bekommen werden. Der ganze Rest wird sich klären lassen. Und wir können darüber morgen reden.«

»Wann bist du morgen zu erreichen?«

»Gar nicht. Ich bin dauernd in Meetings. Es ist besser, ich rufe dich an. Bis morgen, Sebastian.« Das Handy piepte.

Morgen. Ob Klohs es wohl schaffen würde, Phil zu erreichen? Wenn es so wäre, würde sein Gespräch mit dem Partner wohl nicht so angenehm werden, dachte Sebastian. Aber all das hing davon ab, ob dieser Sawatzki sich wirklich über ihn beschweren würde. Und das war reine Spekulation. Bei so jemandem wie dem Herrn Generaldirektor konnte man keinem Satz trauen, schon gar nicht, wenn es eine Drohung war.

Alles hatte damit angefangen, dass sie so früh fertig waren. Sebastian war mit den Fragen in kaum einer halben Stunde durch – nicht zuletzt, weil sein Gesprächspartner immer nur das Nötigste antwortete. Natürlich wollte er beim ersten Gespräch nicht so schnell wieder gehen. Also begann er, ein bisschen über das Unternehmen in Wien und die RFG zu plaudern, und Sawatzki schien auch etwas aufzutauen. Er fragte danach, mit wem sie sonst noch gesprochen hatten, und Sebastian erzählte von dem Maschinenbauer und Dr. Meier. Und dann sprach er den zutraulich lächelnden Herrn Generaldirektor auf die Steuerhinterziehung an. Eigentlich war es eine unschuldige Frage. Aber bei Sawatzki bewirkte sie erstaunliche Reaktionen.

Zuerst verschwand das Lächeln aus seinem leicht aufgedunsenen Gesicht. Dann fuhr er sich nervös durch das akkurat gescheitelte, wenngleich leicht fettig glänzende Haar und sagte: »Was hat das mit unserem Gespräch zu tun?«

An dieser Stelle hätte er das Treffen beenden und für die nette Aufnahme danken müssen. Er hätte die feuchte Hand des Herrn Sawatzki schütteln und gehen sollen. Aber aus irgendwelchen unerfindlichen Gründen hatte er einfach weitergeredet.

»Dr. Meier sprach das Thema heute morgen an. Und er hat erwähnt, dass Sie mehr darüber wüssten.«

»Wieso interessiert Sie das?«, fragte Sawatzki zurück, plötzlich mit versteinerter Miene.

»Das betrifft überhaupt nicht unser Projekt, Herr Sawatzki«, wollte

Sebastian beschwichtigen. »Wirklich, es war nur eine Frage aus persönlicher Neugierde …«

»Ich hatte nichts mit der Sache zu tun«, sagte Sawatzki scharf.

»Davon bin ich natürlich ausgegangen, Herr Sawatzki«, sagte Sebastian souverän lächelnd und fing an, seine Papiere einzupacken.

Einen Moment lang schien es dann, als würde Sawatzki wieder auftauen. Er lachte kurz, aber es war ein Lachen ohne Humor. Dann sagte er: »Das ist überaus freundlich von Ihnen. Und wenn ich jetzt bitte erfahren könnte, im Rahmen welcher Untersuchung Sie diese Überlegungen nun tatsächlich angestellt haben.«

Sebastians Mund war trocken. Dieser Generaldirektor war ein Psychopath, kein Zweifel. Er musste unbedingt aus diesem Büro verschwinden. »Herr Sawatzki«, sagte er eindringlich. »Ich versichere Ihnen, es gibt da keine Untersuchung. Es war wirklich nur eine rein persönlich motivierte Frage.«

Sawatzki hatte sich jetzt wieder ganz unter Kontrolle. Sein unangenehmes Lächeln war zurückgekehrt. Lässig lehnte er in seinem Sessel und fuhr mit dem Arm großzügig durch die Luft. »Ach, kommen Sie, Herr Ritter. Sie wollen, dass ich offen mit Ihnen umgehe und Ihnen alle Kammern meiner Firma zeige. Und gleichzeitig wollen Sie selber gar nichts preisgeben. Wie sollen wir so zusammenkommen?«

»Es gibt da nichts preiszugeben, Herr Sawatzki. Ich war nur neugierig.«

»Natürlich, Herr Ritter, das waren Sie«, sagte Sawatzki. In seinem rechten Mundwinkel sammelte sich der Speichel. »Und unvorsichtig waren Sie auch. Und dumm. Sehr dumm.« Er lehnte sich auf den Tisch. »Schauen Sie, Herr Ritter. Sie wollen hier etwas von mir. Das kann ich machen. Oder auch nicht. Und ich muss Ihnen gestehen, ich habe immer weniger Lust dazu.«

Sebastian sah dem Generaldirektor direkt ins Gesicht. Es glänzte schweißig. Eine fettige Strähne hing ihm in die Stirn. Was für ein Widerling, dachte er. Dann stand er einfach auf. »Ich möchte dieses Gespräch jetzt beenden, Herr Sawatzki.« Er griff nach seinen Taschen.

Das Lächeln gefror auf Sawatzkis Gesicht. »Gut«, sagte er tonlos. »Dann verschwinden Sie. Aber damit kommen Sie hier auch nicht mehr rein.« Er sprang auf und ging mit hektischen Schritten zu der zweiten Tür, die zu seinem Arbeitszimmer führte. Er öffnete sie und schien schon grußlos hindurchgehen zu wollen, als er sich eines Besseren besann. »Und dass ich mich über Sie beschweren werde, das ist Ihnen ja wohl auch klar. In diesem Unternehmen werden Sie kein Projekt machen, und in der Holding auch nicht.« Die Tür knallte ins Schloss.

Draußen war es eiskalt gewesen. Es hatte gedauert, bis er es geschafft hatte, über das Handy ein Taxi zu rufen. Und dann hatte es ihn warten lassen, zehn Minuten lang, fünfzehn, fast eine halbe Stunde. Er hatte dagestanden im Schneetreiben und gefroren. Als das Taxi dann endlich gekommen und er sicher auf dem Weg zum Flughafen war, fragte sich Sebastian, warum um alles in der Welt er Sawatzki diese Frage gestellt hatte. Und musste feststellen, dass er keine rechte Antwort hatte. Es war einfach Neugier.

Sebastian sah auf die Uhr. Kurz vor halb sieben. Das bedeutete, noch über eine Stunde herumzusitzen. Während immer wieder die Szene in Sawatzkis Besprechungszimmer vor ihm ablief.

Sein Handy klingelte. Es war Birgit. »Ich habe den Termin nächsten Mittwoch in Hamburg umgelegt. Du triffst jetzt den Finanzvorstand. Und zwei Leute von der Bank haben mehrfach versucht, dich zu erreichen. Ein Herr Böttcher und ein Herr de Guise. Und Ludwig braucht dich auch.«

»Okay«, sagte Sebastian und gähnte. »Und sonst?«

»Sonst? Sonst war nichts. Gar nichts.« Peng. Sie hatte wieder aufgelegt.

Sie war also noch immer sauer, dachte Sebastian resignierend. Aber er war jetzt wirklich nicht in der Stimmung für große Versöhnungsgespräche. Und die Kabinettsmitglieder anzurufen hatte er auch keine Lust. Morgen war ja auch noch ein Tag.

Ein Tag, der mit dem Termin mit Sturm begann. Dann musste er wohl zumindest mit Ludwig sprechen, denn sich heute noch zu sehen, würde wohl kaum noch klappen. Jedenfalls hatte er keine Lust, um zehn noch ins Büro zu fahren.

Er entschloss sich, Ludwig eine Nachricht auf der Mailbox zu hinterlassen, dass er ihm die Auswertung der Filialen in der Casa an der Rezeption hinterlassen sollte. Dann stand er auf und holte sich noch einen Bourbon mit Ginger Ale. Als er an der Bar stand, sah er jemanden auf sich zukommen. Groß, blond, dunkler Anzug, ganz der Beratertyp. Nein, die Krawatte war doch etwas zu bunt. Und in dem Alter trug auch kein Berater mehr einen Pilotenkoffer, denn da war man schon Partner und hatte nur noch ein Dokumentenmäppchen. Moment, dachte Sebastian, ist das nicht …

»Stefan Brömmighausen!«

Der blonde Hüne sah ihn verwundert an. Dann zog ein breites Grinsen über sein Gesicht. »Hey! Sebastian Ritter! Du hier, altes Haus.«

Sebastian schüttelte seinem Ex-Kollegen heftig die Hand. Brömmighausen war schon ein Jahr dabei gewesen, als Sebastian bei Top Management Consulting anfing. Mit ihm hatte er sein erstes Projekt durchgestanden.

»Wie, und du bist ganz alleine unterwegs?«

»Tja, wir sind in der Anfangsphase. Du weißt schon, Bestandsaufnahme, und natürlich war kein Consultant frei …«

»Du bist also noch immer bei dem alten Verein?«, fragte Brömmighausen.

»Klar.«

»Und dir geht es weiter gut?«

Sebastian nickte.

»Sag mal … Ich bin jetzt zwei Jahre weg … Dann musst du doch bald Partner werden.«

»Na ja. Vor Weihnachten ist die Wahl.«

»Und?«, drängte Brömmighausen unverfroren. »Aber dich brauche ich ja gar nicht zu fragen …«

Sebastian grinste. »Wie geht es dir denn?«

Brömmighausen wiegte den Kopf hin und her. »Ach, mal so, mal so.« Dann fragte er: »Wo geht's denn hin bei dir?«

»Frankfurt.«

»Hey«, strahlte Brömmighausen, »bei mir auch. Komm, das müssen wir unbedingt begießen. Ich bin heute nacht im Frankfurter Arabella, kommst du mit in die Bar?«

Sebastian hätte gerne abgelehnt, aber er sah Brömmighausens Gesicht an, dass jeder Widerstand zwecklos war. Schicksalsergeben nickte er.

»Prima. Komm, dann holen wir uns jetzt erst einmal einen Schampus. Mit dem Feiern kann man nicht früh genug anfangen.«

Er zog los in Richtung Bar. Sebastian folgte ihm brav. Besser als hier herumzuhängen, sagte er sich. Und außerdem konnte es ihm nur gut tun, die alten Zeiten wieder aufleben zu lassen.

23:47 Uhr

»**D**as glaube ich einfach nicht. Er hat dich einfach stehen lassen? Und dir richtig gedroht?« Brömmighausens Gesicht war leicht gerötet. Seine Augen waren zu Schlitzen zugequollen. Er grinste erwartungsvoll, wohl wissend, dass er im nächsten Moment in prustendes Gelächter ausbrechen würde.

»Der Sabber lief ihm das Kinn hinunter. Und eine fettige Tolle hing ihm in die Stirn. So.« Sebastian fuhr sich durch das Haar. Brömmighausen wieherte vor Lachen. »Und dann hat er gesagt: ›Hier machen Sie kein Projekt, und in der Holding auch nicht.‹« Er hob die leicht zittrige rechte Hand. »Ich schwör's.«

»Also, Sebastian«, sagte Brömmighausen, »so etwas ist mir in meiner ganzen Beraterzeit nicht gelungen. Du bist ein echter Held.« Er hob sein Glas und stieß mit seinem Gegenüber an.

Sebastian trank seinen Strawberry Margarita und versuchte zu überschlagen, die wievielte es wohl war. Nummer drei oder Nummer vier? Nicht zu vergessen die zwei Bourbon mit Ginger Ale, der Schampus, erst in der Lounge, dann im Flieger ... Er schluckte. Gut, dass er immer Aspirin dabei hatte. Für Gelegenheiten wie diese hier.

Jetzt hatte er Brömmighausen zum dritten Mal die Geschichte von Sawatzki erzählt, und sein liebenswerter Ex-Kollege konnte schlicht nicht genug davon bekommen. Wobei Sebastian nicht recht klar war, ob er wirklich daran interessiert war, wie es ihm ging, oder ob er sich nur über ihn lustig machen wollte. Wahrscheinlich fand er die Geschichte vor allem witzig.

»Und wie war das am Dienstag? Mit diesem Bankenheini? Wie hieß der noch mal?« Brömmighausen kratzte sich etwas ungelenk am Kopf.

»Sturm«, sagte Sebastian. »Dr. Bernhard Sturm.«

»Ah ja«, lallte Brömmighausen. »Der hat dich doch auch rausgeschmissen, oder?«

»Nicht ganz. Der hat unser Gespräch nur für beendet erklärt.«

»Ach so. Ja. Gut, das ist mir auch schon passiert. Das ist die etwas feinere Art.« Er fuhr mit dem Finger am Rand seines Cocktailglases entlang. Dann sagte er leise: »Das passiert mir eigentlich dauernd, um ehrlich zu sein.«

Durch den Alkoholschleier wurde Sebastian bewusst, dass Brömmighausen bisher kaum etwas von sich erzählt hatte. Er hatte sich eigentlich ausschließlich darauf beschränkt, gierig alle greifbaren Details des Beraterlebens aufzusaugen. Mit dem letzten Satz hatte er sich zum ersten Mal ein wenig geöffnet.

»Erzähl doch mal«, sagte Sebastian. »Was machst du denn jetzt eigentlich genau?«

Brömmighausen zuckte mit den Achseln. »Na, das weißt du doch. Ich bin bei der Heritz-Gruppe. Malen, Reinigen, Restaurieren. Über dreißig Niederlassungen in Deutschland. Jede ein bisschen anders. Manchmal mehr als nur ein bisschen.«

»Und du machst da jetzt das Controlling?«

»In der Holding«, sagte Brömmighausen und nickte. »Ursprünglich sollte ich mal Strategien entwickeln. Wie alle Ex-Berater, die in einer Unternehmenszentrale landen.« Er lachte trocken und schlürfte noch einmal an seinem Cocktail.

»Ich bin ein halbes Jahr durch die Republik gereist und habe die Niederlassungen besucht. Ich habe mit den Geschäftsführern gesprochen, die heutigen Tätigkeitsfelder aufgenommen, auch ein paar Marktinterviews geführt. Und ich habe Kerngeschäfte identifiziert und Zukunftsperspektiven entworfen.«

»Klingt ja wie bei uns«, sagte Sebastian.

Brömmighausen sah ihn missmutig mit seinen verquollenen Augen an. »Hmm«, brummte er. »Ja. Schon. Nur, dass du kein Team hast. Kannst alles selber machen.« Er drehte mit seinem Zeigefinger Kreise in seinem Cocktailglas und leckte ihn dann ab. »Trotzdem«, sagte er. »War die beste Zeit damals.«

»Und wie ging's dann weiter?«

Brömmighausen zuckte mit den Achseln. »Eigentlich gar nicht«, sagte er. »Ich habe die Ergebnisse präsentiert, und erst waren alle begeistert. Heritz senior nickte mir wohlwollend zu. Alle sahen mich schon als zukünftigen Geschäftsführer der Holding.« Er spielte mit seiner Serviette herum und schwieg.

»Ja – und dann?«, fragte Sebastian.

»Nichts dann. Sie haben dankbar meine Ordner entgegengenommen und sie dann weggepackt. Und seitdem nicht mehr angesehen.« Er begann, die Serviette in kleine Fetzen zu reißen.

Sebastian sah ihm eine Weile lang zu, bis er merkte, dass er Brömmighausens Hände doppelt vor sich sah. Er schüttelte den Kopf. »Verstehe ich nicht«, sagte er.

Brömmighausen schaute langsam nach oben. »Das ist ein Familienbetrieb, Sebastian. Aus einem kleinen Malerbetrieb in Wanne-Eickel hervorgegangen. Und nach dem Krieg hat dann der alte Heritz angefangen, Filialen zu gründen und die Geschäfte zu erweitern. Nicht nur Gebäudeanstrich, sondern auch Spezialarbeiten. Anstrich von Stromleitungsmasten zum Beispiel. Oder später dann Teerarbeiten bei Flachdächern. All so'n Kram.«

»Ja – und?«

Brömmighausen lachte blechern. »Und! Das sind Handwerker.«

Langsam begriff Sebastian. »Und von denen hat dich keiner ernst genommen.«

Brömmighausen schüttelte den Kopf. »Nicht einer. Anfangs haben sie noch mitgespielt, weil es ja vom Alten kam. Aber als meine Studie dann fertig war und es ans Umsetzen ging, haben sie alle die Schotten dicht gemacht. Und der Alte hat mich im Regen stehen gelassen, weil er es sich mit keinem verderben wollte.« Er grinste Sebastian bitter an und sah aus, als würde er jeden Moment in Tränen ausbrechen.

»Na ja«, sagte er nach einer Weile und fuhr fort, die Serviette zu zerfetzen. »Eine Zeitlang habe ich dann Däumchen gedreht und gewartet. Als nichts passierte, bin ich zu Heritz junior gegangen – der ist für die Finanzen zuständig – und habe mich aufgeregt. Daraufhin haben sie mein Gehalt erhöht und mich zum Leiter Controlling gemacht.« Er nahm den letzten Schluck aus seinem Glas.

»Tja, und jetzt sorge ich dafür, dass die Monatsberichte rechtzeitig bei Heritz senior und junior ankommen und schreibe jedes Quartal, dass sich die Einschätzungen aus meiner Studie bewahrheiten. Und ansonsten warte ich darauf, dass etwas passiert.«

Der Barkeeper räumte Brömmighausens Glas ab. »Noch einen Wunsch?«, fragte er.

»Ja«, sagte Brömmighausen und ignorierte Sebastians Kopfschütteln, »noch einmal eine Runde von demselben.« Sebastian stöhnte.

»Komm, so schnell sehen wir uns nicht wieder.« Brömmighausen drohte ihm leicht zittrig mit dem Zeigefinger. »Und erzähl mir nicht, was du morgen für wichtige Termine hast. Die hast du jeden Tag.«

Sie starrten schweigend vor sich hin, bis die neuen Cocktails kamen. Dann fragte Sebastian: »Warum gehst du nicht?«

Brömmighausen lachte wieder. »Was meinst du, warum ich hier bin. Ich hab morgen ein Interview. Hier im Hotel, witzigerweise.«

»Und? Was ist das für ein Laden?«

Brömmighausen zuckte mit den Achseln. »Eine Holding. Die wollen mich für eines ihrer Unternehmen. Aber ich bin da skeptisch, weißt du. Damals, als ich von unserem Laden weg bin, da hat es fast ein Jahr gedauert, bis ich etwas Vernünftiges gefunden hab. Das heißt, etwas, das ich für vernünftig hielt«, korrigierte er sich. »Damals habe ich gedacht, das ist ein Laden, in dem du etwas verändern kannst. Und Heritz junior schien das auch zu wollen.« Er trank von seinem Margarita. »Na ja, Schwamm drüber.«

Sie schwiegen eine Weile. Sebastian sah sich um. Die Bar im Arabella in Frankfurt bestand vor allem aus einer großen Theke, die recht unvermittelt in der Hotellobby auftauchte. Drumherum standen noch einige vereinzelte Tische, aber im wesentlichen spielte sich das Leben an dieser Theke ab. Normalerweise jedenfalls. Jetzt war alles schon leer – bis auf einen der runden Tische, an dem noch zwei grauhaarige Männer in dunklen Anzügen saßen. Als Sebastian in ihre Richtung schaute, sah sich der eine um. Sebastian zuckte zusammen. War das nicht Dr. Speer, das Vorstandsmitglied bei seinem zweiten Kunden? Der ihm am Dienstag erklärt hatte, dass sie so jemanden wie ihn nicht brauchen konnten? Er reckte sich zur Seite, um an Brömmighausen vorbei eine besser Sicht zu haben, aber der Mann am Tisch hatte sich schon wieder weggedreht.

»Alles klar?«, fragte Brömmighausen, leicht irritiert von Sebastians Verrenkungen.

»Ja, ja ... Ich dachte, da hinten säße jemand, den ich kenne.«

Brömmighausen drehte sich um. »Einer von den beiden da am Tisch?« Er suchte nach seinem Glas. »Jemand vom Kunden?«

»Ja.« Sebastian schüttelte den Kopf. »Aber das kann er eigentlich nicht gewesen sein.« Er grinste etwas verlegen. »In letzter Zeit neige ich etwas zu Paranoia.«

Brömmighausen nickte ernst. »Kenn ich«, sagte er. »Klares Zeichen von Überarbeitung. Sei vorsichtig, Sebastian.«

Sie schwiegen wieder. Sebastian blickte auf den Tresen. Eigentlich hatte er das Gespräch nicht in diese Richtung lenken wollen.

Sebastian schluckte. »Sag mal«, sagte er schließlich. »Musstest du damals eigentlich gehen?«

Brömmighausen schaute nicht einmal hoch. »Das weißt du doch«, sagte er tonlos.

»Damals hieß es, du wärst ihnen mit deiner Kündigung zuvor gekommen.«

»Ja«, sagte Brömmighausen, »das haben wir gut hingekriegt. Die Gerüchteküche ausgetrickst, sozusagen.« Er drehte sich zu Sebastian und wäre dabei fast von seinem Barhocker gerutscht. »Nein, nein«, meinte er, nachdem er wieder sicher saß, »ich wusste schon länger, das sie mich nicht zur Wahl vorschlagen würden. Sie haben mir sogar den Headhunter besorgt.«

Mit einem Mal war es Sebastian unerträglich heiß. Er spürte, wie ihm der Schweiß auf der Stirn stand. Er zog an seiner Krawatte und öffnete den obersten Hemdenknopf.

»Wenn du Partner wirst, Sebastian, dann hast du es geschafft«, sagte Brömmighausen leise. »Glaube mir, so mies dir heute dein Job vorkommen mag, draußen ist es viel schlimmer. Da draußen gibt es nirgendwo einen Job, bei dem du so viel Freiheit hast – und so viel Spaß – wie in der Beratung. Als Berater kostest du so viel, dass es sich keiner leisten kann, dich einfach zu ignorieren. Oder alles vor die Wand fahren zu lassen. Irgendeinen Erfolg kannst du immer vorweisen. Und das reicht doch schon, damit du ein neues Projekt kriegst.« Er wollte nach seinem Glas greifen, aber die Bewegung misslang ihm. Das Glas kippte zur Seite und zerbrach. Der Margarita ergoss sich über den Tresen.

»Oh, Scheiße«, murmelte Brömmighausen. Er sah sich hilfesuchend um. Der Barkeeper war bereits mit einem Schwung Servietten unterwegs.

»Ich glaube, wir zahlen jetzt besser«, sagte Brömmighausen und wischte sich seine klebrige Hand an einer der Servietten ab. Der Barkeeper nickt und verschwand wieder.

Sebastian fühlte, wie der Schweiß langsam an seiner Wange hinablief. Ihm war elend zumute. Eine leichte Übelkeit kam aus der Magengegend nach oben gekrochen. Und dann war da dieser Drang, endlich einmal alles loszuwerden. Nachdem, was er ihm jetzt anvertraut hatte, könnte Brömmighausen der Richtige sein. Einer, der ihn verstehen würde.

»Warte«, sagte er. Sein Mund war trocken. »Ich glaube, ich muss dir noch etwas erzählen.«

Freitag, 22. November

07:10 Uhr

Sebastian schreckte hoch und griff nach seiner Armbanduhr. Zehn nach sieben. Um acht Uhr sollte er bei Sturm antreten. Hatte er nicht um einen Weckruf um halb sieben gebeten? Er rieb sich die Augen. Und sie hatten doch auch angerufen ... Richtig. Er musste den Hörer abgenommen haben und sofort wieder eingeschlafen sein.

Er warf die Bettdecke von sich und wollte aus dem Bett springen. Aber schnelle Bewegungen waren an diesem Morgen nicht möglich. Eine unvorsichtige Drehung des Kopfes und er wusste, was los war. Er meinte, sich düster daran zu erinnern, dass er gestern im Bad noch ein Aspirin genommen hatte ... Es hätten wohl besser zwei sein sollen.

Langsam stand er auf, zog sich T-Shirt und Boxer-Shorts vom Leib und ging in Richtung Badezimmer. Nach drei Schritten stellte er fest, dass er noch immer ein wenig schwankte. Er blieb stehen und sah sich im Zimmer um. Merkwürdig. Die Schranktür stand zwar offen, aber sein Anzug und sein Hemd hingen fein säuberlich auf dem Bügel, und auch die Sachen aus dem Kleidersack waren ordentlich aufgehängt. Es war ihm völlig schleierhaft, wie ihm das gestern noch gelingen konnte.

Im Badezimmer angekommen, brauchte er einige Zeit, um den Lichtschalter zu finden. Er bemühte sich, seinem Anblick im großen Spiegel zu entgehen, und ließ sich erst einmal auf der Toilette nieder. Im Stehen zu pinkeln hätte ihn an diesem Morgen eindeutig überfordert.

Der Kopfschmerz fing am Hinterkopf an und zog sich bis zu den Augäpfeln, dazu pochte es auch noch heftig in den Schläfen. Er schloss die Augen. Was war er doch für ein Idiot. Er hätte gehen sollen, als Brömmighausen zahlen wollte. Aber nein, er musste ihm noch sein Herz ausschütten ...

Er stand auf und drückte die Spülung. Als er vor dem Spiegel stand, konnte er der Versuchung doch nicht widerstehen und sah hoch.

Er sah nicht so schlimm aus, wie er befürchtet hatte. Gut, seine Augen waren rote Striche, die Lider zugequollen. Blass war er natürlich auch, und die Lippen waren schmal und fahl. Die Haare standen in alle Himmelsrichtungen. Aber mit einer kräftigen kalten Dusche dürfte das schon wieder hinzukriegen sein. Wenn nur dieser Kopf nicht wäre …

Aus seinem Waschbeutel nahm er noch zwei Aspirin und löste sie in einem Wasserglas auf. Er starrte auf die sprudelnden Tabletten, bis ihm einfiel, dass er ja gar nicht so viel Zeit hatte. An diesem Morgen zu spät zu Sturm zu kommen, wäre so ziemlich das Dümmste, was er machen konnte. Er trank mit gierigen Schlucken und bereute es sofort, denn sein Magen hüpfte entnervt auf und ab. Er stützte sich auf das Waschbecken und betete inständig um Besserung. Es dauerte eine Weile, bis es wieder ging. Umständlich kletterte er in die Dusche und drehte den Kaltwasserhahn auf.

Als er aus dem Bad herauskam, ahnte er dumpf, dass er dort viel zu lange herumgetrödelt hatte. Er sah auf seine Uhr. Zwanzig vor acht. Eine Katastrophe.

Fünf Minuten, um sich anzuziehen. Die anderen Sachen musste er hier hängen lassen und vor zwölf noch einmal zurück kommen, um alles abzuholen. Dann konnte er auch zahlen. Das Taxi brauchte zehn Minuten zur Bank. Das könnte so gerade klappen. Wenn er gleich ein Taxi bekam … Er griff zum Hörer, wählte die Nummer der Rezeption und bat sie, ihm schon einmal einen Wagen zu bestellen.

Beim Anziehen musste er heute morgen eine neue Rekordzeit erreichen. Ich bin doch ein echter Berater, dachte er. Immer vom Wettbewerbsgedanken getrieben. Hatte er Brömmighausen auch davon erzählt? Er konnte sich nur an einzelne Bilder erinnern, an Gesprächsfetzen. An seine weinerliche Stimme. An Brömmighausens versteinertes Gesicht.

Er ging zum Spiegel, um sich die Krawatte zu binden. Wie er hierher gekommen war, wusste er nicht mehr so genau. Doch, Brömmighausen hatte ihn in ein Taxi gesetzt. Und das musste ihn hier abgeladen haben. Und der Nachtportier hatte den Schlüssel bereit gehabt für ihn, wie immer … Und er hatte irgendetwas von sehr spät gesagt, nach zwei.

Als er sich bückte, um seine Schuhe zuzubinden, pochte sein Kopf wieder, als würde sich all das Blut seines Körpers in diesem kleinen Raum unter der Schädeldecke versammeln. Er setzte sich schnell wieder auf. Ein Glück, dachte er, dass er Brömmighausen so schnell nicht wiedersehen würde. Der Abend gestern war an Peinlichkeit ja kaum zu überbieten.

Er zog sein Jackett an, warf sich den Mantel über, griff nach seinem Aktenkoffer und stampfte aus dem Zimmer.

Als er die letzten Stufen zum Erdgeschoss hinabpolterte, sah er draußen schon das Taxi warten. Er wollte nur schnell den Schlüssel auf die Rezeption werfen, aber die junge Frau hinter dem Tresen stoppte ihn.

»Herr Dr. Ritter, hier ist noch ein Umschlag für Sie.« Sie reichte ihn über den Tresen.

»Wie? Ja, ach so, danke«, sagte Sebastian. Ludwigs Fleißarbeit. Die hatte er völlig vergessen. Er bedankte sich und hetzte weiter in Richtung Ausgang.

Draußen öffnete er die Taxitür, warf seinen Koffer auf die Rückbank und schob sich in den Wagen.

»Zum Bankhaus Großmann, Meyer & Cie.«, sagte er. Ein Blick auf die Uhr: zehn vor acht. Er hatte doch etwas länger gebraucht. »Und beeilen Sie sich bitte. Ich habe um acht einen Termin.«

Der Taxifahrer brummte etwas Unverständliches. Sebastian sah auf den Umschlag. »Zimmer 404« war oben rechts in der zittrigen Schrift des Nachtportiers geschrieben, und »4:47«. Wieso um alles in der Welt hatte Ludwig die ganze Nacht an den Daten gesessen? Entweder der ganze Ansatz funktionierte nicht oder ... Oder er hatte gleich alle Daten miteinander verglichen. So pedantisch wie Ludwig war, tippte Sebastian auf letzteres.

Im Umschlag waren ein Memo und der Ausdruck eines Spread Sheets. Sebastian blickte flüchtig auf die Zahlentabelle, steckte sie zurück in den Umschlag und begann, das Memo zu lesen.

»Hallo Sebastian,

Paul und ich haben die Daten aus Berlin den ganzen Tag in den Computer gehackt, sodass wir jetzt alles auch als Datei vorliegen haben. Diese Datei umfasst die laufenden Konten der Filiale Berlin per 1. April diese Jahres, also per Umstellung auf das neue System. Bei jedem Konto ist das Eröffnungsdatum mit angegeben, so dass man die Neuzugänge des laufenden Jahres abgrenzen kann. Problematischer ist es mit den Kontoschließungen, denn da sie vor dem Stichtag abgeschlossen wurden, sind sie nun nicht mehr aufgeführt. Glücklicherweise hat der Filialleiter über alle Kontoschließungen separat Buch führen lassen und mir die Ausdrucke auch mitgeschickt. Die Daten sind allerdings nicht so vollständig wie in der Originaldatei; es fehlen das Datum der Kontoeröffnung und vor allem der Kontoinhaber. Um diese Daten herauszufinden, müsste man auf die Kontoakten in der Filiale zurückgreifen …«

Sebastian fluchte leise. Wenn Ludwig es doch einmal schaffen würde, sich kurz zu fassen. Schon an einem normalen Tag war diese Fülle von Einzelheiten kaum zu ertragen, und heute, mit seinen Kopfschmerzen, grenzte es an Folter. Wenigstens pochte nach dem Aspirin der Schmerz nicht mehr, aber der Druck hinter der Stirn blieb unangenehm genug. Und sein Magen … Aber es half ja nichts. Trotzig übersprang er die nächsten Zeilen mit irgendwelchen technischen Details und begann wieder beim letzten Abschnitt auf der Seite:

»Aus all diesen Daten haben wir dann den Kontenbestand der Filiale Berlin per 31. 12. zurückgerechnet und anschließend den Personalbedarf neu kalkuliert.«

Sebastian blätterte um. Jetzt wurde es endlich spannend.

»Um es vorwegzunehmen, das Ergebnis ist einigermaßen verwirrend. Der Personalbedarf in Berlin ist um 15 Prozent höher als der Wert, den Natalie ausgerechnet hat – also fast so hoch wie das Ergebnis, das wir auf Basis der Einzeldaten gehabt haben, die von der DV dann ja wieder zurückgezogen wurden. Da wir die Gesamtzahlen per 31. 12. für den Osten haben und die Richtigkeit dieser Zahlen von niemandem angezweifelt worden ist, bedeutet ein höherer Wert für Berlin aber, dass der Personalbedarf in den beiden anderen Filialen *noch niedriger* sein muss, als Natalie ihn berechnet hat. Unsere Schließungsempfehlung für Leipzig und Dresden ist damit auf jeden Fall bestätigt.«

Sebastian konnte einen kurzen Seufzer nicht unterdrücken. Wunderbar, dachte er. Das ist doch alles, was wir wollten. Was ist daran verwirrend? In der Entfernung sah er schon das Gebäude der Bank. Ihm blieben nur noch ein paar Sekunden für den letzten Abschnitt von Ludwigs Memo.

»Paul und ich sind trotzdem der Meinung, dass wir noch weitere Recherchen brauchen, um diese Empfehlung guten Gewissens geben zu können. Was uns nämlich wundert, ist, dass der Kontenbestand in Berlin per 1. 4. fast bis auf die letzte Zahl dem entspricht, was Natalie für den 31. 12. berechnet hat. Das liegt an den ungewöhnlich vielen Kontoschließungen, vor allem im Kreditbereich. Diese Zahl lässt darauf schließen, dass da irgendwelche Bereinigungen gelaufen sind, über die wir mehr herausfinden sollten, bevor wir die neuen Zahlen der Bank übergeben.«

Das Taxi hielt vor der Bank. Sehr witzig, dieser Ludwig, dachte Sebastian, während er zahlte. »Irgendwelche Bereinigungen«. Wahrscheinlich hatte er ja wieder »so eine Ahnung« wie letzten Montag.

Er zahlte, nahm seinen Aktenkoffer und zwängte sich aus dem Taxi. Es war noch nicht richtig hell, der Nebel hing wieder tief in den Straßen und ließ erwarten, dass es einmal mehr ein grauer Tag würde. Sebastian sog die frische, feuchte Luft ein paar Mal tief ein, in der Hoffnung, dass damit der Druck im Kopf besser würde. Sein Blick wanderte über die Fassade des Bankhauses, die nach oben hin immer schemenhafter wurde. Dass seine Jungs nicht begriffen, dass er nicht länger warten konnte. Er musste *jetzt* zu Sturm. Und alles, was er ihm zeigen würde, waren die Ergebnisse zum Jahresende. Was später passiert war, durfte ihn nicht interessieren. Und diesen Sturm sowieso nicht.

Er wollte gerade losstapfen, als sein Handy klingelte. Ausgerechnet jetzt, dachte Sebastian, und überlegte, ob er das Ding nicht einfach ausstellen sollte. Auf dem Display blinkte nur das Wort »Call«, keine Nummer. Wer konnte das bloß sein um diese Uhrzeit?

Die Neugier gewann, und er drückte den grünen Knopf. »Ritter.«

»Sebastian …«

»Natalie! Wo bist du?«

»Ich kann hier nicht lange reden. Pass auf dich auf, Sebastian. Sie wollen dich in eine Falle locken.«

»Was? Wer?«

»Ich habe damit aber überhaupt nichts zu tun, hörst du? Sie haben mich gezwungen …« Es gab einen Knall, dann war die Leitung tot.

Sebastian starrt entgeistert auf das Handy. Was um alles in der Welt war das denn? Eine Falle? Und Natalie war gezwungen worden … Er schüttelte den Kopf. War sie jetzt völlig durchgedreht? Und das alles an so einem Morgen, mit diesem Kopf und mit Sturm, der oben auf ihn wartete …

Er sah schnell auf seine Uhr. Es war acht Uhr, er musste hoch. Wie hieß das noch mal? »Go and beat the shit out of him.«

08:03 Uhr

Dr. Bernhard Sturm saß an seinem überdimensionalen Schreibtisch und unterschrieb seine Korrespondenz, als Sebastian in sein Büro kam.

Er begrüßte ihn, und Sturm murmelte etwas Unverständliches, ohne hochzusehen. Er hielt den schwarz glänzenden Füllfederhalter drohend in der Luft, während er seine Brieftexte überflog, und ließ ihn dann auf das Papier hinunter sinken. Ohne weiter Schwung zu holen, setzte er seine große, erstaunlich lesbare Unterschrift darunter.

Sebastian sah ihm schweigend zu. Dass er ihn wie einen Dienstboten herumstehen ließ und ihm keinerlei Beachtung zeigte, überraschte ihn nicht. Schließlich waren die Rollen eindeutig verteilt: Sturm war auf Streit eingerichtet, und er hatte ihn zu vermeiden. Und mit diesem Auftakt zeigte er, dass er es ernst meinte. Alles, was Sebastian machen konnte, war, die Provokationen verpuffen zu lassen. Irgendwann würde Sturm dann ernsthaft mit ihm reden. Das Problem war nur, dass er gerade mal eine Stunde Zeit hatte.

Wie so oft trug Sturm einen hellgrauen Anzug und ein weißes Hemd, dazu eine silbergraue Krawatte mit sandfarbenem Muster. All dies kontrastierte aufs Angenehmste mit seinen schwarzen, dichten Haaren, den nahezu ebenso dunklen Augen und dem südländischen Teint. Sebastian wurde den Verdacht nicht los, dass Sturm der gesunden Bräune ab und an im Sonnenstudio nachhalf. Aber selbst wenn es so war, musste man zugeben, dass es sehr natürlich wirkte. Attraktiv geradezu. Unangenehm attraktiv.

Zum zweiten Mal sank der Federhalter auf das Papier. Sturm betrachtete kurz seine Unterschrift und suchte dann auf der spiegelnden Oberfläche des Mahagonischreibtisches nach der Federhalterkappe. Während er langsam seinen Stift zuschraubte, sah er zum ersten Mal zu Sebastian hoch.

»Sie scheinen wirklich mehr Fähigkeiten zu besitzen, als ich bisher erkennen konnte, Herr Ritter«, sagte er und betrachtete Sebastian – missbilligend, wie es ihm erschien. Ein merkwürdiger Satz aus dem Mund von Sturm. Ein noch merkwürdigerer Kontrast zu dem bohrenden Blick. Sebastian zeigte keine Regung.

»Es ist für mich jedenfalls unbegreiflich, wie Sie es geschafft haben, Herrn Grimm zu Ihrem Fürsprecher zu machen.« Er sah ihm weiter direkt in die Augen. Sebastian merkte, wie der Hemdkragen ihm auf die Kehle drückte.

»Einem Mitglied des Chefkabinetts schlägt man in diesem Hause keine Bitte ab.« Er klappte die Unterschriftenmappe zu, schob sie beiseite und sank in seinen Stuhl zurück. »Herr Grimm hat mir gesagt, dass Ihr Berechnungsvorschlag für den Osten vernünftig sei und Ihre Empfehlungen auf eine wesentlich bessere Basis stellen würde. Ich habe ihm unmissverständlich geantwortet, Herr Ritter. Ihre Berechnungen waren bisher Humbug, und ich gehe davon aus, dass sich das nicht ändern wird, ja?« Ein boshaftes Lächeln huschte über sein Gesicht. »Herr Grimm hat mich dann allerdings gebeten, Ihnen trotz allem eine Chance zu geben.«

Er griff nach einem Silberetui und zündete sich eine Zigarette an. Sebastian blies den Rauch weg, der sich seinem empfindlichen Kopf bedrohlich näherte.

»Also gut«, sagte Sturm und rutschte noch etwas tiefer in seinen Sessel. »Jetzt haben Sie Ihre Chance. Fangen Sie an.«

»Danke, Herr Sturm.« Sebastian setzte sich, öffnete seinen Aktenkoffer und nahm Ludwigs Memo heraus.

»Wenn ich die Situation noch einmal kurz zusammenfassen darf«, begann er. »Wir haben für die Ostfilialen per 31. 12. nur Zahlen für alle drei Filialen gemeinsam. Die Umschlüsselung, die zum Jahresende geplant war, hat zu verfälschten Ergebnissen geführt. Eigentlich sollten die Kunden den Filialen nach Postleitzahlen zugeteilt werden …«

Weiter kam er nicht. Das Telefon klingelte. Sturm drehte sich langsam und offenbar auch ein wenig irritiert zu dem großen Apparat neben seinem Schreibtisch und nahm ab.

»Sturm.« Ein kurzer Moment des Schweigens, dann zogen sich die dichten Brauen noch ein wenig mehr zusammen. »Also in Ordnung«, sagte er. »Stellen Sie durch.« Er gab Sebastian mit einer Handbewegung zu verstehen, dass er leider nichts gegen diese Unterbrechung machen konnte, und drehte sich dann von ihm weg, wohl um sich auf das Telefongespräch zu konzentrieren.

Nachdem er den Anrufer begrüßt hatte – natürlich ohne einen Namen zu nennen – hörte Sturm in erster Linie zu. Sebastian versuchte, seine Kopfschmerzen nicht zu beachten, und sah sich in dem Büro um.

Im Mittelpunkt stand der riesige Mahagonischreibtisch, direkt vor der großen, diesmal nicht mit weißen Papierlamellen verhüllten Fensterfront. Der Blick über Frankfurts Wolkenkratzer war immer wieder imposant, und Sturm sah ihn offensichtlich, anders als die Mitglieder des Kabinetts, als Inspiration. Außer dem Schreibtisch stand im Büro nicht viel herum. Links hinter ihm war noch der Besprechungstisch, das wusste Sebastian, aber dorthin wollte er sich jetzt nicht drehen. Der Druck in seinem Kopf ließ sich nicht unterdrücken. Ein Glas Wasser wäre jetzt gut gewesen. Oder besser eine ganze Flasche. Sturm hatte ihm natürlich nichts angeboten. Ob er einfach mal ins Sekretariat gehen sollte und … Aber in diesem Moment hörte er das Wort »Ostfilialen« aus Sturms Richtung. Er blieb sitzen. Vielleicht konnte er ja doch etwas aufschnappen.

Einige Minuten später musste Sebastian feststellen, dass seine Hoffnung trügerisch war. Sturm hatte noch einige Male »Ja« und »Ach so« von sich gegeben, aber das war es dann auch. Und nun hatte er aufgelegt und sich wieder in seine Richtung gedreht. Er sollte weiter reden. Ohne Wasser. Über seinem rechten Auge bohrte der Schmerz.

Er fing noch einmal an mit seiner Bestandsaufnahme, beschrieb die vorhandene Rechenmethode, nannte die Kritikpunkte der Bank, ohne auf deren Stichhaltigkeit einzugehen, und wollte gerade zu der Möglichkeit kommen, die Kundenlisten der Filialen direkt auszuwerten, als das Telefon zum zweiten Mal klingelte.

Diesmal schien Sturm den Anruf erwartet zu haben, denn er griff behände zum Hörer und meldete sich nur mit »Ja«. Sebastian schloss die Augen und massierte sich die Stirn. Wenn das so weiter ging, würde er es nie schaffen, seinen Berechnungsvorschlag mit ihm zu besprechen. Aber er konnte Sturm ja kaum verbieten, in seinem Büro zu telefonieren …

»Ach, das ist ja interessant«, sagte Sturm plötzlich überraschend laut. Sebastian horchte auf.

»Sie sollten ihm Ihre Kundendaten schicken? Da hört ja alles auf.«

Sturm sah aus den Augenwinkeln zu Sebastian herüber. »Nein, keineswegs«, sagte er dann, einmal mehr mit einem triumphierenden Lächeln auf den Lippen. »Sie haben völlig richtig gehandelt. Daten aus den Filialen werden nur nach Abstimmung mit mir oder dem Chefkabinett weitergeleitet.«

Sebastian schluckte. Jetzt war es passiert. Jetzt hatte er Wind von der Datenweitergabe bekommen, bevor er ihm überhaupt etwas sagen konnte. Er hätte sich nie auf Ludwigs Vorschlag einlassen sollen.

Sturm legte auf und drehte sich wieder in seine Richtung. Langsam griff er nach seinen Zigaretten und zündete sich eine neue an. Er inhalierte tief, atmete genüsslich aus und sah ihn amüsiert an.

»Entschuldigen Sie die Unterbrechung«, sagte er. »Dieser neue Filialleiter in Berlin, Krumme, hat in Leipzig angerufen und wollte die Liste mit den Kunden der Filiale haben. Angeblich, um irgendwelche Vergleiche mit seinen eigenen Kunden anzustellen. So etwas geht natürlich erst nach Abstimmung mit mir, ja.« Er nahm noch einen tiefen Zug. »Aber das wird Herr Krumme schon noch lernen.«

Sebastian betrachtete Sturms Grinsen und fühlte, wie ihm immer flauer wurde. »Hätten … hätten Sie vielleicht ein Wasser für mich?«, fragte er heiser.

»Oh«, sagte Sturm, und für einen Moment schien der Spott aus seinem Gesicht zu verschwinden, »ich habe Ihnen ja noch gar nichts angeboten.« Er griff wieder zum Hörer und bestellte bei seiner Sekretärin ein Mineralwasser und einen Kaffee. Dann sah er ihn wieder an.

»Es ist schon nach halb neun, Herr Ritter. Die Zeit läuft uns davon. Was haben Sie mir vorzuschlagen?«

»Also«, sagte Sebastian gedehnt und hoffte darauf, dass ihm einfallen würde, wie er Sturm jetzt für die Datenabfrage direkt in den Filialen gewinnen konnte. Es klopfte an der Tür. Die Sekretärin brachte die Getränke.

Es dauerte ein wenig, bis sie alles verteilt hatte, der Kaffee vor Sturm stand und er einen Schluck von seinem Wasser trinken konnte. Doch dann half ihm nichts mehr. Er musste etwas sagen.

»Die Überlegung war, Herr Sturm, dass die Umstellung der Kontenzuordnung zum 1. April dieses Jahres ja geglückt ist. Und damit liegt in jeder Filiale im Osten eine vollständige Liste ihrer Konten vor. Und …« Er stockte. Sturms schwarze Augen bohrten sich in ihn hinein.

Er trank sein Glas leer, nahm ein Taschentuch hervor und wischte sich über den Mund. Dann sprach er weiter. »Und diese Liste könnte uns nun die Zahlen direkt liefern. Die Zahlen, meine ich, die wir für unsere Kapazitätsberechnung brauchen.«

Sebastian sank zurück in seinen Ledersessel. Sein Puls war ungesund schnell. Er weiß, dass wir die Liste schon haben, dachte er. Und er hat das alles arrangiert, damit wir in die Falle laufen. Die Falle … War es das hier, vor dem Natalie ihn warnen wollte?

Sturm nickte. »Ich verstehe. Und jetzt wollen Sie, dass ich Ihnen die Genehmigung erteile, auf die Filialen zuzugehen?«

»Ja … Ja.«

Sturm rückte aus seiner halbliegenden Position hoch und trank einen

Schluck Kaffee. »Sie haben ja hoffentlich noch nichts unternommen, oder?« fragte er drohend.

Sebastians Mund war trocken. Er starrte an Sturm vorbei auf die Bankenlandschaft hinter der Glasscheibe. Die Konturen verschwammen, dafür sah er jetzt die Schlieren auf der Scheibe. Sein Kopf pochte immer härter. »U-unternommen …«, stotterte er. Da klingelte wieder das Telefon.

»Sturm«, sagte sein Gegenüber scharf in den Hörer. »Ja.« Er schwieg einen Moment. »Und Sie haben ihm gesagt, dass … Ja. Wir beide gemeinsam? Ja. Gut, dann gehen wir jetzt.« Er legte den Hörer auf den Apparat und stand auf.

»Herr Dr. Schweizer will mich sprechen, Herr Ritter. Und Sie soll ich gleich mitbringen.«

08:52 Uhr

Frau Schumann, die erste Sekretärin, wies wortlos auf die Tür zum Büro des Imperators, als Sturm in das Vorzimmer hineinschritt und Sebastian sich bemühte, ihm nachzukommen. Sturm klopfte kurz und ging hinein. Sebastian folgte ihm nach und schloss die Tür.

Das Zimmer des Imperators war zwar genauso eingerichtet wie das der anderen Kabinettmitglieder, aber es war ungefähr doppelt so groß. Hinter dem entsprechend riesigen Schreibtisch, auf dem sich ein paar Aktenstapel verloren, hing ein etwa vier Quadratmeter großes Gemälde abstraktexpressionistischer Provenienz, das so gut mit den anderen im Raum verteilten Kunstwerken harmonierte, dass es nur von einem Innenarchitekten ausgesucht sein konnte. Sturm ging selbstbewusst durch den Raum und blieb unmittelbar vor dem Schreibtisch stehen. Sebastian zog es vor, etwas schräg hinter ihm zu bleiben.

Nach dem Anruf hatte Sturm ihn noch einmal scharf angesehen und nur noch gesagt, dass sie das Gespräch wohl besser nach dem Treffen mit Herrn Dr. Schweizer zu Ende brächten. Dann hatte er geschwiegen und war mit eiligen Schritten losmarschiert. Sebastian war vor allem froh gewesen, der Konfrontation entronnen zu sein – fürs erste zumindest. Aber nun, da sie vor dem Imperator standen, wurde ihm bewusst, dass er nicht die geringste Ahnung hatte, was er hier eigentlich sollte.

Dr. Schweizer saß, seitlich weggedreht von seinem Besuch, auf seinem monumentalen schwarzen Chefsessel, lehnte seinen Kopf auf seine rechte Hand und hielt eine Zigarette in der Linken. Er ließ die beiden eine Weile stehen, bis er seinen Kopf ein wenig in ihre Richtung drehte. Wenigstens wusste er jetzt, wo Sturm seine Manieren gelernt hatte, dachte Sebastian.

»Setzen Sie sich«, sagte der Imperator.

Als sie saßen, schob er eine Klarsichthülle über den Tisch in Sebastians Richtung. »Wissen Sie, was das ist?«, fragte er.

Sebastian sah auf das Papier. »Zukünftige Organisationsstruktur des Bankhauses Großmann, Meyer & Cie.« stand in der Überschrift. Er überflog den ersten Abschnitt. Im folgenden, hieß es da, stellen wir die Aufbauorganisation des Bankhauses nach einer durchgängigen Restrukturierung dar, die alle Geschäftsfunktionen der Bank umfasst, inklusive der Hauptverwaltung und der Bankenführung.

Sebastians Blick wanderte auf dem Blatt nach oben rechts. In der Kopfzeile stand die Bezeichnung »Top Management Consulting«.

Sebastian zog die Brauen hoch. Wenn das Papier von ihnen kam, dann konnte es nur Michael selber geschrieben haben, denn er hatte es noch nie gesehen. Er griff nach der Hülle, nahm die Blätter heraus und legte sie nebeneinander. Es waren fünf. Auf der letzten Seite war ein Organigramm. Sebastian drehte die Seite, bis er das Querformat richtig vor sich liegen hatte, und betrachtete die Grafik. Sie entsprach unverkennbar ihrem Format. Er ging die Hierarchieebenen der Hauptverwaltung durch. Keine umwerfenden Änderungen … Dann erkannte er es. Das Kabinett bestand nur noch aus drei Funktionen. Der Sprecher fehlte.

»Ach du lieber Gott«, entfuhr es ihm.

»Das ist keine Antwort auf meine Frage«, sagte der Imperator scharf. »Ich will von Ihnen wissen, was das ist.«

Sebastian sah hoch. Schweizer hatte sich wieder etwas von ihm weggedreht und zog an seiner Zigarette. Auch als er den Rauch weit in den Raum hineinblies, wirkte er noch ruhig, wenn man das leichte Zittern der Zigarette außer acht ließ.

»Das … das sieht aus wie ein Entwurf von uns.«

Der Imperator nickte. »Das habe ich mir auch gedacht. Und was haben Sie dazu zu sagen?«

Sebastian rieb sich über die Wange. Er war heute schlecht rasiert. »Ich sehe das hier zum ersten Mal.«

»So«, sagte Schweizer und starrte weiter vor sich hin. »Das heißt, das Papier ist nicht von Ihnen ausgearbeitet worden.«

»Also von mir nicht.«

»Und auch von niemand anderem in Ihrer Firma?«

Eine Zukunft ohne den Imperator war für Großmann, Meyer & Cie. auch eine Zukunft ohne Top Management Consulting. Ausgeschlossen, dass Michael so etwas zu Papier bringen würde. Sebastian schüttelte den Kopf. »Von niemandem aus meinem Team.«

»Das heißt, Sie schließen nicht aus, dass es von jemand anderem aus Ihrer Firma stammt?«

»Doch, doch, natürlich« sagte Sebastian, als sei er ertappt worden. »Das Wording klingt okay, aber wenn man genau hinsieht ...«

Der Imperator hörte ihm schon nicht mehr zu. »Was halten Sie denn von diesem Papier, Herr Dr. Sturm?«, fragte er und drehte sein Kinn in seine Richtung.

»Wenn ich einmal sehen darf ...« Er griff an Sebastian vorbei nach den auf dem Tisch ausgebreiteten Blättern und zog sie zu sich herüber. Sebastian sah ihm zu, wie er anfing zu lesen. Wie er die Augenbrauen hochzog und die Lippen zusammenpresste. Wie er unwillig den Kopf schüttelte und die anderen Blätter überflog. Als Sturm schließlich auf das Organigramm starrte, rutschte Sebastians Blick auf den dichten hellbraunen Teppichvlies. Die Kraft verließ ihn, als hätte jemand ein Ventil aufgedreht. Der Schmerz hämmerte in seinem Kopf. Sein Magen krampfte sich zusammen. Er war verloren.

Sturm schwieg weiter, zwei, drei, vier Sekunden lang. Dann kam es, das Urteil. »Ungeheuerlich«, sagte er, und mit jeder Silbe steigerte er die Verachtung in seiner Stimme. »Wir sollten uns sofort von diesen Leuten trennen, Herr Dr. Schweizer. Dieses Pamphlet ist nichts anderes als Verrat am Auftraggeber.«

Der Imperator nickte. »Sie hören, was mir geraten wird«, sagte er zu Sebastian. »Was haben Sie dazu zu sagen?«

Mühevoll hob Sebastian den Kopf und sah den Imperator an. Er saß noch immer seitlich zum Schreibtisch und schien irgendeine Stelle an der Wand seines Büros zu betrachten. Sebastian öffnete den Mund, aber es wollten sich keine Worte mehr bilden.

»Also?«, sagte Schweizer.

»Das … das ist nicht von uns.« Der Schweiß stand auf Sebastians Stirn. »Das muss eine Fälschung sein«, presste er hervor.

»Eine Fälschung! Dass ich nicht lache.« Sturm erhob sich halb in seinem Sessel und starrte ihn wütend an. »Dieses Papier passt genau in die Reihe der Frechheiten, die Sie in den letzten Wochen vorgelegt haben. Ihre Arbeit ist darauf aus, der Führung dieser Bank zu schaden. Aber glücklicherweise sind Sie so unfähig, dass Sie sich dabei selbst im Wege stehen. Und das da«, – er zeigte angewidert auf das Papier – »das ist nun endlich der Beweis.«

Sebastian saß zusammengekauert auf seinem Stuhl und schüttelte den Kopf. »Das ist nicht wahr«, sagte er leise.

Mit einem Mal drehte sich der Imperator zu ihm hin. »Wer hat das Papier in Auftrag gegeben?«, fragte er und sah ihn drohend aus seinen zusammengekniffenen Augen an. »Einer aus dem Kabinett? Oder jemand aus dem Beirat?«

Sebastian schüttelte nur wieder den Kopf.

Von einem Moment auf den anderen verlor Schweizer die Geduld. »Nun hören Sie schon auf, hier den Unwissenden zu markieren«, polterte er los. »Wer war es?«

»Es ist eine Fälschung«, wiederholte Sebastian leise.

Der Imperator schlug mit der flachen Hand auf den Tisch. »Jetzt hören Sie auf mit Ihrem weinerlichen Gefasel.« Er stand auf und schritt durch das Büro, bis er vor dem Fenster mit den zugezogenen Papierlamellen stand. »Ich komme hier morgens ins Büro und finde dieses Zeugs auf meinem Tisch. Keine meiner Damen weiß, wie es hier hereingekommen ist. Der einzige Bankfremde, der hier auf dieser Etage ein und aus geht, sind Sie. Und diese Blätter tragen den Namen Ihrer Firma. Da denkt man, dass kommt wohl von Ihnen. Aber Sie behaupten, es sei eine Fälschung. Und wieso?«

Sebastian reckte den Kopf nach oben. »Weil wir keine Unterlagen in Ihr Büro legen«, brachte er hervor.

»Ich finde dauernd irgendwelche Papiere von Ihnen auf meinem Tisch«, sagte der Imperator und fuhr mit der Hand durch die Luft, als wollte er dieses lächerliche Argument wegwischen. »Und warum sonst?«

»Weil … weil diese Inhalte unserer Strategie widersprechen.«

»Ach so? Da ist Herr Dr. Sturm aber anderer Meinung.«

»Was Herr Sturm sagt, ist nicht richtig. Unser Ziel ist immer der Erfolg des Kunden.«

Sturm brach in ein heiseres Gelächter aus. Der Imperator gluckste ein wenig mit, bis ein heftiges Husten seinem Amüsement eine Ende bereitete. »Ich lasse das mal so stehen, Herr … Herr Ritter«, sagte er. »Also nehmen wir mal an, es wäre eine Fälschung. Von wem sollte die denn stammen?«

Unwillkürlich fiel Sebastians Blick auf Sturm. Noch ehe er etwas sagen konnte, schoss der nach vorne. »Jetzt reicht's. Das geht entschieden zu weit, ja! Wenn Sie mir dieses Pamphlet in die Schuhe schieben wollen …«

Schweizer hob die Hand. »Beruhigen Sie sich, Herr Sturm«, sagte er leise. Dann drehte er sich zu Sebastian. »Ich glaube, es hat keinen Sinn, mit Ihnen weiter zu reden. Gehen Sie zurück in Ihr Büro und sagen Sie Ihrem schlauen Geschäftsführer, dass das Projekt beendet ist. Wir haben keinen weiteren Bedarf für Ihre … Ihre Ratschläge.«

Sebastian starrte ihn mit offenem Mund an, als hätte er nicht begriffen, was ihm da gesagt wurde. Als er keine Anstalten machte, sich zu bewegen, überkam Schweizer die Wut.

»Verstehen Sie kein Deutsch mehr? Verschwinden Sie.« Mit hochrotem Kopf stürzte er auf Sebastian zu, packte ihn am Arm und zerrte ihn aus dem Sessel.

»Meinen Koffer … Ich brauche noch meinen Koffer«, stammelte Sebastian. Schweizer ließ ihn los. Er griff nach dem Aktenkoffer, hielt ihn schützend vor sich und bewegte sich langsam rückwärts von dem keuchenden Banker weg. Nach wenigen Schritten stieß er gegen einen der Ledersessel, verlor das Gleichgewicht, fiel auf die Lehne und rutschte am Sessel entlang auf den Boden. Dabei entglitt ihm der Koffer, der mit einem lauten Schlag auf dem Glastisch landete und aufsprang. Die Unterlagen ergossen sich über den Teppich des Imperators.

Sebastian kam schnell wieder hoch und kniete sich auf den Boden, um seine Papiere wieder einzupacken. Als er die Kofferschlösser wieder zuschnappen ließ, sah er hoch. Schweizer stand an seinen Schreibtisch gelehnt, die Krawatte verzogen, das Gesicht fast blau, und atmete schwer. Sturm stützte ihn. Hinter sich hörte Sebastian, wie die Sekretärinnen die Tür öffneten und besorgt aufschrieen. Er stand auf und wollte gehen, doch die Sekretärinnen standen ihm im Weg. Unschlüssig drehte er sich noch einmal zum Schreibtisch um.

Sturm sah ihn an, als wäre er schon als Mörder verurteilt. »Machen Sie, dass Sie endlich raus kommen«, zischte er. »Und kommen Sie nicht auf die Idee, hier jemals wieder aufzutauchen.«

Sebastian ging auf die Sekretärinnen zu. Als er kurz vor ihnen stand, drehten sie sich leicht zur Seite und bildeten eine Gasse. Er ging zwischen ihnen hindurch und stieß die Tür auf.

Als er durch das Vorzimmer eilte, hörte er, wie Sturm ihm hinterher schrie: »Ab jetzt haben Sie hier Hausverbot!«

09:38 Uhr

Als er die Tür zu Schweizers Vorzimmer schloss, merkte Sebastian, wie er von oben bis unten zitterte. Er suchte nach einem Taschentuch, um sich den Schweiß abzuwischen, aber als er es herausgefingert hatte, ließ er es vor lauter Zittern fallen. Er bückte sich und verlor dabei beinahe das Gleichgewicht. Er kauerte noch auf dem Boden, als er hörte, wie die Glastür zum Vorstandsflur aufging.

»Herr Ritter! Alles in Ordnung mit Ihnen?«

Er sah hoch. Es war de Guise.

»Ja ... ja, schon«, stammelte er und versuchte, wieder aufzustehen. De Guise packte ihn am Arm und half ihm hoch.

»Mein Gott, Sie sehen ja schlimm aus«, sagte er besorgt. »Was ist denn passiert?«

»Ich ... äh ... Herr Dr. Schweizer ... Wir ... wir hatten eine Auseinandersetzung.«

De Guise schwieg einen Moment. Dann fragte er leise: »Und er hat Sie rausgeschmissen?«

»Ja«, flüsterte Sebastian.

De Guise schaute sich um. »Kommen Sie«, sagte er. »Wir gehen in mein Büro. Dann können Sie mir alles erzählen.« Er nahm Sebastian am Arm und führte ihn den Kabinettsflur entlang.

An seiner verdutzten Sekretärin vorbei schob de Guise den derangierten Berater in sein Büro. Sebastian ließ sich in einen der Ledersessel fallen, während de Guise lautstark zwei Tassen Kaffee orderte. Dann setzte er sich auf das Ledersofa, gegenüber von dem Berater und dem obligatorischen Gemälde.

»Ich habe gestern mehrfach versucht, Sie zu erreichen«, sagte der Banker. »Ich habe es geahnt, dass sich hier im Hause etwas zusammenbraut. Aber nun erzählen Sie. Was war da gerade los?«

Sebastian zog an seiner Krawatte und machte sich den obersten Hemdenknopf auf, um etwas mehr Luft zu haben. Dann fing er an: Er erzählte von dem Termin mit Sturm, von der Falle, die er ihm gestellt hatte, vom überraschenden Anruf des Imperators, von dem Papier, das plötzlich vor ihm auf dem Schreibtisch lag …

»Was?«, unterbrach ihn de Guise. »Ein Organisationsvorschlag aus Ihrem Hause?«

»Ja. Aber es ist eine Fälschung.«

De Guise rückte auf seinem Sofa nach vorne. »Eine Fälschung? Und wie kommen Sie darauf?«

»Ganz einfach«, sagte Sebastian. »Glauben Sie, wir sind wirklich so dumm, uns hier zukünftige Projekte zu verbauen und eine Bank ohne Schweizer zu planen?«

Der Banker zuckte mit den Achseln. »So etwas soll zumindest schon vorgekommen sein …«

»Ausgeschlossen.« Sebastian schüttelte vehement den Kopf. »Ich bin jetzt sechs Jahre dabei, und ich kann Ihnen mit absoluter Sicherheit sagen, dass Top Management Consulting nie gegen die Interessen des Auftraggebers gearbeitet hat. Und wir würden niemals Spekulationen wie in diesem Papier schriftlich niederlegen.«

De Guise sah ihn skeptisch an und kratzte sich am Kinn.

»Überlegen Sie doch mal«, redete Sebastian auf ihn ein. »Wir leben schließlich von unserem Ruf. Wenn so etwas zu einem Skandal wird, dann …« Er verstummte.

De Guise nickte langsam. »Dann ist Ihre Beraterkarriere mit ziemlicher Sicherheit beendet.«

»Oh Gott.« Sebastian vergrub das Gesicht in seinen Händen. Der Kopfschmerz drängte sich wieder in den Vordergrund, und mit ihm eine fahle Übelkeit.

»Nun mal ganz langsam, Herr Dr. Ritter«, sagte de Guise nach einer Denkpause. Sebastian hob mühsam den Kopf. »Wie sah dieses Papier denn nun genau aus?«

Sebastian beschrieb alle Details, an die er sich erinnern konnte. De Guise machte sich Notizen und fragte ab und zu nach.

»Waren die Seiten aus dem Drucker? Oder war es ein Fax?«

»Ein Fax, glaube ich ...«

»Haben Sie eine Absenderzeile gesehen? Oben oder unten am Seitenrand?«

Sebastian sah den Banker verwundert an. Erstaunlich, dachte er, worauf jemand wie de Guise achtete. Er hatte es leider nicht getan. »Keine Ahnung«, murmelte er.

De Guise schwieg. Sebastian überlegte verzweifelt, ob er sich noch an etwas anderes auf diesen fünf Blättern erinnern konnte, aber ihm fiel beim besten Willen nichts mehr ein. Was tun, dachte er. Was bloß. Aber in seinem Kopf schien nichts zu sein außer dem pulsierenden Schmerz.

Schließlich unterbrach Frau Neher das Schweigen und brachte den Kaffee. Sie sah Sebastian besorgt an, und er lächelte dankbar zurück.

Sie tranken schweigend. Dann stand de Guise auf und ging langsam durch sein Büro. Als er wieder am Sofa angelangt war, blieb er stehen und betrachtete das Bild an der Wand.

»Seltsam, nicht?«, sagte er leise und lächelte. »Jetzt sieht es wieder so aus, als wäre da eine Leiche im Pool. Oder was meinen Sie?«

Sebastian drehte sich um. So genau hatte er noch nie auf dieses Kunstwerk geachtet. Auf dem Bild schwamm ein Mann in einem Becken, und am rechten Rand sah ihm ein zweiter Mann dabei zu. Schön gemalt, dachte Sebastian, vor allem die Landschaft im Hintergrund, wenn auch ein bisschen steril. Und das Motiv war schon komisch. Aber wieso sollte der Mann im Becken tot sein? »Der taucht doch. Schauen Sie, die Beine sind angewinkelt, und die Arme auch. Das macht doch keine Wasserleiche.«

De Guise sah weiter auf das Bild und lächelte versonnen. »Mag sein«, sagte er nach einer Weile. »Vielleicht sehen Sie es aber auch nur anders.« Er lachte kurz, drehte sich um und setzte sich wieder. »Aber nehmen wir einmal an, Sie haben recht. Und ich glaube Ihnen.«

Sebastian schaute ihn erwartungsvoll an.

»Dann würde das voraussetzen, dass ich Ihnen vertraue. Und das ist in einer Situation wie dieser nicht eben mal dahin gesagt.«

Sebastian verstand. »Was wollen Sie noch wissen?«, fragte er.

De Guises Gesicht hellte sich auf. »Wie beurteilen Sie denn die Konstellation im Chefkabinett?«

Sebastian atmete einmal tief durch. »Schweizers Position ist nach Kaisers Tod nicht mehr so unangefochten wie früher, würde ich sagen. Und ich habe gehört, dass es im Beirat eine mächtige Fraktion gegen ihn gibt.«

»So?«

»Ja …« Sebastian zögerte. Sollte er mit de Guise wirklich offen reden?

»Sie meinen Hohenstein?«

»Genau.« Wahlen hatte wohl doch richtig gelegen mit seinen Vermutungen. »Hohenstein sammelt im Beirat seine Truppen, heißt es. Um Schweizer abzuwählen und einen neuen Sprecher einzusetzen.«

»Und wer soll das sein?«

Sebastian schwieg und sah de Guise an.

»Ich?« De Guise fing an zu glucksen. »Na, schön wär's, Herr Dr. Ritter. Aber ich fürchte, da werden einflussreiche Leute dagegen sein.«

»Sie meinen, Schweizer hat noch genügend Unterstützung im Beirat, um wenigstens seinen Nachfolger durchzudrücken?«

De Guise zuckte mit den Achseln. »Gut möglich«, sagte er. »Was denken Sie denn?«

»Er wird bestimmt auf Sturm setzen.«

»Dazu müsste der ja erst einmal ins Chefkabinett.«

»Das«, sagte Sebastian, »ist unseren Informationen nach so gut wie entschieden.«

De Guises Blick wurde starr. »Ach so.« Er kratzte sich wieder am Kinn. Dann sagte er: »Ein Sieg über die betrügerischen Berater wäre dann natürlich ein hervorragender Anlass für eine Berufung.«

»Sie und Ihre Organisation sind auch nur Instrumente in einem sehr viel größeren Spiel«, murmelte Sebastian vor sich hin.

»Wie bitte?«

»Das hat Herr Wahlen mir kürzlich gesagt.«

De Guise sah ihn unbeweglich an. Dann sagte er: »Da mag er recht haben.«

Er weiß mehr als er sagt, dachte Sebastian plötzlich. Er räusperte sich. »Und … was für ein Spiel ist das, Herr de Guise?«

De Guise sah ihn weiter fest an. »Das wüsste ich gern von Ihnen.«

Soll ich ihm von der Verkaufsofferte erzählen, fragte sich Sebastian. Aber nachher macht er sich genauso lustig über mich wie Michael. Nein, diese Sache war einfach zu sehr an den Haaren herbeigezogen. Das konnte nichts mit dieser Bank zu tun haben. Und das, was hier ablief, war ja auch so schon kompliziert genug. Kompliziert und undurchsichtig. »Ich weiß nur das, was ich Ihnen schon gesagt habe, Herr de Guise«, sagte er schließlich.

De Guise stand auf und begann, in dem Büro auf und ab zu gehen. Nach einer Weile blieb er vor dem Fenster stehen und sah hinaus. Es dauerte eine ganze Weile, bis er sich wieder zu Sebastian drehte.

»Passen Sie auf«, sagte de Guise. Seine Stimme klang jetzt wieder energischer. »Sie gehen jetzt in Ihr Büro und reden mit Ihrem Geschäftsführer. Ich versuche, hier mehr über dieses Papier herauszufinden.«

»Vor allem«, sagte Sebastian, »müssten wir es in die Hand bekommen. Dann könnten wir auch beweisen, dass es eine Fälschung ist.«

De Guise nickte. »Sie haben recht. Ich werde es Ihnen besorgen.«

»Bis wann?«

De Guise sah auf die Uhr. »Es ist ja noch früh ... Sagen wir, bis heute Mittag?«

»In Ordnung.«

»Gut. Sie müssen dann herausbekommen, wer dieses Papier geschrieben hat. Und zwar heute noch.«

»Ja.«

»Ich versuche derweil mehr über ... über das Spiel herauszufinden, das hier abgeht.« Er stand auf.

Sebastian erhob sich und streckte ihm die Hand entgegen. »Vielen Dank, Herr de Guise«, sagte er.

»Keine Ursache«, antwortete de Guise und lächelte. »Wir haben ja eine gemeinsame Sache.«

10:15 Uhr

Als der Berater gegangen war, ging der Banker zu dem Schrank, in dem die Cognac-Flasche stand, nahm sie heraus und goss sich einen großen Schluck in einen der bereitstehenden Schwenker. Es war zwar noch Morgen, aber außergewöhnliche Neuigkeiten gestatteten außergewöhnliche Reaktionen. Er trank einen großen Schluck aus dem Schwenker, als es plötzlich an der Tür klopfte. Schnell stellte er das Glas zurück in den Schrank.

»Herr Direktor ...«

Es war natürlich seine Sekretärin. Herr Dr. Schweizer bat alle Kabinettsmitglieder zu einer Dringlichkeitssitzung zu sich.

»Jetzt gleich?«, fragte er gereizt.

»In einer Viertelstunde.«

Er nickte müde. Eine Viertelstunde. So viel Zeit blieb ihm also, um zu überlegen, was er jetzt machen sollte.

Als die Sekretärin wieder die Tür geschlossen hatte, erhob er sich mühsam und ging wieder zu seinem Bild. Ein Taucher sollte das also sein, dort oben im Pool, und nichts anderes. Er schüttelte den Kopf. Das Bild eröffnete sich eben nur ihm.

Er ließ sich auf den Sessel fallen. So hatte er also recht gehabt mit seinem Verdacht. Die heiße Phase hatte begonnen. Hohenstein hatte das Memo wirklich benutzt, um die Berater loszuwerden. Und nach dem, was dieser Ritter ihm eben erzählt hatte, sah alles danach aus, dass der nächste Schritt darin bestand, ihn loszuwerden.

Er ging noch einmal zum Schrank und holte sich noch ein Glas Cognac. Dann setzte er sich an seinen Schreibtisch und trank wieder. Hohenstein hatte ihn tatsächlich ruhigstellen wollen mit dem Papier. Jetzt war es klar. Er sollte darüber grübeln, und er sollte passiv bleiben. Und wenn er ihm den Gefallen nicht getan hätte und damit zu Schweizer gegangen wäre? Hohenstein kannte ihn zu gut, er wusste, dass er das nie gemacht hätte. Und die Zwischenzeit hatte er genutzt, um neue Verbündete zu finden. Mindestens diesen Sturm, vielleicht ja sogar Schweizer. Und er, de Guise, er war das Bauernopfer. In der bevorstehenden Sitzung würden sie ihn öffentlich hinrichten.

Er vergrub sein Gesicht in den Händen. Wie hatte er sich nur auf Geschäfte mit diesem Verbrecher einlassen können? Aber er hatte damals ja keine Wahl. Hohenstein hatte ihn gerettet, als diese dumme Affäre in seiner alten Bank aufzufliegen drohte, und hatte ihn in diese Bank eingeschleust. Und als Hohenstein dann seine Steuermachenschaften aufziehen wollte, hatte er die alte Geschichte ganz geschickt eingesetzt, um ihn gefügig zu machen. Die Geschäfte hatten ihm ja auch einiges gebracht, das war nicht abzustreiten, so viel, dass er damit seine Schulden tilgen konnte. Er seufzte tief. Das war ja alles gut, nur würde der Steuertrick ihm jetzt noch mehr bringen. Den Rausschmiss, bestimmt auch noch eine Anzeige, eine Geldstrafe, womöglich Gefängnis … Ein Riesenskandal. Er war erledigt.

Wenn seine Frau das alles erfuhr, würde sie garantiert ihre Sachen packen. Zu sagen hatten sie sich ja sowieso schon lange nichts mehr, obwohl es am Anfang anders gewesen war. Er hatte wirklich gedacht, mit dieser Frau könnte es gehen, und einige Zeit hatte es ja auch den Anschein gehabt. Aber dann waren die Vorwürfe doch immer häufiger gekommen, und mit ihnen die Auseinandersetzungen. Schließlich hatte er wieder mit seinen Rundgängen begonnen … Als sie es entdeckt hatte, wollte sie sich scheiden lassen, aber dann hatten sie sich doch arrangiert. Sie hatte ihr Budget, sie kam mit auf die Parties und die Empfänge und gab die elegante Gattin, und ansonsten lebte sie ihr Leben, mit ihrem Liebhaber, falls es denn nur einer war. Aber wenn die Geschäfte in Berlin aufflogen, dann war es vorbei mit dem Gesellschaftsleben. Dann würde sie gehen. Und sein Leben würde auseinanderbrechen.

Er trank den Schwenker leer und starrte vor sich hin. Gab es denn keinen Ausweg? Keine Rettung? Wenn er sich wirklich mit den Beratern zusammentat … Er schüttelte den Kopf. Nein, das waren alles nur Hirngespinste, was er da eben geredet hatte. Gestern hatte er sich da etwas vorgemacht. Ritter war erledigt, das war eindeutig. Ein bisschen schade war es schon um ihn, denn er war ein netter Junge, und so gut aussehend … Egal, man konnte ihn vergessen und seine Firma mit ihm. Die hatte noch nicht einmal begriffen, dass sie einen Maulwurf in ihren Reihen hatte.

Das hieß aber, dass ihn selbst nur noch ein Wunder retten konnte. Hohenstein machte keine halben Sachen, also saß er in der Falle. Wenn da etwas schief gehen konnte, dann nur dadurch, dass sich er und seine Komplizen nicht über den Weg trauten. So war das ja bei ihnen beiden auch gewesen.

Mit einem Mal kam de Guise ins Grübeln. Wenn Hohenstein sich jetzt wirklich mit Schweizer oder wenigstens mit Sturm verbündet hatte, warum sollte das dann eigentlich besser funktionieren als ihre Partnerschaft? Wobei er es sich nicht vorstellen konnte, dass Schweizer mit Hohenstein auch nur ein Wort reden würde. Der Alte hasste ihn wie die Pest. »Dieser dreckige kleine Steuerberater« pflegte er ihn zu nennen. De Guise musste nun doch grinsen.

Blieb dieser Sturm. Der spielte doch immer sein eigenes Spiel. Vielleicht wollte er jetzt ja Schweizer und Hohenstein gegeneinander ausspielen … Das sollte er nur versuchen. Da wollte er gerne zuschauen, am besten in der ersten Reihe. Und wenn sie sich dann alle gegenseitig zerfleischt hatten …

Nein, das war nun wirklich Unsinn. Aber ein tiefgreifendes Misstrauen zwischen den Komplizen – wenn es denn welche waren –, das könnte natürlich in ein Wunder ausarten. Und ihm vielleicht die Möglichkeit geben, in Anstand seinen Abschied zu nehmen, vielleicht mit einem kleinen Beratervertrag … Dann könnte er sich eine Finca auf Mallorca kaufen so wie Schweizer. Und endlich sein eigenes Leben führen. Da unten würde es gehen, ohne dass er gleich zum Außenseiter würde. Und seine Frau liebte die Insel, wenn das Ambiente stimmte, würde sie mitkommen, und mit ihr gemeinsam würde die Gesellschaft dort unten auch ihn aufnehmen. Die offizielle Gesellschaft natürlich, um die andere würde er sich schon selbst kümmern.

Er sah auf das Bild. Die Landschaft im Hintergrund, die sah aus wie Mallorca. Das Bild würde gut in eine Finca passen, und die Bank musste es ihm mitgeben, auf jeden Fall. Das war schließlich ein persönliches Geschenk gewesen, damals, als er sich dieses Büro einrichten durfte. Und, wenn er ganz ehrlich war, es war eigentlich das einzige, was ihm wirklich wichtig war in diesem Gebäude. Die Darstellung der zwei Männer, der eine im Pool, der andere am Beckenrand, der eine in Aktion – oder schon in immerwährender Ruhe? –, der andere als Zuschauer. Die Farben, ihre Veränderungen im wechselnden Licht, an unterschiedlichen Tagen … Das Bild lebte. Oder, noch anders: Es war wie das Leben. Sein Leben.

Es klopfte wieder. »Es ist Zeit, Herr Direktor«, sagte Frau Neher.

»Ja«, sagte de Guise. »Ich komme.«

10:58 Uhr

Michael Klosters starrte vor sich hin und schwieg. Nach einer Weile begann er, erst mit einer, dann auch mit der zweiten Hand das Gesicht zu massieren. Als er wieder aufhörte, hatte er ungleichmäßige rote Flecken von der Stirn bis zum Kinn. Er stützte das Gesicht in seine Handflächen und blickte weiter ins Leere.

»Scheiße.«

Sebastian rührte sich nicht. Seit er Michael Klosters eben erzählt hatte, was im Büro des Imperators geschehen war, hatte sich der stolze, vor Selbstbewusstsein strotzende Partner verwandelt. Von dem sonst üblichen Spott war nichts zu hören, Michael hatte sich nicht einmal aufgeregt. Er saß nur da und schwieg. Zum ersten Mal in all den Jahren hatte Sebastian den Eindruck, dass er verzweifelt war.

Michael schloss die Augen und fuhr sich noch einmal über die Lider. Dann sagte er leise: »Wie kommst du darauf, dass es eine Fälschung ist?«

Sebastian zuckte mit den Achseln. »Wer von uns soll denn so etwas geschrieben haben?«

Michael öffnete die Augen wieder und sah Sebastian an. »Na, du zum Beispiel.«

»Ich?« Es dauerte einen Moment, bis Sebastian begriff. Der Schmerz über dem rechten Augen pochte wie wild, sein Magen verkrampfte sich wieder. Alles, was er sagen konnte, war: »Das kann doch nicht dein Ernst sein.«

Michael zeigte keine Regung. »Wieso nicht?«, fragte er kühl. »Die Vermutung, dass so ein Papier von einem aus dem Team geschrieben wurde, liegt doch am nächsten. Und als Projektleiter bist du derjenige, der am ehesten das Wissen und die Fähigkeiten dazu hat, eine solche Organisationsstruktur zu entwerfen.«

Jetzt war Sebastian übel. Wenn Michael nicht mehr an ihn glaubte, dann war es um ihn geschehen. Die Verzweiflung kam in ihm hoch, und mit ihr schossen ihm die Tränen in die Augen. »Ich … ich habe das nicht geschrieben, Michael«, stammelte er. »Das musst du mir glauben.«

Michael sah ihn skeptisch an und schwieg.

Sebastian starrte auf den Boden, bis er meinte, wieder sprechen zu können. Mühsam reckte er den Kopf hoch und sah Michael an.

»Meinst du denn wirklich, ich bin so verrückt, schriftlich eine Zukunft ohne Schweizer zu entwerfen?«, sagte er und bemühte sich, seine Tränen hinunter zu schlucken. »Und dass ich dann auch noch so blöd bin, das Papier in der Bank zu lassen?«

»Du hast alle möglichen merkwürdigen Anwandlungen gehabt in den letzten Tagen.«

»Ach so, und dann meinst du also, jetzt bin ich total ausgerastet?«

»Sagen wir mal, ich würde eine gewisse Wirklichkeitsverzerrung nicht ausschließen.«

»Das sagst du mir? Nach all den Jahren, die wir zusammengearbeitet haben? Das ist übrig geblieben an Vertrauen?«

Michael sah auf seinen Schreibtisch und schwieg.

»Gut«, sagte Sebastian, »dann habe ich verstanden.« Er stand auf, um zu gehen, aber in diesem Moment hob Michael die Hand.

»Jetzt warte«, sagte er. Sebastian blieb stehen.

»Ich glaube dir ja, Sebastian. Ich wollte mir meiner Sache nur sicher sein.«

Sebastian sah ihn ungläubig an.

»Wirklich. Wie hätte ich denn dagestanden, wenn ich den naheliegendsten Verdacht nicht wenigstens überprüft hätte?« Er grinste etwas gezwungen. »So«, sagte er dann. »Und jetzt setz dich wieder hin.«

Sebastian sank zurück auf den Stuhl. Sein Kopf dröhnte noch immer. Er fühlte sich einfach elend.

»Ich wollte sehen, wie du reagierst, Sebastian. Wenn du irgendetwas mit diesem Papier zu tun gehabt hättest, wärst du mit Erklärungen angekommen. Aber so entrüstet, wie du eben warst, kannst du wirklich nichts davon gewusst haben.«

Sebastian betrachtete Michael misstrauisch. Irgendetwas war anders mit Michael Klosters, spätestens seit er ihm die Neuigkeiten aus der Bank erzählt hatte. Aber eigentlich auch schon vorher, wenn er an Michaels Reaktion auf die Szene im Flugzeug dachte. Irgendetwas stimmte da nicht. Diese Gemeinheit jetzt, das war der Gipfel. Sebastian wusste, vergessen würde er das nie. Und auch nicht verzeihen.

»So«, sagte Michael ungerührt und nahm eine Kladde und einen Kuli hervor. »Jetzt gehen wir mal systematisch an die Sache heran.«

Michael ließ Sebastian noch einmal alle Details des ominösen Papiers aufzählen, an die er sich erinnern konnte. Bei jedem Punkt hakte er nach, bis er sicher war, dass Sebastian wirklich nicht mehr wusste.

»Also de Guise besorgt uns jetzt das Ding, ja?«, fragte Michael, als sie durch waren.

Sebastian nickte. Noch war er auf Michael Klosters angewiesen. »Bis heute Mittag.«

»Gut. Dann rufst du jetzt das Team zusammen, inklusive Natalie. Und ich versuche, mich einmal zu Schweizer durchzukämpfen.«

Fünfzehn Minuten später kam Sebastian zurück, um zu berichten. »Paul ist hier im Büro, mit dem können wir sofort sprechen. Ludwig ist unterwegs, und seine Sekretärin weiß angeblich nicht, wo er steckt.« Er seufzte. »Und Natalie ist verschwunden.«

»Was?«

»In London ist sie nicht, da hat man mir gesagt, sie wäre gestern Abend zurück nach Düsseldorf geflogen. Aber ins Düsseldorfer Office ist sie nicht gekommen, obwohl sie laut ihrer Sekretärin eigentlich da sein müsste. Und zuhause ist sie auch nicht.« Er fuhr sich durchs Haar. »Dabei hat sie mich heute Morgen noch angerufen.«

»Und? Was hat sie da gesagt?«

Mit einem Mal begriff Sebastian, was Natalie gemeint hatte. Die Falle, das war das Papier. Und wenn sie sagte, dass sie nichts damit zu tun hatte und dass sie dazu gezwungen worden war, dann konnte sich das auch nur auf dieses Papier beziehen. Hatte sie es am Ende geschrieben?

»Sebastian. Was hat sie gesagt?«

Michael Klosters würde ihm das nie glauben. Wenn er jetzt etwas davon sagte, wäre Natalie der Sündenbock. Und er hätte sie verraten. »Nichts ... besonderes. Nur, wie es auf ihrem neuen Projekt läuft.«

»So«, brummte Michael. »Na, wahrscheinlich ist es da auch nicht so toll.« Er zog die Nase hoch. »In der Bank ist niemand für uns zu sprechen.«

»De Guise auch nicht?«

Michael schüttelte nur den Kopf.

»Merkwürdig«, murmelte Sebastian und ließ sich auf den Stuhl sinken. »Und was machen wir jetzt?«

Michael zuckte mit den Achseln. »Weiter wie geplant. Gib noch einmal eine Suchmeldung durch, und dann reden wir mit Paul.«

11:09 Uhr

Die Kabinettsmitglieder saßen im Zimmer des Imperators in den Ledersesseln und warteten. Schweizer hatte sie alle für halb elf in sein Büro bestellt, und seitdem hockten sie herum. Böttcher hatte gleich, als er herein kam, gefragt, was denn so dringlich sei, dass man Freitag morgens eine Sitzung bräuchte, und als Grimm mit den Achseln zuckte, hatte auch de Guise nichts gesagt. Dann hatten sie eine Zeit lang Small Talk getrieben, aber bald waren ihnen die Themen ausgegangen. Und jetzt schwiegen sie und hofften nur noch, dass Schweizer bald kommen würde.

De Guise wusste nicht so recht, was es zu bedeuten hatte, dass Schweizer sie warten ließ. War es nur seine gewöhnliche Machtattitüde, oder plante er mit Sturm die Details der Hinrichtung? Es war sinnlos, zu grübeln, das wusste er, aber damit waren die Gedankengänge nicht zu stoppen. Natürlich versuchte er, ruhig und unauffällig zu bleiben, während die Minuten in furchtbarer Langsamkeit dahin zogen. Und er bemühte sich, seine Kollegen zu beobachten. Vielleicht verriet ja einer, ob er auch schon etwas wusste.

So genau er aber auch jede Bewegung, jedes Wort bedachte, es war nichts Besonderes oder gar Verdächtiges festzustellen. Böttcher wirkte zerstreut wie immer. Das einzige, was er sagte, betraf seine Golfpartie am Nachmittag. Grimm war übernervös, rutschte erst auf seinem Sessel hin und her, ging dann im Büro auf und ab. Aber das war nichts Außergewöhnliches für ihn, denn in den meisten Kabinettsitzungen war er Schweizers bevorzugtes Opfer. Wahrscheinlich befürchtete er für heute Ähnliches und litt schon im Voraus.

Endlich, nach achtunddreißig langen Minuten, hörten sie ein Geräusch auf dem Korridor. Die direkte Tür zum Büro wurde aufgerissen, und der Imperator marschierte in den Raum, dicht gefolgt von Sturm.

»Sie sind schon da. Gut. Sehr gut, meine Herren.« Er warf ein paar Unterlagen auf den Schreibtisch, kam dann zu der Runde, begrüßte jeden kurz mit Handschlag und ließ sich dann in einen der Sessel sinken. Sturm blieb hinter ihm stehen.

»Ich muss sagen, meine Herren, was mir heute passiert ist, das habe ich in meiner gesamten Berufslaufbahn in mehr als dreißig Jahren noch nicht erlebt.« Er schaute mürrisch in die Runde. »Ein Abgrund an Heimtücke und Verrat hat sich heute eröffnet.«

Erstaunte Gesichter im Chefkabinett. Auch de Guise schaute bestürzt. Schweizer begann, zu erzählen, leider so umständlich wie immer: Wie er am Morgen in sein Büro gekommen war, um nur ein paar Vorlagen abzuzeichnen und dann ins Wochenende zu fliegen, wie da plötzlich dieses Papier auf seinem Tisch lag – ein Papier, mit dem ihm, dem die Bank beinahe alles zu verdanken hatte, ebendiese Bank entrissen werden sollte. Er steigerte sich in beißende Vorwürfe gegen die Berater, diese »Bande von Parasiten«, wie er sie nannte, und schilderte beredt, wie er den vorwitzigen Projektleiter hinausgeworfen hatte.

Böttcher räusperte sich. Der Imperator sah zu ihm herüber.

»Ist es denn sicher, dass dieses … Papier wirklich von den Beratern ist?«, fragte Böttcher vorsichtig.

»Es gibt daran überhaupt keinen Zweifel«, antwortete der Imperator. »Dieser Projektleiter, oder wie der sich nennt, faselte vorhin etwas von einer Fälschung. Das ist natürlich ein Täuschungsmanöver. Herr Sturm und ich haben uns den ganzen Ordner mit den Faxen angesehen, mit denen diese Herren in den letzten Monaten mein Sekretariat überschwemmt haben. Das Papier sieht ganz genauso aus wie frühere Sendungen.«

»Und es ist auch im Stil genauso gehalten«, ergänzte Sturm.

Schweizer nickte. »Was dennoch als Frage bleibt«, sagte er langsam, »ist, mit wem diese Schmarotzer hier in der Bank zusammengearbeitet haben.« Er sah in die Runde seiner Kabinettskollegen.

Einen Moment lang herrschte betroffenes Schweigen. Dann sagte Grimm etwas zu laut: »Ja wohl mit niemandem aus dem Kabinett.«

Der Imperator schwieg, griff in seine Jackettasche und holte eine Zigarettenpackung und ein silbernes Feuerzeug heraus. Während er sich die Zigarette zwischen die Lippen steckte und sie mit leicht zittriger Hand anzündete, sahen sich die anderen mehr oder weniger verstohlen an. Nur Sturm schaute über die Gruppe hinweg durch die aufgezogenen Lamellen auf die Bankentürme Frankfurts.

»Also, wenn das ein Verdacht sein soll, dann muss ich den ganz entschieden zurückweisen, Herr Dr. Schweizer«, erregte sich Grimm schließlich weiter. »Wir wissen hier im Chefkabinett ja nun alle, in was für einer Situation die Bank jetzt ist. Wir brauchen Ihre Führung. Das möchte ich betonen.«

Der Imperator nickte gefällig. »Bringen Sie mir doch mal das Papier, Herr Dr. Sturm«, sagte er. Sturm ging zum Tisch, griff nach einer der Klarsichthüllen, die Schweizer vorhin dort hingeworfen hatte, und reichte sie ihm. Er nahm die Blätter heraus und suchte einen Moment. »Hier … ›Aufgrund der wiederholten Verweigerung dringend erforderlicher Investitionen durch den Bankensprecher ist die Banken-DV in einem völlig überalterten Zustand.‹ Das ist doch Originalton Grimm, oder?«

Grimm sprang hoch wie von der Tarantel gestochen. »Herr Dr. Schweizer, das ist eine ungeheure Unterstellung.« Er legte seine Hand auf seine Brust. »Dass Sie gerade mir, der ich es nie an Loyalität habe missen lassen, auch in den düstersten Momenten, dass Sie gerade mir aus so einem vereinzelten Satz einen Strick drehen wollen, das ...«

»Jajaja.« Der Imperator winkte ab. »Nun bleiben Sie mal auf dem Teppich, Herr Grimm.« Er blätterte ein wenig. »Oder das hier: ›Die alleinige Unterschriftsberechtigung des Bankensprechers bei Krediten über 5 Millionen Euro Volumen führt heute im Durchschnitt zu Bearbeitungsverzögerungen von mehr als drei Wochen, ohne dass weitere Prüfungen anfallen.‹ Das haben Sie doch auch mal so gesagt, oder, Herr Böttcher?«

»I-ich?«, stammelte Böttcher, vor Entrüstung blass. »Herr Dr. Schweizer, das muss ich zurückweisen. Ich habe nie ...«

»Gut«, sagte Schweizer und lächelte, »dann bin ich ja beruhigt.« Dann sah er de Guise an. »Na? Und Sie? Warten Sie schon auf Ihr Zitat?«

Eine Schweißperle lief langsam an de Guises Wange herab. Er brachte keinen Ton heraus.

»Keine Angst, ich hab Sie nicht vergessen ... Hier. ›Durch die systematische Vernachlässigung des Anlagegeschäfts‹ und so weiter und so weiter, wo ist es? ... Da ist es: ›... hat die Bank gerade in den jüngeren Zielgruppen erhebliches Potential an die Strukturvertriebe verloren.‹ Na, Herr de Guise?«

De Guise schüttelte den Kopf. »Ich ... ich habe nichts damit zu tun«, presste er heraus.

Der Imperator lachte, und Sturm stimmte mit ihm ein. »Na wunderbar, meine Herren, dann sind wir ja alle einer Meinung. Da bin ich wirklich zufrieden.« Er stand auf und ging zum Fenster.

»Ich werde den Beirat über dieses Pamphlet informieren müssen, meine Herren. Und ich werde ihm sagen, dass das Kabinett sich geschlossen von den Thesen dieser Berater distanziert hat.« Er sah prüfend in die Runde. Keiner rührte sich.

»Und dass, wenn es denn einen Auftrag gegeben hat, dieser deshalb nicht aus der Bankenführung gekommen sein kann. Außerdem«, fuhr er nun etwas lauter fort, »außerdem werde ich sagen, dass meine Kollegen mich in Anbetracht der kritischen Situation um zwei Dinge gebeten haben, die in einer außerordentlichen Gesellschafterversammlung bestätigt werden sollten.« Die Runde sah erstaunt zum Imperator hoch.

»Erstens: Sie haben mich gebeten, die Funktion des Bankensprechers für weitere drei Jahre auszuführen, damit die Bank wieder in ruhige

Gewässer geführt werden kann. Und zweitens: Sie haben mich gebeten, Herrn Dr. Sturm als fünften Geschäftsführer in das Kabinett zu berufen.« Schweizer machte eine Pause. Niemand sagte ein Wort.

»Gut«, sagte er dann. »Kann ich Ihr Schweigen als Zustimmung deuten? Herr Grimm?«

Grimm reckte sich nach oben und sagte: »Ja.«

»Herr Böttcher?«

Böttcher sah missmutig zum Imperator. »Ja.«

»Und … Herr de Guise?«

De Guise wollte sprechen, aber es kam kein Ton aus seiner Kehle. Er nickte schnell.

»Ich habe Sie nicht verstanden, Herr de Guise«, sagte der Imperator unerbittlich.

»Ja«, krächzte de Guise.

Mit einem triumphierenden Lächeln sah der Imperator zu Sturm. »Danke, meine Herren«, sagte er dann. »Das war es. Sie können jetzt gehen.«

11:45 Uhr

Sebastian stand an der Wand von Michaels Büro, neben der Tür. »Ich kann mich nicht daran erinnern, das Thema Organisation der Hauptverwaltung mit irgendjemandem in der Bank einmal angesprochen zu haben«, sagte er zu Paul Kopper. »Und du?«

Paul schüttelte nur den Kopf.

»Ist denn bei irgendeiner anderen Gelegenheit mal über das Thema gesprochen worden?«, fragte Michael.

»In … in einem IPM, meinst du?«, fragte Paul zurück.

»Zum Beispiel.«

Paul sah auf den Boden und antwortete nicht.

»Also los, Paul. Was verheimlicht du uns da?«

»Dir doch überhaupt nichts«, sagte Paul mürrisch zu Sebastian.

»Was?«

»Na, du hast doch Natalie den Auftrag mit dem Organisationsvorschlag gegeben.«

Sebastian starrte ihn an. »Bist du verrückt geworden, oder was?«

»Ruhe jetzt«, fuhr Michael dazwischen. »Erzähl, Paul.«

Paul verschränkte die Arme vor der Brust und fing an. »Natalie kam vor ein paar Wochen an einem Abend zu mir ins Büro und wollte darüber reden, wie man am besten eine Reorganisation der Hauptverwaltung angehen könnte.« Er räusperte sich. »Sie sagte, dass du von ihr einen Projektvorschlag haben wolltest, Sebastian.«

»So«, sagte Michael und drehte sich zu Sebastian. »Das ist ja interessant.«

Erst schüttelte Sebastian nur den Kopf. Dann sagte er tonlos: »Ich habe nie mit Natalie über einen Projektvorschlag gesprochen.« Er fühlte die Blicke der anderen auf sich. Blicke, die sagten: Wir glauben dir nicht. »Wirklich nicht«, setzte er noch einmal an. »Natalie … Natalie hat gelogen.«

Die Blicke lösten sich von ihm. Eine Weile waren alle still, dann hustete Michael und fragte: »Wann war das mit Natalie?«

»Am Tag nach dem IPM, auf dem wir das erste Mal über die Schlusspräsentation gesprochen haben«, antwortete Paul. »Wir haben mindestens zwei Stunden zusammengesessen und herumdiskutiert. Nebenan im Büro.« Plötzlich stockte er. »Moment mal. Vielleicht ist da ja noch etwas auf der Tafel.«

Das Büro nebenan war leer. Als Paul vor der weißen Tafel stand, die an einer der Seitenwände hing, sagte er: »Genau. Da ist es ja.«

Sebastian erkannte ein paar Graphen mit unleserlichen Kommentaren, ein paar mehr oder weniger obszöne Kritzeleien und rechts unten in der Ecke ein Organigramm mit drei Ebenen. Auf der obersten Ebene war ein Kästchen mit mehreren Buchstaben, darunter waren vier weitere Kästchen, die dritte Ebene war nur noch durch Striche angedeutet. Paul zeigte auf die oberste Ebene.

»Hier. Das steht für das Kabinett. Da haben wir überlegt, ob die Funktionseinteilung heute eigentlich Sinn macht.«

Michael drängte sich an Sebastian vorbei und ging näher an die Tafel heran. Quer durch das Kästchen ging ein dünner waagerechter Strich, unter dem »K«, »A« und »O« standen.

»Was heißen die Buchstaben da?« fragte er Paul.

»K steht für Kredit, A für Anlage und O für Organisation. So, wie die Aufteilung heute ist. Wenn man jetzt einen neuen Außenvertrieb schafft, der sowohl Kredite als auch Anlageprodukte verkauft, dann ist natürlich die Frage, ob man ihn der Kreditseite zuordnet oder dem Wertpapierhandel ...«

»Ja ja.« Michael zeigte auf den Buchstaben oberhalb der Linie. Es war ein S. Wenn man genau hinsah, konnte man sehen, dass es einmal durchgestrichen worden war. Aber danach hatte jemand den Strich wieder weggewischt. »Und was ist das da?«

»Das S steht für Sprecher«, erklärte Paul. »Wir sind ganz systematisch durchgegangen, was der Sprecher für Aufgaben hat. Und sind zu dem Ergebnis gekommen, dass es im Grunde nicht für eine separate Position ausreicht, sondern dass die Funktionen von einem der anderen Kabinettsmitglieder mit erledigt werden können.«

»Ihr habt den Imperator also eben mal abgeschafft?« fragte Michael entsetzt.

»Nein, natürlich nicht. Das war uns natürlich auch klar, dass diese Position in der Bank nicht so einfach zu realisieren ist. Aber wir dachten, dass es vielleicht in einer zweiten Stufe durchzusetzen wäre ...«

»Ach so«, seufzte Michael. »Aber ihr habt mit niemandem sonst darüber gesprochen?«

»Nein«, antwortete Paul, »natürlich nicht. Natalie hat es ja nicht einmal beim nächsten IPM erwähnt. Und als auch nichts von dir kam, dachten wir, die Sache hätte sich erst einmal erledigt.« Er steckte die Hände in die Hosentaschen. »Bis heute.«

Eine Weile standen sie alle nur herum und schwiegen wieder. Dann schickte Michael Paul weg.

Sebastian beteuerte, dass er nie etwas von einem Projektvorschlag gewusst hatte. Michaels Blick blieb skeptisch.

Schließlich schüttelte der Partner den Kopf. »Ich wünschte, ich könnte dir das alles so einfach glauben, Sebastian. Aber allmählich nimmt die ganze Angelegenheit etwas monströse Ausmaße an.«

Er ging zur Tafel, nahm einen der dicken Filzstifte und hielt ihn prüfend hoch. »Hast du eigentlich etwas mit ihr gehabt?«

»Was?«

Michael sah ihn durchdringend an. Sebastian fühlte, wie ihm das Blut ins Gesicht stieg. Er versuchte, etwas zu sagen, aber es wollten sich keine Worte finden.

»Sag lieber nichts«, brummte Michael und wippte mit dem Stift hoch und nieder. »Das macht alles natürlich noch schwieriger.«

»Ich … ich muss sie finden.«

Michael zuckte mit den Achseln. »Das würde es sicher einfacher machen«, sagte er. Dann sah er auf seine Uhr. »Aber viel Zeit hast du nicht. Um zwanzig nach fünf geht mein Flug nach London, da fängt heute Abend das europäische Partnermeeting an. Das heißt, spätestens um viertel nach vier muss ich weg. Und bis dahin müssen wir eine Lösung haben, denn in London werde ich die Angelegenheit nicht verheimlichen können.« Er ging auf Sebastian zu. »Und wenn ich dann erzählen muss, dass wir einen Kunden wegen eines irregeleiteten Projektvorschlags verloren haben, mein lieber Sebastian, dann können wir uns beide einen neuen Job suchen.«

12:11 Uhr

»Mein Gott, Herr Direktor, Sie sind ja leichenblass. Ist alles in Ordnung mit Ihnen?«

De Guise blieb vor dem Schreibtisch seiner Sekretärin stehen und nickte erschöpft. Sie hat wieder diesen besorgten Blick, dachte er gerührt. Es tat ihm gut, dass sie ihn so ansah. Aber helfen konnte sie ihm auch nicht.

»Was ist denn passiert?«

Er keuchte noch ein wenig, aber dann gelang es ihm doch, einigermaßen ruhig zu reden. »Schweizer hat ein Papier der Berater auf den Tisch bekommen, in dem ein zukünftiges Haus ohne ihn entworfen wird.«

Ihr Blick wurde starr. Sie ahnt etwas, dachte de Guise. Sie hat doch gesehen, was auf dem Fax stand. Aber was sollte das – jetzt konnte es ihm schließlich egal sein. »Und Schweizer nutzt dieses Papier nun, um die Berater herauszuschmeißen und seine Regentschaft zu verlängern. Ach ja, und Herr Dr. Sturm wird in das Kabinett aufgenommen.«

Ihr Unterkiefer rutschte langsam nach unten, aber sie sagte nichts. Wieso erzählte er ihr das eigentlich? Vertrauliche Dinge, einer Sekretärin? Das war doch nur vertane Zeit, nein, es war gefährlich, denn damit speiste er diese Informationen ja in das Sekretärinnennetzwerk ein, und in einer Stunde wusste es die ganze Bank. Ach, aber wieso auch nicht. Für ihn gab es hier schließlich sowieso keine Zukunft mehr.

Er ging weiter zu seinem Büro. Als er die Türklinke in der Hand hatte, hörte er, wie sie dann doch etwas sagte.

»Und was wird jetzt aus Ihnen?«

Langsam drehte er sich noch einmal zu ihr um und lächelte sie an. Ganz klein sah sie aus, wie sie so auf ihrem Stuhl vor dem großen, mit Unterlagen übersäten Schreibtisch saß. Ganz klein, und unendlich traurig. So, wie er sich auch fühlte. Er seufzte laut und ging in sein Büro.

Kaum hatte er sich in seinen Sessel gesetzt, als das Telefon klingelte. Er sah auf das Display. Es war kein externer Anruf, sondern einer seiner Kollegen.

»Ja?«

»Böttcher hier, Herr de Guise. Na, was sagen Sie zu dem ganzen Theater?«

»Was soll ich sagen … Schweizer hat die Gunst der Stunde genutzt.«

Böttcher lachte trocken. »Das haben Sie nett gesagt. Aber das können wir uns doch nicht gefallen lassen. Ich meine, wenn es noch irgendeinen Beweis brauchte, dass der Alte nicht mehr Herr seiner Sinne ist … Und das soll noch drei Jahre so weitergehen!«

»Dafür hat Schweizer jetzt ja Sturm als Stütze.«

»Mein Gott, das sagen Sie einfach so dahin! Das ist doch ein Skandal. Der Mann hat null Ahnung vom Bankgeschäft, und jetzt soll er hier die Zügel in die Hand nehmen …«

»Dafür versteht er umso mehr von Intrigen.«

Böttcher schwieg einen Moment. »Wir müssen etwas tun.«

De Guise konnte nicht anders, er musste wieder lächeln. Jetzt wurde er also wach, dieser Golfspieler! Jetzt, wo es zu spät war.

»Hören Sie, wollen wir nicht gleich zusammen etwas essen gehen? Irgendwo, wo wir ungestört sind? Ins ›Da Enzo‹?«

Böttcher kannte den Italiener, er war ein paar Straßen weiter, und die Küche war gut. Also, warum eigentlich nicht? »Gut. Wann?«

»In einer halben Stunde. Ich bestelle einen Tisch, und wir treffen uns im Restaurant.«

12:40 Uhr

Der erste Eindruck am Morgen hatte Sebastian nicht getäuscht. Der Tag hatte grau begonnen, und grau ging er weiter. Man musste lange auf den Himmel starren, um überhaupt Unterschiede in dieser einen, alles überdeckenden Farbe erkennen zu können. Egal, wie die Gebäude gestrichen oder verglast waren, heute wirkte alles verschmutzt und alt. Wie in einem Film, der zu lange im Archiv gelegen hatte.

Das Telefon hatte ein paar Mal geklingelt in der letzten halben Stunde, aber die rettenden Neuigkeiten hatte er nicht bekommen. Natalie war einfach wie vom Erdboden verschluckt. Inzwischen suchte sie das halbe Düsseldorfer Büro, aber es war ihnen noch nicht gelungen, eine Spur ausfindig zu machen. Sie hatte weder Termine in London noch in Düsseldorf, auch nichts Internes, nicht mal eine Verabredung. Eine Weile hatte er gedacht, dass sie einfach abgehauen wäre, mit Sack und Pack auf und davon, vielleicht aus Panik. Sie hatten den Hausmeister überreden können, in ihre Wohnung zu gehen, um nachzusehen, aber dort war alles unberührt gewesen. Ihre Sachen hingen noch in den Schränken, das Geschirr wartete in der Spülmaschine, der Kühlschrank war halbvoll, zwei leere Koffer lagen auf einem Schrank, hatte der Mann erzählt. Sie konnte nicht da gewesen sein in den letzten Tagen, aber alles machte den Eindruck, dass sie bald wieder zurückkehren würde.

Wenn er sie nicht bald finden würde, dann gab es nur eine einzige Chance für ihn, nicht zum Sündenbock gestempelt zu werden. Er musste Michael Klosters erzählen, was Natalie heute morgen am Telefon gesagt hatte. Aber auch das war ein Risiko, weil er Michael nicht mehr vertrauen konnte. Seit dem Gespräch vorhin war da ein Riss. Michael war drauf und dran, ihn fallen zu lassen. Und Natalie … Hatte sie ihn schon fallen gelassen? Warum hatte sie dann angerufen? Und warum war sie jetzt verschwunden?

Er drehte sich im Kreis, das war nicht zu übersehen, aber was sollte er auch machen, wenn sie der Schlüssel zu den Antworten war. Lustlos blätterte er in seinem Terminplaner. Gab es denn wirklich keine andere Möglichkeit, in dieser verwickelten Geschichte weiterzukommen? Moment. De Guise hatte ihm doch das Papier versprochen. Vorhin hatte Michael ihn ja nicht erreicht, aber jetzt müsste de Guise es doch endlich haben. Das könnte ihm weiterhelfen.

Er wählte de Guises Nummer. Es klingelte ein paar Mal, dann nahm jemand ab.

»Schumann, Büro Dr. Schweizer.«

Sebastian war so erschrocken, dass er gleich wieder auflegte. Nicht einmal Frau Neher ging ans Telefon, sondern gleich die Chefsekretärin. Dann hatten sie wohl alle Kabinettsleitungen auf Schweizers Büro umgestellt, damit sie dort die Anrufe filtern konnten. Er seufzte. Schweizer war misstrauischer, als er gedacht hätte. Und wohl auch cleverer.

Als er gerade wieder begann, im Grübeln zu versinken, klingelte sein Telefon.

»Ja, Ritter.«

»Sebastian …«

»Ludwig, verdammt noch mal. Wo steckst du? Warum meldest du dich nicht?«

»Ich bin in Berlin, Sebastian …«

»Warum zum Teufel bist du in Berlin? Was treibst du da?«

»Ich habe mir die Konten angesehen, die im ersten Quartal geschlossen worden sind.«

Sebastian konnte es nicht fassen. Hier ging die Welt unter, und Ludwig, der Oberpedant, kramte in Berlin in irgendwelchen Unterlagen herum, um seinem Ordnungstrieb Befriedigung zu verschaffen. »Ludwig, ich glaub, ich werde wahnsinnig. Weißt du eigentlich, was hier los ist?«

»Ja … äh … Meine Sekretärin hat schon gesagt, dass dicke Luft herrscht …«

»Dicke Luft? Schweizer hat uns rausgeschmissen! Wegen einem Papier, dass die Zukunft der Bank ohne Sprecher darstellt!«

Ludwig schwieg einen Moment. Dann sagte er vorsichtig: »Na ja, so ganz abseitig ist der Gedanke ja nicht …«

»Jetzt fängst du auch noch an! Am Ende hast du das Ding geschrieben, oder wie?«

»Ich? Nein, nein, ich war das nicht. Aber …«

»Was aber?«

»Als mir Natalie die Sachen übergeben hat, sind wir auch die Hauptverwaltung durchgegangen. Und da hat sie mir davon erzählt, dass ihr irgendwann mal im IPM darüber diskutiert hättet, wie man die Führungsstruktur reformieren könnte …«

Sie war wirklich ein gottverdammtes Luder. Die Idee der Bank ohne Sprecher war von ihr im Team platziert worden, und wenn nun irgendeiner mal im Gespräch mit den Bankern diesen Gedanken erwähnt hatte, dann gab es Zeugen dafür. Und dann konnten sie das Papier abstreiten, so oft sie wollten, niemand würde ihnen mehr glauben. »Hast du mit irgendjemandem darüber gesprochen?«

»In der Bank? Nein, natürlich nicht.«

Na hoffentlich, dachte Sebastian. »Und sonst?«

»Paul wusste ja eh schon davon.«

Es war klar, Natalie steckte hinter dem Papier. Es konnte gar nicht anders sein. Und wenn jemand sie dazu gezwungen hatte, dann musste er wirklich heftige Drohmittel besitzen. Wahrscheinlich hatte sie auch das Papier an Schweizer gefaxt. Aber in wessen Auftrag? Und warum dann doch noch der Anruf am Morgen?

»Sebastian? Bist du noch da?«

»Was? Ja, ja, Ludwig, klar. Pass auf. Du setzt dich jetzt ins nächste Flugzeug und kommst sofort hierher, verstanden?«

»Sebastian, ich habe hier wirklich etwas Interessantes entdeckt …«

Sebastian verdrehte die Augen. Wenn Ludwig doch einmal lernen würde, Wichtiges von Unwichtigem zu unterscheiden. »Ja, Ludwig. Später. Jetzt haben wir Wichtigeres zu tun, als uns um die Filialschließungen zu kümmern. Beeil dich.« Er legte auf.

Im nächsten Moment klopfte es kurz an der Tür, dann stand Michael im Raum. »Also«, sagte er mit versteinertem Gesicht. »Was ist?«

»Natalie steckt hinter dem Papier.«

»Das war mir schon vor einer Stunde klar. Und wo ist sie?«

Sebastian zuckte mit den Achseln. »Ich weiß es nicht. Sie ist wie vom Erdboden verschluckt.« Was du auch tust, dachte er, du darfst sie nicht verraten. Schließlich hat sie dich gewarnt. »Irgendetwas stimmt da nicht, Michael«, sagte er fest. »Heute Morgen, als sie mich angerufen hat, da hat sie mir gesagt, man würde mir eine Falle stellen, und sie hätte damit nichts zu tun, sie wäre gezwungen worden …«

»Warum sagst du mir das erst jetzt?«

Sebastian sah auf den Schreibtisch. »Ich … ich bin sicher, dass sie die Wahrheit gesagt hat, Michael.«

»Du bist so blind, Sebastian, so …«

Er schluckte. Ich lasse sie nicht im Stich. Ich werde sie beschüzen. »Sie ist erpresst worden, ganz bestimmt. Sie ist keine Verräterin.«

»Du rennst dieser Schlampe hinterher wie ein Lemming, schnurstracks zum Abgrund.«

Sebastian schüttelte den Kopf.

»Ich hätte mich früher darum kümmern müssen«, murmelte Michael. »Ich hatte so eine Ahnung, aber ich bin der Sache aus dem Weg gegangen.«

Sollte er doch reden. Wenn er sie erst gefunden hatte, dann würde sich alles klären. Dann würden sie den wahren Schuldigen finden. Vielleicht stand er ja hier im Raum.

»Was ist mit dem Papier?«, fragte Michael nach einer Weile. »Hat de Guise es besorgt?«

Sebastian schüttelte den Kopf. »Schweizer hat alle Telefone des Kabinetts auf sein Sekretariat umgestellt. Ich habe de Guise nicht erreicht.«

Michael starrte ins Leere. Und dann, nach einer Zeit, die Sebastian wie eine Ewigkeit vorkam, sagte er: »Gut. Dann bleibt mir nichts anderes mehr übrig. Dann muss ich jetzt in die Bank fahren und das Papier holen.«

12:53 Uhr

Das Restaurant war voller, als de Guise gedacht hatte. Nur von Böttcher war weit und breit nichts zu sehen.

Nach fünfzehn Minuten war der Banker schon kurz davor, wieder zu gehen, als sein Kollege dann doch noch auftauchte. Ein wichtiger Kunde hatte ihn am Telefon fest gehalten, entschuldigte er sich. De Guise betrachtete ihn skeptisch. Schweigend wählten sie aus und bestellten. Dann rieb sich Böttcher die Hände und begann.

»Wissen Sie eigentlich, was genau in diesem Papier steht?«

De Guises Skepsis wurde noch größer. Wollte Böttcher ihn in eine Falle locken? »Woher soll ich das denn wissen? Schweizer hat es mir genauso wenig gegeben wie Ihnen.«

»Mmh«, nickte Böttcher. »Natürlich. Ich dachte nur, Sie mit Ihren Kontakten …«

»Kontakte? Was für Kontakte?«

»Na, zu den Beratern. Sie haben sich doch so gut mit Ihnen verstanden.«

»Aber die Berater haben doch selber keine Ahnung, wo das Papier herkommt.«

Böttcher sah ihn erstaunt an. »Woher wissen Sie das denn?«

De Guise erstarrte. Jetzt habe ich mich verraten, schoss es ihm durch den Kopf. Oder ... »Schweizer sagte doch, sie würden behaupten, es sei eine Fälschung. Das würden sie wohl kaum sagen, wenn sie das Papier selbst verfasst hätten.«

»Hmmm ...« Böttcher wiegte den Kopf hin und her. »Es kann ja auch eine Finte sein, um die Wahrheit zu verbergen.«

Der Kellner brachte ihr Mineralwasser. De Guise trank ein paar Schlucke. »Nein«, sagte er dann, »das ist doch überzogen. Die Berater sind selbst hereingelegt worden, da bin ich ganz sicher. Nur wer hinter der ganzen Aktion steckt, das weiß ich beim besten Willen nicht.«

»Na gut«, meinte Böttcher. »Also, nehmen wir einmal das Einfachste an. Schweizer und Sturm haben diese Geschichte eingefädelt, um ihre Macht über diese Bank zu sichern. Dann sind wir die Verlierer, Sie, Grimm und ich.«

Nur Hohenstein hat er vergessen, dachte de Guise. Er nickte trotzdem.

»Wenn wir nicht etwas dagegen unternehmen.«

»Und was?

Böttcher grinste verschlagen. »Wir müssen Schweizer dazu zwingen, auf sein Amt zu verzichten, bevor er seine Pläne umsetzen kann.«

»Und wie soll das funktionieren?«

Ihre Vorspeise wurde serviert. Sie sahen zu, wie der Kellner die Teller auf den Tisch stellten und ein »Buon appetito« wünschte. Dann begannen sie, das eingelegte Gemüse zu essen. Versalzen, dachte de Guise, und ließ seinen Teller nach ein paar Bissen stehen. Böttcher kaute enthusiastisch.

»Und?«, fragte de Guise nach einer Weile.

»Schweizer hat doch seine Finca auf Mallorca. Ich vermute, Sie wissen, wer die ihm da hingestellt hat.«

»Die Bank, denke ich mal.«

»Genau.«

»Na ja, aber das ist doch nichts Ungewöhnliches. Ich vermute mal, die Bauabteilung ist so groß, weil sie in erster Linie mit den Villen des Kabinetts beschäftigt ist?« Er rückte etwas an Böttcher heran. »Mit Ihrem Haus doch sicher auch, oder?«

Sein Kabinettskollege verzog das Gesicht. »Nun ja ... In einem gewissen Umfang ist das ja auch zulässig, nicht. Ich meine, Sicherheitsmaßnahmen und so weiter ...« Er streckte seinen Kopf nach vorne. »Aber was Schweizer gemacht hat, geht weit über so etwas hinaus. Die Finca hat über fünf Millionen gekostet.«

»Und das hat alles die Bank gezahlt?«

»Jeden Pfennig. Alles als Betriebsausgaben. Das heißt, Schweizer hat seinen Mitgesellschaftern Erträge in Millionenhöhe vorenthalten. Und wenn man ihm nachweisen kann, dass alles, was da unten steht, seinem Privatvergnügen dient, hat er auch noch ein Verfahren wegen massiver Steuerhinterziehung am Hals.«

»Aber wie wollen Sie ihm das denn nachweisen ...«

Über Böttchers Gesicht zog sich ein triumphierendes Grinsen. »Über die Belege der Bauabteilung. Ich habe alle fein säuberlich gesammelt.«

»Woher haben Sie die denn?«

»Ich habe halt auch meine Kontakte. Und der Nachweis, dass noch nie eine Veranstaltung der Bank in Mallorca stattgefunden hat, ist ja nicht so schwer. Nicht einmal ein Kundenbesuch.«

»Das kriegen Sie nie hin. Schweizer hat doch bestimmt irgendwelche Freunde eingeladen, die auch ein Konto bei der Bank haben ...«

Böttcher winkte verächtlich ab. »Das ist doch völlig egal. Die Belege sind das Wichtige. Wenn die Gesellschafterversammlung davon erfährt oder gar die Presse ... das hält der Alte nie durch.«

»Und wie wollen Sie sicherstellen, dass er nichts davon erfährt?«

»Indem ich ihn in Sicherheit wiege. Er muss sicher sein, dass das komplette Kabinett mitzieht, und dann, wenn die Beiratssitzung begonnen hat, dann hole ich ...«

»Und wie sollen wir ihn in Sicherheit wiegen?«

»Indem wir ihm seinen größten Gegner auf dem Tablett liefern.«

De Guise schluckte. »Und wer ist das?«, fragte er kaum hörbar.

»Das wissen Sie ganz genau.«

Einen Moment lang erstarrte de Guise. Dann schüttelte er vehement den Kopf. »Böttcher, Sie sind verrückt. Hohenstein zu erledigen, das schaffen wir nicht.«

»Die Berater müssten nur zugeben, das Papier für ihn geschrieben zu haben.«

De Guise schüttelte heftig den Kopf. »Das machen die nie.«

»Sie müssten nur sagen, dass es *einer* von ihnen getan hat.«

Auf dem Fax stand das Hotel, schoss es de Guise durch den Kopf. Und in dem Hotel musste ein Berater sein. Und wenn Hohenstein dort auch übernachtet hatte … Nein. Das war zu kompliziert, das würden sie nicht recherchiert bekommen in der kurzen Zeit. »Aber die Verbindung zu Hohenstein«, hielt er dagegen. »Die bekommen wir doch nicht zusammen.«

»Wir könnten ihnen sagen, dass sie weiter für uns arbeiten können, wenn einer von ihnen die Schuld für das Papier auf sich nimmt und den Beirat als seinen Auftraggeber nennt. Ein paar Zeilen würden ja reichen.«

»Und wer soll der Sündenbock sein?«

»Also«, sagte Böttcher. »Ich dachte an diesen Ritter.«

Zwei große Teller mit pittoresk angerichtetem Fisch wurden vor ihnen auf den Tisch gestellt und gaben de Guise Gelegenheit, seine Gedanken zu sammeln. Schweigend begann er zu essen. Wenigstens der Fisch war gut.

»Und«, meinte Böttcher nach einiger Zeit. »Was meinen Sie?«

De Guise schüttelte wieder den Kopf. »Ich kann mir nicht vorstellen, dass die Berater das machen.«

»Da ist Grimm aber anderer Meinung.«

»Sie haben Ihren Plan mit Grimm besprochen?«

»Natürlich. Er hat mir schließlich die Belege aus der Bauabteilung beschafft. Die gehört ja in sein Ressort.«

De Guise sah auf seinen Teller und aß weiter. Aber die Portion war nicht groß genug, um ihm eine längere Pause zu geben. Viel zu früh war er fertig und musste Böttcher wieder ansehen. Sein Kabinettskollege starrte ungeduldig zu ihm hinüber. »Tja«, sagte de Guise. »Dann soll Herr Grimm doch den Beratern den Vorschlag machen.«

»Das geht nicht. Grimms Verhältnis zu diesem Geschäftsführer ist zu angespannt.« Böttcher legte sein Besteck auf dem Teller zusammen. »Der einzige, der das einfädeln kann, sind Sie.«

»Ich weiß nicht«, sagte de Guise leise. »Das Risiko ist immens hoch.«

»Wenn wir nichts tun, ist es sicher, dass wir gehen müssen.«

»Ja ja … Aber vielleicht mit Anstand.«

Böttcher beugte sich weit über den Tisch, bis er fast in den Fischresten lag: »Sie haben noch immer nicht verstanden, was Schweizer mit Sturm wirklich vorhat. Wir gehen gleich zu Grimm, der kann Ihnen mehr erzählen.«

Langsam nickte de Guise. Was blieb ihm schon übrig? »Gut«, sagte er, »gehen wir zu Grimm.«

13:18 Uhr

»Hallo, Sebastian«, sagte die Stimme am Telefon, »hier ist Phil.«

»Ph-Phil …« stotterte Sebastian überrascht. Das konnte nur Ärger bedeuten, wenn Phil Meyer unerwartet anrief. Wahrscheinlich hatte er schon durch irgendwelche Kanäle gehört, was hier passiert war. Oder dieser grauenhafte Sawatzki hatte seine Drohung wahr gemacht und sich wirklich beschwert …

»Sebastian«, sagte Phil. »Sag mir, was da bei euch in Frankfurt los ist.«

»Du meinst mit der Bank?«

»Genau.«

Sebastian schluckte. Phil hatte also etwas erfahren. Jetzt durfte er bloß nicht zuviel sagen. »Beim Bankensprecher ist ein Papier aufgetaucht, das angeblich von uns stammen soll. Es beschreibt eine Organisationsstruktur, in der der jetzige Sprecher nicht mehr vorkommt. Und daraufhin hat er unser Projekt abgebrochen.«

Phil schwieg erst einen Moment. Dann fragte er: »Wie ist das Papier dorthin gekommen?«

»Das wissen wir nicht.«

»Und wer hat es geschrieben?«

»Das … das wissen wir auch nicht.«

Phil räusperte sich. »Wo ist Michael?«

»In der Bank. Er versucht, das Papier zu bekommen.«

»Ihr habt es noch nicht einmal?«

»Nein«, sagte Sebastian tonlos.

Vom anderen Ende kam eine ganze Weile lang nichts. Dann erzählte Phil in kargen Sätzen, dass er vor ein paar Minuten einen Anruf eines gewissen Dr. Schweizers bekommen hätte, der ihm in sehr gereiztem

Ton mitgeteilt hatte, dass das Bankhaus Großmann, Meyer & Cie. gerichtliche Schritte gegen Top Management Consulting einleiten wollte. »Wegen Geschäftsschädigung.«

»Das ist doch völlig unhaltbar, Phil ...«

»Mag sein, Sebastian. Aber damit steht unser guter Ruf auf dem Spiel.«

Sebastian verstummte. De Guises Stimme klang wieder in seinen Ohren: »Wenn es ein Skandal wird, dann ist Ihre Beraterkarriere beendet ...«

»Sebastian, der nächste Flug nach München geht um zwanzig nach zwei. Schau, dass du Michael auftreibst, und dann kommt Ihr beide. Wir treffen uns am Flughafen. Ich fliege dann mit Michael um sechs Uhr nach London. Und bis dahin muss uns etwas eingefallen sein.« Er verabschiedete sich und legte auf.

Der Telefonhörer zitterte in Sebastians Hand. Jetzt ist es soweit, dachte er. Jetzt beginnt das Verfahren. Und du hast nicht die Spur einer Chance. Er ließ den Hörer fallen und schlug die Hände vors Gesicht.

Als er sie wieder sinken lies, stand am anderen Ende des Schreibtischs Michael Klosters.

Vor Schreck zuckte er heftig zusammen, aber dann grinste Michael. »Und?«, fragte Sebastian schnell. »Hast du es?«

Michael schüttelte nur den Kopf. »Phil hat dich angerufen?«

Sebastian nickte.

»Dann müssen wir jetzt wohl los.«

Sebastian stand auf und nahm seine Sachen. Als sie durch die Tür gingen, boxte ihn Michael in die Seite. »Nun komm schon. Bloß nicht aufgeben. Irgendwie geht's immer.«

14:20 Uhr

Missmutig kratzte sich de Guise am Kinn. »Herr Grimm, Sturm gehört zu Ihrem Bereich«, sagte er zu seinem inzwischen etwas erschöpft wirkenden Kollegen. »Keiner in der Bank kennt ihn doch besser als Sie. Bisher waren Sie mit ihm immer auf einer Linie. Und plötzlich wird Ihnen klar, dass alles, was er macht, nur darauf ausgerichtet ist, Sie zu entmachten?«

»Ihn und uns beide«, sagte Böttcher, ehe Grimm antworten konnte.

De Guise lächelte gequält. »Also, mir erzählen Sie da nichts Neues. Aber Ihnen ist das erst heute klar geworden, und schon schütteln sie einen ausgefuchsten Plan aus dem Ärmel?«

»Nein«, sagte Grimm und sah zu Böttcher hinüber. »Kommen Sie. Sagen Sie es ihm.«

Böttcher schaute auf den Boden. »Kaiser war mein Patenonkel, wissen Sie. Ich habe ihn sehr verehrt. Und ich kann es nicht zulassen, dass sein Andenken beschädigt wird.«

De Guise musste ziemlich verwirrt geschaut haben, denn Grimm kam ihm zu Hilfe. »Was Herr Böttcher meint, Herr Kollege, ist die Rolle Kaisers hier in der Bank. Wir haben alle nicht gewusst, wie groß sein Einfluss ist.«

»Sie haben wahrscheinlich immer geglaubt, Schweizer hat hier alle Fäden in der Hand, oder?«, sagte Böttcher mit einem Grinsen. »Hatte er auch, nach außen hin. Aber hinter ihm stand Kaiser, und der hatte in der Bank ein echtes Spinnennetz aufgebaut. Jeder der Spitzenleute hier hing irgendwie drin, ob er es wusste oder nicht.«

»Und das trifft eben auch auf Sturm zu«, ergänzte Grimm, »und sogar auf Schweizer.«

Es ging alles etwas zu schnell für de Guise. Alles, was er sagen konnte, war ein völlig verwirrtes »Was?«

»Kaiser gab jedem den Eindruck, er zöge ihn ins Vertrauen und offenbare ihm seine wahre Menschlichkeit, wenn Sie den Ausdruck gestatten«, sagte Grimm. »Tatsächlich hat er aber all diese vordergründige Freundlichkeit nur vorgeschoben, um uns alle auszunutzen und seine eigene Macht immer weiter zu vergrößern.«

»Na ja«, sagte Böttcher, »er liebte es eben, ab und zu das Spinnennetz etwas zu schütteln. Und dann fiel der eine oder andere herunter.«

»Ja«, entfuhr es de Guise, der sich immer noch nicht zurechtfand, »und was hat das nun mit der Situation jetzt zu tun? Kaiser ist doch tot.«

»Ja«, sagte Böttcher, »eben.«

»Was Herr Böttcher meint«, sprang Grimm ein, »ist, dass Kaiser für ein ausgewogenes Machtgefüge gesorgt hat. Nach außen erschien Schweizer als der große Zampano, aber natürlich wusste er genau, dass er nur so viel machen konnte, wie Kaiser zuließ. Und Herr Dr. Sturm ...«

»Kaiser hat Sturm entdeckt«, unterbrach ihn Böttcher. »Und er hat ihn eingestellt, damit er Schweizer auf die Finger schaut. Nur, leider hat Schweizer einen Narren an ihm gefressen, und irgendwann hat Sturm dann mehr auf ihn gesetzt als auf seinen alten Wohltäter. Und das hat dieser Wohltäter überhaupt nicht gerne gesehen. Mit seinen Aufträgen hat er ihn mehr und mehr in die Enge getrieben, er hat es nur nicht gemerkt.«

»Keiner von uns hat es gemerkt«, sagte Grimm.

Böttcher lächelte etwas schief. »Na ja, ich schon.«

»Leider hatten Sie aber nicht die Güte, das auch anderen mitzuteilen.«

Böttcher zuckte mit den Schultern. »Kaiser wollte nicht, dass irgendjemand davon wusste, schon gar nicht im Kabinett.«

»Und wieso wussten Sie es dann?«, fragte de Guise.

»Wir hatten eben ein etwas engeres Verhältnis, und wir haben auch öfter mal einen getrunken. Und einmal hat er mir halt davon erzählt ... Aber wenn er erfahren hätte, dass ich das weitersage, dann wäre alles vorbei gewesen. Dann hätte ich meinen Hut nehmen müssen.«

»Er war ein Despot«, sagte Grimm abfällig. »Menschen waren für ihn reine Manövriermasse. Gefühle kannte er nicht.«

»Jetzt hören Sie auf«, heulte Böttcher auf. »So war er nicht. Alles, was er getan hat, war zum Wohle der Bank.«

Eine Weile herrschte Schweigen in der Runde. De Guise überlegte, wie der Mann im Wasser jetzt wohl aussehen würde. Leider saßen sie in Böttchers Büro, sonst hätte er zwischendurch immer mal wieder auf das Bild sehen können. Wenn er in der Bank bleiben würde, sagte er sich, dann würden künftig Sitzungen mit ihm in seinem Büro stattfinden. Unter dem Bild.

»Also«, beendete er dann die Stille. »Wenn ich das richtig verstehe, sagen Sie, dass Kaiser der Garant für das Gleichgewicht hier in der Bank war. Und jetzt, wo er tot ist, wird Schweizer die Situation ausnutzen und mit seinem Gehilfen alle Macht an sich ziehen?«

»Ja«, sagte Grimm und nickte. »Das wird er tun. Zuerst wird er uns drei rausschmeißen und irgendwelche blassen Gefolgsleute auf diese Posten setzen, und wenn dann alle Weichen gestellt sind, wird er Sturm zum Sprecher machen und selber in den Beirat gehen, um Kaiser spielen zu können. Das war schon immer sein Traum.«

Langsam nickte de Guise. »Jetzt verstehe ich.«

»Dann ist es ja gut«, sagte Böttcher. »Dann begreifen Sie ja auch, dass die Sache mit den Beratern unsere einzige Chance ist, den Gang der Dinge noch einmal umzudrehen.«

Sie wollen beide nur eins, dachte de Guise. Nicht aus dem Spinnennetz fallen. Und jetzt merken sie, dass sie dafür mich brauchen. »Ja«, sagte er. »Es ist an der Zeit, dass wir *unser* Netz aufziehen.«

Böttcher schaute zu Grimm, über dessen Gesicht ein Lächeln huschte. Dann nickten sie sich zu, und die Anspannung wich aus ihrer Haltung. »Dann rufen Sie jetzt diesen Klosters an?«, fragte Böttcher erleichtert.

De Guise nickte und ging zum Telefon.

»Da auf dem Block steht die Nummer der Berater«, rief ihm Böttcher hinterher.

De Guise wählte und wartete.

»Top Management Consulting, guten Tag.«

»Guten Tag, de Guise hier, Bankhaus Großmann, Meyer & Cie. Ich hätte gerne Herrn Klosters gesprochen.«

»Einen Moment bitte, ich verbinde.« Es klickte. Eine Weile herrschte Stille, dann meldete sich eine weibliche Stimme.

»De Guise am Apparat«, sagte der Banker. »Ich wollte mit Herrn Klosters sprechen.«

»Herr Klosters sitzt gerade im Flugzeug.«

De Guise sackte regelrecht zusammen, so sehr traf ihn die Enttäuschung. »Und wann ist er wieder zu sprechen?«

»Er landet viertel nach drei in München. Dann können Sie ihn auf seinem Handy erreichen. Warten Sie, ich gebe Ihnen die Nummer.«

De Guise schrieb mit, bedankte sich und legte auf.

»Tja«, sagte er dann. Er hatte sich wieder unter Kontrolle. »Sieht so aus, als müssten wir uns noch etwas die Zeit vertreiben.«

15:34 Uhr

Als die Stewardess die Kabinentür öffnete, zog die kalte, feuchte Luft in die Maschine. Schneeluft, dachte Sebastian. Michael Klosters drängte an ihm vorbei und stürmte davon. Kein Wunder, sie waren spät dran, und Phil wartete. Beeil dich, wenn wir gelandet sind, hatte Michael gesagt. Und überleg dir, wie du anfängst. Du hast nur ein paar Sätze. Und die müssen Klarheit schaffen.

Sebastians Schritte hallten durch den langen, leeren Glasgang, der zum Flughafengebäude führte. Michael war schon um die nächste Ecke gebogen, er musste sich sputen, wenn er ihn noch vor dem Ausgang erreichen wollte. Klarheit. Leicht gesagt. Klarheit bedeutete, dass er sich entscheiden musste: Karriere oder Gefühle. Oder hieß es Karriere oder Moral?

Im Taxi hatte Michael erzählt, wie es ihm in der Bank ergangen war. Er war nicht einmal über den Empfang hinausgekommen, denn Schweizer hatte strikte Anweisung gegeben, keinen der Berater mehr in die Bank zu lassen. Da war Michael endgültig klar geworden, dass es wirklich ernst war. Und deshalb war er auch nicht überrascht gewesen, dass er eine Nachricht von Phil vorfand, als er auf der Rückfahrt seine Mailbox abhörte. Schweizer wollte sie vorführen, und zwar in aller Öffentlichkeit. Je dramatischer die Entlarvung der Berater als gekaufte Verräter inszeniert werden konnte, umso besser. Umso überzeugender würde sein Auftritt vor Beirat und Gesellschafterversammlung werden, umso hinreißender seine Rolle als Retter der Bank, der weise genug war, auch gleich die Nachfolge sicherzustellen.

»Weißt du, Sebastian«, hatte Michael dann gesagt, als sie im Flieger saßen und den dünnen Lufthansa-Kaffee schlürften, »Schweizer ist wirklich ein verdammt gerissener Hund. Und ein guter Stratege, so aberwitzig uns das auch erscheinen mag, wo er doch nicht ein einziges von unseren Charts versteht.«

Sebastian hatte schon gar nicht mehr richtig hingehört. Seinen Kater hatte er immer noch nicht überwunden, und jetzt kam noch die Erschöpfung nach den Ereignissen des Vormittags dazu. Er wollte eine Pause, ein paar Minuten Schlaf, nur ein bisschen, damit er wieder etwas Kraft sammeln konnte, um weiter zu kämpfen. Sonst würde er sich bald aufgeben, das spürte er.

Aber Michael hatte immer weiter geredet, unerbittlich, immer eindringlicher, immer rabiater. »Es gibt nur eine Möglichkeit, mit der wir Schweizers Front durchbrechen können, Sebastian«, hatte er schließlich gesagt. »Wir müssen ihm einen Schuldigen präsentieren.«

Sebastian hatte nicht gleich begriffen, was er meinte, wahrscheinlich war es die Müdigkeit. Als er nicht reagierte, nannte Michael die Dinge beim Namen. »Es ist ganz einfach, Sebastian. Entweder du gibst Natalie die Schuld – und zwar die ganze, sonst hängst du mit drin –, oder du musst sie selbst übernehmen. Mit allen Konsequenzen.«

Sebastian hatte es gehört, und er hatte noch immer nichts gesagt, jetzt wohl eher vor Schreck. Wenn er die Verantwortung für das Papier übernahm, war seine Karriere beendet. Wenn er Natalie belastete, zum Beispiel als durchgeknallte Außenseiterin, die aus Rache Verleumdungen verfasst hatte – Rache an wem, das würde sich noch finden –, dann gab er seine Seele her, denn er wusste ja, dass es nicht wahr sein konnte, nie und nimmer, sie konnte nur erpresst worden sein, von einem Drahtzieher im Hintergrund. Und wenn er nichts von beidem tat? Dann würde Michael Klosters für ihn handeln. Und dann war erst recht alles zu Ende.

Michael hatte das verdammt geschickt eingefädelt. Eigentlich war er doch der Partner auf diesem Projekt, derjenige, der für den Kundenkontakt verantwortlich war. Aber ganz offensichtlich hieß das ja, dass er nur dann den Kopf hinhalten musste, wenn er keinen anderen fand. Für Michael Klosters kein Problem. Er hatte schon zwei Schuldige, zwei, die auch noch unter einer Decke steckten. Es sei denn, einer von den beiden sagte sich vom anderen los. Immerhin, diesen Ausweg hatte er ihm gelassen. Ein Ausweg, der keiner war. Aber so sehr Sebastian auch grübelte, er fand keine Lösung.

Irgendwann landete das Flugzeug, und dann standen sie beide im Gang, kaum dass die Maschine angedockt hatte, und als die Tür geöffnet wurde, rannte Michael los. Sebastian eilte ihm hinterher, auf dem Weg zu dem Gespräch, das sein Schicksal besiegeln würde.

Phil stand in der Ankunftshalle, und neben ihm Michael, der schon emsig auf ihn einredete. Phil nickte. Als er Sebastian sah, streckte er ihm die Hand entgegen und sagte: »Lasst uns in die Lounge gehen. Dort können wir reden.«

Schweigend gingen sie in Richtung des Abflug-Terminals, zu der Rolltreppe, die sie hoch führen würde zur Senator Lounge. Da klingelte Michaels Telefon.

Umständlich fingerte er es aus seinem Jackett heraus, drückte auf die Ruftaste, meldete sich – und erstarrte. Er ließ seinen Koffer fallen und griff nach Sebastians Arm. »Es ist de Guise«, flüsterte er.

De Guise, dachte Sebastian. Ist das jetzt doch die Rettung? Oder ein Aufschub zumindest? Phil drehte sich um und kam auf die beiden zu, ein wenig irritiert über die Unterbrechung. Sebastian raunte ihm schnell eine Erklärung zu, dann versuchte er, Michaels Telefonat zu folgen.

Aber es war wie am Morgen bei Sturm: Michael sagte nicht viel, hörte fast nur zu, nickte ein paar Mal, schüttelte dann wieder den Kopf. Sein Gesicht war verschlossen. Nach guten Nachrichten sieht das nicht aus, dachte Sebastian.

Im selben Moment klingelte ein zweites Telefon. Sebastian und Phil sahen sich überrascht an und tasteten nach ihren Handys. Sebastian war schneller, aber Phil hatte den Anruf.

»Herr Klohs. Was für eine Überraschung.«

Phil ging ein paar Schritte weiter, um ungestört reden zu können. Jetzt auch noch Klohs, dachte Sebastian, und dann unerwartet. War doch noch die angedrohte Beschwerde aus Wien eingegangen? Wenn jetzt auch noch sein zweites Projekt zusammenbrach, dann war es endgültig um ihn geschehen. Dann bräuchte er sich nicht einmal mehr zu entscheiden.

Michael nahm das Handy vom Ohr und sah in Sebastians Richtung, aber der Blick schien durch ihn hindurch zu gehen.

»Und?«, fragte Sebastian, als Michael nicht sprach. »Nun sag schon, was ist. Hat er das Papier?«

»Nein«, sagte Michael leise. »Aber er will dich als Sündenbock.«

»Was?«

»Er hat mir gesagt, dass das Kabinett mit uns weiter arbeiten will, wenn du vom Projekt heruntergehst und die Verantwortung für das Papier übernimmst. Und wenn du den Auftraggeber offen legst.«

»Den Auftraggeber?«

»Ja. Er hat auch keinen Zweifel daran gelassen, wer das nur sein kann.«

»Wer denn?«

»Der Beirat. Genauer gesagt, ein gewisser Hohenstein.«

»Das ist doch völliger Wahnsinn, Michael. De Guise ist durchgedreht. Du hast doch abgelehnt, oder?«

Michael schwieg. Sein Blick wanderte unsicher über den Boden.

»Michael«, schrie Sebastian. »Das ist doch regelrecht Bestechung!«

»Ja, ja. Nein … Ich habe ja auch nicht Ja gesagt.«

»Ach so. Aber Nein auch nicht, oder wie?«

»Sebastian …« Michael verzog gequält das Gesicht. »Lass uns mit Phil reden. Es wird sich alles klären …«

»Was hast du de Guise gesagt, Michael?«

Es dauerte einen Moment, bis die Antwort kam. »Ich habe ihm gesagt, dass ich ihn Montag wieder anrufe.«

Sebastian starrte ihn an.

»Verstehst du nicht? Ich will Zeit gewinnen. Für uns, Sebastian. Und für dich.«

Es musste gerade eine Maschine angekommen sein, denn mit einem Mal drängte sich ein Pulk von Männern mit Aktenkoffern an ihnen vorbei. Sebastian versuchte, ihnen aus dem Weg zu gehen, und wäre dabei fast mit Phil zusammengestoßen. Michael zog ihn gerade noch beiseite.

»Gut, dass Ihr kommt«, sagte Phil. »Jetzt müssen wir wirklich reden.«

15:39 Uhr

»Na, das ist doch wunderbar«, sagte Böttcher strahlend. »Jetzt haben wir sie im Sack.«

»Glauben Sie?« De Guise kratzte sich nachdenklich am Kinn. »Ich weiß nicht, das klingt mir eher danach, dass sie noch nicht wissen, wie sie reagieren sollen.«

Grimm schüttelte gelassen den Kopf. »Das glaube ich nicht. Dieser Klosters ist ein Pragmatiker. Wenn er seinen Projektleiter wirklich hätte retten wollen, dann hätte er sofort abgelehnt. Als ich ihm am Dienstag gesagt habe, dass er Ritter vom Projekt nehmen soll, hat er sich gleich vor ihn gestellt. Nein, nein, Herr Kollege. Die Sache ist klar. Sie müssen sich nur noch ein bisschen zieren, um nicht ganz ihr Gesicht zu verlieren.«

»Gut«, meinte Böttcher. »Dann gehen wir doch jetzt zu Schweizer und erzählen ihm unsere Neuigkeit.«

»Jetzt schon? Aber … ist das nicht etwas voreilig? Was ist, wenn Klosters am Montag doch abspringt?«

»Ihre Skepsis in allen Ehren«, sagte Grimm, »aber wir dürfen die Gelegenheit jetzt nicht vorüberziehen lassen. Wir sollten ihn aber noch einmal um eine Dringlichkeitssitzung des Kabinetts bitten, damit die Sache auch den richtigen Stellenwert bekommt.«

De Guise sah ihn an und blieb skeptisch. Er redet, als sei er der neue Sprecher. Wie umgewandelt. Nein, befreit war wohl das richtige Wort.

»Gut«, sagte Böttcher, »dann machen wir das.« Er griff zum Telefon.

»Halt«, ging de Guise dazwischen, »warten Sie.«

Böttcher ließ den Hörer wieder sinken. »Was ist denn jetzt noch?«

»Wir haben keinen einzigen Beweis.«

»Na und? Den bekommen wir am Montag. Heute geht es doch nur darum, dass wir Flagge zeigen. Und zwar so, dass Schweizer glaubt, dass wir jetzt wirklich hinter ihm stehen.«

De Guise biss sich auf die Lippe. Irgendwie war ihm reichlich unwohl bei dieser Sache.

Grimm ging auf ihn zu und legte die Hand auf seine Schulter. »Wir sind doch bei Ihnen, Herr Kollege«, sagte er leise. »Gemeinsam schaffen wir es. Aber dazu müssen wir heute anfangen.«

Langsam nickte de Guise. Böttcher seufzte erleichtert und drückte die Taste für Schweizers Vorzimmer.

15:43 Uhr

Phil stellte seine Teetasse scheppernd auf den Glastisch. »Hat dieser de Guise etwas gegen dich?« fragte er Sebastian.

Die Lounge begann sich um diese Zeit langsam zu füllen, aber sie hatten es noch geschafft, eine Sitzecke zu finden, in der sie ungestört waren. »De Guise war immer derjenige, der am deutlichsten Stellung für uns bezogen hat. Er hat mich auch aufgesammelt, als Schweizer mich heute aus seinem Büro geworfen hat. Wir haben lange miteinander geredet, und am Ende hat er gesagt, wir seien jetzt Verbündete …«

»Und wie erklärst du dir dann den Anruf?«

Sebastian schüttelte ratlos den Kopf. »Er muss einfach durchgeknallt sein«, sagte er leise. Die Angst kroch wieder in ihm hoch. Aber Phil war doch jetzt da, und der konnte ihn doch nicht einfach so fallen lassen, einfach als Bauern opfern zum Wohle der Firma, denn was war das dann für ein Wohl und was für eine Firma, die sich der billigen Erpressung eines Kunden beugte, bei dem das Geschäft aus Intrigen bestand …

»Was würde geschehen, wenn wir uns auf den Vorschlag einließen?« Phil sagte den Satz nüchtern, geradezu unbeteiligt.

Sebastian lief ein kalter Schauer den Körper hinab. Er starrte Phil an, der ihn völlig ausdruckslos ansah, dann drehte er sich mit einem Ruck zu Michael Klosters, doch auch der zeigte keine Regung, natürlich nicht. »Das ... das könnt Ihr doch nicht machen«, stammelte er. »Das ... Mich ... Ich kann doch überhaupt nichts für dieses Papier.«

»So«, brummte Phil. »Und wer dann?«

»Na, der, der es geschrieben hat.«

»Ich denke, ihr wisst nicht, wer es war.«

»Wir haben einen Verdacht«, sagte Michael.

»Und? Wer ist es?«

Sebastian biss sich auf die Zunge. Er durfte es nicht sagen, er durfte sie jetzt nicht vorschieben, er musste standhaft bleiben ...

»Natalie Schieritz«, sagte Michael.

Phil riss die Augen auf. »Die Blonde? Die wir jetzt nach London geschickt haben? Aber die ist doch brillant. Wie kommt die denn dazu?«

»Das fragst du besser Sebastian«, sagte Michael.

Er fühlte die fragenden Blicke auf sich. Sie hat dich doch gewarnt. Sie hat gesagt, dass sie gezwungen wurde.

»Sebastian hat ein Verhältnis mit ihr«, hörte er Michaels Stimme. »Und das hat sein Urteilsvermögen reichlich getrübt.«

Mit einem Ruck drehte er sich nach links. Er musste Michael Klosters stoppen. »Das ist nicht wahr«, presste er hervor.

»Was ist dann die Wahrheit?«, fragte Phil.

»Natalie hat das Papier geschrieben, im Auftrag von jemandem aus der Bank. Aber ...«

»So, wie de Guise es gesagt hat«, fuhr Michael dazwischen. »Sie muss für den Beirat gearbeitet haben.«

»Und du hast nichts davon gewusst?«, sagte Phil zu Sebastian.

Sie hatte es versteckt vor ihm, und das, was er bei ihr herausbekommen wollte, das war doch etwas ganz anderes gewesen. »Nein ...«

»Hat sie nie über ihre Kontakte gesprochen?«

Erst, als es schon zu spät war, als er nichts mehr damit anfangen konnte, als er schon halb in der Falle steckte. Er schüttelte den Kopf.

»Er war doch nur damit beschäftigt, sie in sein Bett zu kriegen.«

Er wollte Michael Klosters anspucken, anbrüllen, niederschlagen, dieses Schwein, das ihn jetzt auf die Schlachtbank zerrte, um sich selbst reinzuwaschen ...

»Sebastian«, drang Phils Stimme zu ihm durch. »Was ist da wirklich gewesen?«

Er war zu oberflächlich gewesen. Er hatte nicht erkannt, was wirklich ablief. Bei Michael Klosters – und bei Natalie. Und jetzt war es zu spät.

»Sebastian«, sagte Phil noch einmal. »Was war deine Beziehung zu Natalie?«

»Ich habe geglaubt, dass es Liebe ist«, sagte er leise. »Aber in Wirklichkeit war es nur ein abgefeimter Plan, um ihrem Auftraggeber die Macht in der Bank zu verschaffen. Und dass ich dabei über die Klinge springe, das hat sie überhaupt nicht interessiert.«

Eine Weile sagte niemand etwas. Dann fragte Phil: »Wo ist Natalie jetzt?«

»Wir wissen es nicht«, sagte Michael. »Sie ist nicht aufzufinden.«

»Das heißt, wir können nicht nachprüfen, ob die Geschichte stimmt?«

»Es ist die Wahrheit«, sagte Sebastian tonlos. »Sie hat die Firma verraten. Und mich.«

Er sah, wie Phil zu Michael hinüberblickte und kurz nickte. Dann schob er die leere Tasse beiseite und wischte über den Tisch, als wollte er das Glas säubern. Schließlich räusperte er sich und sagte: »Weißt du, warum Klohs vorhin angerufen hat, Sebastian?«

»Warum?«

»Er hat mich um einen neuen Projektleiter gebeten.«

Er schrie nicht. Nichts erstarrte mehr in ihm. Alles, was er tat, war, in das Sofa zu rutschen, bis er mehr lag als saß, und Phil anzusehen.

»Klohs hat mir gesagt, dass du dich in den Interviews überhaupt nicht um das Projektthema gekümmert hättest, sondern nur an Intrigengeschichten interessiert gewesen wärst. Der Mann in Wien hätte dich deswegen sogar hinausgeworfen. Und gestern Abend musst du das alles lautstark in einer Hotelbar erzählt haben, so dass Dr. Speer es gehört hat, der unglücklicherweise ein paar Tische weiter saß.«

Sebastian stöhnte auf. Er hätte es wissen müssen.

»Für sich allein betrachtet, sind das bedauerliche Fehler, die aber sicherlich verzeihlich sind, in Anbetracht dessen, was du alles geleistet hast. Aber nachdem, was du uns jetzt hier erzählt hast, sieht das anders aus.«

Sebastian schloss die Augen. Es gab nichts mehr zu sehen.

»Von einem Projektleiter erwarten wir, dass er die Verantwortung für seine Arbeit übernimmt, Sebastian. Aber das hast du nicht getan. Du hast dich mit allen möglichen Dingen befasst, nur nicht mit deiner Aufgabe. Und jetzt, da das Projekt gescheitert ist, willst du die ganze Schuld einem Mitglied aus deinem Team geben. Einem weiblichen Consultant, der auch noch in sexuelle Abhängigkeit zu dir geraten ist.«

Phil wartete einen Moment. Aber Sebastian sagte nichts mehr.

»Glaubst du wirklich, Sebastian, Michael und ich hätten diesen unglaublichen Vorschlag der Bank akzeptiert? Uns selbst reingewaschen, indem wir einen zum Sündenbock erklären, der für uns arbeitet? Wir hätten die Firma sofort verlassen müssen.«

Phil schwieg. Als er dann wieder ansetzte, war seine Stimme leise und bitter. »Nach dem Anruf von Klohs wollte ich dir die Chance geben, uns zu zeigen, dass du weiter einer von uns bist. Dann hätten wir eine Lösung gefunden, trotz deiner Fehler auf beiden Projekten. Aber du hast uns gezeigt, dass du dem Druck nicht standhalten kannst, Sebastian. Und so jemand kann nicht weiter bei uns arbeiten.«

Sebastian schwieg weiter. Aber unter seinen Wimpern drängte sich eine Träne hervor und floss langsam seine Wange hinab.

»Wir werden über diese Angelegenheit in London reden. Am Montag tagt dann die deutsche Partnergruppe. Wie die Sache aussieht, werden wir dich auffordern, unsere Firma zu verlassen.«

Sebastian hörte, wie sie ihre Sachen packten. Als er die Augen wieder öffnete, war er allein.

15:49 Uhr

Jetzt kommt es darauf an, dachte de Guise.

Schweizer hatte sich wirklich zu einer neuerlichen Kabinettssitzung bereit erklärt, sofort, in seinem Büro – erstaunlich eigentlich, an einem Freitag, um diese Zeit. Und so saßen sie wieder alle auf den Ledermöbeln, mit dem Imperator am Kopf und Sturm zu seiner Rechten. Böttcher, der ja um den Termin gebeten hatte, begann.

»Ihre Frage vorhin in der Sitzung hat uns nicht ruhen lassen, Herr Dr. Schweizer.«

Der Imperator zog eine Braue hoch. »Welche Frage?«

»Die nach dem Auftraggeber des Papiers.«

»So.«

»Wir haben jetzt die Antwort gefunden.«

»Na«, sagte der Imperator, »da bin ich ja gespannt.«

Grimm reckte sich empor. »Herr Dr. Schweizer, es sieht alles danach aus, dass ein Mitglied des Beirats versucht, diese Bank unter seine Kontrolle zu bringen.«

Der Imperator betrachtete Grimm mit verkniffenen Augen. Dann fing er an zu kichern. »Sehr gut, sehr gut«, gluckste er. »Ganz hervorragend, Herr Grimm. Dass Sie das endlich auch mitbekommen haben.«

»Ja«, sagte Grimm, doch merklich irritiert. »Ich meine Herrn von Hohenstein.«

»Nein«, lachte Schweizer. »Was Sie nicht sagen. Und woher haben Sie diese Neuigkeit?«

»Von Herrn de Guise«, sagte Böttcher.

Alle Blicke wanderten zu ihm, aber es war nicht das, was de Guises Pulsschlag in gefährliche Höhen trieb. Es war die Art dieser Blicke. Schweizers Lachen war gefroren, Sturm hielt sein Feuerzeug verkrampft in der Luft, auch Böttcher und Grimm hockten unnatürlich angespannt in ihren Sesseln. Alle starrten sie ihn an, als hätten sie den Schuldigen entdeckt.

»Ich habe mit den Beratern telefoniert«, sagte er und versuchte, dabei ruhig zu klingen. »Und sie haben mir gesagt, dass der Projektleiter, Herr Dr. Ritter, die Verantwortung für das Papier übernimmt.«

Die Blicke hielten ihn weiter fest. Keiner rührte sich, und keiner sagte etwas.

»Und … und man hat mir zu verstehen gegeben, dass er das Papier im Auftrag des Beirats angefertigt habe. Im Auftrag von Herrn von Hohenstein.«

Sie schwiegen weiter, bis der Imperator redete. »Das ist es doch nicht, was Sie uns wirklich sagen wollen.«

»Doch … natürlich …«

»Nein. In Wirklichkeit wollen Sie doch ein Geständnis ablegen.«

»Ein … was?«

»Kommen Sie. Sie wollen uns sagen, dass Sie der Verbindungsmann sind.«

»Ich? Aber nein. Fragen Sie doch Herrn Böttcher, oder bitte, Herrn Grimm, die waren doch dabei vorhin bei dem Telefonat …«

Schweizers Blick wich nicht von de Guise. »Jetzt lenken Sie nicht ab. Sie sind der Vertraute der Berater, dass wissen wir doch schon lange.«

De Guise sah hilfesuchend zu Böttcher, doch der betrachtete den Teppichboden. Grimm war so tief in den Sessel hineingesunken, dass man ihn kaum noch sah. Nur Sturm schaute ihn an, wie ein Henker, mit einem perfiden Lächeln auf den Lippen, ein Lächeln, das zu sagen schien: Gleich bist du so weit, mein Lieber. Dann lege ich dir den Strick um. Er zog an seinem Hemdkragen.

»Und Hohenstein ist doch sowieso ein alter Freund von Ihnen, oder?«, krächzte der Imperator. »Noch aus den alten Tagen bei Ihrer früheren Bank?«

Noch immer sagte keiner einen Ton. Jetzt begriff de Guise. Sie hatten sich gegen ihn verschworen, alle miteinander, auch Böttcher und Grimm. Und er war so dumm gewesen, darauf hereinzufallen. Aber so leicht würde er sich nicht beiseite schaffen lassen. Diese Allianz konnte gar nicht halten. »Ich habe keinen Kontakt mehr zu diesem Herren«, sagte er trotzig. »Aber fragen Sie doch mal Herrn Böttcher. Der hat sich doch schon einmal mit ihm zusammengetan, oder?«

Schweizers Blick wanderte zu Böttcher, der sofort in seinem Sessel hochschoss. »Sie ... Das ist eine Unterstellung!«

Schweizer hob die Hand. »Ruhig«, sagte er. Dann sah er wieder de Guise an. »Sie sprechen also nicht mehr mit Hohenstein?«

»Nein«, sagte de Guise fest.

»Gut. Das wollen wir doch einmal sehen. Los, jetzt rufen Sie ihn an.«

»Was?«

»Kommen Sie« – er wies mit der Hand auf seinen Schreibtisch – »rufen Sie den Hohenstein an und sagen Sie ihm, was heute passiert ist. Dann werden wir ja sehen, was die Wahrheit ist.«

De Guise spürte, wie er blass wurde. Er griff in seine Hosentasche, nahm ein Taschentuch heraus und wischte sich über das Gesicht. »Lassen Sie doch Böttcher anrufen. Der redet doch mit ihm, nicht ich.«

»Ich will, dass Sie jetzt da anrufen.« Schweizers Arm war noch immer in die Luft gereckt. »Los.«

Alle starrten ihn an, mit gierigen Blicken. Sie wollten sehen, wie er zusammenbrach. Aber eine kleine, eine letzte Chance hatte er noch. Es konnte doch nicht sein, dass auch Hohenstein eingeweiht war. Langsam erhob er sich und sah sich um. Der Imperator hob den Arm noch etwas höher. De Guise stolperte in Richtung Schreibtisch. Als er neben dem Telefon stand, flüsterte er: »Aber … ich habe ja gar nicht die Telefonnummer.«

Schweizer drehte sich zur Seite. »Herr Sturm. Nehmen Sie mal meinen Kalender und schlagen Sie die Seite mit H auf.«

Sturm nickte, ging zum Schreibtisch und reichte de Guise Schweizers Taschenkalender.

De Guise nahm den Hörer in die Hand und begann zu wählen, aber nach einigen Ziffern brach er ab, schüttelte den Kopf und drückte auf die Gabel. Er versuchte es ein zweites Mal, mit demselben Ergebnis. Als er auch beim dritten Mal nicht die Nummer zu Ende brachte, gab der Imperator Sturm ein Zeichen. »Los, helfen Sie ihm mal.«

Sturm ging mit sicherem Schritt zu de Guise, nahm ihm den Kalender aus der Hand und tippte die Zahlen ein. De Guise hielt den Hörer gegen das Ohr gepresst.

»Hallo? Ja … de Guise hier.« Er starrte zu der Sitzecke. Der Imperator nickte.

»Ich … ich hätte gerne Herrn von Hohenstein gesprochen.«

»Stellen Sie auf laut«, sagte der Imperator.

Sturm drückte auf die Lautsprechertaste. Eine sonore Stimme dröhnte leicht verzerrt durch den Raum. »Hohenstein.«

»Guten Tag, Herr von Hohenstein. Hier de Guise.«

»Ja.«

Er wusste von nichts. Er konnte von gar nichts wissen, nicht, wenn sich das ganze Kabinett verschworen hatte. »Haben Sie … haben Sie schon gehört, was heute in der Bank passiert ist?«

»Nein«, sagte Hohenstein. »Sie haben sich ja nicht mehr gemeldet, seitdem ich Ihnen Plan B gefaxt habe.«

Der Hörer fiel aus de Guises Hand. Er drohte zu stürzen, aber Sturm fing ihn auf. Einen Moment hielt er sich an ihm fest, dann zuckte er zurück und umkrallte die Schreibtischkante.

»Hallo? Hallo?«, tönte es aus dem Telefon. Sturm nahm den Hörer und legte ihn zurück auf die Gabel.

Sie standen alle um ihn herum, keinen halben Meter entfernt, mit Schweizer in der Mitte.

»Montag Morgen räumen Sie Ihr Büro«, sagte der Imperator. »Und dann will ich Sie hier nie wieder sehen.«

Samstag, 23. November

09:27 Uhr

Zum ersten Mal seit Tagen schien die Sonne. Der graue Innenhof, an den üblichen Novembertagen ein Anblick, der einen leicht zu Depressionen verführen konnte, hatte heute ein geradezu südländisches Flair. Das abgeblätterte schmiedeeiserne Balkongeländer ergänzte das Bild, und selbst das dazugehörige vertrocknete Ästegewirr des Knöterichs passte dazu – Verfall in kleinen Dosen war schließlich der Inbegriff von Romantik.

Hinter der Balkontür stand Sebastian Ritter und kratzte sich an der Nase. Warum bloß ausgerechnet heute die Sonne zurückgekehrt war. Der Himmel war blau, und alles, was in den vergangenen Tagen im Grau ersoffen war, erstrahlte heute in neuem Glanz. Als ob ihm jemand zeigen wollte, wie unwichtig es war, dass seine Existenz gestern in tausend Stücke zersprungen war.

Er drehte sich um und ging zum Küchentisch. Auch hierhin waren die Farben wieder eingekehrt: Das Kiefernholz des Tisches und der Wandtäfelung leuchteten in einem warmen, vollen Gelb. Sebastian wurde bewusst, dass er diesen Raum seit Wochen nicht mehr bei Tageslicht gesehen hatte, und sicherlich seit dem Sommer nicht mehr in diesen Farben. Eigentlich, dachte er, eigentlich sollte ich das jetzt genießen und mich darauf freuen, dass ich es öfter sehen werde. Wenn das Wetter mitmacht, jeden Tag.

Auf dem Tisch stand seine halbleere Teetasse. Er trank einen Schluck, aber der Tee war inzwischen kalt. Vor einer Stunde war er aufgestanden, weil er es im Bett nicht mehr ausgehalten hatte und weil da die Hoffnung war, dass er sich dem Grübeln entziehen könnte, wenn er etwas tat. Aber er war nur bis in die Küche gekommen, bis zu diesem Tisch. Die Zeitung lag unberührt in der Ecke. Er hatte nicht lesen können, die Gedanken waren zu mächtig. Mal stockend, mal hetzend hatten sie ihre Bahnen gezogen, ohne je zu einem Ende zu gelangen.

Und er, er hatte bewegungslos auf diesem Stuhl gesessen, vor sich hin gestarrt und sie alle verflucht. Michael Klosters, weil er ihn in die Falle hineingetrieben hatte, um seinen eigenen Kopf zu retten; Phil, weil er ihn noch auf die Probe stellen wollte, als er vor lauter Anspannung schon nicht mehr klar denken konnte; sein Team, das nie auch nur erwähnt hatte, was der Maulwurf in seiner Runde so alles im Geheimen trieb; natürlich Natalie, die ihn hereingelegt hatte, verführt mit ihrer Unnahbarkeit, die sie in wohldosierten Etappen aufgegeben hatte, ohne ihn je richtig an sich heranzulassen, sodass er auf Abstand gefangen war, beschäftigt mit seinen Liebeswirren und blind gegenüber all dem, was sie hinter seinem Rücken getrieben hatte. Und jedes Mal, wenn er zu diesem Punkt gekommen war, schlug seine Sicht um, und er verfluchte sich selbst am meisten von allen, beschimpfte sich für sein Versagen und nahm alle die in Schutz, die er eben noch verdammt hatte.

Und dann ärgerte er sich über das Pathos, schimpfte über seine Emotionen, nahm sich vor, nun klar zu denken, nüchtern alles durchzugehen und aufzuzeichnen, wie es so weit hatte kommen können, und die Punkte zu markieren, an denen er jetzt einhaken musste, um doch noch alles wieder anders werden zu lassen. Er begann von vorne, versuchte, systematisch vorzugehen – und landete doch wieder in den vertrauten Bahnen. Er war einfach kein Berater mehr, und dieses eine ungeheure Faktum – dass sie ihm seine Existenz genommen hatten und dass er selber daran schuld war –, das war einfach nicht auszuklammern, und es hielt ihn fest auf diesem Stuhl, in einem Raum, der ihn verspottete mit seiner wohligen Farbe und seiner sonnendurchfluteten Aussicht.

So waren die Minuten vergangen, und er hatte dagesessen und nichts getan. Ab und an hatte sich die Erinnerung an die Träume der vergangenen Tage in seine Gedanken geschmuggelt, vor allem die an den Montagmorgen, den Tag, an dem alles angefangen hatte. Natalie vor dem Fenster im Teamraum, verlockend, aber auch gefährlich, denn hinter ihr tauchte ja der große Unbekannte auf, der ihn dann hinauswerfen wollte aus dem Fenster, dem Imperator auf den Kühler, als Jagdbeute sozusagen ... Hatte dieser Traum nicht vorweggenommen, was ihm dann in der Woche passiert war? Aber wer war das, dieser Unbekannte? Die Frage blieb stehen, und er starrte leer vor sich hin.

Dann hatte das Telefon geklingelt. Er war hochgeschreckt, hatte einen Moment gebraucht, bis er aufgestanden war, um hinüberzugehen in sein Wohnzimmer, wo das Telefon ganz unten auf einem der Regale stand. Er hatte den schwarzen eckigen Apparat angestarrt, darauf gewartet, dass er noch einmal klingelte, und als das geschehen war, hatte er abgenommen und seinen Namen genannt. Aber der Anrufer, wer auch immer er gewesen sein mochte – oder sie? – hatte schon aufgelegt.

Das war nicht viel gewesen, aber immerhin, es hatte ihn aufgerüttelt. Als er in die Küche zurückgegangen war, hatte er sich nicht wieder auf den Stuhl gesetzt, sondern es bis zur Balkontür geschafft. Er hatte zurückgeblickt auf den Morgen, und nun wusste er, dass es Zeit war, etwas zu tun.

Er nahm das Telefon, ging in sein Arbeitszimmer und wählte seine Büronummer. Wenn hier schon jemand anrief, vielleicht waren dann auch Nachrichten auf seiner Mailbox. Die hatte er ja noch, und, wer wusste das schon, vielleicht konnte ihm das weiterhelfen.

Es klingelte einmal, dann sprang die automatische Stimme an. Er gab seine Geheimzahl ein und wurde durchgestellt.

»Sie haben – zwei – neue Nachrichten.«

Erstaunt merkte Sebastian, wie sein Herz schneller klopfte. Es funktionierte noch, die Neugierde kam doch noch immer über ihn. Aber das erste Gespräche war eine Enttäuschung: Es war nur Ludwig, der gestern Nachmittag durchgegeben hatte, dass er seinen Flug von Berlin nach Frankfurt verpasst hatte und nun erst am Abend ankommen würde. Die Stimme kündigte den nächsten Anruf an. Er stammte auch vom Freitag, dem 22. November, eingegangen um 15 Uhr 44.

»Guten Tag, Herr Ritter, hier Meier«, meldete sich eine Stimme, die Sebastian nicht gleich erkannte, und der Allerweltsname sagte ihm auch nichts. »Ich habe vorhin ein etwas irritierendes Gespräch mit Herrn Klohs gehabt ...«

Jetzt dämmerte es ihm. Der Mann auf dem Band war der Finanzvorstand des Maschinenbauers, den er am Donnerstag besucht hatte. Was wollte der denn noch?

»... und da ich befürchte, dass sich da etwas zusammenbraut, wollte ich Sie sprechen. Jetzt sind Sie nicht zu erreichen ... Rufen Sie mich doch bitte am Montag im Büro an, Sie haben ja die Nummer.«

Er machte eine Pause. Er wird doch noch nicht auflegen, schoss es Sebastian durch den Kopf. Er muss mir doch noch sagen, was eigentlich los ist.

Als ob er sein Flehen gehört hätte, sprach Meier dann weiter. »Wahrscheinlich wissen Sie schon, worum es geht. Ich fürchte, ich habe Sie da etwas in die Bedrouille gebracht, als ich bei unserem Treffen erwähnte, dass Herr Sawatzki von der Steuerhinterziehungsgeschichte damals wusste … Ich hatte ganz vergessen, wie krankhaft misstrauisch der Mann ist. Sie haben wohl etwas davon erwähnt, und er muss sich bei Klohs ziemlich aufgeführt haben.« Er schwieg wieder für einen Moment. Bitte, red weiter, flüsterte Sebastian.

»Ich weiß nicht, was Klohs jetzt gemacht hat, aber lassen Sie sich nicht davon verunsichern, Herr Ritter. Sawatzki ist ein Spinner, das habe ich Klohs auch gesagt, und wir brauchen Sie und Ihr Projekt. Ja. Ich hoffe, es ist noch nicht wirklich etwas passiert … Aber lassen Sie uns am Montag telefonieren. Auf Wiederhören, Herr Ritter.«

Sebastian atmete tief durch. Vielleicht war doch noch nicht alles verloren, vielleicht gab es noch einen Ausweg. Einer war auf seiner Seite. Er wollte den Hörer schon auflegen, da hörte er, dass Meier noch etwas sagte:

»Ach so, und falls es Sie noch interessiert. Sie hatten doch nach dem Wirtschaftsprüfer gefragt, der die Steuerhinterziehung damals nicht bemerkt hatte. Das war Tabucchi & Gray, immerhin ja eine der ganz großen Firmen, und der zuständige Partner war eine gewisser Hubertus von Hohenstein. Er ist bald darauf aus der Firma ausgeschieden, glaube ich.«

Die Kunststimme verkündete, dass es keine weiteren Nachrichten mehr gab. Sebastian legte das Telefon auf seinen Schreibtisch. Die heiße Phase war noch nicht vorbei. Jetzt wusste er, was er tun musste.

11:13 Uhr

Dr. Meier hatte Recht gehabt. Hubertus von Hohenstein hatte bald nach der Aufdeckung der Steuerhinterziehung bei seinem Mandanten die Wirtschaftsprüfergesellschaft verlassen – genauer gesagt am 30. Juni 1992. Das *Handelsblatt* hatte schon ein paar Wochen vorher in einer Personalienmeldung darüber berichtet, knapp und sachlich und mit Blick nach vorne: »Hohenstein wies Gerüchte zurück, er würde bei der Investmentbank Mitchell's tätig werden, und kündigte an, er werde sich als Steuerberater selbständig machen.« Kein Hinweis auf einen Zusammenhang zwischen dem Abgang und dem Skandal beim Maschinenbauer – der wohl eher ein Skandälchen war, denn Sebastian konnte keine Pressemeldung dazu finden. Hohenstein dagegen tauchte bald wieder auf, und wie. Schon ein gutes Jahr später berichtete *Capital* in einem Artikel, der mit »Die Gründerwelle« betitelt war, dass er gemeinsam mit einem Partner namens Schreiber ein Steuerberatungsbüro betrieb, das sich auf Existenzgründer, wie der Fachterminus lautete, spezialisiert hatte. Das war wahrlich nichts Ungewöhnliches, dachte Sebastian, bei Selbstständigen hatten Steuerberater ja nun deutlich mehr kreative Möglichkeiten, deshalb musste man sich eigentlich fragen, ob es Steuerberater gab, die sich nicht darauf spezialisiert hatten. Dann wurde Hohenstein damit zitiert, dass er sich als Komplett-Dienstleister für Selbstständige verstand – was er anbot, war die umfassende finanzielle Betreuung von der Rechnungsausstellung bis zur Anlage der vor der Steuer geretteten Einkünfte. Auch das war bei fleißigen Steuerberatern nun wirklich nichts Ungewöhnliches, aber Hohenstein trat in diesem Artikel auf, als habe er das Geschäft gerade erfunden. Den Schlusspunkt setzte er, indem er durchblicken ließ, dass er kurz davor sei, eine Spezialbank als Partner für seine eigene Geschäftsgründung zu gewinnen. Ein paar Monate später kam dann die nächste Meldung: »Hohenstein wird Mitglied des Beirates von Großmann, Meyer & Cie.«

Sebastian nickte zufrieden. Jetzt zahlte es sich aus, dass er sich vor ein paar Monaten ein Account bei einer Presse-Datenbank im Internet hatte einrichten lassen. Er zog den letzten Artikel aus dem Drucker und überflog ihn noch einmal. Kein uninteressanter Typ, dieser Hubertus von Hohenstein. Ganz offensichtlich ein Macher, aber einer der wenigen, die auch strategisch dachten. Der hätte es auch in einer Beratung weit gebracht. Und für so jemanden musste Großmann, Meyer & Cie. einfach ein »prime target« sein – die Bank war im richtigen Kundensegment tätig, dazu im Besitz einer überschaubaren Menge von wenig bankerfahrenen Gesellschaftern, vielleicht mit der Ausnahme von Kaiser, und geleitet wurde sie von einer Horde verschnarchter Manager. Ein Teich, voll mit fett gewordenen Karpfen, wie geschaffen für einen bissigen Hecht wie Hohenstein.

Und der Hecht hatte ordentlich losgelegt, das hatte Wahlen ja erzählt. Einen Aufstand gegen Schweizer hatte er initiiert, einen Kampf der verschiedenen Fraktionen bei den Gesellschaftern und was sonst noch alles.

Aber die Bank hatte es geschafft, die Öffentlichkeit von alledem fernzuhalten, und auch Hohenstein hatte nach dem ersten Personality-Coup offensichtlich kein Interesse an weiterer PR. Keine der einschlägigen Datenbanken enthielt mehr irgendeinen Text, in dem Hubertus von Hohenstein vorkam. Sebastian wollte schon aufgeben, doch dann kam er auf die Idee, noch einmal eine Suche mit dem Namen von Hohensteins Partner zu starten. Und siehe da, hier fand sich etwas. Es war wieder eine Personalie, wieder aus dem *Handelsblatt*, vom September dieses Jahres:

»Edgar Schreiber, 51, seit 1. Januar geschäftsführender Gesellschafter der ES Gesellschaft für Finanzdienstleistungen, ist am 22. September überraschend einem Herzinfarkt erlegen.«

Das war reichlich nichts sagend, und es war auch von keiner anderen Zeitung übernommen worden, soweit Sebastian das in der Datenbank nachvollziehen konnte. Aber merkwürdig war es schon. »ES« war vermutlich eine Abkürzung für Edgar Schreiber; und ein solcher Alleinanspruch ließ kaum vermuten, dass der alte Partner Hohenstein noch mit von der Partie war. Sebastian wechselte in die Datenbank mit den Firmeneinträgen und suchte nach der »ES Gesellschaft für Finanzdienstleistungen«. Und wirklich, er hatte Glück. Die Datenbank war nicht gerade die aktuellste. Edgar Schreiber wurde noch als Geschäftsführer des Unternehmens genannt, auch bei den Gesellschaftern stand er an erster Stelle, und zwar mit 75 Prozent. Dann kamen ... Sebastian erstarrte. 20 Prozent hielt eine gewisse Magda Schreiber-Schieritz, und 5 Prozent gehörten Natalie Schieritz.

Da war sie also, die Verbindung zwischen Natalie und Hohenstein. Hatte sie nicht einmal etwas von einem Stiefvater erzählt? Sebastian war sich nicht sicher. Den Namen Schreiber hatte sie jedenfalls nie erwähnt, und schon gar nicht, dass dieser Jemand früher einmal der Geschäftspartner eines Beiratsmitglieds von Großmann, Meyer & Cie. gewesen war. Auch von einem plötzlichen Tod war nie die Rede gewesen. Sie hatte es ihm wohl verheimlicht wie ganz offensichtlich noch vieles andere mehr. Was hatte sie noch einmal gestern Morgen am Telefon gesagt, bei diesem merkwürdigen Anruf? »Ich habe damit überhaupt nichts zu tun. Sie haben mich gezwungen.« »Sie«, waren das Hohenstein und ... wer auch immer sonst. Und Dienstag, als sie nicht angerufen hatte, da hatte sie sich doch überraschend mit jemandem getroffen, einem

»Bekannten aus dem Studium«. Ein schöner Bekannter. Und er hatte Informationen von ihr gewollt über einen Kunden. Sebastian lächelte bitter. Es war nicht schwer zu erraten, welcher Kunde das war. Und obwohl Natalie am Telefon gesagt hatte, sie hätte ihm nichts gegeben, war es jetzt klar, was für Informationen es waren.

Sebastian stützte das Kinn auf die Hände. Wenn es stimmte, dass Natalie von Hohenstein zu dem Papier gezwungen worden war, womit konnte er sie wohl erpresst haben? Es musste etwas mit diesem Stiefvater – oder was immer er war – zu tun haben, seinem früheren Partner, der so unerwartet an einem Herzinfarkt gestorben war. Merkwürdig, dachte Sebastian, er ist genauso gestorben wie Kaiser ... Er stutzte. Und was, wenn die Übereinstimmung kein Zufall war? Wenn Hohenstein so entschlossen zu Werke ging, dass er auch vor kriminellen Mitteln nicht zurückschreckte? War es möglich, dass er hinter den beiden Todesfällen steckte? Und waren dann die Schüsse auf Frau Schweizer am Mittwoch der dritte Versuch gewesen, jemanden ins Jenseits zu befördern?

Er stand auf und fing an, im Zimmer herumzugehen. Natürlich waren das alles nur Spekulationen. Aber es musste eine Wahrheit geben, und er würde sie finden, gerade durch diese Spekulationen. Es war nur nötig, systematisch an das Problem heranzugehen, so wie er es als Berater gelernt hatte. Sebastian nahm sich ein Blatt Papier und einen Stift, schrieb oben »Hohenstein« hin und begann, die Informationen aus den Datenbanken darunter aufzulisten.

Weit kam er nicht, denn schon bei der ersten Fundstelle kam die Systematik ins Stocken. Die Investmentbank, die genannt wurde, Mitchell's, da war Michael Klosters doch am Dienstag gewesen, um über irgendeinen Unternehmensverkauf eines Kunden zu verhandeln. Auch wenn Hohenstein nicht dorthin gegangen war – er hatte mit Sicherheit gute Kontakte. Gab es womöglich über diese Bank eine Verbindung zu Michael Klosters? War das Bindeglied der Unternehmensverkauf über Mitchell's? Er schluckte. Das Offering Memorandum, das er im Flugzeug gesehen hatte – »Project Switzerland«, das war es. Das stammte doch auch von Mitchell's. Kein Wunder, dass Michael alles als baren Unsinn abgetan hatte. Und kein Wunder, dass seine Karriere bei Top Management Consulting kurz darauf beendet worden war – durch Michael Klosters. Er war ihm auf die Spur gekommen. Michael Klosters wollte das Bankhaus Großmann, Meyer & Cie. verscherbeln, gemeinsam mit Hubertus von Hohenstein.

Aus seinem Arbeitszimmer schlurfte er in die Diele. Um weiterzukommen, brauchte er mehr Informationen, das war klar. Er musste einfach mehr über diesen Hubertus von Hohenstein erfahren. Das Beste wäre, mit jemandem zu sprechen, der Hohenstein kannte. Ihm fiel ein, dass er noch gar nicht wieder versucht hatte, ob Natalie doch zu erreichen war. Vielleicht war sie ja wieder aufgetaucht und er konnte sie treffen, und alle Fragen würden sich klären, und sie würde ihm helfen, die Abstimmung am Montag abzuwenden, und er würde doch Partner werden, weil er den Fall gelöst hatte … Er drückte auf die Programmtaste an seinem Telefon, und die Pieptöne flitzten durch die Leitung. Dann kam der Rufton, und er ließ es klingeln – einmal, zweimal, fünfmal, zehnmal. Keine Antwort. Blieb noch ihr Handy. Der zweite Versuch – und die Nachricht, dass der Teilnehmer nicht zu erreichen war. Sie war verschwunden, wie gestern.

Langsam ließ Sebastian das Telefon sinken. Er musste sie finden, das war seine einzige Chance. Auf direktem Weg war sie nicht aufzufinden, das hatte sich mit den beiden Anrufen jetzt wieder gezeigt. Also über Hohenstein? Damit war er wieder bei der Frage: Wer wusste etwas über ihn? Jemand aus der Bank? Vielleicht … Wahlen?

Er ging zurück zu seinem Schreibtisch und suchte nach seiner Telefon-CD-ROM, startete das Programm und gab »Wahlen, Horst« ein. Es gab vier in Deutschland, und natürlich war es der letzte, der in der Nähe von Frankfurt wohnte. Sebastian wählte die Nummer und wartete gespannt.

»Wahlen.« Die Stimme war unverkennbar.

»Guten Tag, Herr Wahlen, hier Ritter.«

»Herr Ritter. Was wollen Sie denn?«

Sebastian räusperte sich. »Nun ja, Herr Wahlen, Sie werden ja schon gehört haben, was gestern in der Bank passiert ist …«

»Allerdings. Ich habe vor allem gehört, dass Sie jetzt Hausverbot haben.«

»Ja«, sagte Sebastian, »das ist leider richtig. Es ist sehr unglücklich gelaufen gestern, und Herr Dr. Schweizer hat ziemlich getobt.«

Wahlen hörte ihm nicht länger zu. »Frau Schumann hat gestern Nachmittag alle Abteilungsleiter angerufen und informiert, dass der Auftrag

Ihrer Gesellschaft beendet worden ist und ein weiterer Kontakt mit Ihnen und Ihren Mitarbeitern nicht erwünscht ist.«

»Ach so.« Sebastian biss sich auf die Lippe. »Aber telefonieren können wir doch noch, Herr Wahlen.«

»Das kommt darauf an, worüber Sie mit mir reden wollen, Herr Dr. Ritter.«

»Hören Sie, die Vorwürfe sind völlig unberechtigt. Ich habe überhaupt nichts zu tun mit diesem Papier, das alles ausgelöst hat. Herr Dr. Sturm hat die Situation genutzt und ...«

»Das habe ich Ihnen doch alles schon am Mittwoch gesagt, Herr Dr. Ritter. Aber Sie wollten ja nicht auf mich hören.«

Jetzt will er es mir erst recht zeigen, dachte Sebastian. Ich muss sein Vertrauen wieder gewinnen. Oder zumindest seine Neugier. »Herr Wahlen«, flüsterte er ins Telefon. »Hohenstein will die Bank verkaufen.«

Wahlen zeigte sich unbeeindruckt. »Das haben Sie schon Mittwoch durchblicken lassen, Herr Dr. Ritter. Ich habe es Ihnen damals nicht geglaubt, und heute tue ich es auch nicht.«

»Ich bin sicher, dass ich es beweisen kann«, sagte Sebastian beschwörend. »Wenn Sie mir helfen, Herr Wahlen.«

Eine Weile lang kam keine Antwort.

»Nein«, sagte Wahlen dann bestimmt. »Nein, Herr Dr. Ritter. Das ist mir zu gefährlich. Sie sind da raus, aber ich will noch ein paar Jahre bei dieser Bank verbringen. Nein, und bemühen Sie sich nicht noch einmal.«

»Herr Wahlen«, rief Sebastian in die Leitung, aber er hatte schon aufgelegt. Feigling, dachte Sebastian, mieser kleiner Feigling. Er schlug auf den Tisch. Opportunistisch bis zur Selbstaufgabe, widerlich.

Wer kam sonst in Frage? Bei den Kabinettsmitgliedern brauchte er es erst gar nicht zu probieren, auch nicht bei de Guise, der war ja das größte Schwein. Die Wut kroch wieder in ihm hoch, als er daran dachte, was de Guise gestern von Klosters verlangt hatte. Dagegen war Wahlen wirklich ein kleines Licht. Ausgerechnet de Guise, ausgerechnet derjenige, der doch auf ihrer Seite zu sein schien, ausgerechnet der hatte ihn verraten. Ein Arschloch eben, ohne Charakter, ohne Moral, dachte nur an sich und sein schickes Büro und ...

Frau Neher. Er konnte versuchen, mit Frau Neher zu sprechen. Die war doch so nett gewesen bei den letzten Gesprächen. Vielleicht wusste die etwas, schließlich saß sie mitten drin in der Schaltzentrale.

Sebastian gab »Neher« in den Computer ein, und das System zeigte ihm eine endlose Reihe von Namen an. Wie hieß sie doch mit Vornamen? Bei ihrem letzten Anruf hatte sie ihn doch genannt, irgendetwas mit »A« … Anja? Er probierte es und tippte den vollständigen Namen ein. Es gab zwei Anja Neher, eine wohnte im Frankfurter Raum. Er wählte die Nummer, und wirklich, es meldete sich die Stimme, auf die er gehofft hatte.

»Guten Tag, Frau Neher, hier ist Ritter«, sagte Sebastian.

»Herr Dr. Ritter«, kam die verblüffte Antwort. »Geht es Ihnen … gut?«

Sie weiß auch Bescheid, dachte Sebastian. »Na ja«, sagte er zögerlich. »Wie sagt man, den Umständen entsprechend.« Er hustete. »Frau Neher, wir wollten uns doch mal treffen. Wie wär's, wenn wir das heute machten?«

»Heute?«

»Ja. Heute Nachmittag. Ich brauche Ihre Hilfe, Frau Neher.«

»Meine Hilfe? Was kann ich denn schon für Sie tun?«

»Sie können mir sagen, was in den letzten Wochen im Büro von Herrn de Guise abgelaufen ist.«

Sie schwieg.

»Und ob er in dieser Zeit mit einem gewissen Hubertus von Hohenstein gesprochen hat.«

»Sie wissen, dass ich gar nicht mit Ihnen reden darf«, sagte sie leise.

Sebastian hatte seine Lektion gelernt. »Frau Neher, kommen Sie. Bei einer Bank, die solche Anweisungen ausgibt, wollen Sie doch sowieso nicht bleiben.«

»Eine Position als Chefsekretärin ist nicht so leicht zu finden.«

»Und wenn ich Ihnen beim Suchen helfe?«

Sie musste lachen.

»Ich meine es ernst, Frau Neher«, sagte Sebastian, den Hörer ganz nah an den Lippen. »Wenn es stimmt, was ich vermute, dann sollten Sie schauen, dass Sie schleunigst aus dieser Bank verschwinden. Und ich habe genügend Kontakte, da wird sich bestimmt etwas machen lassen.«

Sie ließ ihn eine Weile warten. Dann sagte sie: »Also gut. Aber nicht am Telefon.«

»Ja … Wo dann? Bei Ihnen?«

»Nein. Vielleicht wird meine Wohnung beobachtet.«

Sie spinnt auch schon, dachte Sebastian im ersten Moment, aber dann dachte er daran, dass die Bank jeden Kontakt mit den Beratern untersagt hatte. Vielleicht war es wirklich besser, vorsichtig zu sein.

»Am besten treffen wir uns im Haus meiner Eltern, die sind sowieso gerade in Urlaub.« Sie gab ihm eine Adresse in Bad Homburg durch. »Wann wollen Sie kommen?«

»Moment …«, sagte Sebastian und griff nach dem Flugplan in seinem Aktenkoffer. »Der nächste Flug geht um 12 Uhr 25, das wird zwar knapp, aber das schaffe ich schon. Dann bin ich so gegen zwei bei Ihnen.«

»Gut«, sagte sie, »ich werde da sein.«

13:28 Uhr

Draußen im Garten schien die Sonne, aber das stumpfe Grau beherrschte weiter das karge Ensemble, das nie richtig angewachsen war. Wie ein Schleier legte es sich auf den erdigen Rasen und hing im Gestrüpp der zu klein geratenen Büsche. Kein Vergleich mit dem satten, mediterranen Grün, auf das der Banker in seinem Büro immer geblickt hatte. Der Blick auf die Landschaft fehlte ihm, und mit ihm der Junge am Pool, der wirkte wie ein Geliebter. Wie wohl der Mann im Pool heute aussehen würde? Bei diesem Licht war er ihm immer sehr lebendig erschienen, aber nach dem, was gestern geschehen war, war das nicht mehr so sicher. Vielleicht leuchteten die Farben jetzt in allen Tönen der Verwesung, und es war endgültig unabweisbar, dass er schon lange herumtrieb im Wasser, tot und aufgeschwemmt, ekelerregend …

»Franz Georg«, rief eine Stimme aus dem anderen Zimmer. Er reagierte nicht. Die Dinge hatten sich etwas anders entwickelt, als er gedacht hatte, als er seine Frau gestern Nachmittag aus dem Büro anrief, nach der Hinrichtung. Er hatte es alles hinter sich bringen wollen, komplett abschließen, nur hören, wie sie sich verabschiedete und verschwand aus seinem Leben. Aber als er gesagt hatte, was passiert war, schwieg sie erst und reagierte dann nur mit einem Wort:

»Warum?«

Und er hatte geantwortet: »Weil er mich reingelegt hat.«

»Wer?«

»Hohenstein.«

Erst hatte sie nur geseufzt. Danach sagte sie einen Satz, leise, aber bestimmt: »Ich komme und hole dich ab.«

Er war viel zu überrascht gewesen, um zu reagieren, und als es ihm bewusst wurde, was sie da eigentlich gesagt hatte, war die Leitung schon tot. Kurze Zeit später hatte sie in seinem Büro gestanden, hatte ihn umarmt, ihn an der Hand genommen und aus dem Gebäude hinausgeführt, auf den Parkplatz, zu ihrem Cabrio, und hatte ihn nach Hause gefahren. Er war ihr gefolgt, willenlos, wie in Trance.

Zu Hause hatte sie Kaffee gekocht, und sie hatten da gesessen und ihn getrunken, schweigend. Sie hatte ihn angesehen, lange, besorgt, als hoffte sie, er würde etwas sagen. Aber er hatte weiter geschwiegen, denn er wollte nicht mit ihr reden. Er wollte nicht mit ihr streiten, natürlich nicht, aber er wollte auch nicht ihr Verständnis. Es wäre ihm am liebsten gewesen, sie hätte ihn einfach in Ruhe gelassen, alleine, bis er sich gesammelt hatte und gehen konnte, davon ziehen in die Nacht, in die Bars, wo er sich nicht verstecken musste, wo er auf nichts Rücksicht zu nehmen brauchte, wo er die Bank, dieses Haus, dieses ganze verlogene Leben hinter sich lassen konnte.

Aber sie ging nicht. Sie blieb einfach sitzen, auf dem Sofa, ihm schräg gegenüber und sah ihn an. Und als sie dann anfing zu reden, sagte sie, dass dies nun der Moment wäre, all das zu überwinden, was sie einander entfremdet hatte, dass es die eine Gelegenheit für sie beide wäre, das Leben neu zu beginnen, ehrlich, offen, füreinander und miteinander. Dass sie weggehen sollten aus dieser Stadt, aus diesem Land, neu anfangen, irgendwo, ohne dieses vom Geld, von der Gesellschaft bestimmte Leben, so viel brauchte sie ja gar nicht, sie wollte nur in Ruhe leben, Zeit für sich haben, und für ihn, für sie beide.

Er musste sie ziemlich ungläubig angesehen haben, denn plötzlich brach sie in Tränen aus und schluchzte, auch jetzt würde er ihr nicht vertrauen, so wie er es nie getan hätte, auch jetzt würde er sie vorführen mit seiner Distanz, seiner Kälte, ob er das nicht merken würde, ob es ihm nicht bewusst wäre, wie er sie quälen würde, obwohl sie es doch war, die kämpfte für ihre Beziehung, für den gegenseitigen Respekt, der aus dem Vertrauen erwuchs. Und als er immer noch nichts sagte, wurde sie hysterisch, heulte laut und schrie, er hätte sie zugrunde gerichtet, er hätte ihr alles genommen, die Freude, die Fröhlichkeit, die Lust am Leben. Als sie es noch gekonnt hätte, hätte er sie nicht gehen lassen, er hätte sie eingesperrt mit seinem Geld, sie in seiner Nähe haben wollen wie ein Schmuckstück, schön, angenehm, bloß nicht lästig. Und jetzt, wo das alles zu Ende war, jetzt wollte er wohl alles zerstören, nicht nur sich, sondern sie mit dazu.

Geh doch einfach, hätte er in diesem Moment sagen sollen, geh einfach, ich zahle dir, was du brauchst, oder zumindest das, was ich glaube, dass du brauchst, geh, hasse mich, aber lass mich in Ruhe. Aber er hatte nichts gesagt, immer noch nicht.

Sie war über ihn hergefallen, hatte ihn an den Schultern gepackt und geschüttelt, hatte ihn angebrüllt, er solle mit ihr reden, er solle ihr sagen, was er dachte, was in ihm war. Wer er war.

»Ich glaube es dir nicht«, sagte sie dann, als er immer noch nicht antwortete, »ich glaube es nicht, dass du schwul bist. Vielleicht wärst du es gern. Aber du hast viel zu viel Angst davor, es zu sein. Und deswegen hast du gar keine Gefühle, Franz Georg. Nichts. Du bist ein Roboter. Ein Eunuche.« Dann hatte sie wieder geweint, aber diesmal leiser, resignierter, so dachte er wenigstens. Aber er hatte sich getäuscht.

»Verstehst du nicht«, hatte sie wieder angefangen, »ich will dir doch helfen. Ich erwarte gar nicht, dass du mich begehrst, das vergeht immer schnell, das kenne ich doch. Ich will, dass du zu deinen Gefühlen findest, Franz Georg, durch mich. Und jetzt hast du die Gelegenheit dazu. Jetzt und vielleicht nie wieder.«

Wahrscheinlich hatte sie ihn einfach mürbe geredet. Vielleicht war er auch einfach nur verzweifelt, gebrochen vom Rausschmiss, von seiner Naivität, der Ahnungslosigkeit, mit denen er ihnen in die Falle gegangen war, trotz all seines Nachdenkens, aller Strategien. Und möglicherweise war es auch das Bewusstsein, dass sie sich irrte, dass er Gefühle hatte, jetzt, früher, schon immer, und dass sie trotzdem Recht hatte, weil er nicht zu ihnen stehen konnte, nicht hier, nicht vor ihr, nicht vor der Welt. Auf jeden Fall waren ihm in diesem Moment die Tränen gekommen.

Es musste wie eine Befreiung für sie gewesen sein. Sie nahm ihn in den Arm, zog ihn an sich, flüsterte ihm ins Ohr, drückte ihm Küsse auf die Wangen, die Stirn, auf den Mund, schleppte ihn fort ins Schlafzimmer, legte ihn aufs Bett und zog ihn aus, deckte ihn zu und kam dann selbst hinein, kuschelte sich an ihn und streichelte und herzte ihn, ohne Pause, ohne Ende, wie ein immerwährendes, unveränderliches Ritual. Und er ließ alles mit sich geschehen, ohne Bewegung, ohne Willen, nach einiger Zeit auch ohne Tränen. Irgendwann musste er eingeschlafen sein.

Als er dann am Morgen aufgewacht war, lag er alleine im Bett. Einen Moment lang war die Hoffnung in ihm aufgekeimt, aber dann hatte er sie in der Küche gehört. Er war schnell aufgestanden, ins Bad verschwunden, damit er erst einmal etwas Zeit hatte, sich zu finden, sich bereit zu machen dafür, ihr wieder gegenüber zu treten. Als er dann nach einer halben Stunde herauskam, ging es schon wieder. Am Frühstückstisch hatte sie dann angefangen zu fragen, und er hatte ihr langsam erzählt, was in der Bank passiert war. Er wusste nicht, wie viel sie wirklich verstanden hatte, aber sie kannte natürlich die Akteure in der Geschichte, und sie hasste sie alle, bis auf Hohenstein, der immer einen gewissen Reiz auf sie ausgeübt hatte, das war jedenfalls sein Eindruck gewesen, und manchmal hatte er regelrecht so etwas wie Eifersucht entwickelt, vor allem wohl deswegen, weil er nicht wollte, dass Hohenstein auch noch von dieser Seite in sein Leben eindrang und noch mehr über ihn erfuhr, denn alles, was dieser Mann wusste, setzte er in Macht um und in Erpressung, das hatte er oft genug erfahren müssen.

Er hatte erzählt, alles, auch die Steuergeschichte, und sie hatte sich aufgeregt, nicht darüber, dass er diesen Irrtum begangen hatte, wie sie sagte, sondern darüber, dass man ihn unter Druck gesetzt hatte, erpresst, wie sie sagte, hereingelegt, in eine Falle gejagt, bloßgestellt in aller Öffentlichkeit. Dabei ließ sie nicht den geringsten Zweifel aufkommen, dass sie auf seiner Seite war, voll und ganz, ohne jeden Abstrich, wie sie betonte. Nicht eine abfällige Bemerkung zu seinem Verhalten hatte sie losgelassen, anders als früher, genauer gesagt, anders als vor ein paar Tagen, als sie ihn das letzte Mal verspottet hatte, bis er schweigend aus dem Zimmer gegangen war, wie so oft. Nein, sie war ganz Verständnis und Mitgefühl. Am Ende, als sie schon die Tassen auf das Tablett stellte, hatte sie dann gesagt:

»Siehst du, Franz Georg, wir können doch miteinander reden. Du kannst Vertrauen zu mir haben.« Dann hatte sie über den Tisch nach seiner Hand gegriffen, ihm in die Augen gesehen und geflüstert: »Komm, machen wir weiter so. Wir schaffen das. Wir beide, zusammen.«

Der Mann am Pool trug ein Jackett in einer merkwürdig roten Farbe, so, wie man sie gerne in den Siebzigern anzog, und heute wohl wieder, erst gestern hatte er in der Nähe der Bank einen Jungen gesehen in einem ähnlichen Jackett, schon von weitem war er ihm aufgefallen, als er die Straße entlang ging, der Junge kam auf ihn zu, und er erwiderte seinen Blick, er lächelte ihn an, aber es war nicht der richtige Ort gewesen und nicht der richtige Moment, er hatte schnell weggesehen und war in das Restaurant gegangen, wo er Böttcher getroffen hatte, das Schwein. Er verstand es einfach nicht, wie ihm das passieren konnte, dass er nichts begriffen hatte von ihrem Komplott, dass er ihnen in die Falle getappt war wie ein dummer, gutmütiger Bär. Genau das hatte seine Frau vorhin auch gesagt, aber bei ihr hatte das fast geklungen wie ein Kompliment. Dabei war er vor allem dumm gewesen, dumm und naiv, und das Beste war, dass er sich auch noch bereitwillig hatte vorführen lassen, vor versammelter Mannschaft, bei diesem miesen Telefontrick, immer von der Hoffnung getrieben, dass da doch noch ein Ausweg war, dass wenigstens Hohenstein nicht mit in diesem Spiel sein konnte …

»Franz Georg, komm, das Essen ist fertig.«

Sie hatte er auch missverstanden, völlig falsch eingeschätzt, die ganze Zeit, aber vor allem jetzt am Schluss. Und nicht nur sie, auch seine eigenen Gefühle.

Gestern hatte er Angst gehabt davor, ohne sie zu sein, ohne diese sichere, schützende Hülle, die er sich über die Jahre aufgebaut hatte, mit vielen Spannungen nach innen, sicherlich, aber nach außen hatte es wunderbar funktioniert. Über sie beide gab es nicht solche Geschichten wie über Schweizer und seine Irmgard. Und er hatte gedacht, in den letzten Monaten hätten sie sich endgültig arrangiert, ihren Weg der offenen Ehe gefunden, und jetzt das. Jetzt wollte sie ihm helfen, ihn womöglich heilen, bekehren, hinführen zu einem neuen, erfüllten Leben, mit ihr.

Eigentlich wollte er doch nur alleine sein. Hätte er sie vertreiben sollen, gestern, als sie auf ihn einschlug? Es wäre wenigstens konsequent gewesen. Er hätte brutal werden müssen, ihr weh tun, vielleicht noch mehr als in der Vergangenheit, hätte ihre Wut auf sich gezogen, ihre Verzweiflung. Sie hätte getobt, irgendwie zurecht, womöglich hätten sie sich ernsthaft geschlagen, am Ende wären nicht nur Tränen geflossen, sondern sogar Blut. Hätte er das alles lostreten sollen, die Schuld auf sich laden an solch einer Eruption? Jetzt war sie glücklich, hatte wieder

Hoffnung, und ihm hatte das doch auch gut getan, gestern Abend. Im Grunde konnte sie alles machen, was sie sich jetzt vorstellte, ihn bemuttern, ihm zuhören, ihn unterstützen, wenn sie ihn nur zugleich auch in Ruhe ließe, nicht dauernd Ansprüche erhob, ihm sein eigenes Leben erlaubte.

Vielleicht ging es ja, wenn er ihr das sagte. Aber würde er es können? Und wenn er sich überwand – würde sie ihn verstehen? Oder würde es die nächste Szene geben, und dann doch den großen Ausbruch, der womöglich nicht nur sie davon riss, sondern ihn gleich mit?

»Franz Georg. Nun komm doch.«

»Ja …«

Er ging hinüber ins Esszimmer und setzte sich zu ihr an den Tisch. Sie strahlte ihn an, er lächelte kurz zurück, und dann begannen sie zu essen. Sie hatte wunderbar gekocht, das konnte sie, Fisch mit rosa Pfeffersauce, immer schon einer seiner Favoriten, dazu Zuckerschoten, ein Traum. Sie tranken einen Chardonnay aus Italien, erdig, nicht verzärtelt wie viele Kalifornier, sehr schön, es schmeckte ihm.

»Franz Georg«, sagte sie, als ihr Teller dann leer war und sie ihm zusah, wie er die letzten Spuren der Soße mit dem Reis aufsog, um nichts übrig zu lassen von dem Genuss, »Franz Georg, lass uns doch wegfahren.«

Er sah erstaunt hoch.

»Ja, einfach raus, fort von diesen ganzen schlechten Erinnerungen hier. Ich habe vorhin beim Reisebüro angerufen, morgen Nachmittag um vier geht ein Flug nach Mallorca, abends um acht könnten wir dort sein.«

Mallorca. Daran hatte er doch gestern noch gedacht.

»Wir könnten ins Hotel Formentor gehen, weißt du, es liegt doch direkt am Kap. Wir waren da schon einmal essen, und es hat dir so gut gefallen damals.«

Kap Formentor. Das war ihr erstes gemeinsames Wochenende gewesen, und damals hatte sie ihn wirklich bezaubert, mit ihrem Lächeln, ihrem Charme, Tag und Nacht, selbst im Bett. Keine schlechte Wahl. Er musste lächeln.

»Also du bist einverstanden?«

Er nickte. »Ja«, sagte er, »ja, in Ordnung. Lass uns fahren.«

13:50 Uhr

Das Taxi bog so langsam um die Ecke, dass Sebastian das Straßenschild lesen konnte und den Namen wiedererkannte. Neugierig folgte sein Blick den behäbig vorbeiziehenden Häusern mit ihren ordentlichen Vorgärten, den schmalen, kontrastreich abgesetzten Eingangstüren, meist neben breiten Garagentoren, schön Ton in Ton, und den wuchtig aufgesetzten Dächern, bei denen ab und an mal ein Fenster hervorlugte, wohl der Hort der jungen Generation. Irgendwo, hinter einem von diesen Fenstern, hatte wahrscheinlich auch Frau Neher ihre wohlbehütete Kindheit verbracht. Das Taxi hielt vor dem letzten Haus der Stichstraße. Sebastian zahlte und stieg aus. Das schmiedeeiserne Tor, in das kunstvoll der Name Neher eingefügt war, stand einen Spalt offen. Als Sebastian es weiter schob, um hindurchzupassen, quietschte es bedrohlich. Unwillkürlich sah er sich um, aber über der ganzen Gegend lag die müde Stille des Samstagnachmittags. Nichts zu sehen und zu hören. Als er sich wieder umdrehte, stand Frau Neher in der Haustür und winkte ihn hinein.

Kaum war er durch die Tür, machte sie sie schon zu, flüsterte eine Begrüßung und schob ihn durch den dunklen Flur in das Wohnzimmer, wo neben einer plüschigen Couch der Tisch gedeckt war. »Geben Sie mir Ihren Mantel«, sagte sie, »und setzen Sie sich. Ich komme sofort.«

Sebastian tat, wie ihm geheißen, und sah sich um. Das typische gutbürgerliche Wohnzimmer, mit der obligatorischen Schrankwand vor der weißen Raufasertapete, dem beigen Teppichboden, auf dem ein schon etwas abgewetzter Perser lag, und über dem Sofa das barocke Ölbild, auf dem ein junges Mädchen einem feisten Alten Wein einschenkte. Neben dem Sofa ein Beistelltisch mit Zeitschriften. Die oberste war aufgeschlagen, ein Bericht über irgendein Fest, mit vielen Fotos. Sebastian sah genauer hin. Das war doch der Bericht über den Geburtstag des Banken-Vorstands, den er auch schon in der Hand gehabt hatte. Er suchte nach dem Foto mit Nero, Böttcher und de Guise. Richtig, da war es, und da im Hintergrund war auch der merkwürdige Mann mit dem kalten Blick … Sebastian erstarrte. Er erkannte den Mann wieder. Es war derselbe, den er am Frankfurter Flughafen gesehen hatte, neben dem dicken Männchen. Und mit einem Mal wusste er auch, wer dieser Mann war.

Die Tür quietschte, und Frau Neher kam mit einem Teller voller

Kuchen. Als sie vor Sebastian stand, erschrak sie. »Mein Gott, Herr Dr. Ritter. Ist alles in Ordnung?«

Langsam sah Sebastian zu ihr hoch. Die dunklen Haare fielen ihr ins Gesicht, das heute viel blasser war, als er es in Erinnerung hatte. Aber ihre Augen waren so, wie er sie kannte, dunkel, fast schwarz, und sie sahen ihn mit einer Besorgnis an, die ihm gut tat. »Ja, keine Angst«, sagte er und lächelte schmal. Dann zeigte er auf das Foto. »Wissen Sie … wer das ist?«

»Wer … Der da hinter Herrn Böttcher?«

Sebastian nickte.

»Das ist Herr von Hohenstein. Kennen Sie den gar nicht?«

Hohenstein. Er war es. Wenn er vorhin bei seinen Recherchen wirklich das gemacht hätte, was er sich ja eigentlich vorgenommen hatte, nämlich systematisch zu denken, dann hätte er darauf kommen müssen, dass nur er es gewesen sein konnte, dem er da am Mittwoch am Flughafen begegnet war, eher per Zufall, aber wer wusste das schon. Er sah noch einmal auf das Foto. Der kalte Blick, auf Nero gerichtet, den Gegner im Beirat, das war derselbe Blick, mit dem er ihm in Frankfurt hinterhergesehen hatte. Wenn Hohenstein diesem Blick auch immer Taten folgen ließ, dann hatte er noch einiges zu erwarten.

Als er nicht antwortete, goss Frau Neher Kaffee ein. Sebastian sah ihr zu, noch immer etwas betroffen von der Entdeckung, die ja eigentlich keine war, und der Angst, die leise begann, in ihm hoch zu kriechen. Frau Neher trank ihren Kaffee, griff sich ein Stück Kuchen, brach ein kleines Stück ab, knabberte daran und wartete ganz offensichtlich darauf, dass Sebastian etwas sagte. »Kennen Sie ihn?«, fragte er schließlich. »Diesen Hohenstein, meine ich?«

»Herr de Guise hat mir einiges über ihn erzählt. In der Bank habe ich ihn auch einmal gesehen, glaube ich. Und auf Fotos. Haben Sie ihn nie getroffen?«

»Ich habe den Namen Hohenstein diese Woche zum ersten Mal gehört«, sagte Sebastian.

»Ach so«, sagte Frau Neher und rührte in ihrem Kaffee.

So ging das nicht. Was war nur mit ihr los? War das dieselbe Person, die ihm am Dienstag nach Benchmarks ausgefragt hatte? Die so selbstbewusst geredet hatte, und das ja nicht nur einmal, dass er ganz nervös geworden war? Vielleicht war es die Umgebung, dieser verstaubte Raum mit seiner bleiernen Spießbürgerlichkeit? »Frau Neher«, sagte er eindringlich, »bitte. Was wissen Sie?«

Sie sah zu ihm hoch, ängstlich, wie es ihm schien, oder war es doch nur verwirrt, und sagte: »Was meinen Sie?«

Er hätte mit ihr in ein Café gehen sollen, irgendwo hin, wo die Atmosphäre locker war, angenehm, wo sie hätten plaudern können. »Frau Neher. Sie haben die ganze Zeit im Schaltzentrum gesessen, wenn ich das mal so nennen darf. Sie müssen doch vieles mitbekommen haben.«

Sie zuckte mit den Achseln. »Als Sekretärin hört man höchstens ein paar Einzelheiten, keine Zusammenhänge. Und Herr de Guise ist sehr verschlossen.«

»Aber vor ein paar Tagen wollten Sie doch mit mir reden, weil Sie genauer verstehen wollten, was in der Bank vor sich ging.«

Sie schwieg. Warum ist sie nur hierher gekommen, wenn sie nichts sagen will, dachte Sebastian. Oder will sie sich nur bitten lassen? »Kommen Sie, Frau Neher. Wir fangen jetzt einfach mal an. Sie erzählen mir, was Sie so wissen an Einzelheiten, und zusammen bekommen wir dann die Zusammenhänge schon hin.«

Ihr Nicken war fast unmerklich, aber es war ein Signal.

»Also. Was ist am Freitag passiert, nachdem ich gegangen bin?«

»Herr … Herr de Guise ist in die Kabinettsrunde gegangen«, sagte sie, ohne ihn anzusehen. »Vorher hat er sich aber einen ordentlichen Cognac genehmigt.«

»Kam das öfters vor?«

»In letzter Zeit schon. Er war wahnsinnig unter Druck diese Woche.«

»Und? Dann?«

»Als er aus der Sitzung zurückkam, hat er mir erzählt, dass Sie … also …«

»Dass wir aus der Bank herausgeflogen sind.«

Sie wischte sich einen Krümel vom Rock. »Ja. Aber das wusste ich schon. Die Sache mit dem Papier und die Szene bei Herrn Dr. Schweizer hatte sich schon herumgesprochen.«

Sebastian schwieg und sah auf den Boden.

»Herr de Guise war ziemlich aufgelöst, denn er war ja mitbetroffen von der ganzen Entwicklung.«

»Er war mitbetroffen?«

»Ja. Dr. Schweizer hat die Gelegenheit benutzt, um vom Kabinett die

Unterstützung für die Verschiebung seines Ausscheidens einzuholen. Er will jetzt noch drei Jahre bleiben. Und Herrn Dr. Sturm will er mit ins Kabinett berufen. Herr … Herr de Guise musste in dem Moment von seinen Karrierehoffnungen Abschied nehmen. Herr Dr. Sturm und er sind schließlich wie Katz und Maus, und mit ihm in dieser Position hatte er keine Chance mehr im Kabinett, das wusste er.«

»Mmh. Und dann?«

»Dann ging er in sein Büro und telefonierte …«

»Mit wem?«

Sie sah ihn starr an. »Mit Herrn Böttcher.«

»Ach so.« Sebastian nickte gleichmütig.

»Er hat sich mit ihm zum Mittagessen verabredet.«

»War das etwas Besonderes?«

»Ja, schon. Herr de Guise ging sonst nie mittags essen, es sei denn, mit Kunden.«

»Ach ja. Und was passierte dann?«

»Als er zurückkam, war er völlig verändert. Er hat mich kaum gesehen, rannte nur schnell in sein Büro und holte seinen Kalender, und dann ging er zu Böttcher.« Sie griff nach der Kaffeetasse. Als sie sie hochnahm, sah Sebastian, dass ihre Hand zitterte. »Er kam erst am späten Nachmittag zurück, und da sah er aus, als wäre er dem Tod begegnet. Ja, und dabei hat er mir gesagt, dass er nicht mehr zurückkommen wird.«

Sebastian musste sie wohl reichlich verständnislos angesehen haben, denn Frau Neher lachte kurz, aber es klang so, als wären die Tränen nicht weit entfernt. »Damit wollte er sagen, dass Schweizer ihn gerade hinausgeworfen hatte.«

Sebastian merkte, wie sein Kinn hinuntersank. De Guise gefeuert! Damit hatte er nun wirklich nicht gerechnet. »Wissen Sie, warum?«

Sie schüttelte nur kurz den Kopf. Aber natürlich weiß sie es, dachte Sebastian. »Herr de Guise hat uns am Nachmittag angerufen. Wussten Sie das?«

Sie sah erstaunt zu ihm hinüber, ehrlich erstaunt, erschien es ihm. »Nein.«

»Er hat uns angeboten, dass wir die Bank weiter beraten können, wenn wir die Verantwortung für das Papier übernehmen, das bei Schweizer gelandet ist. Genauer gesagt, wenn ich zugebe, dass ich es im Auftrag von Hohenstein geschrieben habe.«

Ihre Augen wurden noch größer, als sie es schon waren, aber in ihnen las Sebastian weiter nur Erstaunen, nicht sonst. »Haben Sie eine Ahnung, wie de Guise auf diese Idee gekommen ist?«, hakte er nach.

Sie zeigte keine Regung.

»Das ist schließlich Erpressung, das ist Ihnen klar.«

Nichts.

Da fiel es ihm ein. »Haben Sie nicht gesagt, dass de Guise mit Böttcher essen war? Und dass er danach so verändert war?«

Langsam, wie in Zeitlupe, floss eine Träne aus ihrem linken Augenlid herab, die Wange entlang, bis sie am Kinn hängen blieb.

»Kommen Sie«, sagte Sebastian leise. »Erzählen Sie es. Wenn es heraus ist, geht es Ihnen besser. Mir können Sie vertrauen.«

Sie sah ihn an, und im nächsten Moment begann ihr Körper zu zucken, dann brach sie die Tränen stoßweise hervor, so heftig, dass Sebastian sie festhielt, weil er Angst hatte, sie würde hinunterrutschen von ihrem Sessel, vielleicht gegen den Tisch schlagen und sich verletzen. Sie schluchzte weiter in seinem Arm, bis ihr die Luft wegblieb, wimmerte leise, und als sich dann ein neuer Stoß den Weg bahnte, schrie sie, als würde der Schmerz sie zerreißen. Verzweifelt kramte Sebastian nach Taschentüchern, aber alle waren benutzt, und so konnte nur sein Hemd den Tränenfluss aufnehmen, bis sie sich losmachte und davonlief zum Badezimmer.

Nach einigen Minuten kam sie wieder, das Gesicht rot verquollen, in der Hand einen ganzen Knäuel von Papiertaschentüchern, und ließ sich in den Sessel fallen. »Entschuldigen Sie bitte«, flüsterte sie, »ich wollte keine Szene machen.«

Er nickte verständnisvoll. Dann sagte er: »Was ist mit Böttcher?«

Die Tränen füllten wieder ihre Augen, aber sie schluchzte nicht mehr. »Er ist ein Schwein«, flüsterte sie. »Er hat de Guise auf dem Gewissen.«

»Böttcher?«, entfuhr es Sebastian. »Aber ... wie denn?«

»Böttcher hat das Papier auf Schweizers Tisch gelegt.«

»Was? Dann hat er es schreiben lassen?«

»Nein.« Sie wischte sich mit dem Handrücken über das Gesicht. »Ich habe es ihm gegeben.«

Sebastian sah sie nur noch mit großen Augen an. Und dann, endlich, begann sie zu erzählen.

»Ich ... Böttcher ... Ich war seine Geliebte. Seit zwei Jahren. Es ging los, nachdem ich de Guises Sekretärin geworden war, er hat mit mir herumgeschäkert, auf dem Flur oder wenn de Guise in einer Sitzung war, dann kam er schon einmal herein, Sie wissen schon. Ich habe mir nicht viel dabei gedacht anfangs, er hatte so den Ruf, aber dann fing er an, mich zum Essen einzuladen, und irgendwann habe ich ja gesagt und …« Sie seufzte. »Ach, was soll ich Sie damit langweilen. Er hat mir alles mögliche versprochen, aber in Wirklichkeit hat er mich nur benutzt, und als er alles hatte, was er wollte, hat er mich fallen lassen wie eine heiße Kartoffel.« Sie schnäuzte sich.

»Am Mittwoch Abend, als alle gegangen waren und ich gerade die Sachen wegpackte, da kam er zu mir. Jochen mochte das, so spontan vorbei zu kommen, und es dann im Büro … zu machen. Möglichst nicht in seinem eigenen.« Sie wischte sich noch einmal die Tränen weg. »Wir … wir haben an dem Abend in de Guises Büro miteinander geschlafen, auf dem Sofa unter dem Bild. Danach wollte Jochen etwas trinken, wie so oft, und ich wusste ja, wo der Cognac stand. Wir haben ziemlich viel getrunken und herumgealbert …« Sie sah hinüber zu Sebastian. »Sie wissen schon. Und dann … dann wollte er mir die Fußnägel lackieren. Ich hatte roten Nagellack im Schreibtisch, und es war auch sehr lustig, bis er auf die Idee kam, auf das Bild über dem Sofa eine Blutspur aufzumalen. Ich wusste, dass das de Guises Heiligtum war, und fand es überhaupt nicht komisch. Als er es dann trotzdem tat, haben wir uns fürchterlich gestritten. Am Ende hat er nur noch gebrüllt, und ich habe geheult …

Am nächsten Morgen bin ich ganz früh ins Büro gekommen, um den Nagellack wieder wegzumachen und den Cognac aufzufüllen, aber de Guise war schon da, angeblich, um ein Fax entgegenzunehmen. Er hat nicht aufgepasst, und ich konnte sehen, was auf der ersten Seite stand: »Zukünftige Organisationsstruktur« und so weiter. Als de Guise dann in seine Abteilungsleiterrunde ging, bin ich in sein Büro und habe erst einmal den Cognac aufgefüllt. Dann wollte ich eigentlich den Nagellack abkratzen, aber ich war doch so neugierig, und ich wusste ja, wo de Guise die wichtigen Sachen immer versteckte. Als ich das Papier gerade in der Hand hielt, kam Böttcher hinein.

Er sagte, er wollte sich entschuldigen, aber als er das Papier sah, hat er gleich alles vergessen und es mir aus der Hand gerissen. Dann haben wir uns wieder gestritten, aber das hat ihn alles nicht interessiert, er ging zum Fax in meinem Büro und hat sich eine Kopie gemacht, dann hat er mir das Papier vor die Füße geworfen« – sie konnte das Schluchzen nicht mehr unterdrücken – »und ist gegangen.« Ein Weile lang weinte sie wieder. Sebastian sah betreten auf den Perser.

»Am nächsten Tag ging das Theater dann los, aber das wissen Sie ja. Ich hätte de Guise gerne gewarnt und Sie auch, aber wie hätte ich das denn machen sollen, ohne alles zu verraten?«

»Aber jetzt erzählen Sie es mir doch auch«, sagte Sebastian.

Sie sah ihn lange an, ohne Regung, mit ihren schwarzen, bohrenden Augen. »Als de Guise gestern gegangen war – seine Frau hat ihn abgeholt, die hat sonst nie die Bank betreten –, kam Böttcher noch einmal zu mir. Und ...« Die Tränen schwollen wieder an, aber sie redete weiter, mit einer hohen, gepressten Stimme, die jeden Moment umzuschlagen drohte: »Und er hat mir gesagt, dass jetzt, wo mein Chef nicht mehr in der Bank sei, auch für mich keine Verwendung mehr bestünde. Ich ... ich bräuchte ... am Montag ... nicht ... mehr zu kommen.«

Sebastian wartete, bis sie nicht mehr schluchzte, und fragte dann leise: »Haben Sie das Papier?«

Nach einer kleinen Pause nickte sie, stand auf und verschwand kurz. Als sie zurückkam, hatte sie eine Klarsichthülle in der Hand.

Sebastian nahm die fünf Blätter heraus und legte sie auf den Tisch. Kein Zweifel, das war es. Der Absender war eine Londoner Nummer, und daneben stand »The Connaught«. Eindeutiger konnte es nicht sein. Es war ein Fax von Natalie, aus ihrem Hotel.

»In erster Linie ist das eine Falle für uns«, sagte er nachdenklich. »Wieso hat es dann auch de Guise den Hals gebrochen?«

»Ich bin sicher, dass Böttcher ihn zu irgendeinem Komplott gegen Dr. Schweizer angestachelt hat. De Guise war sein Hauptkonkurrent, das hat er mir immer zu verstehen gegeben.«

Und deshalb war es umso toller, seine Sekretärin zu vögeln, dachte Sebastian.

»Dieses Komplott muss etwas mit Hohenstein zu tun gehabt haben, dafür spricht ja auch der Anruf, von dem Sie erzählt haben. Hat Ihre Firma eigentlich zugestimmt?«

»Nein. Sie haben sich bis Montag Bedenkzeit erbeten. Und dann haben Sie mich gefeuert.«

Sie sah ihn überrascht an. »Ach so. Na, dann haben wir ja etwas gemeinsam.« Sie mussten beide lächeln, doch die Bitterkeit ließ sich nicht verleugnen. »Was, wenn de Guise das als Zustimmung verstanden hat?«, sagte sie dann. »Und mit Böttcher und Grimm in die Sitzung mit Dr. Schweizer marschiert ist? Dort haben die beiden die Sache benutzt, um ihn als Komplizen von Hohenstein bloßzustellen?«

»Und wozu das?«

»Eben um ihn loszuwerden. Schweizer hasst Hohenstein, und wer auf dessen Seite ist, der ist sein Feind, das hat de Guise mir oft genug gesagt.«

»Gut. Dann sind sie ihn jetzt los. Und weiter?«

»Dann sind sie wieder gut Freund mit Dr. Schweizer.«

»Aber der hat doch schon Herrn Sturm als Nachfolger.«

»Stimmt.« Sie grübelte kurz. Dann hob sie die Schultern. »Ach, ich weiß es auch nicht. Sie sind doch der Stratege.«

»Ja.« Er musste grinsen. Langsam begann es richtig Spaß zu machen mit Frau Neher. »Gehen wir noch einmal einen Schritt zurück. Nehmen wir an, es stimmte, dass Hohenstein das Papier wirklich in Auftrag gegeben hat. Wie war seine Beziehung zu de Guise?«

Sie sah ihn wieder an, aber ihr Blick hatte sich geändert. Wach war er, beinahe verschwörerisch. »Sie haben gemeinsame Geschäfte gemacht.«

»Geschäfte? An der Börse? Optionsscheine vielleicht?«

Sie schüttelte den Kopf. »Nein. De Guise hat immer gesagt, die Zeiten, wo er selber spekuliert hätte, seien vorbei, dafür hätte er jetzt seine Leute. Ich glaube, die Börse hat ihn nur noch gelangweilt.«

Ideale Voraussetzungen für den Anlage-Chef einer Bank, dachte Sebastian, aber wahrscheinlich hatte sie Recht. Über seine eigentlichen Aufgaben hatte de Guise praktisch nie gesprochen. »Was war es dann?«

»So genau habe ich nicht verstanden, was sie am Telefon gesprochen haben. Ich habe nur öfter das Stichwort Ostfilialen gehört.«

Ludwig, schoss es Sebastian durch den Kopf. Ludwig hatte am Ende doch wieder recht behalten. Bestimmt waren es diese Geschäfte, die hinter den merkwürdigen Kontovermehrungen und -abnahmen steckten. Wenn er daran dachte, was er heute so alles über Hohenstein gefunden hatte, dann hatte es garantiert mit irgendwelchen Steuertricks zu tun. Er musste Ludwig anrufen, wenn das hier vorbei war.

Frau Neher ließ ihm nicht die Zeit, noch weiter zu grübeln. »Aber in dieser Woche kam etwas Neues dazu. Sie nannten es nur Plan B.«

»Plan B? Kann der mit diesem Papier zu tun haben?«

»Das kann natürlich sein«, sagte sie nachdenklich. »Vielleicht wollte Hohenstein zusammen mit de Guise ein Komplott gegen Schweizer starten, bei dem de Guise der neue Sprecher geworden wäre, obwohl er natürlich nichts wirklich zu sagen gehabt hätte …«

»Bis Böttcher das Papier in die Hand bekam und ihnen einen Strich durch die Rechnung machte.«

»Aber«, sagte sie, »jetzt sind wir wieder da, wo wir vorhin waren. Was hat Böttcher davon, außer, dass er de Guise jetzt los ist? Herr Dr. Sturm ist Schweizers Favorit.«

»Vielleicht hat sich Böttcher mit Hohenstein verbündet und will Schweizer nur in Sicherheit wiegen, um einen neuen Coup in aller Ruhe durchzuziehen?«

»Und was soll das für ein Coup sein?«

Plötzlich dämmerte es Sebastian. »Natürlich«, sagte er. »Das ist es.«

»Was?«

»Hohenstein will die Bank verkaufen. Und Böttcher ist jetzt mit im Boot.«

Sie sah ihn skeptisch an. Sebastian holte tief Luft und erzählte ihr von seinem Erlebnis im Flugzeug, der Begegnung im Flughafen und seinen Recherchen im Internet. Als er fertig war, hatte ihre Skepsis sich nicht wesentlich geändert.

»Ich weiß nicht. Das klingt mir reichlich fantastisch. Und Sie haben nicht einen einzigen Beweis.«

»Das stimmt. Aber das bedeutet nur, dass ich ihn finden muss.« Schließlich wollte er seinen Job zurück. Und den aus der Firma katapultieren, dem er das alles zu verdanken hatte. Dazu musste er zeigen, dass er doch der Beste war.

»Und wo wollen Sie ihn finden?«

Tja, wo? Sebastian kratzte sich am Kinn. »Sie wissen doch bestimmt, wo de Guise wohnt?«

Sie nickte. »Hier ganz in der Nähe.«

Er strahlte. »Na, dann weiß ich doch, wo ich jetzt anfange zu suchen.«

Sie sah ihn verblüfft an. »Sie sind verrückt.«

»Nein«, sagte Sebastian. »Das bin ich nicht.« Dann stand er auf, um zu gehen.

15:25 Uhr

»Was wollen Sie hier?«

Die Frau in dem hellen Pelzmantel sah ihn mit funkelnden Augen an. Dabei war Sebastian gerade mal bis zu dem kleinen Eingangstor gekommen und hatte den Namen neben der Messingklingel gelesen: »de Guise« stand da in schnörkeliger Schreibschrift. Und das war nun wohl Frau de Guise, die da mit energischen Schritten auf das Tor zukam, auf dessen anderer Seite Sebastian stand und noch immer reichlich verblüfft drein sah.

»Ich habe Sie etwas gefragt. Wer sind Sie? Sind Sie von der Bank?«

Er setzte zu einer Antwort an, aber sie redete schon wieder weiter.

»Wenn Sie zu meinem Mann wollen, der ist nicht zu sprechen.«

Eine schöne Frau stand da vor ihm, sehr elegant, ebenso perfekt geschminkt wie blondiert, das Rouge noch etwas verstärkt durch den bebenden Zorn. Er wollte etwas sagen, das die Wogen glättete, aber da bewegte sich etwas am Haus. Frau de Guise bemerkte sofort, dass Sebastian an ihrer Schulter vorbei zur Haustür lugte, und sie ahnte auch gleich, dass das, was er da sah, ihre Bemerkung Lügen strafte. Derjenige, der doch nicht zu sprechen sein sollte, stand hinter ihr in der Tür und machte durchaus einen aufnahmefähigen Eindruck, wenn der vergangene Tag auch seine Spuren hinterlassen hatte. Leicht gebeugt stand er da, mit müden Zügen, den Blick ins Leere gerichtet.

»Herr de Guise«, rief Sebastian schnell. »Ich bin es, Ritter.«

»Was erlauben Sie sich«, begann der neuerliche Wortschwall Frau de Guises, aber Sebastian hörte nicht hin. De Guise hatte den Kopf gedreht, als er seinen Namen hörte. Jetzt kam er langsam zum Tor und legte seiner Frau die Hand auf die bepelzte Schulter. »Lass mal«, sagte er, »ich kenne den Mann.«

»Also ist er von der Bank?«

»Nein, er ist ein Berater.«

Sie schwieg einen Moment. De Guise sah Sebastian an.

»Warum kommen Sie noch zu mir, Herr Dr. Ritter?«, fragte er, und seine Stimme klang noch müder, als er aussah.

»Ich möchte wissen, warum Hohenstein Sie fallen ließ.«

»Was soll das, noch darüber zu reden«, fiel Frau de Guise ein, »morgen Abend fahren wir weg, und dann ist sowieso alles vorbei …«

»Dann ist es umso dringender, dass wir reden«, sagte Sebastian schnell.

De Guise nickte, wie in Zeitlupe.

»Franz Georg«, sagte seine Frau, jetzt mit Entsetzen in der Stimme, »du wolltest doch nicht …«

»Ich habe bei Herrn Dr. Ritter noch etwas gut zu machen«, sagte er leise.

Sie verstummte. De Guise öffnete Sebastian das Tor.

»Gut«, sagte sie, »aber dann will ich bei dem Gespräch dabei sein.«

Schweigend gingen sie in das große, lichte Haus hinein, Frau de Guise warf ihren Pelz über einen Biedermeierstuhl in der Diele, dann gingen sie in das Wohnzimmer, in dem vor einer riesigen Fensterfront mit Blick auf einen etwas steril wirkenden Garten eine cremefarbene Ledergarnitur stand.

»Setzen Sie sich«, sagte de Guise und ließ sich auf dem Sofa nieder. Seine Frau setzte sich an seine Seite. Sebastian setzte sich in einen der Sessel.

Er wusste, dass er nicht viel Zeit hatte. Die ersten Sätze mussten ins Ziel treffen, sonst war er draußen, und das, was wirklich in der Bank geschehen war – und noch weiter geschah, da hatte er keine Zweifel – würde ein Geheimnis bleiben bis zu dem großen Knall. An ihm, Sebastian Ritter, würde kein Mensch mehr interessiert sein, denn er wäre dann schon längst in der Versenkung verschwunden. Es sei denn, er schaffte es, de Guise dazu zu bringen, die Wahrheit zu sagen, und zwar *jetzt*.

»Herr de Guise, was ist Plan B?«

De Guise lächelte milde. »Von Ihnen hätte ich eigentlich erwartet, dass Sie das inzwischen herausgefunden haben, Herr Dr. Ritter.«

»Es kann doch nicht das sein, was in diesem Papier steht. Das wäre doch viel zu simpel.«

»So? Na, ich habe es geglaubt. Bis es zu spät war.«

»Wie wollte Hohenstein Schweizer vom Spielfeld treiben? Das ist doch die Voraussetzung dafür, dass die neue Organisation greift.«

»Das habe ich mich auch gefragt«, sagte de Guise und lächelte noch etwas verklärter. Seine Frau saß neben ihm auf der Sofakante und sah aus, als wollte sie sich jeden Moment auf ihn werfen, vermutlich, um ihn zu schützen.

De Guise sah auf seine Hände. »Böttcher hat es mir gesagt«, murmelte er schließlich.

»Und?«, fragte Sebastian.

De Guise zeigte keine Regung, bis seine Frau nach seiner Hand griff. Er zuckte, aber sie hielt sie fest. Sein Blick wanderte schnell zu ihr, dann schaute er wieder seinen Besucher an.

»Schweizer hat sich den Bau seiner Privatvilla auf Mallorca komplett von der Bank bauen lassen. Böttcher hat dafür die Beweise. Damit will er Schweizer zum Rücktritt zwingen.«

Sebastian nickte nachdenklich. »Und wo kommt jetzt Hohenstein ins Spiel?«

De Guise zuckte mit den Achseln. »Da fragen Sie mich zu viel.« Seine Frau streichelte ihm die Hand.

Er vertraut mir noch immer nicht, sagte sich Sebastian. Und mit dieser Wärterin neben ihm dürfte es auch nicht so leicht sein, näher an ihn heranzukommen. Aber er musste es versuchen. »Wissen Sie«, sagte er und suchte de Guises Blick, »ich bin sicher, dass Böttcher sich mit Hohenstein verbündet hat. Er hat ihm angeboten, Schweizer zu stürzen, und als Gegenleistung hat er verlangt, dass Sie ausgebootet werden.«

De Guise sah ihn starr an, aber er sagte nichts.

»Und das ist ihnen ja gelungen, denn Sie sind den beiden genau in die Falle gegangen. Sie haben meinen Kopf gefordert« – er konnte es nicht verhindern, die Wut stieg wieder in ihm empor – »und damit Ihren eigenen verspielt.«

Frau de Guise schoss nach vorne. »Jetzt ist Schluss. Was sind Sie eigentlich für ein ungehobelter Flegel? Sehen Sie nicht, wie Sie meinen Mann quälen?«

De Guise griff nach ihrem Arm. »Charlotte«, sagte er, »bitte. Er hat ja Recht.«

Sebastian atmete auf. »Was Sie noch nicht wissen«, schob er nach, »ist, dass wir in derselben Situation sind.«

De Guise sah ihn fragend an.

»Mich hat man auch gefeuert, Herr de Guise. Weil Ihre Bank mich zum Spielball ihrer Intrigen gemacht hat, und weil ich im entscheidenden Moment nicht beweisen konnte, dass ich unschuldig bin. Aber ich lasse mich nicht unterkriegen. Ich will meinen Job zurück. Und dafür brauche ich Beweise.«

De Guise zog die Brauen hoch. »Beweise? Was für Beweise?«

»Beweise für das, was ich Ihnen eben erzählt habe. Dass Böttcher und Hohenstein die Bank in ihre Gewalt bekommen wollen.«

»Was geht uns das denn noch an«, fuhr Frau de Guise dazwischen. »Morgen sind wir weg, Franz Georg, und dann …«

»Wie wollen Sie an diese Beweise herankommen?«, fragte de Guise unbeeindruckt.

Sebastian wiegte den Kopf hin und her. »Gibt es irgendeine Möglichkeit, Hohenstein unter Druck zu setzen? Vielleicht hat er ja auch eine Villa auf Mallorca.«

»Franz Georg, lass die Finger davon!«, schrie de Guises Frau. »Er hat keine Ahnung, worauf er sich da einlässt.«

»Sie hat Recht«, sagte de Guise und klang wieder unendlich müde. »Hohenstein fordert man nicht heraus.«

»Und was ist mit den Geschäften, die Sie mit ihm gemacht haben? Gibt es dafür keine Beweise?«

»Geschäfte? Wie meinen Sie das, Geschäfte?«

Sebastian lehnte sich zurück. »Herr de Guise. Sie wissen genau, was ich meine. Die Geschäfte in den Ostfilialen.«

De Guises Blick wurde starr. Seine Frau sah es und drehte sich wütend zu Sebastian, aber de Guise kam ihr zuvor. »Sie haben es also herausbekommen.«

»Franz Georg, komm, jetzt ist dieses Gespräch endgültig beendet. Du hast es doch nicht nötig, dich hier verhören zu lassen …«

»Das ist kein Verhör«, warf Sebastian ein. »Das ist ein Angebot.«

»Was heißt das«, raunzte sie, »ein Angebot?«

»Schweizer kann Ihren Mann gar nicht herauswerfen, Frau de Guise. Er ist schließlich auch nur Geschäftsführer. Sie müssen schon vom Beirat abberufen werden, Herr de Guise, und vielleicht muss es die Gesellschafterversammlung noch bestätigen, das hängt von der Satzung ab.«

Frau de Guise sah ihn verständnislos an.

»Hohenstein will die Macht im Beirat«, fuhr Sebastian fort. »Aber wenn die anderen Mitglieder erfahren, dass er illegale Geschäfte betrieben hat, dann platzen seine Pläne. Er ist genauso verwundbar wie Schweizer.«

Die beiden zeigten keine Regung.

»Das heißt«, sagte Sebastian, »Sie hätten doch eine Chance, Ihre Position zu behalten, Herr de Guise.«

»Mein Mann ist an einer Position in dieser Bank nicht mehr interessiert«, sagte Frau de Guise schnell.

Da bewegte sich ihr Mann. »Meinen Sie«, sagte er zu Sebastian, während er sich mühsam in dem tiefen Sofa aufsetzte, »meinen Sie, ich bekäme mein Bild wieder?«

Das Bild? Hatte Frau Neher nicht etwas darüber gesagt … Richtig, »de Guises Heiligtum« hatte sie es genannt.

»Franz Georg, das bekommst du auch so, als Teil deiner Abfindung …«

»Nie und nimmer«, sagte Sebastian und schüttelte vehement den Kopf. »Böttcher und Hohenstein wollen Ihren Mann erniedrigen, Frau de Guise, da können Sie sicher sein. Die werden nie das Bild herausrücken.«

»Aber wenn Hohenstein gehen muss«, sagte de Guise und grinste schelmisch, »dann habe ich es.«

Kerzengerade saß sie auf der Sofakante und zitterte vor lauter Entrüstung. »Franz Georg. Bist du wahnsinnig? Überlege doch mal, das Risiko!«

»Wo ist denn da ein Risiko, wenn wir richtige Beweise haben?«, fragte Sebastian.

»Wenn! Wenn das so einfach ist, dann schaffen Sie sie doch herbei!«

»Okay«, sagte Sebastian ruhig. »Ich schaffe sie herbei. Kommen Sie dann mit zu Hohenstein?«

»Auf gar keinen Fall«, schrie Frau de Guise. »Das ist doch völliger Wahnsinn!« Sie packte ihren Mann und schüttelte ihn, aber er lächelte nur vor sich hin. »Das Bild«, murmelte er, »ich bekomme das Bild wieder.«

»Ich bringe Ihnen bis morgen Nachmittag den Beweis dafür, dass Hohenstein Steuern hinterzogen hat«, sagte Sebastian. »Und wenn Sie davon überzeugt sind, dass der Beweis stichhaltig ist, dann gehen wir gemeinsam zu ihm.«

»Aber du hast mir doch versprochen, dass du nicht mehr in diese Bank gehst«, schrie sie, die Stimme schon nah am Schluchzen. »Franz Georg!«

Er drehte sich zu ihr, und sein Lächeln verschwand. »Ich gehe nicht wieder zu dieser Bank, Charlotte«, sagte er, jetzt sehr ernst. »Ich halte mein Versprechen. Aber ich will das Bild. Ich will es unbedingt, verstehst du?«

Sie starrte ihn an, verkrampft vor Verzweiflung. »Willst du alles wieder aufs Spiel setzen, jetzt, wo wir es endlich gemeinsam schaffen wollen …«

»Wir fahren nach Mallorca, Charlotte. Wir beide. Auf unsere Finca.«

»Dann geh doch nicht dieses Risiko ein. Lass uns einfach weggehen …«

»Wir fahren«, sagte er bestimmt. »Aber ich brauche dafür das Bild.«

Sie sah ihn weiter an mit offenem Mund. Aber sie kämpfte nicht mehr. Ihr Blick fiel nach unten und ihre Schultern sackten ein. »Tu, was du nicht lassen kannst«, sagte sie tonlos. Dann ging noch einmal ein Energiestoß durch ihren Körper, sie raffte sich wieder auf, und die Wut drohte aus ihrer Stimme: »Aber wir fliegen morgen Nachmittag, das ist unumstößlich.«

Er sah sie still an. »Ja«, sagte er dann und nickte, »morgen Nachmittag um vier. Versprochen.«

Sebastian kam sich vor wie ein Voyeur – so sahen sie ihn auch beide an, als sie sich wieder seiner bewusst wurden. »Gehen Sie jetzt, Herr Dr. Ritter«, sagte de Guise zu ihm, »gehen Sie und finden Sie Ihren Beweis. Dann können Sie wieder kommen.«

Aber er konnte noch nicht gehen, er wusste doch noch gar nicht, was das für Geschäfte waren, er brauchte doch noch Informationen. »Aber«, setzte Sebastian an, »Herr de Guise …«

»Gehen Sie. Sie haben Zeit bis morgen Nachmittag. Um drei müssen wir zum Flughafen.«

De Guises Blick war verschlossen. Es hatte keinen Sinn mehr. Sebastian nickte mechanisch. Auf seiner Uhr war es kurz vor vier. Ihm blieben weniger als vierundzwanzig Stunden.

16:31 Uhr

Natalie sah ihn direkt an, mit großen, erwartungsvollen Augen. Den Kopf hatte sie leicht geneigt, am rechten Ohr baumelte ein tropfenförmiger Ohrring. Um ihren Mund spielte diese leichte Andeutung eines

Lächelns, das ihn so oft verfolgt hatte in den letzten Wochen, das er immer wieder gesucht hatte, wenn es ihnen wieder einmal gelungen war, sich gemeinsam ein paar Minuten zu stehlen, um miteinander zu reden, ungestört und unbefangen. Er hatte gestrahlt, da war er sich sicher, aber sie hatte immer nur diesen leichten, geheimnisvollen Zug um den Mund gezeigt, der auf etwas verwies, etwas, von dem er nie genau wusste, was es denn nun war. Wie oft hatte er in den letzten Tagen darauf gehofft, dass dieses Lächeln wieder erscheinen würde, wenn er mit ihr sprach, und wenn es auch nur am Telefon war, wenn er es auch gar nicht sehen konnte, das brauchte er nicht, er hörte es. Selten, viel zu selten war es da gewesen, dieses Lächeln. Aber vielleicht hatte es ja an dem gelegen, was man von ihr verlangt hatte, und von dem sie gewusst haben musste, dass es ihn den Kopf kosten würde. Aber hier, auf diesem Foto, da hatte sie es noch, das Lächeln.

Es war ihr Passfoto, auf einer Kopie des Personalausweises, die dem Kreditantrag beilag. Sebastian überflog ungeduldig das Formular. »Also los«, sagte er. »Dann erklär mir mal deine Theorie.«

Ludwig faltete die Hände und begann zu dozieren. »Also, Natalie hat mich auf die Spur gebracht, obwohl ihr Fall eigentlich nicht so typisch ist.«

»Egal. Fangen wir mit ihr an.«

»Gut. Wie du siehst, ist das ein Vertrag über einen Wertpapierkredit. Die Bank hat Natalies Aktienkauf vorfinanziert und als Sicherheit dafür das Aktiendepot als Pfand erhalten.«

»Das ist ja nicht gerade etwas Besonderes.«

»Wie man's nimmt. Zuerst einmal ist es ein nennenswertes Volumen …«

»Das steht hier unten, nicht? 100000 Euro.«

»Ja. Ganz ordentlich, nicht? Und da Aktien nur bis zur Hälfte ihres Wertes beliehen werden können, reicht das Depot als Sicherheit nicht aus.«

»Ach so. Und 50000 Euro Eigenkapital hatte sie wohl noch nicht.«

»Stimmt. Aber sie hat einen Bürgen angebracht. Da unten steht's.«

Sebastians Blick folgte Ludwigs Zeigefinger, bis er den Namen fand. Hubertus von Hohenstein stand da, darunter eine Adresse im Taunus und eine völlig unleserliche Unterschrift. Er hätte es sich denken können.

»Aber das ist noch nicht alles«, sagte Ludwig triumphierend. »Richtig interessant wird es erst, wenn man sich Natalies Depot ansieht.«

»Das haben sie dir auch gezeigt?«

Ludwig grinste. »Klar. Wir sind ja quasi Mitarbeiter der Bank, da gibt es keine Geheimnisse.«

Schön wär's, dachte Sebastian. Du hast ja überhaupt keine Ahnung, was du hier eigentlich ausgegraben hast. Als er Ludwig vorhin angerufen hatte, kaum dass er aus dem Haus de Guises herausgekommen war, hatte er ihn im Frankfurter Büro erreicht – wo auch sonst. Ludwig hatte gleich nach dem Papier von Freitag gefragt, aber Sebastian war vorbereitet. Es war noch nichts endgültig entschieden, hatte er gesagt, die Hintergründe seien noch unklar, deshalb wollte er mit ihm reden. Und kaum hatte er die Berliner Filiale erwähnt, da sprudelte Ludwig los wie ein Geysir. Den ganzen Tag schon hatte er gebrütet über den Unterlagen aus der Filiale, um herauszufinden, was hinter diesen »Bereinigungen« steckte, die er bei der Analyse der Kontobewegungen entdeckt hatte. Und er war sicher, dass er fündig geworden war. Natürlich begriff Sebastian am Telefon so gut wie gar nichts. So blieb ihm nichts übrig, als ins Büro zu kommen. Das Risiko war glücklicherweise nicht so groß – Michael Klosters war in London, und bis zu Ludwig hatte sich noch nicht herumgesprochen, was gestern auf dem Flughafen in München passiert war.

»Also«, fuhr Ludwig fort, »das Depot ist praktisch leer. Das ist nicht besonders verwunderlich, weil ja alles auf ein Spekulationsgeschäft angelegt war, also: sich Geld leihen für einen Börsentipp, die Papiere kaufen, die Steigerung abwarten, den Gewinn mitnehmen, aus dem Erlös den Kredit zurückzahlen, und die Wertsteigerung sollte dann halt deutlich höher sein als die Kreditzinsen, dann hat sich das Geschäft gelohnt.«

»Hm.« Auch das war ja noch nichts Außergewöhnliches, wenn man auch zugeben musste, dass es überhaupt nicht nach Natalie klang. Klar, Geld mochte sie schon, wer nicht, das allein macht ja auch nicht unglücklich, aber zocken, an der Börse? Sebastian konnte sich nicht vorstellen, dass das ihr Ding war. Es sprach alles dafür, dass sie auf der richtigen Spur waren. Wer da gezockt hatte, das war der Mann im Hintergrund.

»Erstaunlich ist allerdings der Kontoeröffnungsantrag.« Ludwig zog ein weiteres Papier hervor. Diesmal sah Sebastian genauer hin, denn langsam musste er dem schlauen Ludwig zeigen, dass auch er nicht auf den Kopf gefallen war. Und wirklich, da fand er es. »Hm«, brummte er, »das ist ja wirklich merkwürdig.«

Unten auf dem Formular stand wieder der Name Hohensteins. Er hatte auch die Vollmacht über das Depot. »Das klingt ja ganz danach, als habe Natalie nur als Strohmann gedient, was?«

Ludwig wiegte den Kopf hin und her. Möglich, sollte das wohl heißen. »Weißt du, wer dieser Hohenstein ist?«, fragte Sebastian.

»Nein«, sagte Ludwig kopfschüttelnd. »Du?«

»Allerdings«, sagte Sebastian. Und dann begann er zu erzählen. Von Hohensteins Funktion in der Bank, von seinem Werdegang, und von dem Verdacht, dass er schon einmal mitgeholfen hatte, Steuern zu hinterziehen. »Und jetzt hat er es wohl wieder getan.«

»Dass es um Steuerhinterziehung geht, das habe ich mir auch schon gedacht«, sagte Ludwig nachdenklich. »Aber ich hatte eigentlich auf jemand anderen getippt.«

»Du hast dir noch mehr von den Krediten angesehen, die im ersten Quartal getilgt wurden?«

»Klar, ich bin sie alle durchgegangen. Den Namen Hohenstein habe ich nicht wieder gefunden, nur ...«

»De Guise.«

»Genau«, sagte Ludwig überrascht. »Woher weißt du das?«

Sebastian rückte näher an Ludwig heran. Es war Zeit, ihm zu erklären, was hier gespielt wurde. »Pass auf. Hohenstein und de Guise haben hier gemeinsam ein Ding gedreht. Aber de Guise hat nur mitgemacht. Die treibende Kraft war dieser Hohenstein. Ich weiß es, weil ich mit de Guise geredet habe. Hohenstein hat ihn gestern fallen lassen. Daraufhin hat Schweizer de Guise gefeuert.«

»Bist du dir sicher ...«

Sebastian ließ ihn nicht zu Wort kommen. »Es geht noch weiter, Ludwig. De Guise ist nicht der einzige, der vor die Tür gesetzt wurde. Michael Klosters und Phil Meyer haben meinen Rausschmiss beschlossen, weil ich die Verantwortung für dieses gottverdammte Papier trage. Aber ich bin mir sicher, dass das alles ein abgekartetes Spiel ist. Und genau das will ich beweisen, denn nur so komme ich wieder an meinen Job.«

Ludwig starrte ihn mit schreckensgeweiteten Augen an. »Dann … Dann gehen wir doch mit den Sachen zur Polizei, die soll die Steuerfahndung benachrichtigen und …«

Sebastians trockenes Lachen unterbrach ihn. »Das ist doch völliger Quatsch, Ludwig. Erstens dauert das Monate und zweitens gibt es einen Riesenskandal. Davon habe ich überhaupt nichts und du nur die tolle Befriedigung, dass du den Stein ins Rollen gebracht hast. Aber danken wird dir das niemand, denn die Jungs hier werden alle Hände voll zu tun haben, Top Management Consulting aus den Schlagzeilen herauszuhalten.« Er sank wieder zurück auf seinen Stuhl. »Nein. Ich brauche die Beweise für Hohensteins Deal, und dann habe ich ihn in der Hand. Dann muss er mir bestätigen, dass ich unschuldig bin.«

Ludwig starrte ihn weiter an. »Du spinnst«, flüsterte er.

Sebastian lächelte gequält. »Nein«, sagte er leise, »ich spinne nicht, Ludwig. Ich suche nur meine Chance. Und ich habe nur diese eine. Ich bin Berater, sonst nichts.«

Eine Weile lang sah ihn Ludwig nur starr an. Dann sah Sebastian, dass er anfing nachzudenken. Aber es dauerte doch noch einige Minuten, bis er etwas fragte. »Woher willst du denn die Beweise hernehmen?«

»Was ist mit den Unterlagen aus der Filiale?«

Ludwig verzog das Gesicht. »Ich habe ein paar von den Kreditverträgen kopiert, aber die sind noch kein richtiger Beweis, vor allem nicht für Hohensteins Rolle, mehr gibt es nicht. Die Kredite sind alle vom alten Filialleiter persönlich betreut worden, und da sie noch im ersten Quartal getilgt worden sind, hatte sich der Neue die Unterlagen nie angesehen.«

»Hast du mit ihm über die Sachen gesprochen?«

»Nein, dazu war mir das zu heiß.«

»Hohenstein muss sich ja ziemlich sicher gefühlt haben, wenn es so einfach war, an diese Unterlagen heranzukommen.«

»Ich weiß nicht. Er hat doch de Guise vorgeschoben, wenn es stimmt, was der dir gesagt hat. Hohensteins Namen habe ich nur dieses eine Mal gefunden, viel öfter war de Guise genannt, meist selber als Kreditnehmer, ein paar Mal auch als Bevollmächtigter. Das ist schon eher auffällig.«

»Hm«, brummte Sebastian. Dann hatte de Guise sich also wirklich hereinlegen lassen von diesem Steuerberater. »Ich hätte nicht gedacht, dass de Guise sich auf so etwas Blödes einlassen würde.«

»So blöd war das gar nicht, auch nicht für de Guise, so lange alles in der Filiale blieb. Den Filialleiter mussten sie natürlich unter Kontrolle haben, aber deswegen werden sie wohl Berlin ausgesucht haben. Aber sonst? Die Revision ist ein Saftladen, die Statistiken haben sie über die DV-Fehler manipuliert, die Steuer wird nur tätig, wenn ein Verdacht vorliegt, und den werden sie schon zu vermeiden gewusst haben, dazu ist Hohenstein schließlich Steuerberater.«

Sebastian merkte, wie die Panik in ihm hoch kroch. Was, wenn er sich zu früh gefreut hatte? »Aber nur mit den 100 000 Euro von Natalie können wir keine große Steuerhinterziehung nachweisen, Ludwig«, sagte er leise.

»Nun warte mal. Es waren etliche Kredite, die ich da gefunden habe, ein Volumen im zweistelligen Millionenbereich. De Guises Name kam vielleicht zehnmal vor, gut, Hohensteins nur einmal, aber ich kann ja auch etwas übersehen haben. Man könnte zum Beispiel einmal überprüfen, ob die anderen Kreditnehmer nicht Mandanten von ihm sind, das läge ja nahe. Denn dass da ein Zusammenhang ist, daran habe ich keinen Zweifel. Die Kredite sind alle überraschend getilgt worden, und zwar im Zeitraum von etwa drei Tagen.«

»Wann genau?«

»Warte mal ...« Ludwig kramte in den Unterlagen auf seinem Schreibtisch. »Hier. Zwischen dem 27. und dem 29. März.«

Sebastian holte seinen Kalender hervor und ging den März durch. »Am 8. März haben wir unseren Projektvorschlag vor dem Kabinett präsentiert. In der Woche darauf haben wir den Auftrag bekommen, und ich habe gleich das Team zusammengestellt. Und Natalie wollte unbedingt dabei sein.«

Ludwig sagte nichts. Aber Sebastian wusste, dass er dasselbe dachte wie er. »Sie muss ihn über alles informiert haben, was bei uns intern lief. Und mit einem Mal war die Sache dann zu heiß für ihn, denn er wusste, dass wir etwas finden würden, wenn wir uns die Daten der Filiale vornähmen. Da hat er dann prompt reagiert.«

»Wo ist Natalie jetzt eigentlich?«

Sebastian zuckte hilflos mit den Schultern. »Ich weiß es nicht. Sie ist seit gestern wie vom Erdboden verschluckt.« Da durchfuhr es ihn. »Moment. Sie ist jetzt Hohensteins größtes Risiko, richtig?«

Ludwig verstand sofort. »Richtig. Also ist sie wohl bei ihm.«

Sebastian griff nach dem Kreditvertrag. »Hier ist doch Hohensteins Adresse. Am besten fahren wir einfach dort hin.«

»Bist du wahnsinnig? Und dann?«

»Ich will ihn nur beobachten. Natalie ist nie und nimmer freiwillig bei ihm, sonst hätte sie mich gestern Morgen nicht gewarnt.«

»Sie hat dich gewarnt? Wovor?«

»Davor, dass man mir eine Falle stellen würde. Das hat sie mir am Telefon gesagt, dann ist das Gespräch unterbrochen worden. Jede Wette, Hohenstein hält sie irgendwo versteckt.«

»Und du willst sie jetzt befreien, oder wie?«

Sebastian musste grinsen. Das klang wirklich nach dem weißen Ritter. »Ja«, sagte er, »klar. Zusammen mit dir.«

»Mit mir?«, schrie Ludwig, die Augen wieder weit aufgerissen.

»Nur mit dir. Alleine schaffe ich es nicht.«

Krampfhaft schüttelte Ludwig den Kopf.

»Ludwig, bitte. Das ist wie auf einem Projekt. Wir können es nur als Team schaffen. Wir machen ja nichts Illegales. Alles, worum ich dich bitte, ist, mit mir zusammen Natalie zu suchen. Wenn wir sie gefunden haben, wird sich schon ein Weg finden. Sie ist die einzige, die uns die Beweise verschaffen kann für Hohensteins Geschäfte. Nur sie.«

Ludwig starrte ihn noch immer an, als hätte er ihm einen Mord vorgeschlagen.

»Komm«, sagte Sebastian und legte seine Hand auf die Hand des anderen.

Ludwig zuckte zusammen. Misstrauisch wanderte sein Blick zu der Hand und betrachtete sie wie ein unbekanntes Objekt.

Beherzt umfasste Sebastian Ludwigs Hand und drückte sie.

Erst kam keine Reaktion, aber dann sah Ludwig doch wieder hoch. »Also gut«, sagte er. »Ich fahre mit. Aber mehr auch nicht.«

17:41 Uhr

Die ersten Häuser der Ortschaft sahen alles andere als hochherrschaftlich aus, aber es war schließlich November, statt Nieselregen gab es inzwischen Nebelschwaden, und es war schon ziemlich dunkel. Sebastian knipste das Leselicht an und griff wieder zu dem Großraumplan, den Ludwig glücklicherweise in seinem Auto hatte. Überrascht hatte es ihn allerdings nicht besonders, bei einem sorgfältigen Menschen gehörte so etwas schließlich zur Ausrüstung.

»An der nächsten Kreuzung müssen wir rechts, danach die zweite links, dann sind wir in der richtigen Straße«, sagte er zu Ludwig. Der nickte und setzte den Blinker.

Die Fahrt über hatte Ludwig weiter von seinen Funden erzählt, diesmal von den Kreditverträgen, auf denen de Guises Name stand und die so viel einfacher zu durchschauen waren als Natalies Formular. Sebastian hörte nach einer Weile nicht mehr so genau hin. Mochte es doch Geldwäsche sein, das interessierte ihn herzlich wenig. De Guise war erledigt, daran war nichts zu deuteln, er konnte für ihn nur noch in einer Funktion von Nutzen sein: als Lockvogel für Hohenstein. Er sah zu Ludwig, der angestrengt in die Dunkelheit spähte, weit über das Steuer gebeugt.

»Wo ist denn jetzt das verdammte Haus?«

Die Straße war schlecht beleuchtet, so dass man die Häuser, die sich an beiden Seiten der Straße aneinander reihten, nur schemenhaft erkennen konnte. Nichts neu Gebautes, eher aus den sechziger und siebziger Jahren, meist hinter hohen Mauern verborgen. Sebastian hielt Ausschau nach Hausnummern, fand aber keine.

»Halt doch mal an, da vorne ist doch Platz.«

Ludwig fuhr an den Straßenrand. Ein paar Meter vor ihnen war ein Eingangstor, dahinter verborgen ein stattliches Haus mit einem riesigen Walmdach.

»Ich kann nichts erkennen«, sagte Sebastian. »Ich steig mal aus und seh mir die Sache aus der Nähe an.«

Er machte den Sicherheitsgurt los und hatte schon den Türgriff in der Hand, als Ludwig ein Geräusch hörte.

»Warte mal«, sagte er. »Da kommt jemand.«

Mit schnellem Schritt kam ein Mann an ihrem Wagen vorbei, holte einen Schlüssel aus der Manteltasche und blieb vor dem Eingangstor stehen. Als er das Tor öffnete, drehte er sich in Richtung ihres Wagens. Erst sah Sebastian die kantige Gesichtsform. Dann erkannte das Grübchen im Kinn.

»Scheiße«, zischte er, »das ist er.« Er rutschte in seinen Sitz hinein. Ludwig duckte sich hinter dem Steuer.

Hohenstein sah misstrauisch zu ihrem Wagen hinüber, ein, zwei, drei Sekunden lang, die Hand am Tor. Sebastian zog den Kopf noch etwas tiefer ein, bis er nichts mehr sah außer dem schwarzen Armaturenbrett. In seinen Ohren hämmerte der Puls.

Dann hörte er ein Quietschen, gleich darauf ein lautes Scheppern.

»Du kannst wieder hochkommen«, flüsterte Ludwig. »Er ist weg.«

Sebastian atmete auf. »Mein Gott«, murmelte er. »Das war knapp.«

»Ja. Aber jetzt wissen wir wenigstens, wo er wohnt.«

Im Haus hinter der Mauer war ein schwacher Lichtschein zu erkennen. Nichts weiter geschah, minutenlang, es war auch kein Geräusch zu hören. Dann ging oben im Dach ein Licht an, in einem Ausbau mit einem großen Fenster. Vom Raum dahinter konnten sie nichts sehen.

»So«, sagte Ludwig nach einer Weile, als wieder nichts weiter geschah. »Und was machen wir jetzt?«

Sebastian musste sich eingestehen, dass er keine Ahnung hatte. Sie wussten nicht einmal, ob Natalie in Hohensteins Haus war. Und wie sollten sie es herausfinden, ohne hineinzugehen oder … oder wenigstens hineinzuschauen? Sebastian sah sich um. Die Häuser waren am Hang gebaut, die Straße, an der sie standen, ging ziemlich steil bergauf, und direkt hinter Hohensteins Haus machte sie eine Linkskurve. »Fahr doch mal ein Stück weiter«, sagte er zu Ludwig. »Wenn es hinter der Kurve weiter bergauf geht, können wir vielleicht sehen, was da im Haus passiert.«

Ludwig ließ den Wagen wieder an, und sie fuhren weiter nach oben. Von hier aus war das Haus klar zu erkennen, auch das Fenster, nur – es war dunkel.

Wieder stieg die Panik in Sebastian hoch. »Er ist weg«, presste er hervor.

Ludwig starrte in die Dunkelheit. Langsam ließ er das Auto ein paar Meter weiter den Hang hinunterrollen. »Nein«, sagte er dann. »Er telefoniert. Schau, da unten.«

Jetzt sah es auch Sebastian. Rechts neben der Eingangstür war ein schwach beleuchtetes Fenster, und in dem stand Hohenstein, den Arm so angewinkelt, dass er nur ein Telefon halten konnte. Er gestikulierte, verschwand im Zimmer, kehrte wieder kurz zurück, drehte sich weg. Und dann kam er nicht mehr wieder.

»Wo ist er?«, fragte Sebastian leise.

»Irgendwo im Haus.«

»Meinst du, es ist noch jemand da?«

Ludwig zuckte mit den Achseln. »Es brennt immer nur da Licht, wo er gerade ist. Das spricht dafür, dass er alleine ist.«

»Scheiße«, sagte Sebastian. »Dann können wir nur warten.«

Die Minuten vergingen. Beide schauten voller Anspannung auf Hohensteins Haus, aber es passierte nichts. Zwei Fenster waren erleuchtet, links und rechts von der Eingangstür, aber das war es auch. Nach einer Weile machte Ludwig das Radio an, und ein Klavierstück unterbrach die Stille. Sebastian sah seinen Nachbarn skeptisch an, aber Ludwig verstand den Blick falsch. »Beethoven, die Appassionata. Schön, nicht?«, sagte er und lächelte.

»Mmh«, brummte Sebastian. Müdigkeit begann in ihm hoch zu kriechen, und er wusste, dass es mit dieser Musik nicht lange dauern würde, bis er einschlief. Er gähnte demonstrativ.

Ludwig reagierte prompt. »Schlaf ruhig, wenn du willst, ich passe schon auf.«

Sebastian nickte ihm dankbar zu. »Okay. Ich kann dann ja nachher fahren.«

»Wann immer das sein mag«, seufzte Ludwig.

Sebastian schloss die Augen. Natalie war nicht hier. Es wäre ja auch zu einfach gewesen. Aber wo war sie dann? Wo hatte er sie versteckt? Würde er noch zu ihr fahren? Es gab keine Antwort. Es gab nur das Warten.

Er versuchte, sich auf das Dunkel zu konzentrieren, um ein bisschen zu schlafen. Aber die Gedanken waren zu mächtig. Hohenstein war das magische Wort, um das alles kreiste. Was für einen Sinn hatte eigentlich der Rausschmiss der Berater in Hohensteins Plänen gehabt? Und warum ausgerechnet mit Hilfe dieses Papiers, das er an de Guise gefaxt hatte? Er grübelte ein wenig. Dann begriff er. Hohenstein hatte einfach einen großen Stein ins Wasser geschmissen, um die Herren Banker in ihren Nussschalen damit beschäftigt zu halten, sich gegen die aufkommenden Wellen zu verteidigen, und in der Zwischenzeit hatte er zielstrebig seinen eigentlichen Plan ausgebaut. Den Plan, mit dem er sie alle hereinlegen würde, denn wenn die Bank verkauft war, würde das Kabinett mit Sicherheit innerhalb von wenigen Tagen ausgetauscht werden. Und Schweizer wahrscheinlich schon vorher, das war schließlich Hohensteins Triumph.

Ganz schön riskant, dachte Sebastian. Aber Hohenstein kannte offensichtlich seine Leute. Und er war konsequent. Konsequent und brutal.

Hoffentlich war er nicht genauso brutal mit Natalie umgegangen. Am Ende hielt er sie nicht nur gefangen, sondern hatte sie gleich umgebracht? Sebastian riss die Augen auf. Das Haus stand unverändert vor ihm. Aus dem Radio kam inzwischen ein Violinkonzert. Ludwig tippte im Rhythmus auf dem Steuerrad herum.

Nein. Nein, das glaubte er nicht. Für Hohenstein musste mit Natalie etwas schief gegangen sein, dafür sprach schon, dass Hohenstein am Dienstag Abend wahrscheinlich bei ihr gewesen war, das Fax aber erst am Donnerstag bei de Guise angekommen ist. Wenn es stimmte, was sie am Telefon gesagt hatte, dann musste sie sich geweigert haben, ihm das Papier zu geben. War er dann die ganze Zeit bei ihr geblieben, bis er es bekam? Aber er hatte ihn doch am Mittwoch in Frankfurt auf dem Flughafen gesehen. Hatte Natalie dann doch aus freien Stücken mitgemacht?

Sebastian kaute auf seiner Lippe herum. Was hatte Hohenstein mit Natalie in London gemacht? Sie hatte gesagt, sie sei essen gewesen mit … mit ihrem Bekannten. Und danach? War er danach zu ihr aufs Zimmer gekommen? In ihr Bett?

Sein Herz raste wieder. Auch auf diese Fragen gab es keine Antwort. Jedenfalls nicht solange, wie er sie nicht gefunden hatte.

Plötzlich hörte Ludwig auf zu tippen. Sebastian sah hoch. Das rechte Licht im Haus war ausgegangen, jetzt wurde auch das linke dunkel. Die Garage neben dem Haus ging auf, und sie sahen zwei Scheinwerfer.

»Er fährt weg«, sagte Ludwig.

Ein breites Stück der Mauer senkte sich in den Boden, dann fuhr der Wagen vor.

»Ein Jaguar Cabrio«, sagte Ludwig bewundernd.

»Ja.« Sebastian setzte sich wieder auf und schnallte sich an. »Los, fahr zu. Wir müssen ihm nach.«

20:21 Uhr

»**V**erdammt! Wo ist er denn jetzt?«

»Da vorne! Da biegt er ab, rechts, die Ausfahrt heraus! Ja. Und jetzt geradeaus weiter. Geradeaus, Ludwig! Nicht rechts!«

Aber es war zu spät. Ludwig hatte die falsche Abzweigung genommen, und der Jaguar fuhr jetzt alleine und unbehelligt in Richtung Koblenz-Mitte.

»Scheiße! Das darf doch nicht wahr sein! Jetzt fahren wir diesem Typen fast zwei Stunden lang problemlos hinterher, und jetzt biegst du Idiot auf einmal falsch ab! Jetzt ist er natürlich weg.«

Ludwig schaute hilflos hin und her und suchte nach einer Möglichkeit, umzudrehen. Aber die Straße war vierspurig, mit einer Trennmauer in der Mitte, ohne jede Möglichkeit zu wenden. Endlich kam eine Ausfahrt. Ludwig bretterte in die Kurve und bremste dann scharf ab, als sie auf eine Landstraße stießen.

»Was machst du denn jetzt …«

»Moment.« Ludwig wendete mit einem halsbrecherischen Manöver. Ehe sich Sebastian versah, knallte er schon unsanft gegen die Tür.

»Au! Bist du wahnsinnig?«

»Du wolltest ihn doch wieder einholen!«, schrie Ludwig und gab Gas. Schnell waren sie bei der Abzweigung nach Koblenz. Ludwig legte sich so hart in die Kurve, dass die Reifen quietschten. Auf der Zubringerstraße angekommen, suchten sie beide die Rücklichter der Wagen ab, die vor ihnen fuhren, aber es war natürlich sinnlos.

»Er ist weg!«, jammerte Sebastian. »Er ist einfach weg.«

Ludwig starrte verbissen in die Dunkelheit. Sebastian schüttelte nur resigniert den Kopf. Sie hatten ihn verloren.

»Ich fahr jetzt einfach nach Koblenz hinein«, sagte Ludwig schließlich.

Nach einem Kreisverkehr blieben sie an einer roten Ampel stehen. »Und jetzt?«, fragte Sebastian.

»Richtung Altstadt. Da dürfte am Samstag Abend am meisten los sein.« Er schob sich auf die Abbiegerspur. Nach einer Weile sahen sie einen Wegweiser für einen Parkplatz, bogen ein und stellten dort das Auto ab.

Sebastian war nur noch müde. »Komm, gehen wir was essen«, schlug er vor.

Sie stiegen aus. Der Parkplatz war ziemlich groß und recht dicht belegt. Sie drängten sich zwischen den Autos hindurch, gingen eine Treppe hoch und sahen sich um.

»Warst du hier schon mal?«, fragte Ludwig.

Sebastian schüttelte den Kopf. »Irgendwas wird sich schon finden lassen.«

Oben zog sich der Parkplatz noch etwas weiter, aber an einer Straßenseite waren schon ein paar Lokale. Sebastian wollte gleich in den erstbesten Italiener, aber Ludwig rümpfte die Nase. Sie folgten dem Strom der Stadtbesucher, bis sie auf einen großen Platz kamen, auf dessen gegenüberliegenden Seite ein hell erleuchteter Chinese lockte.

»Das sieht doch gut aus«, meinte Ludwig.

Sie gingen hinein und setzten sich an einen der Tische am Fenster. Der Kellner brachte die Karte, sie suchten aus und gaben ihre Bestellung auf. Als dann ihre Biere vor ihnen standen – Sebastian hatte Ludwig überredet – und Sebastian überlegte, worüber sie sich jetzt wohl unverfänglich unterhalten konnten, kippte Ludwig plötzlich sein Glas um. Das Bier ergoss sich über den Tisch.

»Ach du je«, stöhnte Sebastian. »auch das noch.«

Ludwig sagte nichts. Sein Mund war halb offen, und seine Augen waren weit aufgerissen.

Sebastian schoss herum. Gegenüber vom Restaurant, vor dem Schaufenstern eines Herrenmodeladens, stand Hohenstein und beschaute die Auslage.

Sie starrten beide aus dem Fenster, bis es Sebastian einfiel, dass sie in dem hell erleuchteten Restaurant ja ziemlich gut zu sehen waren, und wenn Hohenstein ihn wiedererkannte, dann hatte es sich mit ihrer Verfolgung. Er drehte sich wieder zu Ludwig. »Behalt ihn im Auge«, sagte er leise.

Der Kellner kam und wechselte die Tischdecke. »Und?«, fragte Sebastian.

»Er wartet auf etwas. Er schaut dauernd auf die Uhr.«

Vorsichtig äugte Sebastian hinaus. Hohenstein hatte beide Hände in die Taschen seines engen Mantels gesteckt und ging vor dem Schaufenster auf und ab, merklich ungehalten. Sebastians Blick wanderte nach oben. In der Wohnung oberhalb des Geschäfts brannte Licht, und an einem der Fenster stand eine Frau. »Natalie«, entfuhr es ihm.

»Was? Wo?«

»Da oben, in der Wohnung.«

Aber sie war schon nicht mehr zu sehen. »Du hast Halluzinationen«, sagte Ludwig.

Der Kellner brachte die Wärmeplatte für ihr Essen und ein neues Bier.

Sebastian verdrehte sich weiter auf seinem Stuhl, um Hohenstein sehen zu können. Der ging weiter auf und ab, bis er plötzlich hoch sah und auf das Restaurant zukam. Sebastian wand sich schnell wieder zu Ludwig.

»Was macht er?«

Ludwig schaute starr an Sebastian vorbei. »Er … Er steht genau vor unserem Fenster«, flüsterte er.

»Bleib ganz ruhig«, zischte Sebastian. »Dich kennt er ja nicht.«

Ludwig nickte bleich. »Ich glaube, er sieht sich die Speisekarte an.«

Ihr Essen wurde gebracht. »Los, nimm jetzt etwas«, sagte Sebastian, als der Kellner wieder fort war. »Das fällt doch auf.«

»Er geht gerade wieder.«

»Wohin?«

»Zurück zum Haus. Zum Eingang.«

Sie bedienten sich und fingen an zu essen. Mit einem Mal sah Ludwig wieder hoch. »Da ist sie.«

Sebastian drehte sich wieder herum. Natalie. Sie war es.

Er wollte aufspringen, zu ihr hinlaufen, sie diesem Kerl entreißen und mit ihr davonrennen. Aber als er hoch zuckte, fuhr Ludwig ihn an: »Bleib sitzen. Bist du verrückt?«

»Aber wir sind doch zu zweit, und wir können sofort los zum Auto und …«

»Die sind auch zu zweit. Willst du eine Prügelei, hier mitten auf der Straße?«

Sebastian äugte noch einmal über die Schulter. Neben Natalie stand das kleine fette Männchen, das er im Flugzeug gesehen hatte. Er hielt sie am Arm fest. Hohenstein zeigte nach rechts, und die drei gingen los.

»Sie gehen zum Auto«, sagte Ludwig.

Jetzt sah Sebastian es auch. Direkt um die Ecke, so, dass man ihn vom Restaurant aus noch gerade sehen konnte, stand der Jaguar. »Die fahren los«, zischte er zu Ludwig. »Verdammt, wir müssen ihnen nach.«

»Warte. Da, sieh dir das an.«

Natalie hatte dem Dicken einen Schlag in den Magen versetzt und versuchte nun, sich von Hohenstein loszumachen, aber der ließ nicht locker. Sie rangen miteinander, doch der Dicke erholte sich schnell und packte Natalie an den Haaren. Sie schrie auf und ließ los. Hohenstein gab ihr eine schallende Ohrfeige. Sie stolperte rückwärts gegen das Auto und hielt sich das Gesicht, während er auf sie einschimpfte.

»Jetzt reicht's«, stieß Sebastian hervor und sprang auf. »Komm, Ludwig.«

»Bleib hier. Schau lieber noch mal hin.«

Hohenstein hielt Natalie fest im Arm und küsste sie. Natalie machte keinerlei Anstalten, sich zu wehren. Dann sprach er mit dem Dicken, der nickte und zum Haus zurückging.

Langsam rutschte Sebastian wieder auf seinen Stuhl.

»Jetzt gehen sie. Soll ich ihnen nach?«, fragte Ludwig.

Er hatte sie geküsst, und sie hatte sich nicht gewehrt. Er hatte mit ihr geschlafen, und ihr hatte es Spaß gemacht. Wie mit ihm. Wie ein Bad im Ozean.

»Sebastian. Sie gehen.«

Aber davor hatte er sie geschlagen. Das Schwein hatte sie geschlagen. Er hatte sie in seiner Gewalt, und sie konnte sich gar nicht wehren. Sie hatte es versucht, aber allein schaffte sie es nicht. Aber mit ihm zusammen, da ging es. Sie mussten es nur richtig machen.

Jetzt sprang Ludwig auf.

»Bleib sitzen«, sagte Sebastian müde. »Sie müssen doch zurückkommen. Das Auto steht ja hier.«

Langsam sank Ludwig wieder auf den Stuhl.

»Iss«, sagte Sebastian. »Es wird ja kalt.«

23:54 Uhr

»Noch einen?«

Ludwig schüttelte müde den Kopf. Das war mindestens der fünfte Espresso, den er gerade geleert hatte. Die Mineralwasser dazwischen hatte Sebastian aufgehört zu zählen. Nach dem ersten Bier war weiterer Alkohol tabu gewesen, sie mussten schließlich einen klaren Kopf behalten. Wer weiß, was Hohenstein und Natalie die ganze Zeit getrunken haben, dachte Sebastian. Bestimmt kein Wasser.

Jetzt saßen sie seit bald drei Stunden hier bei diesem Chinesen. Anfangs war es noch ganz unterhaltsam gewesen, Ludwig hatte von seiner Kindheit in der DDR erzählt, von der Wende, von seinem Studium im

Westen, davon, wie anders hier alles war als früher im Osten, und Sebastian konnte ihn nur mit Mühe davon abhalten, ihm zur Illustration eines der alten FDJ-Liedern vorzusingen.

Aber dann wurde es immer später, das Lokal leerte sich, Ludwig wurde immer schweigsamer, und von Hohenstein und Natalie war weit und breit nichts zu sehen. Ludwig holte das Auto und stellte es ein paar Wagen hinter den Jaguar, damit sie ihm schneller folgen konnten, wenn Hohenstein zurückkommen und losfahren sollte. Aber er kam nicht.

Jetzt war es fast Mitternacht, und Ludwig konnte sich nur noch mühsam aufrecht halten. Immer wieder fielen ihm die Augen zu.

»Sebastian«, murmelte er schließlich.

»Ja, Ludwig, ich weiß. Du gehst jetzt zum Auto und setzt dich rein und schläfst.«

»Quatsch«, sagte Ludwig. Mit einem Mal klang er nicht mehr müde: »Da sind sie.«

Natalie ging mit verschränkten Armen auf das Haus zu. Direkt hinter ihr kam Hohenstein, die Hände in den Manteltaschen vergraben. So, wie die beiden aussahen, hatten sie keinen angenehmen Abend verbracht. Am Hauseingang klingelte Hohenstein und schob Natalie dann in den Flur hinein.

»Und jetzt?«, fragte Ludwig.

»Tja«, meinte Sebastian, »entweder, er kommt jetzt gleich wieder herunter und fährt los, oder …

»Oder er bleibt über Nacht bei ihr.«

Sebastian biss die Zähne aufeinander. Am liebsten hätte er dem Kerl etwas abgeschnitten.

»Ich glaube, wir müssen uns keine weiteren Gedanken machen«, sagte Ludwig da. »Er kommt schon wieder.«

Mit eiligen Schritten ging Hohenstein zu seinem Jaguar, stieg ein, ließ den Motor aufheulen und fuhr los.

»So«, sagte Sebastian entschlossen, »jetzt ist der Weg frei.«

»Ach ja. Und wie willst du das jetzt machen?«

»Ganz einfach. Wir gehen jetzt darüber, klingeln …«

»Das ist ja auch ganz unverdächtig, wenn jemand um Mitternacht an der Tür klingelt.«

»Hohenstein könnte ja etwas vergessen haben.«

»Hm.« Dagegen fiel Ludwig kein Gegenargument ein.

»Und wenn der Dicke dann aufmacht, dann ziehen wir ihm eins über, greifen uns Natalie und ab geht's.«

»Und das kannst du, ihm eins überziehen?«

»Wieso nicht, irgendetwas wird sich schon finden dafür …«

»Was denn?«

Jetzt wurde es Sebastian zu bunt. »Ludwig, jetzt hör auf. Du brauchst nur unten zu warten, mehr nicht. Ich mache das schon.«

Ludwig sah alles andere als überzeugt aus, aber Sebastian war schon aufgestanden.

Ein paar Minuten später standen sie vor dem Hauseingang. »Cordell« stand auf dem untersten Klingelschild.

»Das muss die erste Wohnung sein«, flüsterte Sebastian. »Also, ich klingle jetzt.«

»Halt, warte. Da ist eine Sprechanlage.«

»Ja. Und?«

»Was ist, wenn der Dicke fragt, wer da ist. Weißt du, wie Hohenstein spricht?«

»Nein, aber …«

»Wenn du etwas Falsches sagst, macht er garantiert nicht auf. Und er ist gewarnt.«

»Hör doch auf. Ich probier's jetzt.« Er drückte auf die Klingel.

Erst passierte nichts. Dann hörten sie ein Knacken in dem kleinen Lautsprecher über der Klingel. »Ja?«, krächzte eine Stimme.

Sebastian starrte Ludwig an. Mit einem Mal wusste er nicht, was er sagen sollte.

»Hallo?«, rief die Stimme. »Hallo?«

Sebastians Herz pochte bis zum Hals. Wenn er jetzt einen Fehler machte, war die Chance vorbei. Und eine zweite würden sie dann nicht bekommen.

»Ist da jemand?«, kam es aus dem Lautsprecher.

Sebastian blieb stumm. Es knackte wieder.

Vorsichtig sah Sebastian nach oben. Das Fenster über ihnen war dunkel. »Komm«, flüsterte er. »Wir gehen hier entlang.«

Sie schlichen ganz eng an den Schaufenstern des Modeladens entlang, bis sie sicher waren, dass man sie nicht mehr von oben sehen konnte.

»Okay«, murmelte Sebastian. »Du hast Recht gehabt.«

»Lass uns doch in ein Hotel gehen, Sebastian. Hohenstein ist weg, morgen früh haben wir auf jeden Fall Zeit. Und bis dahin können wir uns einen richtigen Plan ausdenken.«

Sebastian sah ihn missbilligend an. Eine ganze Nacht in einem billigen Hotel, in der er sowieso kein Auge zu tun könnte, weil er ja die ganze Zeit über diesem Plan brüten würde? Aber jetzt noch einmal zu klingeln war nicht möglich. Er hatte den Slot verpasst.

»Los«, sagte Ludwig. »Jetzt sieh es doch ein.«

Sebastian ließ den Kopf hängen. Dann schob Ludwig ihn die Straße hinunter.

Sonntag, 24. November

08:56 Uhr

Tok tok tok.

Sebastian stand vor Ludwigs Zimmertür und klopfte. Keine Antwort.

Tok tok tok.

Nichts.

Beim dritten Versuch schlug er mit der Faust gegen die Tür.

»Mmmmmh«, kam es von innen.

»Ludwig, wach auf.«

Ludwig stammelte unzusammenhängende Silben. Dabei war es fast neun Uhr! Mein Gott, er hatte wirklich genug geschlafen.

»Wir treffen uns in zwanzig Minuten im Frühstücksraum, Ludwig.«

»Was?«

»In zwanzig Minuten. Ich geh schon mal was besorgen.«

»Besorgen … Was denn?«

»Einen Blumenstrauß. Du wirst schon sehen.«

Sebastian galoppierte die Treppen hinunter. Er war seit fünf Uhr hellwach, und seitdem hatte er ungefähr fünf verschiedene Befreiungsszenarien durchdacht – und wieder verworfen. Bis ihm vorhin unter der Dusche die richtige Idee gekommen war. Und sie war so wundervoll einfach.

Ludwig klingelt unten an der Tür. Der Dicke meldet sich. Guten Tag, sagt Ludwig. Blumenhaus Monika. Ich hätte hier einen Strauß abzugeben. Die Tür öffnet sich, und er geht hoch in den ersten Stock, gefolgt von Sebastian, der sich hinter ihm versteckt. Wenn der Dicke an der Tür ist, besteht die Gefahr, dass er ihn erkennt. Dann musste er misstrauisch werden, und die Sache würde platzen. Sie hatten schließlich schon einmal im Flugzeug nebeneinander gesessen. Die Wohnungstür ist noch zu. Ludwig muss noch einmal klingeln, durch den Spion wird er beäugt – Wohnungen in Altbauten hatten immer einen Spion – aber seine Unschuldsmiene siegt. Der Dicke öffnet die Tür. Bitte schön, sagt Ludwig, und hält die Blumen hoch, aber doch so weit entfernt von dem Dicken, dass der halb aus der Wohnung herauskommen muss, um sie zu nehmen.

In diesem Moment schießt Sebastian nach vorne, sprüht ihm das Tränengas ins Gesicht, schiebt den Schreienden in die Wohnung hinein, greift Natalie, und sie rennen die Treppen hinunter, zu Ludwigs Auto, springen hinein und sind auf und davon.

Das war es. Genial einfach, nicht mit kruder Gewalt, sondern mit Köpfchen. Das einzige Problem bestand darin, dass es nicht ganz einfach war, an einem Sonntag morgen in einer Stadt wie Koblenz Tränengas aufzutreiben. Aber als er dann vorhin aus der Dusche gestiegen war und sich im Spiegel aufmunternd zugenickt hatte – endlich war sie wieder da, die Zuversicht –, da war ihm auch hierfür eine Lösung eingefallen. Er musste nur in seinen Waschbeutel schauen. Da lag die Sprühdose mit dem Deo, und wenn man das in die Augen bekam, dann brannte es bestimmt, sonst würde ja nicht auf der Dose davor gewarnt werden. Das würde reichen, um den Dicken außer Gefecht zu setzen, zumindest für die paar Sekunden bis sie weg waren.

An der Rezeption fragte er nach einem Blumengeschäft, das jetzt offen hatte. Am besten am Bahnhof, wurde ihm beschieden. War das weit? Zehn Minuten, immer nur geradeaus. Zehn mal zwei waren zwanzig.

Es dauerte dann doch eine halbe Stunde, bis er in den Frühstücksraum zurückkam. Kein Fenster, funzelige Lampen, an den vergilbten Wänden grauenhafte Stiche vom Rhein und inmitten schwabbelnder Touristen in Jogging-Anzügen Ludwig, der sich gerade eine bewurstete Brötchenhälfte in den Mund schob.

»Willst du nichts essen?«, fragte er kauend.

»Nein. Ich möchte gehen.«

»Ja, ja. Aber ich will erst wissen, was du vorhast.«

»Also gut«, sagte Sebastian. »Dann pass mal auf.«

09:44 Uhr

»**D**as klappt doch nie.«

Sebastian verdrehte entnervt die Augen. »Ludwig, hör jetzt auf mit deiner Miesepeterei. Wir haben den Ablauf jetzt dreimal durchgesprochen, jeder Handgriff ist klar, wir haben alle Reaktionen durchgespielt, die diesem dicken Sack so einfallen könnten, und wir wissen auf alles eine Antwort. Oder ist das etwa nicht so?«

»Ja, schon, aber …«

»Nichts aber. Ich klingle jetzt, und dann sagst du Deinen Text auf.«

Ludwig sah ihn noch immer skeptisch an.

»Also«, sagte Sebastian und legte den Zeigefinger auf den Klingelknopf, »auf drei. Eins, zwei, …«

»Warte.«

»Was ist denn jetzt noch?«

»Also, wenn er sich meldet, dann sage ich: Guten Tag, Blumenhaus … wie heißt das?«

»Lass es weg. Ich möchte einen Blumenstrauß bei Ihnen abgeben, das reicht.«

»Hm.«

»Ludwig, man kann sich auch tot proben. Wir machen das jetzt, klar?«

Ludwig nickte langsam.

Sebastian hielt die linke Hand hoch. Erst kam der Daumen hoch, dann der Zeigefinger, dann der Mittelfinger. Und dann klingelte er.

Es passierte nichts. Ludwig stöhnte leise.

Dann knackte es doch. »Ja?«, kam wieder das Krächzen aus dem Lautsprecher.

Sebastian gab Ludwig einen Stoß.

»Guten Tag«, schrie Ludwig die Klingel an. »Ich … ich hätte da einen Strauß, den ich abgeben muss.«

»Was?«, krächzte die Stimme.

»Ich habe einen Blumenstrauß. Der ist bestellt worden, für Sie.«

Pause.

»Für mich?«, kam es aus dem Lautsprecher. »Von wem?«

Sebastian nickte Ludwig zu. »Das … das weiß ich nicht«, stammelte der. »Ich bin nur der Bote. Aber, aber es ist ein Brief dabei. Der ist aber zugeklebt.«

Die zweite Pause war noch länger als die erste. Sebastian fühlte wieder, wie sein Blut in den Ohren pochte. Schließlich stieß er Ludwig in die Seite.

»D-darf ich den Strauß abgeben, bitte? Ich muss noch weiter.«

Sie warteten. Aus dem Lautsprecher kam nichts mehr. Aber dann summte der Türöffner.

Sebastian stieß die schwere Holztür auf und schob Ludwig hinein.

Widerstrebend stolperte er durch den engen Flur, aber Sebastian schob ihn weiter zu einer großen Holztreppe, die sich eng hoch wand zum ersten Stock. Er duckte sich hinter Ludwig, als sie die Tür der Wohnung sehen konnten, aber es war, wie er es erwartet hatte, sie war zu.

Er drückte Ludwig vor die Tür und kauerte sich neben ihn. Aus der Manteltasche holte er die Sprühdose hervor. Ludwig sah zu ihm hinunter. »Los«, flüsterte er.

Ludwig klingelte.

Sie hörten Geräusche hinter der Tür. Dann ging sie einen Spalt auf. Sebastian duckte sich noch etwas tiefer.

»Gu-guten Tag noch mal«, stotterte Ludwig. »Hier, die Blumen.« Und er streckte sie der Tür entgegen! Das war doch viel zu nah ...

Der Dicke zog die Blumen schnell hinein, und ehe Sebastian überhaupt etwas tun konnte, war die Tür schon wieder zu.

Ludwig starrte zu ihm nach unten, schreckensbleich, wie ein Karpfen am Haken.

»Los«, zischte Sebastian, »klingle noch mal, du brauchst noch eine Unterschrift.«

Im nächsten Moment hörten sie ein lautes Klirren, als würde etwas zerbrechen, einen Schrei und einen dumpfen Schlag gegen die Tür, so heftig, dass der ganze Rahmen zitterte. Dann klang es, als würde etwas Schweres weggezogen.

Die Tür wurde aufgerissen, und Natalie rannte in Ludwig hinein. Beide stürzten, aber Sebastian war sofort bei ihnen.

»Komm«, schrie er und griff nach Natalies Arm. Er zog sie hoch, wollte sie schon umarmen, aber sie schoss an ihm vorbei, die Treppe hinunter. Ludwig rappelte sich auf, Sebastian schob ihn weiter, dann lief auch er los.

Sie rannten durch das Treppenhaus, rissen die Tür auf, draußen schrie Sebastian: nach links, dann waren sie schon am Wagen, Ludwig schloss auf, sie sprangen hinein, er ließ den Motor an, und sie fuhren los, mit quietschenden Reifen um die enge Kurve, der Wagen schleuderte fast, langsam, brüllte Sebastian, dann waren sie auf der Straße, und jetzt konnte sie nichts mehr aufhalten.

10:16 Uhr

»Ich habe die Verantwortung für das Projekt getragen, also auch für das Papier. Und ich habe mich nicht dazu bekannt, das war der Vorwurf. Und deswegen bin ich jetzt meinen Job los.«

Sebastian schwieg und schaute auf die Autobahn. An einem Sonntag war um diese Zeit alles leer, und Ludwig drückte gehörig aufs Gas. Mit 200 Stundenkilometern rauschte die Landschaft an ihnen vorbei, Limburg-Nord hatten sie gerade passiert. In einer knappen Stunde würden sie in Frankfurt ankommen und am besten gleich ins Office fahren. Natalie konnte ihre Aussage zu Hohensteins Geschäften aufschreiben, dann hatte Sebastian alles, was er brauchte, um dem Mann gegenüberzutreten. Wenn sie das schrieb, was er von ihr erwartete.

Natalie saß schräg vor ihm, auf dem Beifahrersitz, und kaute auf ihrem Zeigefinger herum. Sie trug genauso das, was er an ihr das letzte Mal im Münchener Büro gesehen hatte, ein knappes, inzwischen etwas zerknittertes dunkelblaues Kostüm mit Nadelstreifen, darunter eine weiße Bluse. Es kontrastierte schön mit ihrem blonden Haar. Nur blasser war sie als letzte Woche im Büro, kein Wunder, sie hatte ja auch einiges durchgemacht, vermutlich jedenfalls. Bis jetzt hatte sie nicht viel erzählt, nur gefragt, was bei ihm passiert war in den letzten zwei Tagen nach ihrem morgendlichen Anruf, und er hatte berichtet, knapp, sachlich, hatte die Dinge auf den Punkt gebracht, das hoffte er zumindest. Und sie hatte zugehört, ab und an nachgefragt, ebenso sachlich. Eigentlich wäre emotionslos das bessere Wort. Kalt wirkte sie, wie sie da saß, distanziert. Fremd. So kalt, wie sie vorhin dem Dicken die Vase über den Schädel geknallt hatte. Dünnes Porzellan, hatte sie gesagt, da kann nicht viel passiert sein. Sebastian hatte geschluckt. Das war nicht die Natalie, die vor genau einer Woche neben ihm aufgewacht war und ihn angelächelt hatte.

»Hast du ihnen nicht gesagt, dass es eine Falle war?«, fragte sie leise, ohne sich zu ihm umzudrehen.

»Doch. Aber sie haben es mir nicht geglaubt. Du warst ja nicht aufzutreiben.«

»Ja. Das hatte Hubertus gut eingefädelt. So was konnte er schon immer.«

Sie sagte das völlig unbeteiligt, als hätte sie überhaupt nichts mit dem ganzen Geschehen zu tun. Als wäre es nicht sie gewesen, die das Papier nicht nur geschrieben hatte, nein, auch recherchiert, konsequent, wahrscheinlich über Wochen! Und ihm hatte sie alles verheimlicht.

»Warum hast du das gemacht, Natalie?«

Sie sah schräg zu ihm hoch. Blau waren ihre Augen, die Lider leicht gerötet, etwas angeschwollen, wahrscheinlich hatte sie nicht so viel geschlafen, aber dieses Blau! Wie der Himmel, wie ... Nein. Was brachte es, sich jetzt etwas vorzumachen. Es war das Blau eines Gletschers. Ohne Wärme.

»Was gemacht?«

»Dieses Papier geschrieben.«

Sie sah wieder auf ihre Hände. »Ich habe ihn geliebt, Sebastian.«

Das schwarze Blut sprudelte hoch in ihm, und mit ihm der Schmerz und die Wut, schneidend und kalt, so kalt wie ihr Blick.

»Ach so. Und das mit mir war wohl nur Gymnastik?«

Ludwig saß starr auf seinem Sitz und sah angestrengt auf die Straße. Natalie schaute hoch, drehte sich weg von Sebastian, sagte nichts.

»Natalie. Jetzt antworte gefälligst.«

Sie verschob sich in ihrem Sitz, bis sie ihn direkt ansehen konnte. Dann hob sie die Hand und strich ihm langsam über das Gesicht. »Es tut mir leid, Sebastian«, sagte sie leise.

»Was tut dir leid?«

»Alles. Es war ein unglücklicher Zeitpunkt.«

Er fiel zurück auf die Rückbank. »Ich verstehe überhaupt nichts«, sagte er kopfschüttelnd.

Und plötzlich war es wieder da, dieses leise, nur zart angedeutete Lächeln, aber ihm war, als gelte es nicht ihm, als ginge es durch ihn hindurch, wurde reflektiert von einem unsichtbaren Spiegel und fiel zurück auf sie selbst. Sie lächelte nur für sich. »Ja«, sagte sie. »Du hast die ganze Zeit nichts verstanden.«

Er schaute sie an, ihre kalten, fernen Augen, die irgendetwas sahen, aber nicht ihn, ihr Lächeln, und mit einem Mal dachte er, das Geheimnis, das ist sie selbst. Aber er versuchte es trotzdem noch einmal. »Dann erklär es mir doch.«

»Was?«

»Alles.«

»Und wo soll ich anfangen?«

Ja, wo? »Da, wo alles begann.«

Sie drehte sich wieder um, zog die Beine an, ließ die Schuhe herunterfallen, umfasste ihre Knie und sah auf die vorbeiziehende Straße. Dann begann sie zu erzählen.

Sie redete fast die ganze Stunde hindurch, mit vielen, kleinen Pausen, aber doch ohne den Fluss abzubrechen, und die beiden hörten zu, Ludwig still, als wäre er gar nicht da, aber seine roten Ohren verrieten ihn, Sebastian angespannt, inmitten seiner Verzweiflung, die zunächst noch weiter wuchs, die er zu bändigen versuchte mit vielen hektischen Fragen, die jedoch an ihr und ihrer Geschichte vorbei zu laufen schienen. Sie erzählte von einem kleinen Ort im Taunus, von ihrem Stiefvater, von Hohenstein, dem Geschäftspartner, den sie kennen gelernt hatte, als sie noch in der Schule war, ein geschiedener Mann, fünfundzwanzig Jahre älter als sie, von der Welt, die er ihr eröffnet hatte, von seinem Zauber, seinem Ehrgeiz, seiner Selbstsucht, seiner Brutalität. Sie erzählte, wie er sie unterstützt hatte in all ihren Plänen, fortzukommen aus dem kleinen Kaff, wie er langsam, ohne Eile, ohne dass die Eltern es merken durften, die Liebe in ihr geweckt hatte, unbeirrbar auch von ihren Ausbrüchen, ihren Abenteuern, und wie er es dann verstanden hatte, diese Liebe zu nutzen, erst für seine Lust, später auch für sein Geschäft, bei Essen und bei Empfängen, wie seinen Mandanten der Sabber heruntergelaufen war beim Anblick der jungen Blondine neben ihm, die sich so bezaubernd schüchtern gab, ein wenig verschlossen, geheimnisvoll, sagten sie, die Idioten, sie verstanden nichts. Sein Ziel schien Hohenstein erreicht zu haben, als sie dann in der Beratung anfing. Da versuchte er, alle möglichen Informationen über sie zu erlangen, Daten, Hintergründe, Kontakte. Und dann die Nachricht, dass ihre Beratung bei der Bank tätig werden sollte, die große Chance, dort endlich seine Macht durchzusetzen. Für ihn war es selbstverständlich gewesen, dass sie alles an ihn weitergab, und als sie es nicht tun wollte, hatte er erst nur gelacht, dann gebeten, gebettelt, Belohnungen versprochen. Sie gab ihm Informationen, aber nie genug, nie das, was er wirklich wollte, und er drängte weiter. Durch Hohensteins Zerwürfnis mit dem Stiefvater im letzten Jahr wurde die Krise akut. Als sie sich losmachen wollte von ihm, da hatte er seine Gewalt ausgespielt, und sie hatte sehen müssen, dass sie sein Geschöpf geworden war.

»Wie – sein Geschöpf? Was hat er denn getan?«

»Er … er hat mich erpresst.«

»Erpresst? Womit?«

»Mit Dingen, die … passiert waren, am Anfang. Mit meinem Stiefvater. Es gab genug.«

Sie schwieg. Sebastian wollte weiter fragen – schließlich war der Stiefvater doch jetzt tot, das musste doch einiges geändert haben, so ein Todesfall ging doch nicht spurlos vorbei –, aber dann sah er ihr Gesicht. Verschlossen. Er wusste, es hatte keinen Zweck.

Nach einer Weile redete sie weiter, wieder von Hohenstein. Sie hatte es zwar noch geschafft, nach London auf ein anderes Projekt zu kommen, aber auch dort hatte er sie gefunden. Er hatte ihr wieder gedroht, sie damit unter Druck gesetzt, dass er sie in der Beratung bloßstellen wollte, bis sie ihm endlich – nach langem Widerstand, wie sie betonte – in London im Hotel das Papier geschrieben hatte. Dann glaubte sie, ihn los zu sein, aber zwei Tage später hatte er sie einfach holen lassen, von diesem dicken Männchen, seinem Adlatus, und der hatte sie in Koblenz in seiner Wohnung versteckt. Gestern Abend hatte Hohenstein ihr dann gesagt, dass sie noch das Wochenende dableiben musste, bis seine Geschäfte abgeschlossen waren. Sie hatte sich gewehrt, aber es war wie immer. Er war stärker.

Sebastian hörte ihre Geschichte, aber er verstand sie nicht. Was ist nur geschehen, dachte er, was hat sie verändert, denn so viel sie auch berichtete, er fand nicht den Schlüssel, warum sie jetzt anders war oder warum sie zwischenzeitlich so gewesen war, dass er Zugang zu ihr gefunden hatte.

Als sie dann schon fast in Frankfurt waren, als sie eigentlich alles erzählt hatte, aber doch zurückkam zu einzelnen Szenen, als suche sie nach Dingen, die ihr beim ersten Mal entgangen waren, da bemerkte er, dass sich wieder etwas geändert hatte. Ihre Stimme war anders geworden. Er hörte genauer hin, weil er sich keiner Täuschung hingeben wollte, keinem Wahn, aber sie war wirklich anders, sie war weicher, sie war präsent. Als sie sich dann wieder zu ihm umdrehte, war er sicher, dass ihr Blick ihn wieder fand. Und als hätte er nur auf diesen Moment gewartet, auf dieses Signal, das sie ihm gab, ihm allein, da fielen mit einem Mal die Zweifel von ihm ab, und mit ihnen Schmerz und Wut, er konnte zurück lächeln, und das Glück überkam ihn. Sie ist doch hier, durchfuhr es ihn, was auch geschehen ist, jetzt ist sie wieder in meiner Nähe. Sie ist zurückgekehrt, und sie wird bleiben.

Ludwig hielt vor dem Frankfurter Office. »Steigt schon mal aus«, sagte er, »ich bring den Wagen ins Parkhaus.«

Sie stiegen aus dem Wagen, und Ludwig fuhr los. Als sie auf der Straße standen, wurde ihm bewusst, dass sie beide es waren, allein auf dem sonntäglich leeren Bürgersteig. Er legte seinen Arm um sie, und sie sah zu ihm hoch, und – es gab da keinen Zweifel, er war sich absolut sicher, das war keine Täuschung und auch keinen Irrtum – sie lächelte ihn an, offen, ehrlich, vielleicht noch mit einem letzten Grad an Zurückhaltung, aber das war ja schließlich verständlich nach dem, was passiert war. Da war nichts von einem Geheimnis, von einem Ort, zu dem er keinen Zugang hatte. Sie war bei ihm.

»Sebastian«, flüsterte sie, »ich bin so froh, dass du da bist.«

Er küsste sie. Dann nahm er sie bei der Hand, und sie gingen hoch in das Büro.

11:33 Uhr

»**W**as?«

Sie standen vor der Glastür des Offices. Sebastian starrte Natalie an. Aber diesmal war es kein Schrecken, der aus dieser Überraschung kroch. Diesmal war es schlichte Erleichterung.

»Und das hat er dir alles erzählt?«

Sie nickte. »Er war wahnsinnig stolz auf sein System. Weil es so simpel war. Klar, es war auch verhältnismäßig leicht aufzudecken, aber nur dann, wenn man die Konten fand. Und das war praktisch unmöglich, jedenfalls in dieser Bank, da war sich Hubertus sicher.«

Sebastian schloss die Tür auf. Ludwig war noch nicht da, aber irgendwo waren bestimmt ein paar arbeitswütige Consultants, die noch unbedingt etwas für den Montagmorgen fertig machen wollten. Sebastian schob Natalie schnell in das erstbeste freie Büro.

»Pass auf«, sagte er und lehnte sich gegen den nächsten Schreibtisch. »Was ich von dir brauche, ist genau das, was du mir eben erzählt hast. Als Zeugenaussage.«

Natalie setzte sich auf einen der Bürostühle. »Meinetwegen«, sagte sie. »Aber das allein wird doch nicht reichen, um ihn zu überführen.«

»Und was ist mit Deinem eigenen Kredit?«

Ihr Blick wanderte verlegen auf den Boden. Davon hatte sie bisher nichts gesagt, und sie schwieg auch jetzt.

»So schwer war das nicht, den zu finden«, sagte Sebastian. »Ludwig ist ein exzellenter Spürhund.«

Sie nickte langsam und sah aus dem Fenster, als dächte sie wieder an etwas anderes. »Eigentlich hatte mein Kredit gar nichts mit Hubertus' Geschäften zu tun. Ich brauchte nur Geld, und ich hatte da diesen Aktientipp aufgeschnappt ... Hubertus konnte mir natürlich einen Kredit beschaffen, und dann ... Tja, ich denke, Gier ist da das richtige Wort.«

»Also er hat Deinen Kredit für seine Geldwäsche benutzt?«

»Ja. Er war einfach besessen davon, sein Geld an der Steuer vorbei zu manövrieren. Und er konnte keiner Gelegenheit widerstehen.«

»So ist das halt. Jeder hat seine Schwächen, auch der schlaue Herr von Hohenstein.«

Sie sah wieder aus dem Fenster. Nach einer Weile atmete sie tief durch und drehte sich zu Sebastian. Ihr Blick hatte sich wieder verändert. Jetzt war sie entschlossen. Dann sagte sie: »Und mit dieser Schwäche willst du ihn jetzt kriegen.«

»Ja.« Er würde ihn klein kriegen, den großen Herrn von Hohenstein. »Und nicht nur mit dieser einen. Er hat noch mehr Fehler gemacht. Die Kredite alle mit einem Schlag abzulösen, das war ja auch nicht gerade wenig auffällig.«

Sie zuckte mit den Schultern. »Hubertus hat immer ein ausgeprägtes Gefühl dafür gehabt, wann eine Situation brenzlig wurde. Und als ich ihm gesagt habe, dass wir bei der Bank ein Projekt beginnen, wusste er, dass er schnell reagieren musste, schon wegen de Guise, der war schwer zu kontrollieren. Außerdem war es kurz vor Quartalsende, wenn er länger gewartet hätte, dann wären die hohen Kreditzahlen in der Filiale Berlin bei der DV-Umstellung womöglich aufgefallen, und ein zweites Mal hätte er die Umstellung nicht scheitern lassen können, selbst bei seinen guten Verbindungen zur DV nicht ...«

»Also da hatte er auch jemanden sitzen?«

»Natürlich. Er hat überall in der Bank seine Verbindungsleute.«

»Dann ist es erstaunlich, dass er die Entwicklung in der letzten Woche nicht besser im Griff gehabt hat.«

Ihr Gesicht war ernst, fast traurig. »Er hat dich falsch eingeschätzt, Sebastian«, sagte sie müde.

»Mich?«

»Ja, Sebastian, dich. Du warst viel emotionaler, als er gedacht hatte.«

»Ich? Emotionaler?«

»Die Schließungen wären doch ohne Probleme durchgegangen, wenn du dich nicht so hartnäckig mit Sturm zerstritten hättest. Und das war nun wirklich etwas untypisch für einen coolen Berater, Sebastian, das musst du schon zugeben.«

Er brummte unwillig. Sturm war ein Thema, an das er sich nicht gerne erinnern ließ, und schon gar nicht, wenn es ihm als Schwäche vorgehalten wurde. »Die Sache mit den fehlerhaften Filialdaten war auch nicht schlecht. Und die hast du ja wohl verbockt.«

Ihre Augen wurden schmal. »Ich habe Hohenstein die ganze Zeit davon abgehalten, etwas gegen das Team zu unternehmen. Und vor allem gegen dich.«

»Was?«

»Das war meine Bedingung dafür, dass ich ihm überhaupt Informationen weitergegeben habe. Keine direkten Aktionen gegen unser Projekt.«

»Und was war dann diese Woche?«

»Da war ich nicht mehr im Team.«

»Ach so. Und damit war das Feuer freigegeben?«

»Sebastian«, stieß sie hervor. »Ich habe versucht, von diesem Typen wegzukommen. Deshalb habe ich alles dran gesetzt, auf ein anderes Projekt gesetzt zu werden, so weit weg wie möglich. Damit ich keinen Wert mehr für ihn habe und er mich in Ruhe lässt. Und es hätte ja auch alles wunderbar funktioniert. Du hättest das doch nie gemerkt mit den Filialberechnungen. Aber dann hat dich Ludwig verrückt gemacht, und zum krönenden Abschluss musstest du dich an Sturm festbeißen …«

Er schluckte. Sie hielt ihn also auch für oberflächlich, wie alle anderen. Und für unkontrolliert, sie hatte es selbst gesagt. Ausgerechnet Natalie. Ausgerechnet die, die dem ärgsten Gegner der Berater zugearbeitet hatte. Die Wut stieg in ihm hoch. Und nicht nur das, sie hatte auch mit ihm herumgebumst.

Da stand sie auf und kam auf ihn zu. »Sebastian«, sagte sie leise und nahm ihn an den Händen. »Komm, hören wir auf damit. Wir machen damit doch nichts ungeschehen. Ich wollte auch weg, weil ich mir gewünscht habe, zu dir zurückzukommen. Und jetzt bin ich doch da. Jetzt sag mir, wie es weitergehen soll.«

Er sah in ihre Augen, in das tiefe Blau, und fragte sich, ob es jetzt wärmer war, ob es wirklich wieder diese Farbe annahm, die ein wolkenloser Himmel am späten Nachmittag hatte ... Sie lächelte ihn an. Jetzt war nichts mehr von Müdigkeit zu merken, nein, es war wieder das Lächeln, von dem er geträumt hatte, und es entfaltete wieder denselben Sog, den es von dem ersten Moment an hatte, an dem es ihm bewusst geworden war. Er konnte nicht anders. Er lächelte zurück.

»Was meinst du«, sagte er nach einer Weile, »wird Hohenstein kommen, wenn de Guise ihn um ein Treffen bittet?«

»Er wird ihm etwas bieten müssen. Etwas, das Hohenstein haben will.«

Er schluckte. Dann sagte er: »Dich zum Beispiel?«

Ihre Augen wurden riesengroß. »Mich?«

»Ja. Du bist doch so etwas wie eine Kronzeugin. Wenn du aussagst, dann ist Hohenstein erledigt. Zumindest wird es dann einen Skandal geben, der ihn bei den anderen Gesellschaftern unmöglich macht.«

Ihre Arme sackten herunter, und ihre Hände hätten losgelassen, wenn er sie nicht festgehalten hätte. »Das heißt, ich müsste mitkommen«, sagte sie tonlos.

Er sah ihr weiter fest in die Augen. »Unbedingt«, sagte er. »Aber ich bleibe ja bei dir.«

»Und was soll ich tun?«

»Du legst Hohenstein deine Aussage vor. Und vergiss nicht, die Belege deines Kontos anzuführen. Ich schlage ihm dann einen Deal vor: Wenn er uns schriftlich bestätigt, dass er das Papier mit der zukünftigen Organisationsstruktur bei dir in Auftrag gegeben hat, als Studie für den Beirat, dann zerreißen wir die Aussage wieder«

»Und warum muss ich dann daneben stehen?«

»Weil es nur dann überzeugend wirkt.« Er ließ ihre Hände los und fasste sie an den Schultern. »Natalie. Über de Guise hat Hohenstein eine Akte, und über dich mit Sicherheit auch. Wir bekommen ihn doch nur unter Druck gesetzt, wenn ihr beide, du und de Guise, ihm klar ins Gesicht sagt, dass jetzt Schluss ist mit seinen Erpressungen. Er muss Angst bekommen. Nur dann geht es.«

Sie sah ihn an, und er versuchte, in ihren Augen zu erkennen, ob sie überzeugt war. Aber noch ehe er eine Antwort gefunden hatte, zog sie ihn zu sich heran. Vermutlich sollte es nur ein schneller Kuss werden, aber als ihr Gesicht näher kam, kehrte auch der vergangene Sonntag wieder zu ihm zurück, ihr Parfüm, gemischt mit dem Duft ihrer Haut, die Wärme ihres Körpers, durch die Kleider nicht aufzuhalten, die Berührung ihrer Finger, ihrer Haare, ihrer Haut, ihrer Lippen. Sein Herz raste, er drückte sie an sich, leckte gierig über ihre Lippen, bis sie ihren Mund öffnete und ihre Zungen sich trafen. Seine Hände fuhren über ihre Bluse, suchten nach dem Spalt, an dem er zu ihrer Haut vordringen konnte, zu dem Gefühl, sie wieder ganz gefunden zu haben, ihr wieder so nah zu sein wie damals, an ihrem ersten Abend, als sie von dem Boot kamen und eng umschlungen durch den Park gingen, als sie sich zum ersten Mal küssten im Park und er wusste, er war eins mit ihr.

Sie hielt seine Hand fest. »Langsam«, flüsterte sie und grinste. »Ich denke, ich soll jetzt diese Aussage schreiben.«

Er sah sie an, als hätte sie ihn auf frischer Tat ertappt. »Ja, natürlich«, sagte er. »Das eilt ja.«

Sie grinste noch ein bisschen breiter. »Das habe ich gemerkt.« Dann biss sie ihm zart ins Ohr. »Aber keine Angst. Die Belohnung bekommst du, wenn du Hohenstein geschafft hast. Spätestens heute Abend.« Sie küsste ihn noch einmal auf die Wange.

»Okay«, sagte er verlegen. »Dann ... dann lass ich dich jetzt schreiben.« Er sah auf seine Uhr. »Es ist jetzt gleich zwölf, de Guise hat maximal bis drei Zeit. Also, je schneller du bist ... Ich schau mal, ob Ludwig schon da ist.«

Als er hinausging, sah sich Sebastian noch einmal um. Natalie hatte den Computer angemacht. Leicht vorgebeugt saß sie da, den Blick schon fest auf dem Bildschirm, und wartete darauf, dass das System hochfuhr.

Er fand Ludwig in der Küche. Er stand am Automaten und sah zu, wie sich sein Kaffeebecher füllte. »Na«, sagte er, als er Sebastian hineinkommen sah, »alles klar?«

»Ja«, sagte Sebastian und nahm sich auch einen Kaffeebecher. »Sie schreibt jetzt auf, wie Hohensteins Geldwäsche funktioniert hat.«

Ludwig pustete auf den heißen Kaffee. »Und du willst ihm das dann vorsetzen?«

»Genau«, sagte Sebastian. Dann erzählte er, was er mit Natalie besprochen hatte.

»Hm«, brummte Ludwig und schlürfte an seinem Kaffee. »Das soll funktionieren?«

»Allerdings. Es steht zuviel für ihn auf dem Spiel, als dass er sich wegen dieser Schiebereien alles zunichte machen wird.«

»Und du meinst, dass Phil und Michael dich wieder mit offenen Armen aufnehmen, wenn du mit einem Schrieb von Hohenstein ankommst, der die Herkunft dieses dämlichen Papiers erklärt – und sonst nichts?«

Michael Klosters wohl nicht, dachte Sebastian. Der steckte ja mit Hohenstein unter einer Decke. Der durfte überhaupt nichts wissen von der ganzen Aktion. Aber Phil Meyer, der war derjenige, zu dem er gehen musste mit seiner Bestätigung. Aber ... Jetzt, wo Ludwig die Frage gestellt hatte, ließ sich dieses Aber nicht unterdrücken. Diese lächerliche Bestätigung, dass Hohenstein das Papier in Auftrag gegeben hatte, die würde gar nichts an Phils Einschätzung ändern. Er hatte Sebastian schließlich vor die Tür gesetzt, weil er glaubte, dass er nicht fähig genug für einen Berater war. Das war der Punkt.

»Es reicht nie und nimmer, Sebastian.«

Ludwig hatte recht. Schon wieder. Sebastian biss sich auf die Lippe. »Was meinst du?«, fragte er. »Was müsste denn dazu kommen?«

»Damit Phil und Michael wirklich erkennen, dass sie dich falsch eingeschätzt haben, musst du etwas erreichen, das einen Wert für die Bank schafft. Und nicht nur einen Persilschein für dich selbst.« Er trank wieder seinen Kaffee.

Sebastian sah ihm zu. Er wusste, worauf Ludwig hinaus wollte. Und er wusste auch, dass er Angst davor hatte. »Du meinst, wir müssen Hohenstein auffliegen lassen.«

»Er ist ein Krimineller, Sebastian. Ein ganz gewöhnlicher Verbrecher. Und wenn das stimmt, was du vermutest, dann schreckt er auch nicht davor zurück, Menschen in den Tod zu treiben.«

Sebastian nickte langsam. »Deshalb ist es mir ja zu gefährlich.«

»Da hast du ja auch recht. Die beste Lösung wäre, zur Polizei zu gehen.«

»Ludwig, vergiss es. Das gibt den Riesenskandal, und am Ende wird Hohenstein von seinen Anwälten doch herausgehauen, dafür sind wir beiden die Dummen, und die Bank wird trotzdem noch verkauft.«

»Was?« Ludwig sah ihn ungläubig an. »Wieso wird die Bank denn verkauft?«

Jetzt war es ihm herausgerutscht, obwohl er doch eigentlich Ludwig gar nichts erzählen wollte von seinem Verdacht. Je mehr davon wussten, desto größer wurde das Risiko, dass etwas zur Unzeit herauskam. Aber jetzt war es ja egal, zurück konnte er eh nicht mehr. »Also«, sagte er, und dann erzählte er die Geschichte vom »Project Switzerland«.

Ludwig nickte nur, als Sebastian fertig war, und stellte dann seine Tasse weg. »Wow«, sagte er. »Wenn Hohenstein das wirklich vorhat, dann ändert das natürlich alles.«

»Also du hältst die Sache für realistisch?«

»Klar. Ich finde, es ist sogar ziemlich plausibel, vor allem nach den Geschehnissen am Freitag. Ein Wahnsinnstriumph für Hohenstein wäre das.«

»Und wenn wir ihm jetzt drohen, alles vorzeitig auffliegen zu lassen …«

»Dann wird er zurückschlagen. Überleg mal, so ein Typ wie Hohenstein ist in der Situation doch wie ein waidwundes Tier.« Er schüttelte den Kopf. »Das ist lebensgefährlich, was du da vorhast, Sebastian. Vergiss es. Und geh zur Polizei.«

»Zur Polizei! Womit denn! Ich habe nicht einen einzigen Beweis. Und eine Bank zu verkaufen ist ja nicht strafbar.«

Ludwig sah ihn starr an und schwieg. Sebastian wusste genau, was er dachte. Es ist eine Sackgasse. Von hier aus geht es nicht weiter. Schön, dass sie die Geschehnisse hinter den Kulissen so brillant nachvollziehen konnten – exzellente Analyse, hätte Phil gesagt –, aber die Ergebnisse ließen sich nicht umsetzen. Ihre Position war einfach zu schwach.

»Ich höre jetzt auf, Sebastian.«

»Was?«

»Ich steige aus.«

Sebastian traf es wie ein Schlag. »Ludwig, das kannst du doch nicht machen …«

»Doch. Es ist ein Blödsinn, worauf du dich da eingelassen hast. Es bringt dir nichts.«

»Es ist die einzige Chance …«

Ludwig schüttelte den Kopf. »Du hast keine Chance, Sebastian. Die Partnergruppe würde dich doch nur in der Firma behalten, wenn du den Kunden zurückgewinnst. Aber du willst dich rächen. Deshalb kann es nicht gut gehen.«

Sebastian sah ihn starr an. Das war nicht mehr der schüchterne, übermütig blubbernde Pedant, der ihm gegenüber stand. Ludwig war jetzt überzeugt. Und er war gegen ihn.

»Komm, Sebastian«, sagte Ludwig. »Hör auf. Ich fahr dich mit Natalie zum Flughafen, und ihr beide fliegt irgendwo hin für ein paar Wochen, und dann sieht die Welt doch wieder ganz anders aus.«

»Idiot.« Sebastian spuckte ihm das Wort entgegen. Ludwig war ein Feigling. Wie hatte er sich nur so in ihm täuschen können. Er drehte sich um und ging zur Tür.

Ludwig hielt ihn am Arm fest. Ehe er etwas sagen konnte, schlug Sebastian die Hand weg. »Lass mich los. Ich schaffe es auch ohne dich.«

»Ich ... ich will dich nicht im Stich lassen. Aber es ist einfach zu gefährlich, und das Risiko ...«

»Ja ja. Du hast einfach keinen Mut, das ist es.«

»Sebastian, das ist total unfair. Wer ist denn gestern mit dir herumgefahren in der Nacht ...«

Er fing wieder an zu blubbern. Sebastian hörte nicht mehr zu. Wozu auch? Ludwig war nur noch lästig. Bis auf ... sein Auto.

»Hör auf, Ludwig. Ich habe verstanden. Komm, tu mir noch einen letzten Gefallen. Gib mir dein Auto. Mehr will ich nicht von dir.«

Ludwig verzog gequält den Mund. Sebastian streckte ihm seine Hand entgegen. Erst blieb Ludwig bewegungslos. Dann seufzte er und gab Sebastian den Schlüssel.

»Danke.«

»Du bist wirklich verrückt, Sebastian.«

Er steckte den Schlüssel ein und ging. Hinter sich ließ er die Tür ins Schloss krachen.

12:53 Uhr

Am Ende der Straße konnte Sebastian das helle Haus von de Guise erkennen. Er hielt etwa hundert Meter davor. Dann machte er den Motor aus.

»Wir machen jetzt alles genau so, wie wir es eben besprochen haben. Okay?«

Er legte seine Hand auf Natalies Arm, aber sie reagierte nicht.

»Natalie. Komm.«

Sie drehte sich zu ihm um. Mit großen Augen sah sie ihn an, noch blasser als sonst.

»Wir schaffen das«, sagte er und lächelte. »Aber jetzt lass uns gehen.«

Sebastian stieg umständlich aus, öffnete ihre Tür und nahm sie bei der Hand. Gemeinsam gingen sie das regennasse Pflaster entlang, bis sie vor dem schmiedeeisernen Tor standen. Dann klingelte er.

Im Büro hatte Natalie nichts gesagt, als sie ihre Aussage fertig hatte und sie beide ohne Ludwig losgegangen waren. Erst als sie im Wagen saßen, begann sie zu fragen. Erst druckste Sebastian herum, schimpfte auf Ludwig, nannte ihn einen Feigling. Warum er eigentlich nicht mitgekommen war, sagte er nicht. Natalie schwieg. Und dann, nach einer Weile, erzählte er doch die Einzelheiten, auch die Szene im Flugzeug, von Anfang bis Ende, bis zum Offering Memorandum und dem »Project Switzerland« und seinem Verdacht, dass es ihre Bank war, die da verkauft werden sollte.

»Und?«, fragte er dann. »Was meinst du?«

Sie fuhr sich durch die Haare und schob ein paar Strähnen hinter das Ohr. »Wenn ich ganz ehrlich bin«, sagte sie, »ich weiß einfach nicht, ob es wirklich um unsere Bank geht. Ich habe einmal gehört, wie er am Telefon über dieses Projekt gesprochen hat, aber er hat immer mit so vielen Dingen herumjongliert, dass ich mir nichts dabei gedacht habe.«

»Meinst du denn, es wäre denkbar?«

»Das auf jeden Fall. Prinzipiell ist das etwas, was genau zu ihm passen würde. Aber ob er sich wirklich auf ein so großes Rad einlässt ...« Sie zuckte mit den Achseln.

»Wir müssten an dieses Offering Memorandum herankommen.«

Sie lachte leise. »Das kriegst du nur von Hohenstein selbst. So heikle Sachen hat er immer in seinem Aktenkoffer. Ich versteh gar nicht, dass er es Spot überlassen hat.«

»Spot?«

»Der Dicke. Eigentlich heißt er Hans-Heinrich Cordell, aber Hubertus nennt ihn immer Spot, ich glaube, nur um ihn zu ärgern. Wahrscheinlich hat er das Papier irgendwo abgeholt und es dann Hubertus gebracht. Der hat ihm garantiert streng verboten, es auch nur anzuschauen, aber Spot ist wahnsinnig neugierig. Na ja, das hat er jetzt davon.«

»Also, du meinst, wir können es gegen ihn verwenden?«

Natalie sah aus dem Fenster. Dann kramte sie in ihrem Jackett herum und holte ein Päckchen Zigaretten und ein Feuerzeug heraus.

»Ja, ja, das müssen wir machen. Es ist ein Risiko, klar. Aber wenn es stimmt, dann ist das der Deal, auf den er seit Jahren gewartet hat. Und dann können wir ihn wirklich kriegen.«

Sebastian sah sie von der Seite an. Sie rauchte weiter, mit tiefen Zügen, aber ohne Hast, ohne Hektik. Hatte sie gar keine Angst? Einen Moment lang dachte er, dass er sie doch kaum kannte. Aber dann lächelte sie zu ihm herüber, und die Zweifel verschwanden wieder.

»Wie soll das jetzt ablaufen bei de Guise?«, fragte sie.

Ja, wie eigentlich? Alles, was er wusste, war, dass sie de Guise dazu bringen mussten, Hohenstein anzurufen, damit er ihm das Treffen vorschlug. Und dazu musste Natalie glaubwürdig wirken. Und war sie das?

»De Guise wollte Beweise für Hohensteins Geschäfte. Also geben wir ihm erst einmal deine Aussage. Und dann erzählst du ihm deine Geschichte, so, wie du sie mir vorhin erzählt hast, auf der Fahrt hier nach Frankfurt.«

»Und das wird ihm reichen?«

Es muss ihm reichen, dachte er. Aber da war diese kleine, leise Stimme, die klang wie Ludwig und sagte: Aber es wird nicht reichen. Es ist alles zu oberflächlich so, wie du das hier angehst. Wie immer. Du wirst scheitern. Nur, dass es diesmal nicht irgendein Projekt ist. Diesmal geht es um mehr. Viel mehr.

»Womit hat Hohenstein dich eigentlich erpresst?«, fragte er mit einem Mal.

Es dauerte etwas, bis sie antwortete. Aber dann hörte sie nicht mehr auf, erzählte die ganze Geschichte, von der er ja geglaubt hatte, sie zu kennen. Er hörte zu, schweigend, bis er merkte, dass er sich völlig verfahren hatte. Er fuhr an den Straßenrand.

»Warte«, sagte er. »Ich muss den Weg wieder finden.« Er beugte sich an ihr vorbei nach vorne, um Ludwigs Straßenatlas aus dem Handschuhfach zu nehmen. Als er ihn in der Hand hatte, sah er hoch zu ihr. Ihre Augen waren rot. Die Tränen liefen ihr langsam die Wangen hinunter.

»Natalie.«

Sie griff nach ihm, krallte sich an ihm fest und zog ihn zu sich. »Du musst ihn fertig machen«, flüsterte sie ihm ins Ohr. »Du musst es schaffen, Sebastian, ja, hörst du? Ich will, dass er bezahlt für all das, was er mir angetan hat.«

Er hielt sie, bis sie aufhörte zu schluchzen. Dann fuhr er ihr über das Haar, wischte ihr die Tränen ab und küsste sie.

»Komm«, sagte er, »wir fahren jetzt. Er wird dir glauben.«

Da hatte sie wieder gelächelt.

Jetzt standen sie vor der Tür von de Guises Haus, und von dem Lächeln war nichts mehr zu sehen. Sein Klingeln war ohne Reaktion geblieben. Er legte den Finger wieder auf den Messingknopf – da knackte es in der Sprechanlage. De Guises Frau meldete sich. Sebastian beugte sich zum Lautsprecher vor.

»Ritter, Frau de Guise, guten Tag.« Er holte noch einmal Luft. »Ich habe den Beweis.«

Stille. Dann nur ein Satz: »Ich hole meinen Mann.«

Sebastian nickte Natalie zu.

Der Öffner für das Tor summte. Sie gingen hinein, und die Haustür wurde aufgemacht. De Guise stand vor ihnen.

»Sie haben ihn?«, fragte er. Sein Blick war glasig.

»Ja«, antwortete Sebastian. »Er steht neben mir.«

De Guise schaute verwundert auf Natalie.

»Wie … wie darf ich das verstehen?«

»Frau Schieritz ist von Hohenstein für seine Steuerhinterziehung benutzt worden. Und jetzt hat sie genau aufgeschrieben, wie die Geschichte ablief.«

Er war noch immer verwirrt, aber er bat sie immerhin ins Haus. Seine Frau stand im Flur neben den gepackten Koffern, mit einem Gesicht, das an Zurückweisung kaum zu übertreffen war.

Sie gingen in das Wohnzimmer. De Guise und seine Frau setzten sich wieder aufs Sofa, Sebastian nahm den Sessel neben de Guise wie beim letzten Mal, Natalie ging zu dem anderen Sessel gegenüber vom Sofa. Sebastian griff in sein Jackett, nahm Natalies Aussage heraus und reichte sie de Guise. Der zog die Brauen hoch und las. Als er fertig war, wollte er das Papier auf den Sofatisch legen, aber seine Frau griff danach. Einen kleinen Moment lang hielt der Banker es fest, dann ließ er los und sah zu, wie sie es las.

Als sie die beiden Blätter sinken ließ, sah sie ihn an. De Guise nickte ein wenig. »Also, Herr Dr. Ritter«, sagte er, »das ist Ihr großer Beweis?«

»Nein«, sagte Sebastian. »Wie gesagt, das ist nur der Aufhänger. Der eigentliche Beweis sitzt hier drüben.«

De Guise musterte Natalie skeptisch. Dann fragte er sie: »Sie waren also Hohensteins Geliebte?«

Sebastian drehte sich zu Natalie. Sie saß verkrampft im Sessel und starrte auf den Teppich. Langsam sah sie hoch, erst zu Sebastian, danach, noch immer langsam, nervtötend langsam, zu de Guise. Dann begann sie zu erzählen.

Sie redete nicht viel, beschrieb in dürren Sätzen, wie sie Hohenstein begegnet war, welche Bedeutung er in ihrem Leben besessen hatte und wie sie immer mehr von ihm beherrscht worden war. Sie sprach stockend, mit unruhigem Blick, der immer wieder zum Boden sank. Sebastian saß steif in seinem Sessel. Der Schweiß floss ihm den Rücken hinab. Er wusste, so konnte es nichts werden.

De Guise zeigte keine Regung, während Natalie erzählte. Als sie fertig war, blieb sein Blick starr auf ihr stehen. »Und wer sagt mir, das Sie nicht mitten drin umfallen, wenn Sie ihn jetzt wiedersehen?«, fragte er. »Oder dass Sie wieder die Seiten wechseln?«

Natalie suchte Sebastian. Er erwiderte ihren Blick, nickte ihr zu, um ihr Mut zu machen.

Sie sah schnell zu de Guise. »Ich –«, begann sie, und jetzt klang ihre Stimme hart. »Hohenstein hat mich seit Jahren in seiner Gewalt gehabt, aber jetzt muss ich von diesem Mann loskommen. Und wenn Sie Zweifel daran haben, dass ich es ernst meine«, sprach sie weiter, »dann stellen Sie mich doch auf die Probe.«

Ein Lächeln bildete sich in de Guises Gesicht. »Gut«, sagte er. »So recht klar geworden ist mir Ihr Verhältnis zu Hohenstein nicht. Wodurch hatte er Sie denn ›in seiner Gewalt‹, wie Sie sagen?«

Jetzt sah sie ihn direkt an, mit einem Blick, der wieder so kühl war wie am Morgen, auf der Fahrt nach Frankfurt. »Er hat mich erpresst«, sagte sie knapp.

De Guise lächelte ungerührt weiter. »So. Und womit, Frau …«

»Schieritz«, sagte Natalie. »Mit meinem Stiefvater.« Sie schluckte. Ihre Finger krallten sich in den Sessel. »Mein … mein Stiefvater hat mich … als Kind missbraucht.« Ihre Stimme brach. Sie sah wieder zu Sebastian.

»Ich … ich habe nie mit jemandem darüber gesprochen. Nur mit

Hubertus, einmal. Nachdem … nachdem ich ihm alles in einem Brief geschrieben hatte.«

Schweigen erfüllte den Raum. »Warum«, sagte de Guise schließlich, »warum haben Sie Ihren Stiefvater denn nicht angezeigt?«

»Weil ihn das umgebracht hätte. Er war schwer herzkrank.«

»Aber der Mann hat Ihnen doch Fürchterliches angetan. Wollten Sie denn nicht, dass er dafür bestraft wird?«

Nathalie schüttelte den Kopf. »Er war krank, nicht nur am Herzen. Er war psychisch krank. Nachdem ich weg war von zu Hause, wollte ich, dass ihm geholfen wird. Ich habe versucht, mit meiner Mutter darüber zu reden, aber … es war sinnlos. Und ihn konnte … ihn wollte ich nicht mehr sehen.« Sie reckte sich hoch in ihrem Sessel. »Er hat für mich dann nicht mehr existiert. Bis Hubertus damit anfing, dass er ihn anzeigen würde. Er hasste meinen Stiefvater, und ich wusste, er würde alles tun, um ihn mit dieser Geschichte umzubringen. Und … das wollte ich nicht. Das durfte nicht passieren.« Sie wischte sich über die Augen. »Und deshalb habe ich getan, was Hohenstein von mir wollte. Aber vor zwei Monaten ist Edgar gestorben. Hohenstein hat mich bekniet, ihm nur noch einmal zu helfen, dann würde er mich in Ruhe lassen. Was er darunter versteht, habe ich in den letzten Tagen gemerkt. Aber jetzt ist Schluss, jetzt lasse ich ihn auffliegen.«

Hoch aufgerichtet saß sie in dem voluminösen Sessel, mit diesen Augen, die einen jetzt wieder festhielten mit ihrem klaren Blau, und diesem leichten Ansatz eines Lächelns, das nur auf den ersten Blick Triumph ausdrückte, beim zweiten Hinsehen aber auch den Verlust zeigte und die Hingabe, die da einmal gewesen sein musste.

Sebastian schloss die Augen. Sie hatte es genauso gemacht, wie sie es im Auto besprochen hatten, nur der Schmerz, der sich bei ihm von der Magengrube hoch bis zum Herzen zog, der war vorhin nicht da gewesen. Er schluckte. Aber sie hatten ihr Ziel erreicht.

Er drehte sich zu de Guise. »Haben Sie Hohensteins Nummer?«

De Guise reagierte erst mit langer Verzögerung, wie jemand, der aus einem tiefen Schlaf geweckt wird. Erst sah er Sebastian nur verständnislos an, aber dann besann er sich. »Ja«, sagte er. »Kommen Sie, wir gehen zum Telefon.«

13:50 Uhr

Es war erst früher Nachmittag, aber der Novembertag wirkte, als würde er schon bald zu Ende gehen. Sebastian seufzte. Zehn vor zwei, das war eigentlich schon viel zu spät. De Guises Flug ging in genau zwei Stunden, und seine Frau hatte keinen Zweifel daran gelassen, dass sie ihn pünktlich auf dem Flughafen treffen wollte, also mindestens eine halbe Stunde vorher. Das bedeutete, er musste um zwanzig nach drei dort sein. Von der Bank zum Frankfurter Flughafen konnte man es in zwanzig Minuten schaffen, aber das hieß trotzdem, dass de Guise spätestens um drei weg musste. Den Termin mit Hohenstein hatten sie vorhin auf halb drei gelegt – erstaunlicherweise ziemlich problemlos. Nach der Anfangsüberraschung war Hohenstein erst misstrauisch gegenüber de Guise, aber als der sagte, Frau Schieritz stünde neben ihm, wendete sich das Blatt. Mit einem Mal war er sehr erpicht darauf, Natalie zu treffen und mit ihr zu reden, selbst in de Guises Büro. Wenn er pünktlich war, ließ ihnen das eine halbe Stunde, um den Mann festzunageln. Eine halbe Stunde, das war ein Witz. Das ist Ihr Problem, hatte de Guises Frau kalt geantwortet, wir haben eine Abmachung. Und ihr Mann hatte nur noch glasig vor sich hin gestarrt und immer wieder etwas wie »mein Bild« gemurmelt. Grauenhaft. Wahrscheinlich war es am besten, ihn nur als Köder zu nutzen und nach einer halben Stunde abzuschieben. Dann konnte er zum Flughafen fahren mit Hohensteins Bestätigung, dass er das Bild behalten konnte. Das mussten sie schaffen in der halben Stunde.

Halb drei. Von hier bis zur Bank konnte es nicht mehr als fünf Minuten dauern, jedenfalls heute am Sonntag. Das ließ ihm also wieder eine gute halbe Stunde. Das war nicht viel Zeit für das, was jetzt zu tun war. Und er würde alles in der Welt darum geben, wenn er es nicht machen müsste. Aber es blieb ihm nichts anderes übrig.

Natalie saß diesmal am Steuer. Sie würde hier warten, während er hoch ging. Ursprünglich wollte sie mitkommen, aber das hatte er abgelehnt. Was jetzt geschehen musste, war allein seine Sache. Und er war auch sicher, dass nur er erreichen konnte, was sie sich vorgenommen hatten. Wie, das wusste allerdings keiner von ihnen, wieder einmal.

Die Gespräche strategisch zu planen war bisher sehr hilfreich gewesen. Gerade beim Besuch bei de Guise und seiner Frau. Es hätte nie funktioniert, wenn sie vorher nicht alles genau durchgespielt hätten im Auto. Aber das letzte entscheidende Etwas, das, was de Guise überzeugt hatte, das hatten sie nicht proben können. Das kam dadurch, dass Natalie einfach überzeugend war. Sie selbst. Endlich einmal.

Als er dann am Schluss schon den Telefonhörer in der Hand gehalten hatte, war de Guise doch noch einmal ins Schwanken geraten. Sebastian hatte erst gedacht, die Angst hätte ihn überwältigt. Aber das war es nicht gewesen.

»Schweizer«, hatte de Guise gesagt. »Wir müssen unbedingt Schweizer dabeihaben. Sonst hat es alles keinen Wert.«

Und mit einem Mal war Sebastian dann klar geworden, wie das Treffen mit Hohenstein ablaufen musste. Sein Interesse musste es ja sein, nichts von den Geschäften in der Bank bekannt werden zu lassen – vor allem nicht im Beirat. Was in diesem Fall hieß, mit de Guise ein Stillschweigeabkommen zu treffen, und natürlich auch mit der zweiten Gefahr, mit Natalie. Hohenstein konnte sie alle aber auch einfach zum Schweigen bringen. Das war das Risiko.

Wenn aber Schweizer dabei war, wenn er mithörte, was sie Hohenstein vorhielten, dann war der entscheidende Moment schon gekommen – weit vor der Gesellschafterversammlung. Hohensteins Plan war geplatzt, Schweizer hatte die Informationen, mit denen er den Verkauf der Bank verhindern konnte. Entscheidend war aber, dass er de Guise und Sebastian dann etwas schuldig war. Das Bild zu bekommen würde ein Kinderspiel sein. Und vermutlich auch, die Bank wieder mit den Beratern zu versöhnen. Phil würde seine Meinung ändern. Und von Michael Klosters würde nie wieder jemand etwas hören.

Nur – wie sollten sie Schweizer dazu bekommen, dass er in die Bank kam? Mit de Guise würde er kaum sprechen, mit Sebastian erst recht nicht. Was tun?

Mit einem Schlag hatte Sebastian die Lösung. Und das war der Grund, warum er jetzt mit Natalie vor diesem Haus im Frankfurter Nordend parkte, während de Guise schon zur Bank gefahren war.

Sebastian nickte Natalie noch einmal zu. Sie schloss die Augen und flüsterte etwas, das er nicht verstand. Dann stieg er aus. Draußen sog er die feuchte Luft ein paar Mal tief ein und ließ seinen Blick über die Fassade wandern. Schmiedeeiserne Eckbalkone, schöne, großzügige Fenster und als Vignetten zwischen den Fenstern lauter Tierreliefs – ein Bär, ein paar Vögel, sogar ein Hund und eine Schlange. Ein Haus für Liebhaber. Mit so etwas hatte er nicht gerechnet.

Am Klingelbrett war keine Sprechanlage, ein Glück. Die Wohnung war im vierten Stock. Ob man von da auch die Bankentürme sah, so wie aus den Bürofenstern der Bank? Der Traum von Montag fiel ihm wieder ein, der Blick auf die Skyline, auf die die Wolken drückten. Er schluckte. Die Angst kam wieder, dieselbe Angst, die er im Traum gespürt hatte, als er auf dem Fenster stand, die Zahlen hörte und wusste, bei Null würde alles zu Ende sein. Aber bei sieben war er aufgewacht, und es war glücklicherweise doch nur ein Traum gewesen. In Wirklichkeit war so etwas nicht möglich, beruhigte er sich.

Sebastian drückte auf den Klingelknopf. Erst passierte nichts, aber er wusste, dass er da war, denn sie hatten vorhin noch einen Kontrollanruf gemacht. Dann ertönte der Summer. Langsam ging Sebastian in das Treppenhaus. Wie hieß das noch mal? »Go and beat the shit out of him.«

Einen Fahrstuhl gab es natürlich nicht. Sebastian quälte sich die ausgetretene Holztreppe hoch und fluchte leise. Keuchend kam er oben im vierten Stock an. Beide Flügel der Wohnungstür waren geschlossen, aber auf der rechten Seite prangte ein Spion. Sebastian versuchte, seinen Atem wieder zu beruhigen, stellte sich in seine Präsentationspositur und drückte auf die Klingel.

Es passierte nichts. Kein Geräusch war zu hören, und so sehr er auch den Spion beäugte, hinter dem Glas war nichts zu erkennen. Die Angst kroch in Sebastian hoch. Was, wenn man ihn schon von oben gesehen hatte? Wenn einfach keiner aufmachte? Ruhig, sagte er sich. Das kennst du jetzt doch schon. Dann klingelte er noch einmal.

Endlich, ganz langsam, öffnete sich knarrend der rechte Türflügel. Gesichert hinter einer Kette lugte eine dunkel gekleidete Gestalt misstrauisch in den Flur. »Was wollen Sie?« fragte Sturm.

Als er die Stimme hörte, sträubten sich Sebastians Nackenhaare. Er öffnete den Mund, aber mit einem Mal war seine Kehle wie zugeschnürt. Dabei musste doch der erste Satz stimmen, wenn er eine Chance haben wollte, sonst war die Tür gleich wieder zu.

Er holte tief Luft, atmete wieder aus, räusperte sich. »Herr Sturm«, presste er hervor, »die Bank ist in Gefahr.«

»So«, brummte Sturm. »Und wieso das?«

Sebastian schluckte. Immerhin, er hatte die Tür nicht zugeschlagen. »Hubertus von Hohenstein will sie verkaufen.«

Sturms dunkle Augen starrten ihn an. Sein Gesicht blieb unbeweglich. Dann, nach einer ewig langen Weile, fragte er: »Was haben Sie damit zu tun?«

»Ich will es verhindern.«

»Sie! Und wie?«

Er hatte zumindest gehofft, dass Sturm schockiert sein würde. Aber er war kalt wie immer, kalkuliert und herrisch. Alles an ihm war darauf aus, ihn zu erniedrigen – das, was er sagte, seine Stimme, sein Blick. Er fühlte, dass ihm der Schweiß das Gesicht hinablief. Das letzte, was er jetzt tun durfte, war, sich provozieren zu lassen. »Ich werde Ihnen Hohensteins Geständnis liefern«, sagte er langsam und betonte jedes einzelne Wort.

Ein spöttisches Lächeln zog über Sturms Gesicht. »Sein Geständnis!«, rief er aus. »Was soll er denn gestehen, der Herr von Hohenstein?«

»Steuerhinterziehung, Erpressung, fahrlässige Tötung und den Bankenverkauf. Das ist aber kaum strafrechtlich zu verfolgen.«

Das Lächeln wurde zum Grinsen. »Und woher haben Sie all diese Dinge?«

»Ich habe Beweise, Herr Sturm.«

Der andere zog die Brauen hoch. »Beweise?«, fragte er.

Sebastian versuchte, Sturm in die Augen zu sehen, aber als sich ihre Blicke trafen, konnte er ihm nicht standhalten. »D-das … das kann ich Ihnen hier im Treppenhaus nicht erklären«, stotterte er.

Sturm zögerte einen Moment. Dann machte er die Kette los. »Na gut«, murmelte er. »Kommen Sie herein.«

Die Tür ging nach innen auf, und Sturm verschwand hinter ihr. Sebastian ging langsam hinein. Die Diele war dunkel und verwinkelt, mit einer Vielzahl von geschlossenen Türen, dazwischen Fotos, in allen möglichen Größen, alle von einem Kind, vom Säugling an. Seine Tochter, dachte Sebastian. Dem größten Foto nach war sie wohl so etwa zehn. Er muss die Kleine ja wirklich lieben, dachte Sebastian. Oder Sturms Frau hing so an ihr. Nur – wo waren die beiden? In der Wohnung war es völlig still. Kein Mensch war zu sehen.

»Gehen Sie da rechts hinein«, sagte Sturm. Sebastian schob die angelehnte Tür auf und ging in das Zimmer. Es war groß und recht leer, mit einem ovalen Glastisch in der Mitte mit vier schwarzen Metallstühlen. An den hohen Fenstern hingen blassgrüne Seidenvorhänge, die dem Raum ein kühles, dämmriges Licht gaben. Hier ist der Tag schon zu Ende, dachte Sebastian.

»Setzen Sie sich«, sagte Sturm hinter ihm. »Aber ich habe nicht viel Zeit. Um halb drei muss ich meine Tochter abholen.«

Sebastian nickte stumm, während er sich vorsichtig auf einem der Stühle niederließ. Das klang nicht gut. Aber vielleicht ließ er sich ja noch umstimmen, wenn er hörte, was er ihm zu bieten hatte.

Sturm setzte sich ihm gegenüber auf einem zweiten Stuhl. »Also«, sagte er und stützte die Ellbogen auf das polierte Glas. »Ihre Beweise.«

Wortlos reichte er ihm Natalies Aussage. Sturm überflog sie und reichte ihm die Blätter zurück. Das spöttische Grinsen war wieder da, und, schlimmer noch, der Blick war geradezu verächtlich.

»Es ist nicht so, wie Sie jetzt denken«, sagte Sebastian schnell. »In einer halben Stunde habe ich einen Termin mit Hohenstein, und dort wird Frau Schieritz ihre Aussagen wiederholen und noch ein paar Dinge ergänzen. Als Kronzeugin.«

Sturms Ausdruck veränderte sich nicht. »Und was wollen Sie damit erreichen?« fragte er.

»Ich will, dass Hohenstein zugibt, was er getan hat. Und was er noch plant.«

»Und dann?«

»Das Wichtige ist, dass die richtigen Leute hören, was Hohenstein sagen wird.«

»So. Und wer ist das?«

»Sie. Und Herr Dr. Schweizer.«

Sturm war tatsächlich erstaunt, das zeigten die Art, wie er die Brauen hochzog. Dann stand er auf und ging aus dem Zimmer. Als er zurückkam, hatte er eine Zigarette im Mundwinkel und einen silbernen Aschenbecher in der Hand.

»Wo treffen Sie Hohenstein?«, fragte er, als er sich wieder auf dem Stuhl niedergelassen hatte und die Rauchschwaden vor ihm zur Decke stiegen.

»In de Guises Büro.«

»Und Schweizer und ich sollen dann in einem Nebenzimmer sitzen und horchen?«

So, wie er das sagte, klang es wie eine Zumutung. Dabei hatte er es sich doch genauso gedacht. »J-ja«, sagte er unsicher.

Sturm zog angestrengt an seiner Zigarette. »Das klingt mir eher nach einem Pfadfinderplan«, sagte er in den Rauch hinein.

Ein Pfadfinderplan. Er musste ihn weiter klein machen.

»Wo sehen Sie denn Schwachpunkte, Herr Sturm?«, fragte Sebastian so ruhig, wie es eben ging.

Sturm lehnte sich zurück. »Soll ich jetzt Ihre dilettantische Planung verbessern, Herr Ritter«, sagte er.

»Nein«, sagte Sebastian gequält, »darum geht es doch gar nicht. Nur, wenn ich weiß, wo Sie Zweifel haben, dann kann ich Ihnen diese Punkte näher erläutern und …«

»Woher haben Sie denn das mit dem Bankenverkauf? Das kommt auf diesen Blättern doch gar nicht vor.«

»Ich habe das Offering Memorandum gesehen.«

Sturm drückte die Zigarette aus. »Gesehen, ja? Und wo?«

»Im Flugzeug. Ich saß neben jemandem, der darin gelesen hat.«

»Aber in diesen Memoranden werden doch üblicherweise keine Namen genannt.«

»Nein, das ist richtig …«

»Woher wissen Sie dann, dass es sich um unser Bankhaus handelt?«

»Ich … ich habe es aus dem Zusammenhang erschlossen.«

»Erschlossen?« Sturm sah ihn mit offenem Mund an, als wollte er gleich zuschnappen.

»Ja, und Frau Schieritz …«

Weiter kam er nicht. Sturm begann zu lachen, erst tonlos, dann meckernd, und sein Mund wurde immer größer, bis sein ganzes Gesicht eine Grimasse war.

»Herr Sturm«, schrie Sebastian, »hören Sie mir doch einmal zu.«

Das Lachen erstarb. »Das habe ich getan, Herr Ritter«, sagte Sturm bedrohlich leise. »Sogar an einem Sonntag, und hier in meiner Wohnung, ja? Nur leider haben Sie nichts zu sagen. Wie immer.«

»Doch«, stieß er hervor, »Herr Sturm, ich habe etwas zu sagen. Hohenstein hat einen komplett ausgearbeiteten Plan, wie er die Bank an der Geschäftsführung vorbei verkaufen kann, er hat die Mehrzahl der Gesellschafter schon auf seiner Seite, und Frau Schieritz hat mitgehört, wie er die Gespräche geführt hat …«

Noch während er sprach, war Sturm aufgestanden. »Gehen Sie jetzt«, sagte er, als Sebastian verstummte. »Gehen Sie, Herr Ritter. Sie vertun meine Zeit.«

»Herr Sturm, bitte. Es ist wahr, was ich Ihnen sage. Sie glauben, Sie haben es jetzt im Griff, was in der Bank passiert, aber für Hohenstein ist das nur ein Ablenkungsmanöver …«

»Verlassen Sie jetzt meine Wohnung.«

»Kommen Sie mit. Sie haben doch nichts zu verlieren. Sie hören nur zu, und Sie können selbst entscheiden.«

»Ich habe keine Zeit, Herr Ritter.«

»Herr Dr. Sturm.« Tränen stiegen Sebastian in die Augen. Er konnte nicht mehr weitersprechen.

Sturm sah ihn ausdruckslos an, mit jenem abschätzigen Blick, der ihn von Sitzung zu Sitzung verfolgt hatte.

»Was … was haben Sie gegen mich?«, flüsterte er. Jetzt liefen ihm die Tränen das Gesicht hinunter.

Sturm betrachtete ihn weiter wie ein Studienobjekt. Und sagte nichts. Dann drehte er sich abrupt weg, ging noch einmal in den Nebenraum und kam mit seinem Zigarettenetui zurück. Er setzte sich wieder und zündete sich eine zweite Zigarette an. Nachdem er tief inhaliert hatte, schnaubte er den Rauch in den Raum.

»Sie sind ein Jammerlappen, Herr Ritter.«

»So wollte Sie mich doch haben. Jetzt haben Sie Ihr Ziel erreicht.« Er wischte sich die Tränen vom Kinn.

»Sie werden es nicht glauben, aber das war nie mein Ziel.«

Er schüttelte den Kopf. »Nein«, sagte er. »Das glaube ich Ihnen einfach nicht.«

Sturm lachte wieder, aber diesmal war es anders, leiser, kürzer. »Sie haben sich Ihr Feindbild gemacht, Herr Ritter. Was ich getan habe, musste natürlich in dieses Bild passen.« Er drückte die Zigarette sorgfältig aus. »Wie immer.«

Sebastian wischte sich über die Augen. »Nein«, sagte er, »so war es nicht. Wir sind ganz unvoreingenommen auf Sie zugegangen, wie auf alle in der Bank. Sie haben uns abgelehnt, von vornherein.«

»Ich? Herr Ritter, Sie und Ihre zwei Helfer sind in der Bank aufgetaucht wie höhere Wesen von einem anderen Stern. Sie wussten alles, konnten alles und erwarteten, dass man Ihnen zu Diensten war, ja?«

Sturm stützte die Ellbogen auf den Tisch, schloss die Augen und rieb sich die Schläfen. »Im Laufe der Jahre habe ich gelernt, wie man am besten mit Leuten umgeht, die sich so benehmen, Herr Ritter.«

»Warum haben Sie denn nicht einmal direkt mit uns geredet, wenn wir Ihnen so erschienen sind. Gemeinsam ...«

»Herr Ritter, das sind Sprüche, die ich zu oft gehört habe. Etliche meiner lieben Kollegen nutzen sie gerne, um Verständnis vorzutäuschen. Kaum hat man sich dann umgedreht, nutzen sie das, was sie eben erfahren haben, um einem in den Rücken zu fallen.«

Sebastian nickte langsam. Er tastete nach seiner Uhr. Die Zeit lief ihm davon, gerade jetzt, wo er sie unbedingt brauchte. »Dann ist es Ihnen lieber, wenn man sich ein Feinbild von Ihnen macht?«

»Lieber ... Mein Gott.« Sturm holte mit den Armen aus. »Lieber ist es mir natürlich nicht. Aber ich muss es in Kauf nehmen, ja? Das habe ich gelernt.«

»Gelernt?«

Sturm blickte an ihm vorbei in das Zimmer. Wahlen hatte gesagt, dass der Mann seit zehn Jahren in der Bank war. Zehn Jahre, in denen er gelernt hatte, seine Strategie auszufeilen. Zehn Jahre Vorbereitung auf die überheblichen Berater. Wir sind ihm direkt ins Messer gelaufen, dachte Sebastian.

Sturm räusperte sich und sah auf die Uhr. Sebastian erkannte, dass es zehn nach zwei war. Viel zu spät. Der Blick seines Gegenübers wanderte wieder an ihm vorbei durch den Raum. Verstohlen sah sich Sebastian um. Schräg hinter ihm stand eine Kommode, übersät mit Bilderrahmen. In allen war dasselbe Kind zu sehen.

»Wo ist denn Ihre Tochter?«, fragte er.

»Bei ihrer Mutter.« Sturms Gesicht wurde starr. »Alle zwei Wochen darf ich sie für ein paar Stunden abholen.«

Sebastian stand auf und ging zu den Fotos hin. »Nett sieht sie aus, Ihre Tochter. So ein fröhliches Lachen.«

»Ja«, sagte Sturm. »Sie ist sehr aufgeweckt für ihr Alter.«

Auf einem der Fotos stand das Mädchen mit einem dicken Buch in der Hand in der Mitte einer Gruppe von Kindern, die sie alle ansahen, während sie in die Kamera strahlte. »Und beliebt ist sie wohl auch?«

Sturm kam näher und sah auf das Bild. »Da hat Victoria einen Vorlesewettbewerb gewonnen. Als jüngste Teilnehmerin aus der ganzen

Schule. Ihre Klasse hat sie richtig gefeiert, und das Foto hier war sogar in der Zeitung.«

Sebastian sah ihn an. Sturm lächelte weich, geradezu zärtlich, wie er noch nie bei ihm gesehen hatte.

Mit einem Mal drehte sich Sturm zu Sebastian hin und schaute ihm direkt ins Gesicht. »Ich bin stolz auf die Dinge, die ich in der Bank bewegt habe, Herr Ritter. Ich bin dafür von allen möglichen Seiten angefeindet worden. Von allen Seilschaften, die es in dieser Bank so gibt. Aber es gibt einen, den ich mit meiner Leistung überzeugt habe.«

»Dr. Schweizer«, sagte Sebastian.

Sturm nickte und zog an seiner Zigarette. »Schweizer hat mich in allem gefördert. Und er hat mich vor den Seilschaften geschützt. Vor allem vor Kaiser. Das war das Wichtigste.«

»Gut«, sagte Sebastian. »Dann sollten Sie jetzt ihn schützen.«

»Herr Ritter, was Sie mir bisher aufgetischt haben, sind nichts als vage Vermutungen. Damit können Sie sich nur lächerlich machen.«

»Sie haben doch auch Ihre Nachforschungen angestellt, Herr Sturm. Sie wissen doch, dass es krumme Geschäfte in der Bank gegeben hat.«

Sturm sah ihn weiter an, immer noch voller Skepsis.

»Es geht um diese Bank, Herr Sturm, und um keine andere. Warum sonst hätte Hohenstein sonst das ganze Spektakel am Freitag veranstalten sollen? Es war ein großes Ablenkungsmanöver. Und bei der Gesellschafterversammlung nächste Woche werden Sie sehen, dass ich Recht hatte. Aber dann wird es zu spät sein.«

Sturm spielte nachdenklich mit seinem Feuerzeug. »Sagen Sie mir noch einmal, wie der Freitag mit dem Bankenverkauf zusammenhängt.«

Sebastian begann. Als er fertig war, zeigte seine Uhr neun Minuten vor halb drei. Wenn Sturm jetzt nicht überzeugt war, dann war alles vorbei.

Aber Sturms Blick hatte jetzt nichts Ablehnendes mehr. Besorgnis zeigte er. Und Entschlossenheit.

»Gut. Ich rufe jetzt Herrn Schweizer an.«

Sturm ging in die Diele zum Telefon. Sebastian lauschte angestrengt, aber nachdem Sturm die Nummer eingetippt hatte, war nichts mehr zu hören. Es hielt ihn nicht mehr in dem Zimmer.

»Es nimmt keiner ab«, sagte Sturm kopfschüttelnd.

»Aber zuhause ist er?«

»Gestern hat er gesagt, er ist das ganze Wochenende zuhause.« Er sah auf die Uhr. »Vielleicht ist er im Garten und hört das Telefon nicht.«

Mit einem Mal griff Sturm nach seinem Mantel. »Kommen Sie«, sagte er. »Schweizer wohnt ganz in der Nähe meiner geschiedenen Frau. Ich fahre vorbei und schicke ihn in die Bank.«

Sebastians Schultern sackten nach unten. Das würde doch nie und nimmer reichen …

»Sie müssen Hohenstein allerdings etwas beschäftigt halten. Vor halb vier wird Schweizer nicht da sein. Das wird Ihnen ja wohl gelingen, oder?«

Sebastian schloss die Augen und nickte. Dann gingen sie los.

Sturms Wagen parkte direkt vor dem Hauseingang.

»Wie kommen Sie jetzt zur Bank?«, fragte er.

»Mit Frau Schieritz.«

»Gut.« Sturm stieg ein und fuhr los.

Sebastian sah dem Wagen nach und schickte ein Stoßgebet in Richtung Himmel. Dann suchte er die Straße nach Natalie ab. Aber von ihr war weit und breit nichts zu sehen.

14:36 Uhr

»Da kommt er«, sagte de Guise.

Der silberne Audi hielt gegenüber vom Haupteingang der Bank. Hohenstein verabschiedete sich von dem Mann am Steuer, stieg aus und schlenderte über die Straße.

»Hallo, de Guise«, sagte er mit einem breiten Lächeln, als er die Treppen zum Eingang hochkam. Er stellte seinen hellbraunen Aktenkoffer ab und streckte ihm die Hand entgegen. »Wie geht's Ihnen, alter Junge?«

»Den Umständen entsprechend«, murmelte de Guise und lächelte schief zurück. Dann wies er auf die Person neben sich. »Darf ich vorstellen, Herr Dr. Ritter von Top Management Consulting.«

»Guten Tag, Herr von Hohenstein«, sagte Sebastian.

»Guten Tag«, sagte Hohenstein. Die wasserhellen Augen musterten Sebastian. »Von Ihnen habe ich ja schon viel gehört.« Er sah suchend umher. »Und wo ist Frau Schieritz?«

Sebastian räusperte sich. »Sie wird in ein paar Minuten zu uns stoßen. Wir sollten aber schon einmal ins Büro gehen.«

Das Misstrauen in Hohensteins Blick war unübersehbar. Sebastians Herz fing endgültig an zu rasen. Wenn er sich jetzt wieder umdrehte und ging … Aber alles, was Hohenstein tat, war zu nicken, zögernd zwar, aber immerhin. De Guise steckte seinen Schlüssel in das verdeckte Schloss neben dem Eingang, die Tür öffnete sich, und sie gingen in die Bank.

Hoffentlich, dachte Sebastian, hoffentlich kommt Natalie wirklich noch. Als er aus Sturms Haus herausgekommen war, hatte er zunächst gedacht, Natalie hätte an irgendeiner anderen Stelle geparkt. Er war die Straße auf und ab gegangen, hatte die Nebenstraßen abgesucht … Nichts. Sie war einfach verschwunden.

Erst hatte ihn Panik überfallen. Sie hat die Seiten wieder gewechselt, war es ihm durch den Kopf geschossen. Sie ist zurück zu Hohenstein. Sie hat mich im Stich gelassen. Und ich … ich bin jetzt verloren. Aber dann hatte er gedacht: Du kannst jetzt nicht mehr zurück. Du musst es jetzt durchziehen, de Guise wartet. Und Hohenstein wird kommen. Und wenn er überrascht ist, weißt du, sie ist nicht wieder bei ihm. Sie … Vielleicht hat sie Angst bekommen. Er hätte sie nie alleine lassen dürfen. Vielleicht hat sie sich versteckt. Vielleicht kommt sie auch wieder …

Zum Glück war er direkt um die Ecke von Sturms Wohnung auf einen Taxistand gestoßen. Schon nach ein paar Straßen hatte er das Bankgebäude erspäht und war wieder ausgestiegen. De Guise hatte er gesagt, Natalie würde das Auto ein paar Straßen weiter parken und nachkommen. Eine durchsichtige Erklärung. Aber de Guise war sowieso eher geistesabwesend. Er lächelte nur noch, etwas irr, wie Sebastian besorgt feststellte.

Jetzt gingen sie durch die Eingangshalle zum Fahrstuhl. Sebastian merkte, dass kein Wachmann da war, wie er es eigentlich erwartet hatte, aber wahrscheinlich machte er gerade seinen Rundgang. Sie fuhren hoch in die Geschäftsführungsetage. De Guise war blass und wusste nicht, wo er hinsehen sollte.

»Sie sehen müde aus«, sagte Hohenstein zu de Guise. »Warum fahren Sie nicht in Urlaub?«

»Genau das mache ich«, sagte de Guise. »Gleich nach unserem Gespräch.«

»Ach. Und wohin geht's?«

»Mallorca.«

»Hmm. Schön. Sie fahren allein, vermute ich?«

De Guise schüttelte den Kopf. »Meine Frau kommt mit.«

»So.« Hohenstein zeigte wieder sein Erfolgslächeln. »Na ja, sie hat da unten ja eine Menge Freunde.«

Der Fahrstuhl hielt, und die Türen öffnete sich. De Guise stieg schnell aus und holte seinen Schlüssel heraus, um die Glastür zum Geschäftsführungsflur aufzuschließen. Dann ging er den Gang hinunter bis zur letzten Tür. Sebastian sah, wie er zitterte, als er den Schlüssel hineinsteckte. Mit einem Ruck schloss er die Tür auf und ging hinein in das Büro.

Sebastian ließ Hohenstein den Vortritt und schloss die Tür hinter sich. Hohenstein schlenderte durch den großen Raum und sah sich um. De Guise stützte sich auf die Lehne des schwarzen Ledersofas und starrte auf das Bild.

Es war wie immer, und doch war alles anders. Der Mann im Wasser war kurz davor, am Beckenrand anzuschlagen. Schwamm er, oder trieb er nicht doch eher? Die Farben … die Farben gaben heute keinen Aufschluss. In dem künstlichen Licht war alles verzerrt. Das Grün, gerade an den Gliedmaßen, leuchtete zwar, vielleicht mehr als sonst, aber es war zu wenig, um sicher zu sein. Mindestens ebenso kräftig, aber sehr viel auffälliger, war das Rot des Jungen am Beckenrand, die Farbe seiner Jacke, aber auch seines Gesichts und noch mehr als das, es war der Ausdruck der Spannung, die in ihm war, und nicht nur dort, man sah sie auch in diesem leichten Vorbeugen des Körpers und den durchgedrückten Beinen. Ja, Spannung lag in der Luft. Es würde etwas passieren.

»Hübsch«, sagte eine Stimme direkt hinter de Guise. »Das war das Bild, von dem Sie mir mal erzählt haben, kurz nachdem Sie hier angefangen haben, nicht?« De Guise hörte ihn nicht. »Mein Gott, waren Sie damals begeistert«, redete Hohenstein weiter und lachte. »Ja. Schon ein schönes Bild.«

Der Banker drehte sich zu Hohenstein um. »Sie haben doch noch nie etwas von Kunst verstanden«, sagte er verächtlich.

»Na ja«, lachte der andere. »Ganz dumm bin ich nun nicht. Diesen Maler kenne ich schon, wie heißt der noch mal …«

»Hockney«, sagte de Guise. »David Hockney.«

»Hockney, richtig. Der Mann, der für hübsche Jungen schwärmt.« Er gluckste. »Und der sie immer so wunderbar ästhetisch darstellt. Ja, ja … Nur schade, dass Sie das bald nicht mehr genießen können.«

De Guise zuckte zusammen. »Wie meinen Sie das?«

Hohenstein fuhr sich über die Nasenspitze. »Na«, sagte er, »das Bild bleibt doch hier. Aber auf Mallorca werden Sie sicher darüber hinwegkommen, nicht, mein Lieber?«

Sebastian sah, wie de Guises Blick glasig wurde. »Kommen Sie«, sagte er schnell und packte den Banker am Arm, »setzen wir uns doch.« Er zog de Guise um das Sofa herum, drückte ihn in die Polster und setzte sich neben ihn. Hohenstein legte seinen Aktenkoffer auf den Couchtisch und ließ sich dann in einen der Sessel rutschen. »Gut, meine Herren«, sagte er. »Was machen wir denn jetzt, solange Frau Schieritz noch nicht da ist?«

Hohensteins Grinsen machte Sebastian langsam nervös. Er schob dabei das Kinn so hervor, dass es noch ein wenig kantiger wirkte. Zugleich trat das Grübchen etwas deutlicher hervor. Widerlich.

»Ich kann Ihnen etwas zum Lesen geben, damit Ihnen die Zeit nicht zu lang wird«, sagte Sebastian kühl und holte aus seinem Jackett Natalies Aussage.

Hohenstein nahm die Blätter und begann zu lesen. Das Grinsen verschwand nach wenigen Sekunden, dann zog er die Brauen hoch. Sebastian beobachtete ihn genau, aber weitere Reaktionen kamen nicht. Er nahm das zweite Blatt zur Hand, las auch das, und als er fertig war, kehrte er wieder zum Anfang zurück.

Er wollte ihm das Bild nehmen. Hier behalten, unter Verschluss, für irgendeinen Ignoranten, der sowieso nichts davon verstand. Oder, schlimmer noch, es verkaufen und es den Massen aussetzen mit ihrem geilen Gestarre. Den Pool zum Bordell machen und die beiden Jungen zu Nutten. Das durfte nicht passieren. Er musste es verhindern.

Aus den Augenwinkeln sah Sebastian, dass de Guise wieder auf das Bild sah. Der Blick des Bankers war weit weg. Der Mann war eher eine Last, das war klar. Hoffentlich blieb er kontrollierbar. Wo war Natalie? Sie war doch ehrlich zu ihm gewesen, den ganzen Tag. Aufrichtig. Wo blieb sie dann bloß?

Schließlich legte Hohenstein das Papier auf den Tisch. Dann lehnte er sich in seinem Sessel zurück, verschränkte die Arme und sah die beiden Männer auf dem Sofa an.

»Und?«, sagte er nach einer Weile. »Was erwarten Sie jetzt von mir?«

»Wie wär's mit einem Kommentar?«, fragte Sebastian zurück.

Hohenstein kratzte sich an der Schläfe. »Hmm«, brummte er. »Das wäre eine Möglichkeit. Aber wozu?«

Auf dem Bild schien die Sonne. Auf dem Bild leuchtete die mediterrane Landschaft, das Grün der Bäume in tausend Nuancen, das Lila der Berge, das immer blauer wurde, je weiter der Blick wanderte ... Seine Frau war jetzt bestimmt schon auf dem Weg zum Flughafen. Ob sie wirklich auf ihn warten würde? Sie hatte alles, das Gepäck, die Tickets. Nur ihn hatte sie nicht. Und vorhin, als er gefahren war, als er gesagt hatte: Bis nachher, da hatte sie sich nur weggedreht. War das ihr Abschied? Er könnte es sein, wenn er es wollte. Er brauchte nur einfach nicht hinzufahren zum Flughafen. Er brauchte nur hier zu bleiben, hier bei seinem Bild, bei den beiden Jungen, und er war weg von ihr. Und wenn er hier war, dann konnte niemand das Bild nehmen.

»Wie meinen Sie das, wozu?«, fragte Sebastian.

Hohenstein lehnte sich zurück und grinste. »Na ja, das sind nette Dinge, die da auf diesen Blättern stehen. Zeugen von einer lebhaften Phantasie, die hatte Natalie schon immer. Aber« – er wischte sich den Staub von den Knien – »leider haben sie mit der Wirklichkeit überhaupt nichts zu tun.«

Hohenstein war sich seiner Sache sicher. Der Berater nicht mehr, der wurde unruhig. Die Frau kam nicht. Und Schweizer ... Er hätte wissen müssen, dass das alles zu kompliziert war. Er musste jetzt seinen eigenen Weg gehen. Und das ging nur, wenn er es schaffte, die beiden hier zu überraschen. Bloß wie ... Er sah wieder auf das Bild. Nur in ihm konnte der Schlüssel sein.

Reichlich billig, dachte Sebastian. Einfach erst einmal alles abstreiten. Aber ein Blick auf de Guise zeigte ihm, dass Hohensteins Taktik so schlecht nicht war. Der Banker war noch etwas bleicher, und seine Augen zeigten, dass er verunsichert war, wenn er jetzt auch schon wieder auf dieses dämliche Bild starrte. Sebastian musste reagieren, und dazu brauchte er Natalie. Er schielte auf seine Uhr. Zehn vor drei. Sie konnte doch nicht wirklich verschwunden sein.

Hohenstein grinste siegessicher.

»Also, Herr von Hohenstein«, sagte Sebastian, »etwas mehr hätte ich ja doch von Ihnen erwartet.« Hohenstein grinste ungerührt weiter. »Ich meine, schön, ich habe meinen Zug gemacht, da müssen Sie mit Ihrem antworten.« Er lehnte sich nach vorne. »Aber alles so einfach abstreiten … Was ist denn mit den Kontoauszügen?«

Hohenstein zuckte mit den Schultern. »Was soll schon mit denen sein? Gar nichts.«

Der Junge wollte in den Pool hineinspringen. Dass er darauf noch nie gekommen war! Die Haltung, der angespannte Blick, alles zeigte es. Er war in derselben Situation wie er hier, er stand vor dem großen Sprung, er wusste nicht, was dann passieren würde … Oder gab es ein Zeichen?

»Gar nichts, sagen Sie? Das sehe ich aber anders«, rief Sebastian. »Schließlich beschreibt die Aussage doch ganz präzise, auf welchen Wegen Sie in der Bank Schwarzgeld gewaschen haben.«

»Ach ja?« Hohenstein lachte.

»Herr von Hohenstein.« Die Wut kroch in Sebastian hoch, kalte, mordlustige Wut. »Sie haben für Frau Schieritz in Vollmacht Aktiengeschäfte getätigt, und für diese Leistungen haben Sie sich ein Beratungshonorar auf ein ausländisches Konto zahlen lassen. Damit floss dieses Geld an der deutschen Steuer vorbei, und das nennt man gemeinhin Steuerhinterziehung. Wollen Sie das etwa bestreiten?«

Hohenstein schüttelte den Kopf. »Nein, nur …«

»Etliche Ihrer Mandanten haben beim Bankhaus Großmann, Meyer & Cie. Kredite aufgenommen, die über Auslandskonten getilgt wurden. Das ist eine nicht gerade sehr einfallsreiche Konstruktion, um Schwarzgeld aus dem Ausland wieder heimzuholen, jeder Finanzbeamte kennt so etwas. Ihr Trick war nur, dass niemand diese Konten finden würde, schließlich hatten Sie ja alle einflussreichen Leute in der Bank unter Kontrolle, nicht, bis hinunter zum Filialleiter? Wollen Sie das bestreiten?«

»Nein, aber …«

»Dann sind diese Kredite alle überraschend getilgt worden, und zwar innerhalb von wenigen Tagen, kurz nachdem fest stand, dass Top Management Consulting die Bank untersuchen wird. Ein merkwürdiger Zufall, nicht? Meinen Sie nicht, dass die Finanzbehörden da doch misstrauisch werden, wenn sie die Belege sehen?«

Hohenstein hörte auf, den Kopf zu schütteln. Steif saß er in seinem Sessel und fixierte Sebastian.

»Und zu allem Überfluss haben Sie sich auch für diese Schiebereien wieder Beratungshonorare zahlen lassen, wieder auf Ihre Auslandskonten. Frau Schieritz bezeugt das nicht nur, die Steuerfahndung wird auch für alle diese Geschäfte Belege finden. Glauben Sie wirklich, dass es da noch reicht, einfach alles abzustreiten?«

Von einem Grinsen war bei Hohenstein nichts mehr zu sehen. »Nein«, sagte er, und seine Stimme klang kalt und hart. »Das glaube ich nicht, Herr Dr. Ritter. Da haben Sie völlig recht.«

Sah der Junge nach unten? Oder waren seine Augen geschlossen? Überließ er sich vielleicht einfach dem, was da mit ihm passierte, ließ sich fallen, einfach nach vorne, ohne zu planen und zu grübeln, weil er wusste, es hatte keinen Sinn, er war doch nur der Spielball von Mächten, die er nicht beeinflussen konnte …

»Ich habe eine Niederlassung in Liechtenstein«, redete Hohenstein weiter, »über die ich meine Aufträge mit ausländischen Mandanten abwickle. Und natürlich auch mit inländischen, wenn deren Geschäfte internationale Aspekte besitzen.«

»Im Zweifelsfall langt da auch einmal ein Urlaub in den Bergen, was? Oder wo liegt der internationale Aspekt bei Frau Schieritz?«

»Die Konstellation, die Sie da bei Frau Schieritz aufbauen, ist völlig aus der Luft gegriffen. Die Aktienkäufe sind das eine, da habe ich sie freundschaftlich unterstützt, völlig ohne Honorar übrigens. Die Beratungstätigkeit betraf ihre Funktion als Gesellschafterin in der Firma ihres verstorbenen Vaters, da gab es einige Probleme mit ausländischen Gläubigern.«

»Das haben Sie sich nett zurechtgelegt. Frau Schieritz' Aussage steht aber leider dagegen.«

Hohenstein lehnte sich wieder hinüber zu seinem Aktenkoffer und holte eine neue, prall gefüllte Hülle heraus. Den Kofferdeckel ließ er offen stehen, und Sebastian erspähte, dass unter den beiden grauen eine leuchtend rote Klarsichthülle lag. In einer solchen Hülle war auch das Offering Memorandum für das Project Switzerland gewesen, fiel ihm ein.

Hohenstein ließ ihm keine Zeit, weiter zu denken. »Jetzt kommen Sie wieder mit dieser Aussage«, sagte er. »Hier, das sind die Verträge über meine Beratertätigkeiten, auch über die für Frau Schieritz. Da stehen auch die fälligen Zahlungen drin. Und wo ist der Beweis für Ihre Version, Herr Dr. Ritter?«

Was würde passieren, wenn er im Wasser landete? Würde er den nassen Körper des Tauchers berühren und feststellen, dass er schon kalt war? Oder würde der Taucher doch am Leben sein und sich wehren gegen den Eindringling? Oder, wenn sie doch Geliebte waren, würden sie sich treffen im Wasser, sich umschlingen, miteinander verschmelzen und verändert, neu geschaffen wieder aus dem Becken steigen?

Sebastian spürte, wie die Panik in ihm hochstieg. Ohne Natalie gab es kaum eine Chance, Hohensteins Phalanx einzureißen. Aber er durfte jetzt nicht aufgeben. Die Kreditschiebereien, die konnten noch eine Möglichkeit bieten. »Auch wenn Sie sich da herausreden können, die Steuerhinterziehung über die Kreditkonten, die können Sie nicht vom Tisch wischen.«

Hohenstein schüttelte den Kopf. »Wissen Sie, Herr Dr. Ritter, wenn Sie mir nicht so sympathisch wären, dann würde ich jetzt über eine Verleumdungsklage nachdenken. Lassen Sie ein paar von meinen Mandanten unter diesen Kreditnehmern sein – was kann ich dafür? Leider tun diese Leute nicht immer das, was ich ihnen rate, und dann kommt so ein Unsinn heraus. Und haben Sie meinen Namen irgendwo in den Akten gefunden? Nein, denn ich habe nichts damit zu tun.«

Sebastian öffnete den Mund, um noch etwas zu sagen, aber Hohenstein war schneller. »Und jetzt kommen Sie nicht wieder mit der Aussage von Frau Schieritz, das hat sich ja wohl erledigt. Sie sehen ja, sie traut sich nicht einmal hierher.«

Sebastian schluckte. Das konnte doch nicht sein. Natalie konnte ihn nicht hereingelegt haben. Sie hatte sich einfach nicht erinnert an die Schriftstücke, die Hohenstein hatte, und jeden Moment würde sie kommen, um ihn zu retten aus dieser Not …

Vielleicht war ja schon alles entschieden. Vielleicht sprach der Körper des Jungen das aus, was er selber nicht zulassen wollte: hineinzuspringen in die Fluten, in das scheinbar Ungewisse, in die Erfüllung aller Ängste, aber mehr noch aller Hoffnungen.

»Den einzigen Namen, den Sie mit Sicherheit öfters in den Unterlagen gefunden haben werden, ist der unseres geschätzten Freundes de Guise«, sprach Hohenstein weiter. Dann sah er hinüber zu dem Banker. »Nicht, mein Lieber, so ist es doch?«

De Guise blinzelte überrascht, als er direkt angesprochen wurde. »Was?« fragte er verwirrt.

»Ja, erzählen Sie doch mal, Herr de Guise«, sagte Sebastian schnell. »Wie ist das denn damals wirklich gelaufen mit den Krediten in Berlin?«

De Guise sah zu Hohenstein, dann wieder zurück zu Sebastian. Die Zweifel wichen nicht aus seinem Blick. Langsam öffnete er den Mund, aber kein Laut kam heraus.

Schallend durchbrach das Lachen Hohensteins die Stille. »Tja«, sagte er dann, »Sie hätten sich Ihre Verbündeten vielleicht etwas besser aussuchen sollen, Herr Dr. Ritter.« Er stand auf und ging ein paar Schritte, bis er direkt neben dem Bild stehen blieb und es betrachtete. »Was sind Sie doch für eine Memme, de Guise«, sagte er leise. »Sie waren mal ein guter Wertpapierberater, und Sie hätten auch das Zeug zu einem ganz passablen Manager gehabt. Wenn Sie es nur fertig gebracht hätten, einmal die richtige Entscheidung zu treffen.« Er wischte mit der Hand über die Bildoberfläche. Sebastian sah, wie de Guise zusammenzuckte.

»Aber Sie haben sich nur treiben lassen, immer weiter weg von der Wirklichkeit. Bis Sie hier in diesem Bild gelandet sind.« Sein Blick fixierte de Guise. »Da sind Sie jetzt doch, oder? Bei diesem hübschen langhaarigen Jungen und seinem netten kleinen Freund im Swimmingpool?«

Geh weg von dem Bild. Du weißt doch überhaupt nicht, worum es da geht. Du weißt nicht einmal, was du da sagst. Alles, was dich interessiert, bist doch du selbst, und gleich wirst du wieder da landen. Aber dann komme ich.

Langsam ging Hohenstein zum Fenster und zog die Papierlamellen auf. Mit jedem Zug war ein weiterer Bankenturm zu sehen, bis die Frankfurter Skyline fast vollständig war. Beinahe wie auf den Postkarten war der Blick, nur die schweren Wolken störten, die auf die Häuser drückten. Hohenstein lehnte sich gegen die Scheibe und sah hinaus.

»Wann haben Sie hier das letzte Mal hinausgesehen? Sie leben schon lange nicht mehr in dieser Welt. Sehen Sie, und das ist der Grund, warum man Sie geschasst hat.«

Sebastian saß stumm auf seinem Sessel. Ihn treibt die Gier, hatte Natalie gesagt. Es war aber nicht nur die Gier nach Geld, es war vor allem die nach dem Sieg. Aber so ein Spiel konnte auch schnell umschlagen.

»Sie haben mich im Stich gelassen, de Guise. Ich habe bis zum letzten Moment gehofft, dass Sie weiter im Boot wären, aber Sie waren schon lange abgesprungen.«

Warte. Das ist die Stimme des Jungen am Pool! Warte, sagt er, warte nur noch ein wenig. Dann ist er da, der richtige Moment. Dann springst du, und dann bist du bei mir. Ganz bei mir.

»Ich hatte keine Wahl. Ihre Kabinettskollegen sind zu mir gekommen, nicht umgekehrt. Erst dieser Grimm, am nächsten Tag auch Böttcher. Der oder wir, haben sie mir gesagt. Es kann nur funktionieren, wenn er geht. Und ich musste zugeben, dass sie recht hatten.«

Jetzt.

De Guise reckte sich auf dem Sofa und drehte sich zum Fenster. »Sie täuschen sich«, sagte er leise. »Die legen auch Sie rein.«

Ein spöttisches Grinsen zog sich über Hohensteins Gesicht. »So? Und wie?«

Schwerfällig erhob sich de Guise und schlurfte zu Hohenstein. Als er etwa einen Meter vor ihm stand, streckte er sich und sah dem anderen ins Gesicht.

»Sie haben sich verraten, vorgestern, in einem unbedachten Moment.«

Hohenstein beäugte ihn. »Womit denn?«

»Ich sage es Ihnen. Aber nur, wenn ich dafür auch etwas von Ihnen bekomme.«

»Und was?«

De Guise schluckte. Die Stimme des Jungen dröhnte in seinen Ohren.

»Das Bild.«

»Das Bild«, wiederholte Hohenstein langsam. Es klang wie eine Drohung. »Gut. Sie sollen Ihr Bild haben.«

Der Junge jubelte, er rief ihn, er wollte ihn holen, hin zu sich, hinein in den Pool …

Der Aktenkoffer. Auf dem Sofatisch stand er, mit offenem Deckel. An der Seite sah man das Rot der Hülle. Sebastian schaute noch einmal zum Fenster. Hohenstein und de Guise starrten sich noch immer an. Jetzt oder nie.

Es war nur ein schnelles Vorbeugen, ein Griff, dann hatte er es. »Offering Memorandum« stand oben auf dem Papier. Sebastian sprang auf.

»Hohenstein«, rief er. »Lassen Sie ihn in Ruhe. Sie haben verloren.«

Hohenstein drehte sich verdutzt um

»Kommen Sie«, sagte Sebastian und wedelte mit der roten Hülle. »Sie wissen doch, was das hier ist.«

Hohenstein ging auf ihn zu. »Geben Sie das her. Das gehört Ihnen nicht.«

Sebastian sprang hinter das Sofa.

»Dumm von Ihnen, das so offen in Ihrem Köfferchen liegen zu lassen, was?«

Hohenstein sah ihn wütend an. Dann entspannten sich seine Züge wieder. »Ach, hören Sie doch auf«, sagte er und steckte seine Hände in die Hosentaschen. »Sie haben doch sowieso keine Ahnung, was Sie da in der Hand halten.«

»Nein?« Jetzt war es Sebastian, der lächelte. »Passen Sie auf, dann rate ich jetzt einfach mal. Diese ganzen Geschichten, über die wir eben gesprochen haben, die waren doch nur Geplänkel. Das ganze Theater diese Woche – alles nur Verwirrspiel. Wichtig ist nur das, was hier drin ist, nicht?

Sie wollen die Bank verkaufen, Hohenstein. Das hier ist das Verkaufsangebot, schön ausgearbeitet von Ihren alten Kumpels bei Mitchell's. Nichts geht über eine feine englische Investmentbank. Und getroffen haben Sie sich dort mit Michael Klosters, letzten Mittwoch, nicht wahr? Herr Klosters hat so wunderbare Kontakte zu Großbanken, da findet sich doch bestimmt ein Käufer, oder?«

»Herr Dr. Ritter«, sagte Hohenstein. »Sie sind ein Schwätzer.«

»Ach so? Mal sehen, Herr von Hohenstein, ob Ihre Meinung von anderen geteilt wird. Herr Dr. Schweizer zum Beispiel ist sicher sehr interessiert an jedem Wort meiner Geschichte, und natürlich an diesem Papier …« Hohenstein lachte, wieder einmal. Ein kristallenes, schneidendes, erbarmungsloses Lachen. Das Lachen des Henkers, der seinem Opfer das Messer an den Bauch setzt, um es hineinzustoßen und zu drehen, bis die Eingeweide herausquellen. »Schön haben Sie sich das alles zusammengereimt, Herr Dr. Ritter«, sagte er, und seine Stimme war jetzt kaum noch ein Flüstern. »Eine ganz wunderbare Geschichte. Und womöglich gar nicht so weit weg von der Wirklichkeit.« Seine Augen wurden schmal. »Aber hier ist niemand, der Ihre Geschichte glauben wird.«

Sebastians Mund war trocken. Was ihm jetzt blieb, war nur der Bluff. »Warten Sie nur«, rief er Hohenstein entgegen. »Frau Schieritz wird jeden Moment kommen, und mit ihr Dr. Schweizer.«

Jetzt grinste Hohenstein nur noch. Sebastian sah es und fühlte die

Klinge des Messers an seinen Gedärmen. »Nein«, hörte er Hohensteins Stimme. »Da täuschen Sie sich, Herr Dr. Ritter.«

Langsam lief der Schweiß über Sebastians Stirn. Sein Herz raste. Hohenstein kam wie in Zeitlupe auf ihn zu.

»Frau Schieritz hatte Ihr Handy im Auto, nicht wahr? Eigentlich wollte ich nur einmal nachprüfen, ob sie wirklich bei Ihnen ist ...«

»Sie ... Sie haben sie angerufen?«

»Oh ja, erst vor einer halben Stunde.« Etwa einen Meter vor Sebastian blieb Hohenstein stehen. »Ein kurzes Gespräch. Ich war ganz überrascht, wie groß doch ihre Angst ist.« Er lachte lautlos. »Ach ja, und unser Freund Schweizer. Der ist heute Nachmittag leider überraschend nach Düsseldorf bestellt worden, zu einem Beiratsmitglied. Dumm, nicht?«

Zitternd griff Sebastian nach der Sofalehne. »Sie ...«, stammelte er. »Sie haben sie ...« Er zitterte so stark, dass ihm die Hülle aus der Hand rutschte.

Hohenstein zögerte keinen Augenblick. Mit einem Sprung war er bei Sebastian und stieß ihn mit Wucht nach hinten. Sebastian fiel, schlug hart auf den Sofatisch und blieb benommen liegen.

Hohenstein nahm die Papiere an sich und ging langsam um das Sofa herum, bis er direkt vor Sebastian stand. »Sie sind wirklich ein kluger Kopf, Herr Ritter. Sie haben meine Pläne fein säuberlich durchschaut. Respekt. Aber ich hatte doch recht mit meiner Einschätzung.«

Mühsam rang Sebastian nach Luft. Hohenstein sah auf ihn herab. »Glauben Sie wirklich, ich wäre hierher gekommen, wenn ich nicht geahnt hätte, was Sie vorhaben? Aber Ihre Planung war zu oberflächlich. Das kennen Sie doch, oder?«

»Warum sind Sie dann gekommen?« keuchte Sebastian.

Der andere grinste wieder, hässlicher denn je zuvor. »Es war so reizvoll, Sie als Gegner zu haben«, sagte er. »In unserem letzten Spiel, sozusagen. Jetzt kann ich das abschließen, wozu ich bisher nicht gekommen bin.« Dann beugte er sich hinunter, bis sein Gesicht nur ein paar Zentimeter von dem Sebastians entfernt war.

»Sie zittern ja, Herr Ritter. Haben Sie jetzt Angst? Angst vor mir?«

Sebastian fühlte seinen Atem.

»Wissen Sie eigentlich, was Sie dem armen Cordell angetan haben?« flüsterte Hohenstein. »Er hat eine scheußliche Platzwunde am Kopf und eine Gehirnerschütterung. Und er liegt jetzt in der Klinik.«

»Das war nicht ich«, wimmerte Sebastian. »Das war Natalie.«

»So? Tja. Aber sie ist jetzt nicht da. Also müssen Sie dafür bezahlen, Herr Ritter.«

Im nächsten Moment krachte Hohensteins Faust auf Sebastians Kinnspitze. Der Schmerz schoss durch seinen Kopf. Dann versank alles im Dunkel.

Als er wieder zu sich kam, sah er erst nur den hellen Teppichboden. Der Schmerz zog sich von seinem Gesicht bis in den Rücken hinein, und als er sich bewegte, wurde es noch schlimmer. Er tastete nach seinem Kiefer und merkte, dass er geschwollen war. Auf seinem Hemd war Blut, auch auf seinen Händen, sogar auf seiner Uhr. Wie spät war es eigentlich? Er brauchte etwas, um etwas erkennen zu können. Dann sah er, dass es schon fast viertel vor vier war. Aber der Sekundenzeiger bewegte sich nicht mehr.

»Nein!«

Der laute Schrei ließ ihn hochschrecken. Er wand sich auf dem Boden, bis er erkennen konnte, was passiert war. Der Raum war kaum wiederzuerkennen. Die Glasscheibe des deckenhohen Fensters war zerborsten, die Scherben bedeckten den Boden, und in dem offenen Rahmen klemmte schräg das Bild. Weit stand es in den Raum hinein, und de Guise zog verzweifelt, um es wieder aus dem Rahmen heraus zu bekommen. Hohenstein lehnte gegen den Schreibtisch und sah kichernd zu.

»Hören Sie auf! Sie schaffen es doch nicht«, gluckste er. »Außerdem, was soll das eigentlich? Ich gebe Ihnen Ihr verdammtes Bild, ich helfe Ihnen, es aus diesem Büro herauszubekommen, und was machen Sie? Sie wehren sich auch noch dagegen.«

»Sie wollen es aus dem Fenster werfen!«

»Aber so transportiert man doch nun mal sperrige Gegenstände, oder? Wollen Sie es vielleicht durch das Treppenhaus schleifen? Zehn Stockwerke hinunter?«

De Guise schluchzte nur. Er zerrte weiter an dem Bild, bis es sich wirklich etwas bewegte. Hohenstein kam nach vorne und schob es mit einem heftigen Ruck weiter in das Fenster hinein. De Guise schrie auf.

»Es ist halt einfach zu groß«, sagte Hohenstein kalt. »Wir werden doch die Leisten brechen müssen, damit es richtig durchpasst.« Er hielt den Rahmen fest und trat gegen eine der Kanten. Das Holz knackte.

De Guise wollte sich auf ihn werfen, aber Hohenstein war vorbereitet. Er streckte den Ellbogen vor und traf den Banker genau im Solarplexus. De Guise japste nach Luft und ging vor dem Fensterrahmen in die Knie.

»Ein hübscher Junge ist das da auf dem Bild, was? Keine achtzehn. Genau Ihre Altersgruppe, was, de Guise? Da langen Sie doch gerne zu, oder? Da packen Sie ordentlich zwischen die Beine.«

Er holte aus und trat dem Banker mit aller Kraft in den Unterleib. De Guise schrie auf, fiel auf die Seite und krümmte sich. Sein Körper zuckte in Spasmen. Erbrochenes lief ihm das Kinn hinunter.

»Ein schöner Anblick«, höhnte Hohenstein. »Der Verlierer windet sich in den Scherben. Genauso wollte ich Sie sehen, de Guise.«

Zitternd streckte der Banker die Hand nach dem Bild aus, aber er reichte nicht heran. Mühsam zog er die Beine an und schob sich nach vorne, bis seine Finger an die Leinwand stießen. Aus dem offenen Fenster sprühte der Nieselregen hinein. De Guises Hand wanderte über die Bildoberfläche, bis sie Halt am Rahmen fand. Ächzend zog er sich hoch. »Mein Bild«, keuchte er. »Sie haben mein Bild zerstört.«

Hohenstein ging auf ihn zu, bis er direkt vor ihm stand. »Genau«, sagte er. »Und Sie.«

De Guise sah den Tritt kommen, aber er konnte sich nicht schützen. Hohensteins Fuß traf ihn an der Kehle. Er röchelte glucksend. Seine Hand glitt vom Bild herunter und sein Oberkörper fiel nach hinten, über den Fenstersims, hinaus in den grauen Novemberregen. Hohenstein machte keine Anstalten, ihn zu halten.

De Guise schrie, als er aus dem Fenster glitt, aber der Ton verhallte schnell. Den Aufprall hörte man nicht mehr.

Er hat ihn umgebracht, schoss es Sebastian durch den Kopf. Und als nächster bin ich dran. Er versuchte, hochzukommen und davonzulaufen, aber als er sich aufrichten wollte, rutschte er weg und knallte gegen den Glastisch.

»Herr Dr. Ritter«, sagte eine Stimme neben ihm. »Sie sind ja auch wieder da.«

Sebastian sah langsam hoch. Hohensteins Gesicht glänzte vor Schweiß. Unten am Kinn tanzte das Grübchen. »Das hätten Sie nicht gedacht, was? Es ist alles immer noch komplizierter, als man meint, mein Lieber. Und wenn man nicht aufpasst, dann geht man in dem Labyrinth zugrunde. Wie de Guise. Und wie Sie.«

Sebastian schrie, aber es half ihm nichts. Hohenstein packte zu und schleifte ihn zum Fenster.

»Los. Stehen Sie auf.«

Mühsam zog sich Sebastian an der Wand hoch. Die Novemberluft war feucht und kalt. Die Bankentürme waren kaum noch zu sehen, so tief hingen inzwischen die Wolken.

Nah, ganz nah vor ihm war das Gesicht Hohensteins. Er roch den Schweiß auf der Haut. Er sah Hohensteins Augen, direkt vor seinen eigenen. Und er hörte seine Stimme, das eisige, grausame Flüstern.

»Jetzt lassen wir Ihren Alptraum Wirklichkeit werden.«

Der Traum. Natalie hatte ihm von dem Traum erzählt. Und er war der Mann im Hintergrund, der, der ihn aus dem Fenster warf.

»Damit kommen Sie nicht davon, Hohenstein. Zwei Tote und Sie mitten drin, damit sind Sie doch erledigt.«

»Wieso? Ich bin doch gar nicht hier.«

»Nicht hier? Aber Sie sind doch gesehen worden.«

»So? Von wem? Von Ihnen, und von de Guise. Meinen Sie, da draußen in den Häusern konnte jemand etwas erkennen? Und mit Ihnen beiden, das hat sich bald erledigt.«

»Aber die Spuren, die Sie hinterlassen haben.«

»Ich bin nicht das erste Mal in diesem Büro. Was wollen Sie denn beweisen, wenn es hier Fingerabdrücke von mir gibt?«

»Aber der Sicherheitsdienst unten …«

»Als wir kamen, war der Mann nicht da, das wissen Sie doch. Da musste er hinten auf den Parkplatz, jemand hatte ihn deswegen angerufen.« Er grinste kurz. »Und in ein paar Minuten muss er sich um die Leichen dort unten kümmern.«

»Frau Schieritz … Was ist, wenn Frau Schieritz jetzt gleich kommt?«

»Die kommt nicht. Die schlottert vor Angst. So wie Sie.«

»Und Sie haben jemanden, der die ganze Zeit bei Ihnen war.«

Hohenstein nickte langsam. »Natürlich, Herr Ritter.«

»Sie sind wahnsinnig. Völlig wahnsinnig.«

Hohensteins Grinsen war verzerrt. Als er wieder sprach, hallte seine Stimme, wie in einem schlechten Film. »Wir haben nicht mehr viel Zeit, Herr Dr. Ritter. Ich fange jetzt gleich an zu zählen, von zehn bis null«, sagte die Stimme. »Und wenn Sie bei null nicht gesprungen sind, dann muss ich leider etwas nachhelfen.«

Einen Moment lang erschien es Sebastian, als wäre da im Hintergrund ein lautes Geräusch. Hohenstein zuckte kurz. Aber dann fing er an zu zählen.

»Zehn.«

Das ist wieder ein Traum.

»Neun.«

Bei sieben wache ich auf.

»Acht.«

Bei sieben wache ich immer auf.

»Sieben. Sechs.«

So kann es doch nicht ausgehen.

»Fünf.«

Jemand muss mich doch retten.

»Vier.«

Ich darf nicht sterben.

»Drei.«

Das kann nicht sein.

»Zwei.«

Nicht ich.

»Eins.«

Nein.

»Null.«

17:00 Uhr

»Sebastian. Wach doch auf. Bitte, wach auf.«

Langsam, unendlich langsam öffnete er die Augen. Irgendetwas musste auf sie drücken, denn er bekam die Lider nicht hoch. Doch, da, da ging es, da sah er etwas, mit dem linken Auge zumindest. Aber alles wackelte, zitterte, tanzte …

»Sebastian. Komm zu dir.«

Er kannte diese Stimme. Es war eine angenehme Stimme, so weich, die Stimme einer Frau. Es war –

»Natalie.«

Sie saß da, direkt neben ihm, tränenüberströmt. Und er lag auf einer Bahre, festgeschnallt.

»Wo bin ich?«

»In einem Krankenwagen. Wir sind gleich im Krankenhaus, Sebastian.«

»Krankenhaus! Was … was habe ich denn?«

»Nur eine Gehirnerschütterung. Ein paar Prellungen. De Guise ist völlig durchgedreht, bevor er sich umgebracht hat.«

»De Guise? Sich umgebracht? Und … und Hohenstein?«

Sie sah ihn durchdringend an.

»Hohenstein ist nicht gekommen, Sebastian. Er war heute Nachmittag nicht in der Bank.«

»Was? Aber …«

»Du warst allein mit de Guise. Er hat versucht, das Bild aus dem Fenster zu werfen. Du wolltest ihn daran hindern. Dabei hätte er dich beinahe umgebracht.«

»Aber …«

Natalie schüttelte den Kopf. »Kein Aber, Sebastian. Ich habe es von unten gesehen. Es war so, wie ich gesagt habe. So und nicht anders.«

Er starrte sie an.

»Glaube mir, Sebastian. Ich habe oben im Büro angerufen, da hat er dich losgelassen. Sonst wärst du auch aus dem Fenster gestürzt. So war es, Sebastian. So sagst du es auch der Polizei. Sonst … sonst sind wir unseres Lebens nicht mehr sicher.« Sie fing an zu schluchzen.

Sebastian sah ihr zu, wie sie weinte. »Warum bist du weggefahren, Natalie?« fragte er dann.

Sie brauchte lange, bis sie antworten konnte. »Ich … ich hatte so eine entsetzliche Angst. Und ich habe gedacht, wenn ich nicht mehr dabei bin, dann gibst du auf und gehst nicht zu dem Termin …« Sie schluchzte wieder.

Vorsichtig streichelte er ihr über die Schulter. »Aber du bist gekommen. Und jetzt bleibst du bei mir, ja?«

»Jetzt bleibe ich, Sebastian. Ich gehe nicht mehr. Nie mehr.«

Er streichelte über ihr Haar. »Aber wir müssen aufschreiben, was wirklich passiert ist«, sagte er leise.

Sie rutschte etwas hoch, bis ihr Mund ganz nah an seinem war. »Jetzt nicht, Sebastian. Jetzt haben wir uns beide. Mehr brauchen wir nicht.«

Sie hielt ihn fest, als wollte sie ihn nie wieder loslassen. Und er wusste: Alles würde gut werden.

Epilog

Im Büro des Anwalts brannte die Deckenleuchte. Draußen war es zu dieser Jahreszeit um acht Uhr morgens noch dämmrig. Gegenüber dem schweren alten Schreibtisch saß Michael Klosters auf der Vorderkante des großen Lehnsessels und sah ihn neugierig an. »Na, haben Sie es gelesen?« fragte er.

»Von der ersten bis zur letzten Seite«, sagte der Anwalt und zeigte auf den beeindruckenden Stapel sauber ausgerichteten Papiers.

»Und jetzt wollen Sie wissen, ob Hohenstein wegen des Mordes an de Guise angeklagt worden ist.«

Der Anwalt nickte. »Das ist eine der Fragen, die sich aufdrängt«, sagte er. »Aber wenn ich Sie am Freitag richtig verstanden habe, glauben Sie die Schilderungen in diesem Bericht nicht. Zumindest nicht alle.«

»Nein«, sagte Klosters ruhig. »Einiges halte ich für rachegeleitete Fantasien.« Er räusperte sich. »Er ist damals selbst des Mordes an de Guise verdächtigt worden, müssen Sie wissen.«

»Wer? Ritter?«

»Ja. Seine Aussagen waren zu widersprüchlich. Man konnte das der Gehirnerschütterung zuschreiben. Aber bei einem toten Banker in Frankfurt kann man nicht einfach zur Tagesordnung übergehen. Frau de Guise hatte die Boulevardpresse noch zusätzlich aufgehetzt – ihr Mann sei in den Tod gemobbt worden, Ritter nur die Spitze des Eisbergs und so weiter. Am Ende wurden die Untersuchungen doch wieder eingestellt – Natalie Schieritz blieb bei ihrer Aussage. Ritter hätte de Guise davon abhalten wollen, aus dem zerborstenen Fenster zu springen. Andere Zeugen gab es nur wenige, und die hatten kaum etwas gesehen. Es fand sich auch weit und breit kein Motiv dafür, warum Sebastian Ritter de Guise hätte ermorden wollen.«

»Hmmmh«, murmelte der Anwalt. »Und Hohenstein hat es tatsächlich geschafft, sich aus der ganzen Affäre herauszuhalten?«

»Ja«, sagte Klosters. »Sein Alibi war absolut wasserdicht. Von Ritter und der Schieritz wurde er ja sowieso nicht belastet. Die haben nie behauptet, dass er da gewesen sei. Die Schilderung im Bericht, das ist völlig neu. Die einzige, die immer etwas anderes gesagt hat, war Frau de Guise. Am Ende musste sie aber auch zugeben, dass sie nur etwas von einer Verabredung gehört hatte. Hohenstein selbst hat damals gesagt, er habe nach dem Anruf de Guises mit seinem Anwalt gesprochen. Der habe ihm geraten, kein Risiko einzugehen und zuhause zu bleiben. Schließlich klang der ganze Anlass für das Treffen schon sehr obskur.«

Der Anwalt nickte. »Und Sie? Hat Sie die Sache mit de Guise gar nicht getroffen?«

Klosters rutschte auf dem großen Lehnstuhl herum. »Die Bank war wie gelähmt, das Kabinett völlig durcheinander. De Guises Sekretärin hatte einen Nervenzusammenbruch, und ich glaube, sie war nicht die einzige.«

»Ritter hat offenbar auch einiges zu verarbeiten gehabt. Sonst hätte er wohl nicht so viel aus der Perspektive des Guises erzählt. Und sich so in ihn hineinversetzt.«

»Mag sein. Er hatte schon immer etwas von einem Sensibelchen.«

»Sie hatten keinen engeren Kontakt zu de Guise?«

Klosters schüttelte den Kopf. »Im Projekt hatte sich Ritter um ihn gekümmert. Das hat uns natürlich geholfen.« Er seufzte kurz. »Es war schon hart. Aber ... das Leben ging ja weiter. Und die Arbeit auch.«

»Ich verstehe«, sagte der Anwalt. »Da blieb wenig Zeit für Sentimentalitäten.«

Klosters sah den Anwalt ausdruckslos an.

Der Anwalt räusperte sich und schlug seine Mappe auf. »Was war mit diesem Projekt Switzerland? Stimmten da Ritters Vermutungen?«

»Unser Gespräch bleibt hier in diesem Raum?«

»Natürlich. Sie sprechen mit mir schließlich als Ihrem Anwalt.«

Klosters nahm wieder sein Lederetui heraus und zündete sich ein Zigarillo an. »Ich habe Hohenstein ungefähr ein halbes Jahr vor den Ereignissen kennen gelernt, um die es in dem Bericht geht. In Zürich. Er wollte mich für seine Idee gewinnen, ihn bei einem Bankenverkauf zu unterstützen. Damals wusste ich noch nicht genau, um welche Bank es ging. Weil das Treffen in der Schweiz statt fand, nannte Hohenstein seine Idee »Project Switzerland.« Als dann unser Projekt bei Großmann begann, kam er wieder auf mich zu und hat alles offen gelegt. Ich habe gleich erkannt, dass ein gutes Kaufangebot für die Gesellschafter der Bank kaum zu toppen war.«

»Also haben Sie mit Mitchell's über den Deal gesprochen?«

»Ja.«

Der Anwalt blickte ihn starr an. »Als Ritter Ihnen von seinem Verdacht erzählt hat, haben Sie alles als Unsinn abgetan.«

Klosters ließ sein Zigarillo in den Aschenbecher fallen. »Ich musste ihn aus der Sache raushalten, um das Project Switzerland nicht zu gefährden. Ich habe den Verkaufsdeal parallel zu unserer Beratungsarbeit alleine weiter verfolgt, als Fall Back Option sozusagen. Wir kamen mit unserem Strategiekonzept ja nur sehr langsam voran. Wie es in dem Bericht beschrieben ist. Da war es nur sinnvoll, eine zweite Option parat zu haben, falls überhaupt nichts mehr gehen sollte. Der Verkauf war nur ein völliges Tabuthema in der Bank.«

Der Anwalt schwieg. Das Zigarillo rauchte im Aschenbecher weiter.

Klosters seufzte tief und lehnte sich in seinem Sessel zurück. »Hören Sie. Nach dem Wochenende, von dem Ritter da schreibt, wurde alles extrem schwierig für uns. Als sich die Wogen um de Guise geglättet hatten, wollte uns Schweizer wegen dieses dämlichen Organisationspapiers verklagen. Phil Meyer, unser Deutschland-Chef, hat es dann geschafft, ihn wieder zu beruhigen. Fragen Sie mich nicht, wie er das gemacht hat.«

Er griff in seine Hosentasche, holte ein großes Taschentuch heraus und schnäuzte sich ausgiebig. »Wie gesagt, es war extrem schwierig. Wenn die Presse auf die Sache angesprungen wäre, hätten wir die Firma dicht machen können. Und in dieser Situation rief Hohenstein mich dann an.«

»Mit einem neuen Angebot.«

»Mit unserer Rettung, wenn Sie so wollen. Er war inzwischen mit Böttcher und Grimm in einem Boot, gegen Schweizer. So, wie es in dem Bericht am Ende erwartet wird. Für die beiden brauchte er ein Strategiekonzept, das sie auf der Gesellschafterversammlung vorstellen konnten, um Schweizer aus dem Sattel zu heben. Denn der hatte nichts zu bieten außer seinen ewig gleichen Reden.«

Klosters stand auf und ging zum Fenster. Eine Weile sah er hinaus. Dann sagte er: »Das Beste war, es war nicht der einzige Auftrag.«

»Was?«

»Gleichzeitig habe ich für Hohenstein weiter die Verkaufsofferte ausgearbeitet und einen Käufer gesucht, gemeinsam mit Mitchell's. Hohenstein nannte das Plan B.«

»Beides? Nebeneinander? Wozu das denn?«

»Das Strategiepapier war nur dazu da, Böttcher und Grimm beschäftigt zu halten. Hohenstein war zu dem Zeitpunkt schon lange klar, dass die Bank aus eigenem Antrieb nicht mehr lebensfähig war. Und dass die größte Wertschöpfung für die Gesellschafter nur darin bestehen konnte zu verkaufen. Alles, was er brauchte, war ein überzeugendes Angebot.«

»Also Plan B war, Böttcher und Grimm auf der Gesellschafterversammlung gegen Schweizer putschen zu lassen, und wenn sie dann glaubten, gewonnen zu haben, dann wollte Hohenstein das Kaufangebot aus der Tasche ziehen und die beiden auch noch erledigen?«

Klosters grinste breit. »Genau so. Sebastian hatte es schon erahnt. Ein ziemlich kreativer Plan, was?«

Eine Weile sah der Anwalt Klosters regungslos an. Dann sagte er: »Die Bank wurde also verkauft?«

Klosters nickte. »Die Gesellschafter waren begeistert von dem Angebot. Das Kabinett hatte sich ja als völlig zerstritten dargestellt. Mitchell's hatte einige Kaufinteressenten aufgetan. Am interessantesten war eine englische Großbank, die wirkte in der Situation wie der weiße Ritter. Das Kabinett wurde großzügig abgefunden. Sturm wurde der neue Sprecher.«

»Und Sie haben die Umstrukturierung durchgeführt.«

»Ein ziemlich langes Projekt, hochgradig erfolgreich.«

»Was macht die Bank heute?«

Klosters ging wieder zu dem Lehnstuhl. »Private Banking. Das mit Abstand profitabelste Geschäft bei der Kundschaft. Alles andere haben wir abgestoßen.«

»Und Sturm ist weiter Sprecher?«

Klosters schüttelte den Kopf. »Der musste nach einem Jahr gehen. Konnte sich dem Managing Director in London nicht unterordnen. Na ja, wir haben ihm keine Träne nachgeweint, das werden Sie verstehen.« Er setzte sich wieder.

Der Anwalt nickte wie in Zeitlupe. Dann schlug er seine Mappe zu. »Kommen wir doch einmal zum Grund Ihres Besuches zurück. Warum fühlen Sie sich bedroht, Herr Klosters?«

Klosters sah ihn eine Weile an. Dann sagte er: »Ich denke, das wissen Sie inzwischen.«

Der Anwalt lächelte. »Das Manuskript könnte veröffentlich werden. Oder Ritter könnte Forderungen stellen, damit das nicht geschieht.«

»Ich würde alles wieder so machen, verstehen Sie? Es war das Beste für die Gesellschafter.«

»Und dem Kabinett haben Sie sich gar nicht verpflichtet gefühlt? Das waren doch Ihre ursprünglichen Kunden.« Der Anwalt versuchte, Klosters Blick zu treffen, aber der Berater wich ihm aus. »Wusste eigentlich Phil Meyer über Ihren Doppeleinsatz Bescheid?«

»Phil Meyer«, schnappte Klosters. »Der hat sich wohlweislich von der Bank ferngehalten, nachdem er Schweizer eingelullt hatte. Saubermann Phil. Gerade hat er einen Moralkodex für die Beratungsarbeit erstellen lassen …« Er schüttelte den Kopf. »Völlig weltfremd.« Endlich sah er den Anwalt an. »Aber um Ihre Frage zu beantworten: Außer mir wusste es niemand bei Top Management Consulting. Als Kunde wurde eine von Hohensteins Firmen geführt. Der Rest war meine Sache.«

Eine Weile schwieg der Anwalt. Dann kratzte er sich an der Stirn. »Irgendwie«, sagte er, »irgendwie passt das alles noch nicht zusammen, Herr Klosters. Mal ganz ehrlich: Wenn man dieses Manuskript so liest, dann erscheinen Sie als Nebenfigur. Neben Ritter stehen de Guise und Hohenstein im Mittelpunkt. Gut, de Guise ist tot. Aber wenn einer Angst vor einer Veröffentlichung haben müsste, dann doch dieser Hohenstein.«

»Hohenstein ist verschwunden«, sagte Klosters leise.

»Was? Wie Ritter?«

»Nein. Ritter ist wieder da. Dafür ist Hohenstein wirklich weg.«

Der Anwalt sah ihn mit offenem Mund an.

»Kling kompliziert, ich weiß. Also: Sebastian Ritter hat sich am Wochenende bei Phil Meyer gemeldet. Die beiden haben wohl Kontakt gehalten. Phil hatte immer ein schlechtes Gewissen, dass wir Sebastian damals zu sehr unter Druck gesetzt hatten und dadurch erst der ganze Skandal … Na ja. Vorbei. Auf jeden Fall ist Ritter wieder zurück in München. Allein, ohne Natalie Schieritz. Die hat es wohl vorgezogen, in Thailand zu bleiben.«

»Und Hohenstein?«

»Ist verreist. Vor einem Monat etwa. Karibik. Er wollte einmal richtig Urlaub machen, hieß es.«

»Und dort ist er dann verschwunden?«

»Keiner weiß, ob er jemals da unten angekommen ist. Das gebuchte Flugticket hat er jedenfalls nicht benutzt. Dafür kam vor ein paar Tagen heraus, dass er alle seine Unternehmen verkauft hat. Er hat sich schlicht abgesetzt, wenn Sie mich fragen. Cayman Islands oder so.«

Der Anwalt sah ihn nachdenklich an. »Ja. Dann sind Sie natürlich der nächste auf der Liste.«

»Was glauben Sie«, sagte Klosters und beugte sich halb über den Schreibtisch, »wenn Ritter sich jetzt meldet? Sollte ich darauf eingehen, wenn er etwas fordert? Damit er auf eine Publikation verzichtet, meine ich? Nur, wenn es vertretbar ist, natürlich …«

Langsam schüttelte der Anwalt den Kopf. »Ehrlich gesagt, ich glaube nicht, dass es eine Publikation geben wird, Herr Klosters.«

»Nicht? Sind Sie da sicher?«

Der Anwalt öffnete wieder seine Mappe und zog ein Blatt mit Notizen hervor. »In der vorliegenden Form erzeugt das Manuskript den Anschein, tatsächlich stattgefundene Ereignisse darzustellen. So, wie Sie mir die Dinge geschildert haben, dürfte Herr Ritter – wenn wir einmal davon ausgehen, dass er wirklich der Autor ist –, Herr Ritter also dürfte gerade für die heiklen Teile seines angeblichen Berichts keinerlei Beweise haben. Ein Hubertus von Hohenstein könnte ihn deshalb sofort wegen Verleumdung verklagen und damit ein Erscheinen des Buches verhindern. Top Management Consulting hätte ebenfalls gute Chancen, denn in dem Manuskript wird eine vertrauliche Kundenbeziehung in allen Details ohne Ihre Zustimmung ausgebreitet. Also: Aus juristischer Perspektive ist dieses Ding nicht veröffentlichbar.«

»Und wenn er die Namen ändert?«

Der Anwalt sah auf seine Notizen. »Dann wäre es ein Schlüsselroman. Für die Rechtslage ist entscheidend, wie eindeutig die tatsächlichen Ereignisse wiederzuerkennen sind. Nur ein Ändern der Namen würde nicht ausreichen, das kann ich mit Sicherheit sagen. Das gesamte Manuskript müsste völlig umgeschrieben werden.«

»Also er kann es nicht veröffentlichen.«

»Nein«, sagte der Anwalt und klappte die Mappe wieder zu. »Sie brauchen sich nicht bedroht zu fühlen.«

Klosters nahm das Taschentuch wieder hervor und wischte sich über den Mund. »Ich fürchte, ganz so einfach ist es nicht.«

Mit großen Augen sah ihn der Anwalt an. »Sie haben mir noch nicht alles erzählt?«

»Von damals schon«, sagte Klosters gedehnt. »Aber es gibt noch aktuelle Entwicklungen.«

»Nämlich?«

Klosters kramte ein weiteres Zigarillo hervor, zündete es an und blies den Rauch wieder in den Raum. »Im nächsten Monat stehen die Wahlen für den CEO von Top Management Consulting an. Das heißt, der weltweite Chef wird für die nächsten fünf Jahre bestimmt.«

Jetzt dämmerte es dem Anwalt. »Und Sie kandidieren?«

»Ja. Gegen Phil Meyer.«

»Nur Sie beide?«

Klosters nickte. »Wir sind mitten drin in der heißen Phase. Und wenn jetzt die Sache von damals wieder hochkommt ...«

»Hat denn Meyer das Manuskript?«

Klosters nickte. »Er hat mich vorhin angerufen und mir gesagt, dass er es über das Wochenende gelesen hat.« Er sah auf die Uhr. »Und in einer Stunde habe ich einen Termin mit ihm.«

»Dann wird er Sie dasselbe fragen wie ich. Und Sie werden nicht anderes tun können, als die Geschichte zu erzählen. Worauf Ihnen Phil Meyer vermutlich unethisches Verhalten vorwerfen wird, oder?«

Klosters schwieg.

»Am Ende hat Ritter dann doch noch sein Ziel erreicht. Mit seinem eigenen Plan B.«

Klosters drehte den Kopf zum Fenster und sah hinaus. Langsam rauchte er sein Zigarillo.

Schließlich sprach der Anwalt wieder.

»Sie werden Ihre Bewerbung zurückziehen müssen.«

»Und die Firma verlassen«, sagte Klosters tonlos. »Zum Teufel gejagt. Wie damals Sebastian Ritter. Und der ist damit rehabilitiert.«

»Meinen Sie, er will zurückkommen?«

»Zu Top Management Consulting?« Klosters zuckte mit den Schultern. »Wer weiß. Aber was geht mich das noch an.« Er zog noch einmal an dem Zigarillo.

»Nein«, sagte er mit einem Mal. »So wird das nicht laufen. Ich habe mir nichts vorzuwerfen. Rein gar nichts.«

Er sprang auf. »Wir müssen eine Erklärung aufsetzen. Uns bleibt eine knappe Stunde.« Er drehte sich zu dem Anwalt. »Haben Sie hier irgendwo ein Flipchart?«

»Ja, nebenan. Aber …«

Klosters sah den Anwalt scharf an. »Sie unterstützen mich doch, oder?«

Der Anwalt öffnete den Mund, aber es kam kein Ton heraus. Klosters sah ihn weiter an. Er musste nur den Kopf schütteln, dann war die Geschichte zu Ende, dann würde er nichts zu tun haben mit dem Streit mit Top Management Consulting, auf Seiten eines Klienten, der jetzt schon verloren hatte. Der immer weiter demontiert würde. Und der ihm von Herzen zuwider war. Er schaute hoch zu Klosters. Allerdings: Wehren würde der sich, so lange es nur ging. Und dabei würde er einen Anwalt brauchen. Lag da nicht eine Chance für ihn, womöglich sogar eine größere? Der Anwalt schluckte. Dann nickte er.

»Sehr gut«, sagte Klosters. »Also, das Papier hat eine klare Struktur: Ausgangssituation, Lösungsoptionen, Bewertungskriterien, Bewertung. Damit wird eindeutig, dass nur der eine Weg richtig sein konnte.« Er sah den Anwalt an. »Was ist jetzt? Holen Sie das Flipchart?«

Der Anwalt schreckte hoch. »Natürlich«, sagte er und ging zur Tür.

Das Gespräch zwischen Michael Klosters und seinem Anwalt hat nicht stattgefunden. Auch das Bankhaus Großmann, Meyer & Cie. hat nie existiert, weder unter diesem noch unter einem anderen Namen, ebenso wenig Top Management Consulting oder eine andere in diesem Buch genannte Organisation. Auch wenn sie in realen Orten spielen und auf reale Presseorgane Bezug genommen wird, so sind alle Figuren und Ereignisse frei erfunden und gehen auf keinerlei tatsächliche Ereignisse zurück. Etwaige Ähnlichkeiten sind rein zufällig und nicht beabsichtigt.

Fabian Hardenberg, im Januar 2002

Personenverzeichnis

Die Berater – Top Management Consulting, München – Düsseldorf – Frankfurt

Stefan Brömmighausen, Ex-Kollege, Leiter Controlling, Heritz-Gruppe
Michael Klosters, Partner
Paul Kopper, Associate Consultant
Phil Meyer, Partner, Deutschland-Chef
Birgit Mignon, Sekretärin
Dr. Sebastian Ritter, Senior Project Manager
Natalie Schieritz, Associate Consultant
Ludwig Staupe, Associate Consultant

Die Banker – Großmann, Meyer & Cie., Frankfurt

Jochen Böttcher, Geschäftsführer, Bereich Kredit
Sabine Crailsheim, Sekretärin, Büro Böttcher
Günther Grimm, Geschäftsführer, Bereich Personal und Bankorganisation
Franz Georg de Guise, Geschäftsführer, Bereich Einlagen, Handel und Wertpapiere
Hubertus von Hohenstein, Mitglied des Beirats
Dr. Leopold Kaiser, genannt »Nero«, Vorsitzender des Beirats
Anja Neher, Sekretärin, Büro de Guise
Annemarie Schumann, Erste Sekretärin, Büro Schweizer

Dr. Wilhelm Schweizer, genannt »Imperator«, Sprecher der Geschäftsführung des Bankhauses
Dr. Bernhard Sturm, Direktor Controlling
Horst Wahlen, Direktor Kreditabteilung

Die Industrie-Manager – Rheinische Finanzgruppe (RFG), Düsseldorf

Karl-Heinz Klohs, Vorstandsvorsitzender
Dr. Klaus Meier, Finanzvorstand eines Tochterunternehmens in Stuttgart
Anton Sawatzki, Generaldirektor eines Tochterunternehmens in Wien
Dr. Herbert Speer, Vorstandsmitglied

Weitere Personen

Hans-Heinrich Cordell, genannt »Spot«, Mitarbeiter Hohensteins
Charlotte de Guise, Ehefrau
Edgar Schreiber, verstorbener Stiefvater von Natalie Schieritz
Irmgard Schweizer, Ehefrau

Frankfurter Rundschau